조관희 교수의
중국현대사 강의

조관희 교수의
중국현대사 강의

1판 1쇄 찍음 2013년 4월 25일
1판 1쇄 펴냄 2013년 5월 10일

지은이 조관희

주간 김현숙
편집 변효현, 김주희
디자인 이현정, 전미혜
영업 백국현, 도진호
관리 김옥연

펴낸곳 궁리출판
펴낸이 이갑수

등록 1999. 3. 29. 제300-2004-162호
주소 110-043 서울시 종로구 통인동 31-4 우남빌딩 2층
전화 02-734-6591~3
팩스 02-734-6554
E-mail kungree@kungree.com
홈페이지 www.kungree.com
트위터 @kungreepress

ⓒ 조관희, 2013. Printed in Seoul, Korea.

ISBN 978-89-5820-218-9 04910
ISBN 978-89-5820-219-6 04910(세트)

값 25,000원

조관희 교수의

중국현대사 강의

: 신해혁명부터 홍콩 반환까지 :

궁리
KungRee

그리운 어머니에게

저자의 말

이 책은 자매편이라 할 『중국사 강의』의 후속편이다. 『중국사 강의』는 신화·전설에서 1911년 신해혁명까지를 다루었고, 이 책은 그 이후부터 1997년 '홍콩 반환'까지를 서술하고 있다. 전자가 수천 년 간의 중국 역사를 서술한 반면, 이 책은 한 세기 남짓한 시간을 대상으로 한 것임에도 분량 면에서는 오히려 전자를 넘어선 것은 두 가지 이유에서다. 우선은 자료 때문인데, 고대에 관한 자료는 아무래도 현대에 비해 남아 있는 게 그리 많지 않다. 하지만 그보다도 중요한 것은 현재적 의미다. 사실상 고대의 자료가 현대에 비해 많이 남아 있지 않다고는 해도 어찌 현대사의 그것만 못하겠는가. 그러나 아무래도 현재로부터 멀리 떨어져 있는 과거의 시점에 일어난 사건들은 오늘을 살아가는 현대인들에게 그다지 중요하게 와닿지 않는 게 사실이다. 춘추전국시대 제후들의 싸움은 그 나름 치열했겠지만, 현대인들에게는 그다지 실감이 나지 않는다. 그뿐이 아니다. 등장인물들 역시 아무래도 현재 시점에 가까운 이들이 더 살갑게 느껴지게 마련이다. 그런저런 이유로 이 책의 분량은 처음 의도했던 것보다 많이 늘어났다. 그런데도 저자의 입장에서는 각각의 사건들을 좀더 세밀하게 설명하고 좀더 다양한 각도에서 조명하지 못한 아쉬움이 남는다. 무엇보다 경제나 사회 문화적인 부분에 대해서는 소략하게라도 짚고 넘어갔어야 했는데, 그러지 못한 것은 이 책이 안고 있는 한계라고 할 것이다. 하지만 어쩌겠는가? 정치적으로 의미 있는 사건들을 시간 순서에 맞추어 나열하는 것만으로도 이미 어지간한 두께의 책 한 권 분량이 되어버린 것을.

아울러 이 책에서는 1989년 '톈안먼 사건' 이후 현재 시점까지는 다루지 않고 있다. 그것은 이 시점에서 일어난 모든 사건들이 현재 진행중이기에 아직까지는 무어라 평가하기 어려운 점이 있기 때문이다. 과연 중국은 미국과 함께 이른바 'G2'의 일원으로서 향후 세계 정세를 좌우하는 위치에 계속 남아 있을지, 그 와중에 현재 중국이 안고 있는 여러 가지 사회적인 문제들을 어떻게 해결해 나갈지 등등…… 과거의 사실들에 비추어 미래를 예측할 수 있다고는 하지만, 현실 사회의 불확실성을 어찌 예언자처럼 구체적으로 예단할 수 있단 말인가? 이 모든 것들에 대해 왈가왈부하는 것은 가능하지 않을 뿐 아니라 저자의 능력을 벗어나는 것이라는 사실을 고백하지 않을 수 없다. 그럼에도 앞으로 진행될 세계사에서 중국이 중심적인 역할을 할 거라는 사실은 부인할 수 없다. 21세기 들어서 세계는 또 다른 전환점에 들어섰다. 이른바 세기말을 거친 뒤에 찾아온 혼란스러운 과도기인 것일까? 위기는 경제로부터 시작되었다. 20세기 초반에도 그러했다. 하지만 그 당시 인류가 찾은 해결책(?)은 두 차례의 세계대전이었다. 인류 역사상 그 유례를 찾아볼 수 없었던 최대 규모의 살상 끝에 겨우 안정을 찾기는 했지만, 그것이 미봉책이었다는 사실은 그 이후에 전개된 역사적 사건들로 증명되었다. 인류가 나아가야 할 길은 아직도 요원한 것이다.

중국의 미래를 그려보는 데 또 한 가지 시사적인 것은 **분열과 통일**의 거대한 사이클이다. 고래로 중국 역사는 오랜 분열 기간이 끝나면 통일의 시기가 찾아오고, 통일의 기간이 길어지면 다시 분열되는 역사가 반복되었다. 명과 청 두 왕조가 끝나고 중국은 한동안 혼란 속에 잠시 분열 상태에 놓였다가 1949년 10월 1일 이른바 '신중국' 수립 이후 현재까지 그럭저럭 유지되어왔다. 비록 타이완이 별개의 정치 체제를 유지하고는 있지만, 영토 전체를 놓고 볼 때 그 존재감은 그리 크지 않고, 민간 레벨에서는 경제적으로나 인적으로나 자유롭게 교류가 이루어지고 있기 때문에 실제로는 하나의 나라로 치부해도 될 정도이다. 그렇게 보자면 오히려 문제는 중국 내부에 있는지도 모른다. 불과 100년 남짓 되는 시간 동안 중국은 서구 열강들에 의해 처참하게 착취당하던 '종이 호랑이'에서 초강대국으로 변모했다. 그러나 그에 대한 반대급부로 중국은 해결해야 할 수많은 사회 문제들을 떠안게 되었다.

중국 역대 왕조의 역사를 돌아보면 어느 한 왕조의 전성기 때 이미 그 왕조의 몰락을 예비하는 요소들이 싹을 틔우고 있었다는 사실을 알 수 있다. 현재의 중국 또한 마찬가지다. 비록 경제적으로는 어느 정도 성과를 이루어냈다고 하나 아직도 곳곳에서 '문명'을 제고해야 한다는 표어가 난무할 정도로 인민들의 의식 수준 등은 낙후되어 있다. 사실 이러한 우려는 새삼스러운 것이 아니다. 신해혁명을 이끌었던 쑨원은 당시 중국 민중들이 갖고 있던 역량에 대해 심각하게 회의적인 생각을 품고 있었다. 한 마디로 당시 중국 사람들에게는 서구식의 민주주의를 구현할 능력이 결여되어 있다고 생각했던 것이다. 그래서 그는 일종의 군사 통치기라 할 '군정기'를 거쳐 교육을 통해 인민의 능력이 일정 수준에 도달하는 '훈정기'로 이끈 뒤, 최종적으로 공화주의 헌법 하에 진정한 자치를 이룰 수 있는 '헌정기'로 들어설 수 있다는 주장을 펼쳤다. 그런데 그 이후 펼쳐진 역사를 보면, 쑨원의 생각이 전혀 망상이 아니었다는 사실을 확인하게 되거니와, 21세기에 들어선 현재의 상황을 놓고 보더라도 그 당시와 별반 다르지 않다는 생각을 지울 수 없는 게 사실이다. 과연 21세기 중국은 쑨원이 말했던 어느 시기에 와 있는가?

현대 중국을 바라보는 또 하나의 시각은 **사회주의 중국**에 대한 것이다. 중국은 명목상으로는 현재까지도 사회주의를 표방하고 있다. 하지만 현실적으로 중국의 지향점이 과연 마르크스와 레닌이 말한 교조적인 의미에서의 사회주의 사회인가라는 점에서는 적이 회의적인 게 사실이다. 부동산 거품을 걱정하고 경제 성장에 목을 매고 있는 작금의 현실을 놓고 누가 사회주의 중국을 떠올리겠는가? 비록 중국 공산당이 여전히 온존하고 있는 가운데 중국 특유의 과두 체제가 지도부를 이루고 인민들을 통치해 나가고 있지만, 이들이 추구하는 것은 이미 현실 사회주의가 아닌 지 오래되었다. 문제는 그럼에도 유지하고 있는 현재의 정치 체제인데, 이것은 앞서 말한 민주주의의 실현과 밀접하게 연관을 맺고 있다. 이 문제를 어떤 식으로 해결하고 인민이 주도하는 진정한 의미에서의 민주주의 제도를 정착시킬 것인가 하는 것은 앞으로 중국 사회가 안고 있는 또 하나의 과제라 할 수 있다.

이 책은 『중국사 강의』와 함께 학부생들의 수업용으로 집필한 것이다. 중국을 공부하는 학생들은 우선 그들의 역사를 잘 알고 있어야 한다는 소박한 생각에서 중국 역사 강의를 개설했으나, 의외로 기왕에 나와 있는 중국사 책들이 너무 번다하거나 지나치게 소략하지 않으면 내용이 부실하다는 사실을 알게 되었다. 이에 필자가 직접 나서 복잡한 중국 역사를 손쉽게 이해할 수 있도록 한 권의 책으로 정리하고자 했던 것이었으나, 결과적으로 애당초 부렸던 욕심만큼 제대로 서술이 잘 되었는지 자신할 수 없다. 이제 모든 것은 이 책을 읽는 독자들 몫으로 남을 것이다.

역사를 이야기한다는 것은 언제나 조심스럽다. 더구나 현재와 그리 멀리 떨어져 있지 않은 현대사의 경우는 더더욱 그러하다. 아무쪼록 부족한 부분과 잘못된 기술에 대해서는 독자 제현의 따끔한 지적을 부탁한다. 끝으로 이 보잘것없는 책을 집필하는 데 도움을 준 여러 사람들에게 고마운 뜻을 전한다.

2013년 4월

조관희

차례

저자의 말   7

| 프롤로그 | 반제 · 반봉건의 깃발 아래   17

자기 부정의 역사, 타자의 발견   17
새로운 이데올로기, 그리고 마오쩌둥과 쟝졔스   23
반제와 반봉건의 과제, '어리석은 늙은이가 산을 옮기다'   28

1 | 신해혁명에서 5 · 4운동으로   35

미완의 혁명, 신해혁명의 의의   37
제1차 세계대전과 일본 제국주의의 진출   42
군벌 할거의 시대   49
5 · 4 신문화 운동   62

2 | 국민혁명의 시대, 제1차 국공합작과 북벌   77

마르크스주의의 도입과 중국 공산당 창립   79
워싱턴 체제와 군벌들의 혼전   89
쑨원과 제1차 국공합작   99
쟝졔스의 부상과 국민당의 분열   112
제1차 국공합작의 결렬과 북벌의 완성   129

3 | 한 알의 불꽃이 들판을 불태우다 ············ 143

난징 국민정부의 불안한 '통일' — 145
중화소비에트공화국 임시정부 수립과 국민당 군의 포위 토벌 — 156
일본 대륙 침략의 서막을 알리는 '만저우 사변' — 172
'대장정', 당신들에게 인류와 중국의 미래가 달려 있습니다 — 183

4 | 항일전쟁 시기, 시안 사변과 제2차 국공합작 ············ 201

시안 사변, '장제스를 핍박하여 항일에 나서게 하다' — 203
제2차 국공합작, '주요 모순'과 '기본 모순' — 210
루거우차오의 포성, 중일전쟁 발발 — 215
'지구전론', 제2차 국공합작의 결렬 — 225
'태평양전쟁'의 발발과 '마오쩌둥 사상'의 성립 — 241
일본의 패망과 항일전쟁의 승리 — 250

5 | 신중국의 수립, 리얼리즘의 위대한 승리 ············ 257

최후의 일전, 전국으로 진격하라 — 259
제1차 5개년 계획과 정풍 운동 — 274
'쌍백 운동'과 반우파 투쟁, 그리고 '대약진 운동'의 실패 — 292
주자파의 등장, 검은 고양이든 흰 고양이든 — 302

6 | 광기와 파괴의 역사, 문화대혁명의 어두운 그림자 ······ 321

'프롤레타리아 문화대혁명'의 서막과 '홍위병'의 등장　　　　　　323
조반파와 실권파의 투쟁, 그리고 류사오치의 몰락　　　　　　　334
린뱌오의 부상과 몰락, '죽의 장막'을 걷어내다　　　　　　　　　341
'4인방'의 몰락과 거인들의 퇴장　　　　　　　　　　　　　　　351

7 | 상흔을 딛고 개혁개방으로 ······ 365

'4개 현대화'의 제기에서 '베이징의 봄'까지　　　　　　　　　　367
'개혁'과 '개방'의 기로에서　　　　　　　　　　　　　　　　　372
'제2차 톈안먼 사건'과 중한 국교 수립　　　　　　　　　　　　381

중국 현대사 연표　　　　　　　　　　　　　　　　　　　　　388
찾아보기　　　　　　　　　　　　　　　　　　　　　　　　395

| 일러두기 |

1. 이 책에 나오는 중국인들의 인명과 지명은 고대나 현대를 불문하고 모두 원음으로 표기하되, 이로 인한 다소간의 혼란을 막기 위해 잠정적으로 다음과 같이 절충해 표기했다. 이를테면, 마오쩌둥(毛澤東, 모택동). 아울러 중국어의 한글 표기는 문화체육부 고시 제1995-8호 '외래어 표기법'에 의거하되, 여기에 부가되어 있는 표기 세칙은 일부 적용하지 않았다.
2. 독자가 인용한 글의 맥락을 쉽게 이해할 수 있도록 필요한 경우 지은이가 덧붙인 부분이 있으며, 이것은 [ ]로 묶어 인용문과 구별했다.

프롤로그

반제·반봉건의 깃발 아래

자기 부정의 역사, 타자의 발견

> 가령 말일세. 쇠로 만든 방이 하나 있다고 하세. 창문이라곤 없고 절대 부술 수도 없어. 그 안엔 수많은 사람이 깊은 잠에 빠져 있어. 머지 않아 숨이 막혀 죽겠지. 허나 혼수상태에서 죽는 것이니 죽음의 비애 같은 건 느끼지 못할 거야. 그런데 지금 자네가 고래고래 소리를 질러 의식이 붙어 있는 몇 명이라도 깨운다고 하세. 그러면 이 불행한 몇 명에게 가망 없는 임종의 고통을 주게 되는데, 자넨 그들에게 미안하지 않겠나?(루쉰, 『외침吶喊』 「서문」)

이것은 루쉰魯迅, 노신의 첫 번째 소설집 『외침』의 「서문」 일부다. 암담한 조국의 현실 앞에서 무엇을 어찌해야 할지 막막해하던 루쉰은 문필로써 어리석은 민중들을 깨우치겠다는 생각으로 이 소설들을 썼다. 루쉰은 당시 중국의 상황을 출구 없는 밀폐된 방 안에서 사람들이 아무런 고통이나 자각도 없이 죽어가고 있는 '쇠로 만든 방鐵屋'에 비유했다. 집안의 기

루쉰

둥 격인 아버지가 병사한 뒤 루쉰은 집을 떠나 난징南京, 남경에 갔다가 다시 서양 의학에 경도돼 "일본의 어느 시골[센다이仙台] 의학전문학교에 학적을 두게" 되었다. 어느 날인가 교수가 남은 수업 시간을 때우기 위해 보여준 한 장의 사진으로 루쉰은 큰 충격을 받게 된다.

어떤 때는 한 시간 강의가 끝나고 시간이 아직 남았을 경우 선생은 풍경이나 시사에 관한 필름을 보여주는 것으로 시간을 때우곤 했다. 때는 바야흐로 러일전쟁이 한창일 때였으니 자연히 전쟁에 관한 필름이 비교적 많았다. 이 교실에서 나는 언제나 내 학우들의 박수와 환호에 동조하지 않으면 안 되었다. 한번은 화면상에서 오래전에 헤어진 중국인 군상을 모처럼 상면하게 되었다. 한 사람이 가운데 묶여 있고 무수한 사람들이 주변에 서 있었다. 하나같이 건장한 체격이었지만 몽매한 기색이 역력했다. 해설에 의하면 묶여 있는 사람은 러시아를 위해 군사 기밀을 정탐한 자로 일본군이 본보기 삼아 목을 칠 참이라고 했다. 구름같이 에워싸고 있는 자들은 이를 구경하기 위해 모인 구경꾼이었다. 『외침』「서문」

이 한 장의 사진을 보며 루쉰은 의학을 배워 "나의 아버지처럼 잘못된 치료를 받고 있는 환자의 고통을 덜어주"고, "또 전쟁이 일어나면 군의軍醫가 되고, 한편으로는 국민들에게 유신의 신앙을 촉진시켜 주리라"는 희망이 부질없는 것이었음을 깨달았다.

그 필름을 본 뒤로는 의학이란 것이 그다지 중요하지 않은 것이라고 여겨졌기 때문이었다. 무릇 어리석고 약한 국민은 체격이 제 아무리 건장하고 튼튼하다 하더라도 하잘것없는 본보기의 소재나 관객밖에는 될 수 없었다. 『외침』「서문」

하지만 루쉰이 의학 공부를 그만두고 도쿄로 돌아온 뒤에도 상황은 달라진 게 없었고, 모종의 사업을 벌이려다 실패한 후에는 무력감만 더할 뿐이었다.

한 사람의 주장이 다른 사람의 찬성을 얻으면 전진하게 되고, 반대를 얻으면 분발하게 된다. 그러나 낯선 사람들 속에서 홀로 외쳤는데 아무 반응이 없으면, 즉 찬성도 반대도 없다면, 마치 끝없는 벌판에 홀로 버려진 듯 자신을 어찌해야 좋을지 모르게 되는 것이다. 『외침』「서문」

그 뒤로 몇 년 동안 루쉰은 옛날 비문碑文이나 베끼면서 시간을 죽이고 있었다. "그러면서 나의 생명은 점점 깜깜한 어둠 속으로 소멸되어가고 있었다." 그때 그를 찾아온 한 친구가 그러고 있느니 글이나 쓰라고 권하자 루쉰은 앞서의 '쇠로 만든 방'의 비유를 이야기한다. 그러나 친구의 태도는 단호했다.

"그래도 기왕에 몇 명이라도 깨어났다면 그 쇠로 된 방을 부술 희망이 전히 없다고야 할 수 없겠지?" 『외침』「서문」

결국 루쉰은 친구의 강권에 넘어가 글을 쓰겠노라고 응답했다. 그렇게 해서 나온 소설이 바로 중국 문학사에서 최초의 현대 소설로 일컬어지는 『광인일기狂人日記』다. 여기서 루쉰은 피를 토하는 심정으로 몇천 년 간 중국 사회를 지배해온 봉건 왕조라고 하는 것이 결국 "사람이 사람을 잡아먹는" 괴물에 지나지 않는다는 사실을 설파했다.

● 이야는 고대의 유명한 요리사다. 그가 요리를 잘한다는 소문을 들은 왕이 짐짓 인육에 대한 호기심을 보이자 이야는 자기 아들을 요리해 바쳤다는 전설이 있다. 제(桀, 걸)와 저우(紂, 주)는 각각 하(夏)나라와 은(殷)나라의 왕으로 폭군의 대명사이다. 이야는 춘추시대 제나라 환공(桓公) 때 사람으로 제, 저우와는 동시대 사람이 아니다. 여기서 루쉰이 이야가 제 자식을 삶아 제와 저우에게 바쳤다고 하는 것은 광인의 착란된 심리 상태를 보여주기 위한 것이다.

●● 여기서 쉬시린은 루쉰과 동향 사람인 당대의 혁명가 쉬시린(徐錫麟, 서석린; 1873~1907년)을 가리킨다. 같은 발음으로 말장난을 한 것이다.

"이야易牙, 역아●가 제 자식을 삶아 제저우桀紂에게 바친 일은 줄곧 옛 일이기만 했습니다. 그런데 누가 알았겠습니까? 판구盤古, 반고가 천지를 개벽한 이래 줄곧 잡아먹다가 이야의 아들까지 이르렀고, 이야의 아들부터 줄곧 잡아먹다가 쉬시린徐錫林, 서석림●●까지 이르렀고, 쉬시린부터 줄곧 잡아먹다가 늑대촌에 붙들린 자까지 이르게 될 줄 말입니다.……

저들이 나를 잡아먹으려 하고 있습니다." 『광인일기』

진秦의 시황제始皇帝 이래로 중국의 역대 왕조는 이른바 '하늘의 명天命'을 받은 '하늘의 아들天子'을 정점으로 한 중앙집권적 전제 체제를 줄곧 이어왔다. 그래서 서구의 학자들은 최초로 천하를 통일했던 진 이래로 마지막 왕조인 청淸에 이르기까지 약 2,000년 간 지속된 봉건 왕조를 근본적으로 하나의 제국으로 보는 경향이 있다. 이것은 물론 이른바 '정체사관'의 입장에서 중국 역사를 바라보는 서구인들의 편향된 시각이라고 할 수 있지만, 그럼에도 무시할 수 없는 것은 오랜 기간 동안 지속되어온 전통의 힘이다. 흔히 중국인들이 자랑하듯 세계 4대 문명 가운데 그 역사가 끊어지지 않고 현재까지 이어온 것은 흔히 '황허黃河, 황하 문명'이라 일컫는 '중국 문명'뿐임에랴.

당시 중국의 지식인들은 불과 1세기 만에 세계의 중심에서 서구 열강들의 침략 앞에 속절없이 무너져 내린 조국의 현실을 목도하고 어찌할 바를 몰랐다. 그에 앞서 자신들의 조국이 이렇게까지 내몰리게 된 원인을 찾기 위해 눈을 밖으로 돌렸다. 중국보다 선진의 사상을 접하는 것만이 작금의 현실을 타개하는 유일한 방법이었던 것이다. 하지만 그들은 외국어를 몰랐기 때문에 서구의 사상을 접하기 위해서는 '번역'이라는 창구를 통해야만 했다. 그때 활동했던 번역가들 가운데 한 사람인 옌푸嚴復, 엄복, 1854~1921년가 펴낸 여러 책들 가운데 중국 지식인들의 마음을 사로

잡았던 것은 중국어로 『천연론天演論』이라는 제목으로 소개되었던 헉슬리의 『진화와 윤리』였다. 잘 알려져 있듯 진화론은 찰스 다윈이 주창한 것인데, 영국의 사회학자 허버트 스펜서가 이것을 인간 사회 발전에 적용시켜 '사회진화론'이라는 것을 창안했다. 헉슬리의 책은 바로 이 스펜서의 이론에 바탕한 것으로 옌푸는 그 내용을 다음과 같이 요약했다.

> 인간과 생물은 생존을 위해 투쟁한다. 우선 종과 종이 투쟁하고, 그 다음에 (인간이) 서서히 진보함에 따라 한 사회집단과 다른 사회집단 사이의 투쟁이 발생한다. 약자가 강자의 먹이가 될 수밖에 없고 어리석은 자가 영리한 자의 종속물이 될 수밖에 없다.●

결국 생존을 위한 투쟁에서 약자인 중국이 강자인 서구 열강과의 싸움에서 질 수밖에 없었다는 것인데, 문제는 어떻게 하면 '어리석은 자'가 '영리한 자'가 될 수 있는가 하는 것이었다.

사회진화론은 당시 중국의 젊은이들에게 큰 영향을 주었다. 자신들의 처지를 어떤 식으로든 설명하고 싶어했던 이들에게 '우승열패優勝劣敗'의 논리는 자신들이 마주한 현실에 대한 해명을 넘어서 지향해야 할 그 무엇을 선연하게 제시한 것이기도 했다. 후난 제1사범학교에 입학해 서구 사상가들의 책을 정열적으로 독파하고 있던 마오쩌둥毛澤東, 모택동; 1893~1976년은 1917년 4월 《신청년新青年》 잡지에 실린 논문 「체육에 대한 연구」에서 "체육은 감정을 조절할 뿐 아니라 의지력도 강하게 해준다"고 주장했다. "중국이 약하다면 그것은 중국인이 약하기 때문이며, 중국인이 약하다면 그것은 그들의 문화가 정신을 키우는 데만 집중하고 신체 건강을 경시했기 때문"●●이라는 것이다.

● 벤자민 슈워츠(Benjamin Schwartz)『부와 권력을 찾아서(In Search of Wealth and Power)』(Cambridge: Harvard University Press, 1964), pp. 45-46. (조너선 D. 스펜스, 『현대중국을 찾아서 1』, 이산, 1998. 353쪽에서 재인용)

●● 조너선 D. 스펜스, 『현대중국을 찾아서 1』, 356쪽.

우리는 또한 신체 단련에도 힘을 썼다. 겨울 휴가 때에는 들판을 누비고 다니기도 하고 산을 오르내리기도 했으며, 성벽을 따라 걷기도 하고 강이나 냇물을 건너기도 했다. 비가 오면 셔츠를 벗고 빗물에 목욕을 했다. 태양이 뜨겁게 내려 쬘 때면 우리는 웃통을 벗어버리고 태양욕을 했다. 우리는 또한 봄바람을 맞으면서 이것은 풍욕이라고 고함을 쳤다. 이미 서리가 내리고 있는데도 밖에서 자기도 하고 심지어는 11월에도 찬 강물에서 수영을 했다. 이 모든 것은 '신체 단련'이라는 이름 아래 행하여졌다. 그리고 [나중에] 쟝시江西, 장서로부터 서북 변경에 이르기까지의 장정長征을 수행하는 동안 그 어려움을 극복하는 데 필요한 육체를 단련해주었다.●

● 에드거 스노(신복룡 역주), 『마오쩌둥 자전(毛澤東自傳)』, 평민사, 2001. 68쪽.

한편 비슷한 시기에 중국의 젊은이들에게 지적인 자극을 주었던《신청년》은 중국의 사상가이자 혁명가인 천두슈陳獨秀, 진독수; 1879~1942년가 펴낸 잡지다. 쑨원을 대신해 대총통의 자리에 오른 위안스카이袁世凱, 원세개를 제거하기 위해 일으켰던 제2차 혁명이 실패하자 천두슈는 잠시 일본으로 피신했다. 1915년에 다시 귀국한 천두슈는 상하이에서《청년잡지靑年雜誌》를 창간했는데, 이듬해인 1916년부터는 잡지명을《신청년》이라 고쳤다.《청년잡지》의 창간사에서 천두슈는 다음의 여섯 개 항목을 주장했다.

일一. 자주적이어야 하고, 노예적이어서는 안 된다.
일二. 진보적이어야 하고, 보수적이어서는 안 된다.
일三. 진취적이어야 하고, 퇴영적이어서는 안 된다.
일四. 세계적이어야 하고, 쇄국적이어서는 안 된다.
일五. 실리적이어야 하고, 허식적이어서는 안 된다.
일六. 과학적이어야 하고, 공상적이어서는 안 된다.

하지만 이 주장들은 공허하고 관념적인 것에 불과했다. 이것보다 중요한 것은 그가 구체적으로 방안으로 제시했던 '더모커라시^{德莫克拉西}'와 '사이인쓰^{賽因斯}'라는 말이었다. '더모커라시'와 '사이인쓰'는 각각 '민주'를 의미하는 '데모크라시^{Democracy}'와 '과학'을 의미하는 '사이언스^{Science}'를 소리나는 대로 음역한 것인데, 당시에는 생소한 발음 탓에 '더 선생^{德先生}'과 '사이 선생^{賽先生}'이라 부르기도 했다. 곧 천두슈는 중국이 부강하기 위해서는 이 두 가지를 적극적으로 받아들여야 한다고 주장했던 것이다. 그러나 당위론적 입장에서 어찌어찌해야 한다고 주장하는 것과 현실에서 그것을 어떻게 실현할 것인가 하는 것은 또 다른 문제였다. 결국 문제는 대안이었다. 낡은 것을 치워버린 자리를 대신할 그 무엇을 찾기 위해 당시 지식인들은 고민에 고민을 거듭했다.

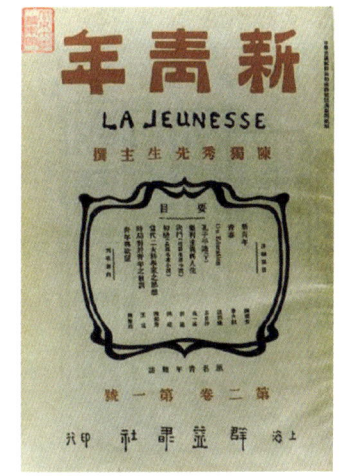

《신청년》잡지

새로운 이데올로기, 그리고 마오쩌둥과 쟝졔스

그러던 중 1917년 10월 유럽의 변방인 러시아에서 혁명이 일어났다. 흔히 '10월 혁명'이라 일컫는 이 혁명의 성공은 전 세계 피압박 민족에 큰 충격을 안겨다 주었다. 이를 계기로 공상가가 꿈꾸는 하나의 이상에 불과한 것으로 치부되었던 '마르크스주의'는 '과학'의 또 다른 이름이 되었다.

> 마르크스 사회주의 이론은 세 가지로 나뉠 수 있다. 하나는 과거에 관한 이론, 즉 그의 역사론이며 사회조직의 진화론이라고도 한다. 또 하나는 현재에 관한 이론인 그의 경제론으로, 자본주의 경제론이라고도 일컫는다. 그리고 나머지 하나

리다자오

● 리쩌허우(李澤厚, 이택후), 『중국현대사상사』, 한길사, 2005년. 250쪽.

는 장래에 관한 이론으로, 그의 정책론이며 사회주의 운동론, 즉 사회민주주의다. 그의 특유한 유물사관을 떠나서 그의 사회주의를 생각한다는 것은 간단히 말해 불가능하다. 왜냐하면 그가 근거한 사관은 사회조직이 어떠한 근본원인에 의해 변화해왔는가를 확정짓는 것이며……현재의 자본주의 조직은 머지않아 필연적으로 사회주의적 조직으로 넘어갈 것이라고 예언하고 있기 때문이다.[리다자오^{李大釗}, 이대교, 『나의 마르크스주의관』, 1919년]

리다자오의 이러한 주장은 후스^{胡適, 호적}와의 논쟁 끝에 나온 것으로, 중국 역사상 최초로 중국 사회가 안고 있는 여러 모순들을 마르크스주의의 관점에서 바라보고자 시도한 것이었다. 후스는 실용주의적 관점에서 지식의 실용성과 효용성을 강조했다. 이에 반해 리다자오는 주의나 이념이라는 것은 단순한 공담^{空談}이 아니라 문제 해결을 위한 방법이어야 한다고 주장했다. 곧 역사의 주체는 민중이고, 민중을 활성화하는 것은 지식이 아니라 '주의'이며, 민중의 힘이 활성화될 때 비로소 문제가 해결된다는 것이다.

이 시기 중국의 젊은이들은 마르크스주의라는 새로운 사상에 열광하며 경도되었다. 그러나 중국에서 마르크스주의 이론의 선구자라 할 수 있는 천두슈나 리다자오는 정작 마르크스의 저작들을 직접 읽은 것 같지 않다. "그들이 알고 있던 것은 대개 일본인이 저술하거나 번역한 여러 소책자에서 소개되고 해설된 마르크스주의와 레닌주의였"던 것이다.● 뒤에 마오쩌둥은 당시 지식인들을 다음의 세 부류로 나누었다. 첫째는 리다자오와 천두슈 같은 공산주의적 지식분자이고 둘째는 루쉰과 같은 혁명적 프티부르주아 그리고 마지막으로 후스와 같은 부르주아적 지식분자들이 그것이다. 하지만 마오의 이러한 분석에는 문제가 있는데, 우선

당시 베이징대학 도서관주임이었던 리다자오의 집무실

학생과 지식인에 대한 분석이 제대로 이루어지지 않았고, 또 직접적인 투쟁, 이를테면 공산주의적 행동이 결여된 상태에서 공산주의적 지식분자들을 규정했다는 것이다. 무엇보다 그 당시 마오쩌둥 역시 과연 공산주의적 지식분자였는지 하는 것 역시 불분명하다.

그러나 어찌 첫술에 배부르랴. 모든 것에는 처음이라는 것이 있는 법 First time for everything. 마오쩌둥을 비롯한 중국 젊은이들의 생각은 현실에서 마주하는 다양한 실천 속에서 서서히 틀을 갖추어 나갔다. 하지만 다른 누구보다 마오쩌둥이야말로 그 당시 새로운 중국의 건설에서 가장 중요한 역할을 한 인물이었다. 누군가의 말대로 마오쩌둥은 중국 역사상 첫 번째 또는 최소한 다섯 번째 안에 드는 지도자라는 평을 들었다. 그에 대한 평은 극과 극을 오갔고, 그의 생전의 공적은 언제나 포폄의 대상이었다. 그는 분열한 중국을 통일했다는 측면에서 수^隋와 명^明나라의 시조와 비슷하면서 그 업적은 진시황에 비견되었다. 아울러 중국의 전 사회를 급격하게 변화시켰다는 측면에서는 수나라와 명나라 그리고 진시황과 왕망$^{王莽, 왕망}$을 합쳐놓은 정도의 사회 개혁을 이루어냈다. 그러나 진시황이 모든 것을 모든 방면에 걸쳐 해냈다면, 마오는 사회주의라는 하나의 점으로 귀결시켰다는 차이가 있었다. 무엇보다 사상과 '주의'를 발견해 중국인의 일상 생활의 틀을 새로 구축했다는 점에서 쿵쯔$^{孔子, 공자}$나 기타 성인들에 버금갈 만한 역할을 해냈다고 볼 수 있는데, 그것도 자신이 살아 있는 동안 그것을 구현하고 동시대인들로부터 추앙 받았다는 점에서 다른 성인들보다 낫다는 평을 듣기도 한다.

　마오쩌둥은 중국 혁명의 수행 과정 중에 농민을 조직하고, 군의 지휘관 노릇을 했으며, 시인이기도 하고 사상가이기도 했다. 그에게는 관념이 아닌 행동이 있었고 비전이 있었다. 그는 철저하게 자신이 생각하는 것을 이루기 위해 자신의 삶을 바쳤는데, 이를 위해서 자신이 살았던 시대의 최첨단의 사상과 이념도 흔쾌히 수용하고 최선의 정치와 행정, 전술과 외교를 실현하려 노력했다. 그럼에도 그의 사상의 기본 골간은 수천 년간 집적되어 온 중국의 문화와 사상이었으며, 이러한 토대 위에서 행동으로 옮길 수 있는 사상과 이념, 그리고 철학을 발견했던 것이다. 여기에 공시적으로 현실에 대한 집합적, 또는 집단의 경험을 통해 자기 인식에 도달했으며, 이것을 토대로 당위의 전제를 만들어 나갔다. 그러한 과정 속에서 새로운 생각과 이데올로기를 발견하고 만들어냈는데, 마오는 여기서 한 걸음 더 나아가 이것을 군사적·정치적 차원에서 행동으로 옮겼다.

장제스와 마오쩌둥

　그런 측면에서 마오는 혁명가인 동시에 사상가라는 평을 듣고 있다. 마오가 평생 이루고자 했던 것은 사회적인 의미에서 중국의 모든 것을 뒤바꿔놓는 것이었으며, 그가 추구했던 혁명은 단순히 사회를 바꾸어놓는 것뿐 아니라 혁명의 배후에 감추어져 있는 전체적인 구조로서의 혁명이었다. 당연하게도 사상적인 뒷받침이 없이는 이러한 혁명을 구상하고 행동으로 옮길 수 있게 만드는 힘이 나올 수 없다. 마오는 확실히 사변적인 이론 정리에만 그친 마르크스보다는 이론을 실천으로 옮긴 레닌에 가까운지도 모른다. 그는 평생 레닌의 혁명 기법과 중국의 전통적인 농민 반란의 유산을 결합시켜 대중 동원이라는 과업을 수행했고, 그 결과 지주 계급과 일본 제국주의에 맞서 싸워 궁극적인 승리를 거두어냈다. 그러나 그렇게 얻어진 승리는 오히려 또 다른 시작에 불과했고, 이후에 펼쳐지는 역사는 그의 명성에 짙은 그림자를 드리웠던 게 사실이다. 그럼에도 불구하고 중국 혁명은 마오 없이는 제대로 수행되기 어려웠을 것이다.

  여기서 언급하지 않으면 안 되는 또 하나의 인물이 있으니, 중국 현대사를 관통하며 마오쩌둥의 필생의 라이벌이었던 쟝제스^{蔣介石}다. 결국 1949년 마오가 최종적인 승리를 얻을 때까지 중국의 역사는 두 거인 사이에 건곤일척의 기세로 펼쳐졌던 처절한 결투^{Duel}로 점철되었다고 할 수 있다. 저쟝 성^{浙江省, 절강성} 펑화 현^{奉化縣, 봉화현} 출신인 쟝제스는 중국 혁명의 아버지인 쑨원에게 인정을 받아 처음부터 탄탄대로를 걸었다. 그는 황푸군관학교 교장에서 출발해 쑨원 사후 국민혁명군 사령관의 자격으로 북벌을 일으켜 군벌들을 물리치고 국민정부를 세웠다. 그러나 공산당에 대해서는 시종일관 강경한 태도를 보였다. 만저우 사변으로 일본이 대륙 침략을 본격화했을 때도 항일전쟁보다는 공산당 토벌을 앞세울 정도로 공산당에 대해 뿌리깊은 증오심을 갖고 있었지만, 결국 공산당에 쫓겨 타이완으로 옮겨갔던 것이다. 공산당에 비해 물적인 측면에서 압도적인 우위를 보였던 쟝제스가 그렇지 못했던 '촌놈' 마오에게 쫓겨간 것은 여러 가지로 곱씹어볼 대목이 많다. 그에게 전폭적인 지원을 했던 미국이 별도의 『중국백서』를 펴내 국민당 패배의 원인을 분석할 정도로 당시 상황은 이해가 되지 않는 측면이 많았던 것이다. 그는 한때 신생활 운동을 전개해 국민들에게 유교적 국가 숭배의식을 부활시켰는가 하면, 남의사藍衣社와 같은 정보 기관을 동원해 공산주의자와 반체제 인사들을 탄압하기도 했다. 그러나 정작 국민당 정권 내부의 부패와 타락은 막지 못했다. 국민들에게 도덕과 유교의 윤리를 주입시키려는 정책은 완벽하게 실패했고, 애국지사들에 대한 탄압으로 인민의 지지를 잃어 결국 대세를 그르쳤다. 결국 "임금 된 자는 배이고, 백성은 물이니, 물은 배를 띄울 수도 있지만, 배를 뒤집어엎을 수도 있다"君者, 舟也, 庶人者, 水也. 水則載舟, 水則覆舟『순자荀子』「왕제편王制篇」는 말은 시대를 관통하는 금과옥조였던 셈이다.

반제와 반봉건의 과제, '어리석은 늙은이가 산을 옮기다'

그리하여 진시황 이래 2,000여 년 간 이어온 중국의 봉건 왕조를 청산하고 새로운 중국新中國을 건설하는 위업은 마오쩌둥에게 맡겨졌다. 마오가 걸었던 길은 그 이전 누구도 걸어보지 못했던 고난의 연속이었다. 그러나 그 길은 결코 그 혼자만 걸었던 길이 아니었다. 지금은 세계적인 거장의 반열에 오른 이른바 중국 5세대 감독의 대표주자 장이머우張藝謀, 장예모

● 남의사(Blue Shirts Society, BSS)는 중국 국민당 산하 비밀 조직으로 쟝졔스의 지휘 아래 중국과 국민당을 군국주의 노선으로 이끌어간 일종의 정보 기관이자 준 군사 조직이다. 삼민주의역행사(三民主義力行社)라고도 한다. 철저한 우파 정신으로 무장한 조직으로 공산주의자 탄압과 쟝졔스 정권의 독재 체제 유지와 강화를 위해 반대파에 대한 백색 테러, 숙청, 암살 등에 관여하였다.

남의사는 1931년 공산당과의 협력 관계에 반대하는 황푸군관학교 출신의 국민당 우파가 모여 결성하였다. '남의(藍衣)'라는 이름은 국민당의 짙은 푸른색 제복 색깔에서 유래했다. 이들은 철저한 비밀 조직으로 외부에 노출되지 않으며, 우두머리인 사장(社長, 쟝졔스), 총사(總社), 각 성에 설치된 분사(分社), 구분사(區分社), 소조(小組) 등의 조직이 있었다. 조직이 노출되지 않기 위해 서로 횡적 연락도 하지 않았다. 국공내전 시기 이들의 주요 활동은 대 공산당 첩보 활동, 협박, 체포, 숙청, 암살 등으로 공산당과 국민당 내 쟝졔스 비판 세력 탄압의 선봉으로 활동했다. 이들은 매우 잔인하고 과격한 행동으로 '중국의 군국주의'라 불리며 공포와 혐오의 대상이 되었다. 1930년대에 악명을 떨치며 나치 독일의 SS와 비교되던 남의사는 중일전쟁 이후 삼민주의 청년단으로 통합, 흡수되었다.(위키백과 참조)

감독의 출세작 〈붉은 수수밭^{紅高粱}〉^{1988년}은 간난신고로 점철된 신중국 탄생의 과정을 형상화한 작품으로 이 영화에는 신중국의 탄생에 대한 수많은 은유와 상징이 곳곳에 숨어 있다.

영화의 주인공이라 할 18세의 쥬얼$^{九兒, 구아}$은 나귀 한 마리에 팔려 스바리$^{十八里, 십팔리}$ 고개 너머 양조장 주인 리 씨^{李氏}에게 시집간다. 예식을 올리고 사흘째 되는 날 전통적인 관습에 따라 친정으로 신행을 가다 수수밭에서 한 남자에게 몸을 빼앗긴 쥬얼이 다시 양조장으로 돌아오니 그 사이에 양조장 주인은 이미 누군가의 손에 의해 죽어 있었다. 쥬얼은 양조장을 떠나려는 일꾼들을 설득해 다시 술을 빚고 신행 가는 길에 자신을 범한 위잔아오$^{余占熬, 여점오}$와 함께 산다. 그러자 그때까지 실질적으로 양조장을 이끌어왔던 라오한은 양조장을 떠나 홀연히 사라진다. 9년이 지난 뒤 일본군이 쳐들어와 마을 사람들을 징발해 군용도로를 놓기 위해 수수밭을 밟아 눕히는 일을 시킨다. 그때 9년 전 양조장을 떠나 항일 유격대에 참여했던 라오한이 일본군 손에 잡혀 산 채로 가죽이 벗겨지자 마을 사람들의 분노가 폭발한다. 복수를 위해 위잔아오 등은 수수밭에 고량주를 묻고 일본군을 기다리는데, 그들에게 밥을 가져가던 쥬얼이 일본군의 총격에 쓰러진다. 이에 격분한 마을 사람들이 불을 붙인 술 동이를 들고 트럭을 향해 뛰어들자 묻어놓았던 고량주가 한꺼번에 폭발해 수수밭은 불길에 휩싸인다.

영화 〈붉은 수수밭〉의 포스터

앞서 말한 대로 이 영화에는 많은 은유와 상징이 담겨 있다. 우선 여자 주인공인 쥬얼은 9월 9일에 태어난 아홉 번째 딸을 의미하지만, 사실 중국 사람들에게 '9'라는 숫자는 그 이상의 함의가 있다. '9'는 양수^{陽數}의 극으로 더 이상 오를 데가 없기에, '재수 없다'는 의미를 갖고 있는데 사물이 극에 이르러 새로운 변화의 단계로 나아간다는 의미에서 변화의 모티프로 해석되기도 한다. 동시에 진秦의 시황제가 천하를 통일한 뒤 역사에 등장했던 8개의 주요 시기한, 위진남북조, 당, 송, 원, 명, 청가 끝나고 도래할 아홉 번째 시기를 의미하기도 한다. 그리고 영화의 기본 색조를 이루는 붉은 색은 중국을 표상하며, 붉은 고량주로 양조장을 소독하는 행위 등은 기존 사회를 청산한다는 의미에서 혁명을 상징한다고 할 수 있다. 또 전통적인 중국 사회를 상징하는 쥬얼의 아비가 그 산물인 딸을 팔아 넘기는 행위를 보여줌으로써 이 영화는 '반봉건反封建'의 색채를 분명히 하고 있고, 아무도 언제부터 있어왔는지 모르는 수수밭을 일본군이 뒤덮는 것은 수수밭으로 은유되는 중국을 일본군이 침략한 것을 의미한다는 측면에서 관객들에게 '반제反帝'의 과제도 제시하고 있다.

아울러 이 영화에는 사회주의적인 색채가 짙게 깔려 있는데, 영화에 직접 등장하지는 않지만 문둥이로 설정된 양조장 주인 리 씨는 추악한 지주·자본가 계급을 형상화한 것이라 할 수 있다. 그리고 쥬얼이 전통적인 여성상에서 벗어나 적극적으로 자신의 인생을 타개해 나가는 것은 일종의 '여성 해방'이라 할 수 있고, 일꾼들에게 자신을 '마님'이라 부르지 말라고 한 것은 '계급 타파'라 할 수 있다. 또 영화 전편에 걸쳐 일꾼들이 술을 빚는 과정에서 자신들의 구릿빛 건강한 육체를 드러내며 집체 작업의 즐거움을 노래하고 있는데, 이것은 '노동의 신성함'을 드러내기 위한 장치라 할 수 있다.

그러나 이 영화의 백미는 마지막 장면에 드러나 있는 상징성에 있다. 고량주 폭탄이라는 일견 어이없는 설정에 의해 일본군 트럭이 파괴된 뒤 화면은 온통 붉은 색으로 물들고 하늘에서는 일식日蝕이 진행된다. 여기서 붉은 태양이 중국을 상징한다면 일식은 일본 제국주의 세력의 침략을 의미한다. 결국 일식이 잠시 진행되다 끝나고 붉은 태양이 다시 모습을 드러내듯, 일제의 중국 침략 역시 일시적인 것이라는 사실을 은유한다. 영화의 마지막 장면은 아버지와 아들이 손을 잡고 서 있는 것으로 끝난다. 여기서 한 가지 짚고 넘어갈 것은 영화를 이끌어가는 내레이션의 주인공이 쥬얼의 아들이 아닌 손자라는 사실이다. 왜 아들이 아니고 손자일까? 일찍이 마오쩌둥은 중국 혁명을 '어리석은 늙은이가 산을 옮긴다^{愚公移山}'는 비유로 설명한 적이 있다.

옛날에 중국에는 '어리석은 늙은이가 산을 옮긴다'는 우화가 있었다. 그것은 옛날 화북 지방에 살았던 베이산$^{北山, 북산}$의 '어리석은 늙은이^{愚公}'라는 노인의 이야기다. 노인의 집 남쪽에 하나는 타이항산$^{太行山, 태항산}$, 다른 하나는 왕우산$^{王屋山, 왕옥산}$이라 불리는 두 개의 큰 산이 있어 집으로 드나드는 길이 가로막혀 있었다. '어리석은 늙은이'는 자식들을 거느리고 이 두 큰 산을 괭이로 파 없애기로 결심했다. 그런데 '지혜로운 늙은이^{智叟}'라는 이름의 이웃집 영감이 이를 보고 비웃으며 말했다. "당신네들, 그런 일을 하다니, 너무 어리석은 짓을 하고 있는 것 아니오? 당신네 부자 몇 명이 이렇게 큰 산을 두 개씩이나 파 없애겠다니, 그것은 도저히 이루어질 수 없는 일이오." 이 말을 들은 '어리석은 늙은이'가 대답했다. "내가 죽더라도 아들이 있고, 아들이 죽더라도 손자가 있어 자자손손 끊이지 않을 것이오. 이 두 산이 높기는 하지만 더 이상 높아질 리 없소이다. 파내면 파낸 만큼 줄어들 것인데, 어째서 파 없애지 못한단 말이오?" '어리석은 늙은이'는 '지혜로운 늙은이'의 잘못된 생각을 반박하고 조금도 동요하지 않고 날마다 산을 팠다. 이에 감동한 상제^{上帝}가 두 명의 신선을 인간세상에 내려보내 두 산을 등에 지고 옮기게 했다는 것이다.

지금 중국 인민의 머리 위에서도 역시 하나는 제국주의, 다른 하나는 봉건주의라 불리는 두 개의 큰 산이 덮쳐 누르고 있다. 중국 공산당은 오래전부터 이 두 산을 파 없애려고 결심했다. 우리는 반드시 이 일을 끝까지 해내고 끊임없이 계속

일해야 한다. 그러면 우리도 상제를 감동시킬 것이다. 이 상제는 다름 아닌 전 중국의 인민 대중이다. 전국의 인민 대중이 일제히 일어나 우리와 함께 이 두 산을 파낸다면 어찌 파 없애지 못하겠는가?"^{마오쩌둥, 「우공이 산을 옮기다」, 1945년 6월 11일}

결국 영화에서 말하고자 했던 것 역시 아버지에서 아들로 그리고 손자로 이어지는 중국 혁명의 영원성인 것이다. 이렇듯 '어리석은 늙은이'의 우직함은 결국 언젠가는 혁명이 성공할 것이라는 '낙관성'으로 귀결되고, 나아가 이러한 낙관적 전망은 사회주의와 그 문학적 반영인 리얼리즘의 승리로 마무리되는 것이다. 그러나 어느 역사에서나 승리는 일시적인 것이고, 해결해야 할 문제는 끝없이 제기되는 법이다. 이러한 과정은 현재도 진행형이다. 어리석은 늙은이가 옮기려 했던 산은 아직 옮겨지지 않은 것이다. 과연 '어리석은 늙은이'는 산을 옮길 수 있을까?

1 신해혁명에서 5·4운동으로

미완의 혁명, 신해혁명의 의의

1911년 10월 22일 저녁녘 이 해 18번째 생일을 맞게 되는 소년 마오쩌둥은 그의 고향인 후난 성^{湖南省, 호남성} 창사^{長沙, 장사}에 있는 언덕 위에 서 있었다. 그는 열병에 들뜬 흥분의 하루를 보냈던 것이다. 12일 전에 우한^{武漢, 무한}에서 폭발한 반만혁명^{反滿革命}은 그날 아침 창사에 파급되어 삽시간에 구제국의 행정 체제를 쓸어버렸다. 지금 마오의 눈앞에 펼쳐진 것은 '대한민국^{大漢民國} 만세'라고 쓰여진 흰 깃발들이 도시를 덮고 휘날리는 광경이었다.●

● S. 슈람(김동식 역), 『마오쩌둥』, 박영사, 1977. 21쪽.

소년은 혁명의 열기에 휩싸여 다가올 미래의 모습에 기대를 걸었지만, 현실은 그리 녹록지 않았다. 쑨원^{孫文, 손문} 등이 중심이 된 신해혁명^{1911년}이 성공을 거두고 마지막 봉건 왕조인 청^淸이 멸망했지만, 중국의 미래는 여전히 암울하기만 했던 것이다.●●

●● 1911년 신해혁명부터 위안스카이의 황제 즉위 시도까지의 과정은 이 책의 자매편인 『조관희 교수의 중국사 강의』, 400~415쪽을 볼 것.

1912년 2월 12일 조정은 황제 푸이의 퇴위를 선언했다. 아울러 함께 발표된 짤막한 칙령은 쑨원의 주장을 부정하고 위안스카이^{袁世凱, 원세개}에게 "임시 공화정부를 조직"하고 혁명동맹회나 중부와 남부의 다른 반황 세력과의 민족적 단합을 이루도록 전권을 위임했다.

이리하여 이 간단한 몇 마디로 2천 년 이상 이어져 온 중국 제국사는 막을 내렸다. 이제 자치^{自治}에 대한 어떠한 기술이나 제도적 경험도 거의 전무한 중국인들은 조심스럽고 위험스런 세계로 걸어 나와 그들의 미래를 스스로 헤쳐나가야 하는 기로에 서게 되었다.●

● 조너선 D. 스펜스, 『현대중국을 찾아서 1』, 이산, 1998. 317쪽에서 재인용.

●● 이를테면 "1926년에 국민당이 실시한 토지조사에서 빈농과 중농은 농촌 인구의 68퍼센트를 차지하고 있는데도 그들이 소유하고 있는 토지는 겨우 18퍼센트에 지나지 않았던 것이며, 지주는 인구의 14퍼센트에 지나지 않은데도 경지는 62퍼센트나 차지하고 있다는 것이다." 쑨원(홍태식 등 역), 『삼민주의 건국방략』, 삼성출판사, 1990. 13쪽.

●●● 장 셰노 외(신영준 옮김), 『중국현대사 1911-1949』 까치, 1982. 29쪽.

1911년 10월 10일에 일어난 우창^{武昌, 무창} 봉기가 신해혁명을 일으킨 기폭제 역할을 한 것은 사실이지만, 과연 우발적인 사건 하나 때문에 2,000년간 이어온 봉건 왕조가 한순간에 무너졌다고 이해하는 것은 지나치게 단순한 생각이다. 진시황이 천하를 통일한 이래 2,000년 넘게 이어온 제국이 아니던가. 위안스카이에 의한 1915년의 제제^{帝制} 복귀 시도와 장쉰^{張勳, 장훈}에 의한 복벽^{復辟, 마지막 황제 푸이를 다시 황제로 추대하려 했던} 운동이 실패로 돌아간 것으로만 보자면, 이것은 분명 역사의 진전이라고 할 수 있지만, 중국 사회를 지배해왔던 기본 틀은 그대로 온존했던 것이다. 곧 황제를 역사의 뒷전으로 끌어내리고 새롭게 공화정이 수립되었어도 한 줌의 지배 세력이 대다수의 민중들을 지배하고 수탈하는 체제는 이후로도 꽤 오랫동안 유지되었다.●● 그런 면에서 보자면, "사실상 1911년 혁명은 아무런 새로운 정치 가치도 창출하지 못했으며, 단지 이데올로기적 진공 상태를 만들었을 뿐이다."●●●

이 혁명을 동맹회와 쑨원의 활동 결과라고 보거나 오늘날 중국 공산주의자들처럼 자유주의적이며 민주적·민족주의적인 부르조아지의 업적이라고 보기는 어려울 것이다……비록 혁명은 단명했지만 여러 측면에서 볼 때 지방 엘리트들의 승리였다고 할 수 있다. 제정을 전복시킴으로써 향신은 자신들의 권력 기반이었던 이데올로기적·정치적 지원 세력을 스스로 박탈했지만 또 다른 새로운 지도자 그룹인 군벌들이 등장하는 길을 준비하고 있었다.●

쑨원

● 장 세노 외, 『중국현대사 1911-1949』, 28쪽.

신해혁명을 단순히 현재 중국인들이 국부國父로 떠받드는 쑨원과 같은 몇몇 사람의 힘에 의해 우발적으로 일어난 사건으로 이해하거나, 오늘날 중국의 학자들이 주장하는 대로 민주적·민족주의적인 자본가 계급의 업적으로 이해하는 것은 사태를 지나치게 단순화한 것이라 할 수 있다. 오랜 세월 유지되어온 왕조의 붕괴를 설명하는 일은 그리 간단치 않은 것이다. 문제는 여기에 그치지 않는다. 과연 청 왕조의 붕괴 이후 생겨난 권력의 공백은 어느 세력이 대신했는가? 외견상 신해혁명 이후 새로운 중국을 건설할 책임을 지게 된 사람은 쑨원과 위안스카이였다.

우리는 신해혁명의 주인공으로 쑨원을 떠올리지만, 사실상 정통성만 놓고 따지자면 마지막 황제 푸이의 상유上諭에 의해 전권을 위임받은 위안스카이가 사분오열된 당시 중국을 재통일할 공식적인 책임자였다고 할 수 있다. 여기에 위안스카이는 북양군벌의 막강한 무력의 지원까지 받고 있었음에랴. 하지만 잘 알려진 대로 위안스카이는 이러한 역사적 책무를 방기하고 자신의 사리사욕을 채우는 데 온힘을 기울였다. 역사의 소임을 다한 구체제앙상 레짐를 전복하고 새로운 사회 시스템을 세워나가는 일은 언제나 그렇듯 그리 간단한 것이 아닐진대, 위안스카이가 그 대안으로 제시한 것은 우습게도 자기가 황제가 되는 것이었다. 이것은 역사 발전의 수레바퀴를 거꾸로 되돌리는 것으로 애당초 성공하기 어려운 시도였다.

그렇다면 쑨원이 1912년 1월 1일 난징에서 임시대총통에 취임하자마자 위안스카이가 공화주의자로 돌아선다면 그에게 총통의 자리를 넘겨줄 수 있다고 선언한 것은 무엇 때문인가? 실제로 오랫동안 해외를 떠돌았던 쑨원은 국내의 세력 기반이 취약했고, 그를 지지했던 한 무리의 자본가들 역시 당시 사회에서는 제한적인 역할만을 수행할 수 있을 뿐이었다. 게다가 쑨원이 일본 망명 시절에 결성했던 중국동맹회는 파당과 내부의 반대 세력으로 인해 내부 결속력이 지리멸렬인 상태였던 데다 국내의 거점 마련에 어려움을 겪어 현실적인 힘이 되지 못했다. 무엇보다 쑨원 자신이 청조淸朝 타도 이후에 벌어질 사태에 대한 명확한 구상을 갖고 있지 않았다.

> 동맹회를 이끈 기간—1905년에서 1912년까지—동안 쑨원은 세밀하고도 일관된 하나의 이념을 만들지는 않았다. 그는 강력히 반만적이며 친공화주의적인 태도를 견지했고, 대체로 사회주의적 색채를 띠었으며 중국을 강력한 근대국가로 만들 제도의 개발에 대해 보편적 희망을 이야기했다. 그는 군사적 안정화와 적절한 대중 교육의 시기를 거친 후에야 민주주의가 도래할 것이라는 주장 외에는 구체적인 계획을 밝히지 않고 전반적으로 모호한 태도를 취했다. 1912년 국민당이 쑨원의 지도 아래 조직되고 난 후에도 당의 사업은 여전히 확정되지 않은 상태였다. 민주주의는 준비 기간이 필요하다는 사고는 선거를 위해 철회되었고, 당의 입장은 총통의 권력을 견제할 필요성과 앞으로 의회의 적극적 역할을 보장할 것을 강조하는 쪽으로 변화되었다.●

● 조너선 D. 스펜스, 『현대중국을 찾아서 1』, 346쪽.

여기에 위안스카이든 쑨원이든 정작 다가오는 역사의 주인공이어야 할 민중들의 역량에 대해 심각하게 회의적인 생각을 갖고 있었던 것은 일종의 시대적 한계였다고도 할 수 있다. 쑨원은 중국이 민주주의를 실현할 준비가 되어 있지 않다고 생각했다. 그래서 그는 장차 자신이 이끄는 중화혁명당이 정권을 잡으면 당의 지도 아래 중국 인민을 군정기^{軍政期, 군사 통치기}를 거쳐 훈정기^{訓政期, 교육 통치기}로 이끈 뒤, 그들이 일정한 수준에 이르면 그제야 공화주의 헌법 하에 진정한 자치기^{憲政期}로 들어설 수 있다는 **3단계론**을 제시했다.● 그런데 이것은 현실과 동떨어진 생각이 아니었다.

앞서 이 책의 〈프롤로그〉에서도 인용했던 루쉰의 이른바 '환등기 사건'에서 보았듯이 당시 중국 민중들의 의식 수준은 매우 낮은 단계에 놓여 있었다. 그들이 추구하는 서구의 공화정은 오랜 기간 동안 수많은 사람들의 희생 위에 세워진 것이었다. 그렇기에 이러한 제도를 아무런 준비도 없이 일시에 이루어낸다는 것은 거의 불가능에 가까운 것이었다고 할 수 있다. 따라서 신해혁명을 통해 봉건 왕조를 타도하긴 했지만, 그들이 바라는 새로운 사회는 금방 손에 넣을 수 있는 현실로 다가오지 않고 또 다른 시행착오와 혼란의 과정을 거쳐야만 했다. 그것은 어느 사회에서나 치러야 할 일종의 비용이었던 셈이다. 그런 의미에서 신해혁명은 단순히 '미완의 혁명'이라는 말로만 치부할 수 없는 또 다른 가치를 갖고 있었다.

비록 쑨원이 이끌었던 난징정부는 현실적으로 너무도 무력했고 그의 뜻을 펼쳐 보이기에는 아주 짧은 시간 동안 존속했지만, 그 존재만으로도 후대의 역사 진행에 큰 영향을 주었다. 민주주의를 바탕으로 한 공화정을 표방했던 난징정부는 중국 정치사에 하나의 이데올로기적 유산을 남겼으며, 이로 인해 이상으로만 여겨졌던 서구식 민주 공화정이 이제는 현실 속에서 실현해야 할 구체적인 목표가 되어버렸다. 그리하여 내심 권력을 장악한 뒤 황제가 되어 봉건적 전제 정권을 수립하는 꿈을 꾸었

● 이것은 1924년 쑨원이 발표한 『국민정부 건국 대강(國民政府建國大綱)』에 나오는 내용이다. "군정 시기에는 모든 제도가 군정에 예속되어 정부는 병력을 동원해 국내의 장애 요소를 쓸어버리는 동시에 이념을 선전해 전 국민의 마음을 개화시켜 국가의 통일을 촉진시킨다.……하나의 성이 완전히 안정을 찾으면 헌정 시기가 시작되어 군정이 종식된다.……훈정 시기에는 정부가 훈련을 시켜 시험에 합격한 인원을 파견해 인민이 자치를 준비하는 것을 돕는다.……하나의 성이 완전한 자치에 도달하게 되면 헌정 시기가 도래하는데, 국민대표회가 성장(省長)을 선거로 선출해 해당 성의 자치를 감독하고 성 내의 국가 행정을 담당하되 성장은 중앙의 지휘를 받는다.……"

던 위안스카이였지만, 겉으로는 민주주의라는 용어와 국회와 같은 그 외형적 형태를 존중하지 않을 수 없었다.

신해혁명은 사실상 중국사에서 전무후무한 사건이었다. 무엇보다 중국 역사상 최초로 하나의 왕조가 그 후임자가 명확하지 않은 상태에서 붕괴해 상당한 기간 동안 전 중국이 말 그대로 혼돈에 빠져 무질서한 상황이 지속되었다는 사실은 그 자체로 중국인들에게 큰 충격을 던져주기에 충분한 것이었다. 국가의 권위가 그처럼 나락으로 떨어지고 정부 또한 국내외적으로 그처럼 멸시를 당하고 무능력했던 적이 없었던 것이다. 하지만 어둠이 짙으면 그만큼 빛은 더 밝은 것일까? 어두운 현실에 절망했던 지식인들은 오히려 더 큰 희망을 꿈꾸었는지도 모른다.

● 1925년 3월 31일 쉬광핑(許廣平, 허광평)에게 보낸 편지

"민국 원년의 일을 말하자니, 그때는 확실히 광명이 넘쳐서 당시 나도 난징 교육부에 있으면서 중국의 장래에 희망이 아주 많다고 생각했습니다."—루쉰, 『먼 곳에서 온 편지(兩地書)』●

제1차 세계대전과 일본 제국주의의 진출

1914년에 발발한 제1차 세계대전은 중국을 둘러싼 여러 나라의 상황을 일거에 변화시켰다. 19세기 말부터 20세기 초에 걸쳐 세계 자본주의는 이미 독점 단계로 접어들었고, 국내에서 더 이상 시장을 확대할 수 없었던 자본주의는 해외로 진출해 식민지를 개척하는 등 제국주의로 변화했다. 하지만 19세기 말 이미 전 지구상의 영토가 모두 제국주의 세력에 의해 분할이 완료된 상태에서 자본주의가 뒤늦게 발달한 후발 국가들은 새로운 시장을 개척하는 데 어려움을 겪을 수밖에 없었다. 이 가운데 독일

의 경우 영국이나 프랑스보다 그 발전 속도가 훨씬 앞서갔는데, 이를테면 1870년에 영국과 독일의 공업 생산액이 전세계의 총 생산액에서 차지하고 있는 비중은 각각 32퍼센트와 13퍼센트였지만 1913년에 접어들면 영국은 13퍼센트로 떨어지고 독일은 16퍼센트에 달했다. 결국 이런 상황에서는 서구 열강들이 서로 동맹을 맺고 반대편 진영에서 식민지를 빼앗아 오는 것 이외에 달리 방도가 없었다. 결국 인류 역사상 최초로 치러진 세계대전의 결과 유럽은 초토화되어 승전국, 패전국 가릴 것 없이 치명적인 타격을 입었다.

● 편집부 편역, 『중국 근현대경제사』, 354쪽.

이에 반해 청일전쟁^{1894년}과 러일전쟁^{1905년}의 승리로 새롭게 제국주의 세력의 반열에 오른 일본에게 제1차 세계대전은 국력을 떨치고 식민지 쟁탈전에 뛰어들 수 있는 절호의 기회가 되었다. 1914년 8월 4일 영국과 독일 사이에 선전포고가 이루어지고 전쟁이 시작된 지 나흘 만에 메이지 유신^{明治維新}의 공신으로 정계의 원로였던 이노우에 가오루^{井上馨}와 야마가타 아리토모^{山縣有朋}는 당시 수상이던 오쿠마 시게노부^{大隈重信}에게 다음과 같은 의견서를 보냈다.

> 이번 유럽의 대전란은 다이쇼^{大正} 신시대의 하늘의 도움이다. 일본은 당장 이 하늘의 도움을 이용하기 위해 거국 일치의 풍조를 마련하지 않으면 안 된다. 정쟁은 그만두고 감세·폐세 등 당리당략을 거두어야 하며, 국가 재정의 바탕을 공고히 하고 영국·프랑스·러시아와 손을 잡아 동양에서의 일본의 이권을 확보하면서 중국의 통일자^{統一者}를 손아귀에 휘어잡아야 한다.

이때 위안스카이는 제1차 세계대전의 발발로 유럽 여러 나라의 차관을 기대할 수 없게 되자 난감한 처지에 빠졌다. 황제가 되고자 하는 자신의 야욕을 이루기 위해서는 나라 안팎을 제대로 장악해야 하는데, 여기

위안스카이

● 20세기 막바지에 IMF라는 국가부도 사태를 맞아 긴급하게 구제금융을 지원받았을 때도 이와 유사한 상황이 벌어졌었다.

●● 편집부 편역, 『중국근현대경제사』, 일월서각, 1985. 300쪽.

●●● 히메다 미츠요시(姬田光義) 외, 『중국근현대사』, 일월서각, 1985. 175쪽.

에 필요한 자금을 주로 외국의 차관에 의지해왔던 것이다. 1840년 아편전쟁의 패배 이후 거듭된 외세의 침탈로 만청정부의 재정은 고갈될 대로 고갈되었다. 이렇게 곳간이 거덜난 나라를 인수한 위안스카이로서도 이러한 상황을 타개할 뾰족한 수가 없었던 것이다. 결국 위안스카이는 어쩔 수 없이 외국에서 차관을 들여와 눈앞에 닥친 급한 불을 꺼나가야만 했다. 1913년 위안스카이는 국회의 승인도 없이 일본과 영국, 프랑스, 독일, 러시아 등 5개국으로 이루어진 은행단으로부터 2,500만 파운드^{약 1억 달러}라는 거액의 차관을 들여왔다. 이른바 중국을 돕기 위한 선의에서 제공한 것이라는 명목 하에 **선후차관**善後借款으로 불리는 이 자금은 중국의 염세와 관세를 담보로 한 것이었다. 웃기는 것은 돈을 빌려준 입장에서 빌려간 측에게 이러저러한 명목으로 돈을 지출하라고 미리 규정했다는 사실이다.●

이 차관의 용도로 기한이 임박한 외국 차관의 원리금 1,000여만 파운드를 변제할 것, '군대의 삭감·이동'실제로는 위안스카이의 무력을 확충하고 내전을 진행시키기 위해 쓰여졌다 및 임시 군정비軍政費로 700여만 파운드를 쓰고 염무鹽務의 정리금번 차관의 상환을 보증하기 위해에 200여만 파운드를 지출할 것이 규정되었다.●●

그리하여 그 가운데 "내정비內政費로 사용할 수 있는 것은 겨우 957만 파운드였음에도 불구하고 담보로 설정된 염세·관세 수입에서 지불된 액수는 47년 동안 이자만으로도 약 4,300만 파운드에 달했고, 더욱이 담보 확보를 구실로 관세·염세 제도 역시 제국주의가 지배하게 되었다."●●●
 문제는 이러한 차관의 담보로 제공한 염세와 관세로 인해 중국 정부는 경제적으로 서구 열강에 종속될 수밖에 없었다는 데 있었다. 이후로 관세와 염세는 열강이 직접 받아 일단 부채와 배상금 등을 공제한 뒤 중국 정부에 돌려주었던 것이다. 이렇게 해서 관세와 염세, 우편 사업 등은 중국 정부의 지배를 벗어나 하나의 자율적 기관이 되어버리고 그 관리자들 역시 외국인으로 채워졌다. 그 결과 중국 정부의 권위는 극도로 약화되어 외교적인 문제뿐 아니라 중국 내에서 일어나는 반정부 사태나 쿠데타와 같은 국내 문제들마저도 베이징에 주재하는 열강들의 공사관의 승인을 얻어야만 했다. 이제 중국 정부가 열강들에 지고 있는 재정적 부담은 도저히 빠져 나올 수 없는 거미줄처럼● 중국 정부를 옥죄었으니, 그런 의미에서 보자면 "1913년 선후차관 협상은 중국의 식민지화 과정에서 새로운 단계"●●라 할 수 있다.

● 제국주의 세력의 행태는 선수금으로 옭아매고 이후로도 이런저런 명목으로 부채를 떠안게 만들어 자신들의 손아귀에서 도저히 빠져 나올 수 없게 만드는 '포주'들의 그것과 어찌 그리도 닮았는지……

●● 장 셰노 외, 『중국현대사 1911-1949』, 33쪽.

하지만 제1차 세계대전이 발발한 뒤 영국과 러시아 등으로부터의 자금과 무기의 원조가 끊어지게 되자 다급해진 위안스카이는 그를 대신해 일본에 손을 내밀 수밖에 없었다. 하지만 아이러니하게도 위안스카이와 일본의 관계는 본래 그다지 원만하지 못했다. 양자의 악연은 멀리 임오군란^{1882년}까지 거슬러 올라가는데, 당시 위안스카이는 우창칭^{吳長慶, 오장경}을 수행해 조선에 들어왔다가 1884년 일본 세력을 등에 업은 김옥균 등이 갑신정변을 일으키자 위안스카이는 일본군과의 전투에서 승리하고 개화파에게 구금되어 있던 고종을 구출하는 등 공을 세운다. 이후 잠시 귀국했다가 1885년에 리훙장^{李鴻章}의 명을 받아 조선 주재 총리교섭통상대신^{總理交涉通商大臣}에 취임하여 서울에 주재하면서 조선의 내정과 외교를 간섭하는 와중에 일본, 러시아 등과 경쟁했던 것이다.

하지만 과거는 과거지사일 뿐, 곤경에 빠진 위안스카이는 일본의 지원을 요구해야 하는 절박한 상황에 놓였다. 그 무렵 일본은 전 세계 자본주의 국가들 가운데 가장 급속히 성장한 나라였으며, 이렇게 등장한 새로운 제국주의 강국은 세계대전이라는 절호의 기회를 이용해 적극적으로 대륙 진출을 꾀하였던 것이다. 위안스카이는 외교부 차장 차오루린曹汝霖, 조여림과 주일 공사 루쭝위陸宗輿, 육종여 등에게 교섭을 진행시켰다. 그 결과 일본 측이 원조에 대한 반대급부로 중국에 요구한 것은 위안스카이의 예상을 훨씬 뛰어넘는 것이었다. 흔히 **대중국 21개조 요구**[21개조로 약칭]라 불리는 일본 측의 요구 사항은 다음과 같다.

> 제1호 산둥 성의 독일 권익 양도와 철도 부설권 요구 등 4개조
> 제2호 뤼순旅順, 여순과 다롄大連, 대련을 포함한 관둥저우關東州, 관동주의 조차 기간을 99년으로 연장하는 것을 포함한 남 만저우와 동부 네이멍구內蒙古, 내몽골에서의 일본의 특수 권익의 승인 등 7개조
> 제3호 한양漢陽, 한양, 다예大冶, 대야, 핑샹萍鄕, 평향 석탄 제철회사漢冶萍煤鐵公司의 철·석탄 사업에 관한 이권 이양 등 2개조
> 제4호 중국 연안과 도서 지역을 외국에 할양하지 않겠다고 선언하는 1개조
> 제5호 중국 중앙정부의 정치·재정·군사 분야에 일본인 고문 초빙, 경찰의 공동 관리, 병기 구입과 철도 부설에 관한 요구 등 7개조

이것은 대륙 침략에 혈안이 되어 있는 일본 내 각계 각층의 요구 사항을 모두 종합한 것으로, 당시 다이쇼 데모크라시 운동으로 곤경에 빠져 있던 일본 내각이 국내의 불만을 중국 침략으로 무마하려는 의도에서 획책한 것이었다. 이 가운데 제5호의 조항들은 중국의 주권을 무시하고 중국의 정치와 재정·군사 부문을 일본인 마음대로 오로지하겠다는 것으로 당사자인 중국은 물론 열강들의 강력한 저항에 부딪혔다. 결국 일본은 제5호 7개 조항을 삭제하고 다른 항목들도 내용상 약간의 수정을 가한 뒤, 1915년 5월 7일에 최후통첩을 보내는데 그것도 50시간 내에 회답을 요구하는 것이었다.

위안스카이는 마음이 급했다. 하루속히 정권을 공고히 해 황제의 자리에 오르고자 하는 욕심에 눈이 멀었던 위안스카이는 국회의 동의도 얻지 않고 일본의 요구를 받아들였다. 같은 해 5월 25일 정식으로 중일조약이 체결되고 6월 8일에는 양국 간에 비준서가 교환되었다. 위안스카이가 일본 측의 무리한 요구를 받아들인 것은 결국 일본이 황제의 자리에 오르고자 하는 그의 야욕을 눈감아주고 나아가 적극 지지하겠다고 암묵적으로 약속했기 때문이었다. 위안스카이의 사욕을 채우기 위해 나라의 문호를 이리떼와 같은 제국주의 세력에게 활짝 열어준 셈이니 중국 인민으로서는 얼마나 통탄할 일이었겠는가.

한편 쑨원은 신해혁명 이후 위안스카이에게 정권을 넘긴 뒤, 위안스카이를 제거하기 위한 첫 번째 시도로 일으켰던 제2혁명이 실패하자 일본으로 재차 망명 길에 올랐다. 일본에서 그는 다시 과거의 비밀결사 형태의 전통적인 조직으로 눈을 돌려 1914년 7월 **중화혁명당**中華革命黨을 결성했다. 하지만 당 지도자에 대한 충성 서약 등의 문제로 황싱黃興, 황흥, 리례쥔李烈鈞, 이열균 등과 같은 핵심 구성원들이 이탈하는 등 내부가 분열되어 중화혁명당은 단지 해외 화교 사회로부터 자금을 모으는 일에만 머물렀을 뿐 정치적 영향력은 크게 떨치지 못했다. 아울러 쑨원 자신도 '범아시아주의'와 일본에 대한 동경 및 우호적인 태도 등을 보여 당시 중국 대륙에 대한 일본의 팽창주의 정책에 반발해 형성된 중국 내 민족주의 운동과 멀어지게 되었다.

이 무렵 "20세기 2/4분기에 중국에서 가장 탁월한 지도자가 되었으며 서로 간의 전쟁이 중국 혁명의 형태에 영향을 미쳤던 두 사람이 폭력적 분쟁과 정치적 활동의 묘미를 맛보게" 되었다.

● 조너선 D. 스펜스, 『현대중국을 찾아서 1』, 326쪽.

마오쩌둥은 후난의 공화국 군대에서 사병으로 잠시 복무했는데, 그곳에서

1911년 11월 중국 최초의 사회주의 정당을 창당한 장캉후가 쓴 문건을 손에 넣었다. 그러나 마오쩌둥의 정치적 입장은 여전히 조심스러웠다. 그는 훗날 한 기자에게 쑨원을 대통령으로, 캉유웨이를 수상으로, 그리고 량치차오를 외무부 장관으로 하는 정부를 희망했었다고 말했다. 전쟁이 끝나자 마오쩌둥은 중국의 사회 개혁에서 적극적인 역할을 수행하기 위한 준비로서 정치와 경제 관련 서적을 읽으면서 독학에 몰두했다.

……

장제스는……얼마간의 재산을 가진 야망 있는 중국 청년들처럼 그도 일본으로 건너가서 군사학교에 입학하여 1908년부터 1910년까지 머물렀다. 장제스는 동맹회에 가담했고, 이를 계기로 저장浙江의 지도자인 천치메이陳其美, 진기미의 측근이 되었다. 1911년 11월에 천치메이가 상하이 군사령관都督이 되자 장제스는 그의 연대장 가운데 한 사람으로 승진했다. 그는 혁명운동의 일환으로 항저우를 탈환하기 위한 전투에 참가해 용맹을 떨쳤다. 여러 정황을 고려해 볼 때 장제스가 개인적으로 폭력을 사용하게 된 첫 계기는 그의 정신적 지주였던 천치메이와 쑨원에게 반대하는 동맹회 회원의 암살을 교사했거나 집행했을 때부터였던 것 같다.●

● 조너선 D. 스펜스, 『현대중국을 찾아서 1』, 326~327쪽.

결국 위안스카이의 시대착오적인 제제帝制 복귀는 실패로 돌아가고 얼마 안 있어 그는 울분을 참지 못하고 죽었다1916년 6월. 위안스카이의 사후 그의 세력은 크게 둘로 나뉘었다. 하나는 돤치루이段祺瑞, 단기서; 1865~1936년를 영수로 하는 완 파皖派(또는 안후이 파安徽派), 다른 하나는 펑궈장馮國璋, 풍국장; 1859~1919이 이끌었던 즈리 파直隷派, 직예파이다. 하지만 이들 외에도 여러 지역에서 할거하고 있던 크고 작은 군벌들 역시 무시 못할 세력을 형성하고 지방의 군사·정치·경제를 한 손에 몰아 쥐고는 마치 봉건영주와 같이 군림했다. 특히 베이징에서 멀리 떨어진 윈난雲南, 운남이나 광시廣西, 광서 같은 지역은 거의 독립 왕국이나 마찬가지였다. 결국 위안스카이 한 사람의 야욕으로 인해 남은 것은 여러 나라로부터 끌어들인 나라 빚, 곧 차관^{借款}과 불평등한 조약으로 인한 부담 이외에 권력의 공백으로 초래된 혼란뿐이었다.

군벌 할거의 시대

> 먼 곳에서 포성이 들려왔다. 아주 먼 곳이었으나 그것은 포성이 분명했다. 샹쯔는 움직일 엄을 못했으나 병영은 곧 어지러워졌다. 그는 숨을 죽였다. 기회는 왔다! 그동안 지내온 경험으로 미루어보면, 병정들은 또 퇴각해야만 하며, 틀림없이 산 속으로 들어가리라는 것을 샹쯔는 분명히 알 수 있었다. 이 병정들이 싸우는 방식은 집안에 갇혀 있는 꿀벌 떼 모양 아무데나 마구 부딪히는 것밖에 모른다. 포 소리가 들리면 그들은 달아나야만 한다.●

20세기 중국 현대문학사에 빛나는 별 가운데 하나인 라오서^{老舍}, 노사의 소설 『뤄퉈샹쯔^{駱駝祥子}』는 베이징의 한 인력거꾼의 일생을 생생하게 묘사함으로써 시대의 거대한 벽화를 그려냈다. 이 소설의 주인공인 베이징의 인력거꾼 샹쯔$^{祥子, 상자}$는 어느 날 베이징 서쪽 교외로 손님을 태우고 나갔다가 한 무리의 군인들에게 사로잡혀 인력거도 빼앗기고 끌려다닌 후 간신히 탈출한다. 그를 끌고 갔던 군인들이 어느 소속인지는 분명하게 묘사되어 있지 않지만, 분명한 것은 이 소설의 무대가 된 시대가 유명무실한 정부를 대신한 군벌의 시대였다는 사실이다.

위안스카이가 죽은 뒤 정국을 주도한 것은 당시 북양 군벌●●을 양분하고 있던 돤치루이였다. 또 다른 실력자인 펑궈장이 즈리$^{直隸, 직예}$●●● 도독과 장쑤$^{江蘇, 강소}$ 도독을 지내 중앙정부로부터 떨어진 양쯔 강 유역을 기

● 라오서(최영애 옮김), 『루어투어시앙쯔』, 통나무, 1989. 271쪽.

●● 이 명칭은 그들 가운데 상당수가 훈련을 받은 바 있는 근대식 사관학교 '북양무비학당(北洋武備學堂)'에서 유래한 것이다.

●●● 지금의 허베이 성(河北省).

반으로 삼았던 데 반해, 돤치루이는 중앙에 있으면서 육군총장 등을 역임했기에 베이징 정권의 실권을 장악하는 데 유리했다. 돤치루이는 즉시 위안스카이의 죽음을 사방팔방 알리고, 그가 황제가 되기 위해 공포한 신약법을 앞세워 당시 부총통이었던 리위안훙黎元洪, 여원홍이 총통을 대행한다고 선언했다.

하지만 돤치루이의 이러한 조치는 즉각 지방 군벌들의 반발을 불러왔는데, 결정적으로 상하이의 해군이 베이징 정부에 대해 반기를 들자 그 여파가 자신에게까지 미칠까 두려웠던 펑궈장이 돤치루이에게 1912년 쑨원이 제안한 이른바 '임시약법일종의 잠정적인 헌법'으로 되돌아가 국회를 소집할 것을 강요했다. 어쩔 수 없이 돤치루이는 국회를 재소집할 것을 선언했다. 당시 국회는 리위안훙의 이름으로 1913년 1월의 총선에 의해 구성되었다가 같은 해 11월 위안스카이에 의해 해산되어 2년 넘게 휴정하고 있었다. 문제는 1912년 1월에 선출되었던 의원들의 임기가 3년밖에 되지 않아 1916년 당시에는 이미 의원 자격을 상실했다는 사실이었다.

어찌 되었든 위안스카이가 죽은 지 두 달 만인 8월에 량치차오梁啓超, 양계초 등의 진보당과 국민당 의원들이 베이징에 모여 국회를 열고 리위안훙을 대총통으로 그리고 펑궈장을 부총통으로 추대했다. 리위안훙은 1911년 신해혁명 당시에도 혁명의 결정적인 계기가 되었던 우창 봉기에 마지못해 참여했었는데, 이번에도 유명무실한 부총통의 자리에 있다가 얼떨결에 대총통이 되었다. 펑궈장은 부총통이 되었음에도 자신의 권력 기반인 양쯔 강 유역을 떠나기 싫어해서 베이징으로 가지 않고 난징에 그대로 머물렀다. 결국 실권을 장악하고 있던 돤치루이는 군부의 지지자들과 량치차오 그룹의 온건주의자, 그리고 국민당 우파를 중심으로 일종의 타협적 내각을 구성했

리위안훙

다. 국회는 1911년에서 1913년 사이에 대립적인 관계에 있던 두 그룹이 여전히 국회를 지배했는데, 하나는 량치차오를 중심으로 한 진보당 그룹이고, 다른 하나는 쑨원을 중심으로 한 국민당의 급진주의적인 공화주의자들이었다. 이 가운데 량치차오 그룹은 돤치루이와 손을 잡고 '헌법연구회'를 결성했고, 국민당 그룹은 리위안훙을 지지하며 '헌정상권회憲政商權會'를 결성해 사사건건 서로 대립했다. 당시 사람들은 이러한 대립을 총통인 리위안훙의 총통부總統府와 총리인 돤치루이의 국무원國務院 간의 **부와 원의 싸움**府院之爭으로 불렀다.

하지만 정국을 주도한 것은 돤치루이였다. 그것은 그와 대립했던 리위안훙이 실제 군사력을 갖고 있지 않았고, 펑궈장은 베이징에서 멀리 떨어져 있었기 때문인데, 그것보다 더 중요한 이유는 일본 정부가 돤치루이를 지지했기 때문이었다. 1916년 10월에 새로 구성된 데라우치 마사타케寺內正毅, 1852~1919년 내각은 중국 내 일본의 영향력 확대를 위해 제1차 세계대전 발발 후 벌어들인 풍부한 자금을 활용해 중국을 적극 지원하고자 했다. 앞서 살펴본 대로 제1차 세계대전으로 직접적인 전쟁 당사국인 서구의 여러 나라들은 너나 할 것 없이 피폐해졌지만, 미국과 일본은 오히려 이 전쟁을 통해 막대한 국부를 축적할 수 있었다. 두 나라는 이렇게 얻은 이익을 중국에 투자했고, 실제로 세계대전 이전인 1913년부터 전후인 1919년 사이에 일본은 약 2.5배, 미국은 약 두 배 정도로 투자액을 늘렸다. 이후 양국은 중국에 대한 경제 패권을 놓고 치열한 각축을 벌이게 되는데, 뒤에 일어난 태평양전쟁은 바로 이러한 싸움의 연장선상에서 벌어진 최후의 결투였던 셈이다.

문제는 군벌들이 이런 자금을 받아 민생 문제와 같은 국내의 현안을 해결하는 데 사용하지 않고 자신들의 군사력을 강화하는 데 전용했다는 것이다. "통계에 따르면 1912년에 65만이었던 군대육군는 1920년에는 90

● 사에키 유이치(佐伯有一), 노무라 고이치(野村浩一) 외(오상훈 역), 『중국현대사』, 한길사, 1980. 256쪽.

만, 한층 시대를 내려와서 1925년에는 147만에 달하고 있"었다.● 당시 군대가 군벌들의 사병 노릇을 했다는 것을 생각하면, 결국 민중들의 고혈을 짜낸 결과물인 세금을 담보로 한 차관이 몇몇 군벌의 권력을 떠받치고 그들의 사익을 위해 유용된 셈이었다. 그 결과 감당하기 어려운 착취에 시달려 살길이 막막해진 민중들은 유민流民이 되었다가 단순히 먹고 살기 위해 군벌의 군대에 들어가는 악순환이 계속되었다.

제1차 세계대전이 일어나자 영국과 프랑스, 러시아 등 서구 열강들은 중국의 참전을 적극 권유했지만, 그들과 이해관계를 달리했던 일본은 줄곧 중국의 참전을 반대해왔다. 그러는 와중에도 일본은 영국 · 프랑스 · 이탈리아 · 러시아 등과 세계대전이 끝난 뒤 당시 일본이 독일을 대신해 산둥山東, 산동에서 차지하고 있던 이권을 그대로 유지한다는 밀약을 맺고 있었다. 그런데 1917년 2월 미국이 돌연 독일에 대한 선전포고를 하고 중국에게도 동일한 조치를 취할 것을 요구해왔다. 그러자 '부府'와 '원院' 간에는 이를 둘러싼 대립이 격화되었다. 여기에는 일본의 보이지 않는 움직임이 작용을 했으니, 미국을 견제하기 위해 일본 역시 중국의 참전을 적극 주장하며 그 보상으로 돤치루이 정권에 거액의 차관을 제공했던 것이다.

돤치루이의 입장에서는 연합국의 일원이 됨으로써 자신의 정권에 대한 영국과 미국 · 프랑스 · 러시아 및 일본의 적극적인 지지를 이끌어낼 수 있었고, 또 참전을 통해 국내의 군국적인 지배 체제를 강화할 수 있었기에 참전을 지지했다. 당연하게도 돤치루이의 반대파는 그의 입지가 공고해지는 참전을 인정하려 하지 않았고, 당시 상하이에 머물고 있던 쑨원 역시 참전을 반대하고 중국의 중립을 주장했다. 결국 참전 문제는 국회에서의 표결에 붙여지게 되었는데, 당시 반대 의견이 많아 표결의 결과에 대해 확신을 갖고 있지 못했던 돤치루이는 각 성의 독군督軍●●들에게 전보를 쳐 베이징에서 독군회의를 열어 국회를 압박했다. 이에 항의해 돤치루이 내각의 구성원들이 사표를 던지니, 국회는 이를 빌미로 내각 불신임을 의결하고 참전 문제는 새 내각이 들어선 뒤 표결하기로 결정했다. 초조해진 돤치루이는 3월 14일에 독단적으로 독일과의 국교 단절을 선언하면서 참전에 반대하던 리위안훙 대총통 및 국회와의 대립각을 더욱 날카롭게 세웠다. 그러자 5월에 리위안훙이 전격적으로 돤치루이를 파면하니, 이에 놀란 돤치루이는 톈진天津, 천진으로 일시 물러나 각 성의 독군들에게 베이징 정부로부터의 독립을 선언케 해 리위안훙을 궁지에 빠뜨리려 했다.

이때 안후이安徽, 안휘 독군 장쉰張勳, 장훈이 리위안훙에게 조정 역할을 하겠다고 제의했다. 사태를 수습할 실제 권력이 없었던 리위안훙은 어쩔 수 없이 장쉰의 제안을 받아들였다. 이에 6월 2일 장쉰은 베이징에 입성했다. 장쉰은 여전히 청 왕조에 충성을 다한다는 뜻으로 자신의 군사들에게 변발을 하게 할 정도로 극단적인 보수주의자였다. 그의 속셈은 어수선한 정세를 틈타 왕조를 재건復辟하려는 데 있었다. 이를 간파한 돤치루이는 장쉰에게 국회를 해산하고 리위안훙을 내쫓는다면 장쉰의 뜻에 따르겠다고 제안했다. 이에 장쉰이 리위안훙에게 국회 해산을 강요하자 리위안훙은 별 수 없이 6월 13일에 국회를 해산했다. 장쉰은 그 즉시 왕조 복원을 실행에 옮겼으니, 7월 1일 드디어 푸이를 옹립해 황제의 자리에 다시 앉히고, 선통宣統 9년으로 기원을 고쳤다(**장쉰의 복벽 시도**). 그 사이 리위안훙은 일본공사관으로 피신해 보호를 받았으며, 대총통의 인새는 난징의 부총통 펑궈장에게 전해졌다.

하지만 돤치루이의 입장에서는 장쉰의 복벽 시도로 국면을 전환할 절호의 기회를 얻은 셈이었으니, 당장 일본으로부터 100만 위안의 군사비를 지원 받아 '민국 부흥'의 대의를 내세워 장쉰 토벌군을 일으켰다. 베

●● 신해혁명 후 1916년에서 1923년 사이에 존재했던 지방의 군사령관으로 대개 순무(巡撫)나 성장(省長)과 같은 지방 장관을 겸임했다.

돤치루이

이징에 주둔해 있던 다른 장군들이 쯔진청(紫禁城, 자금성)으로 진군하고, 두 명의 공군 조종사가 쯔진청에 폭탄을 투하해 3명이 죽었다. 7월 중순에는 북부 지역의 독군들이 군대를 끌고 베이징으로 몰려오니 2만여 명의 병력만을 갖고 있던 장쉰은 사세불급(事勢不及)으로 그들을 당해낼 수 없었다. 결국 연합군은 장쉰을 체포해 네덜란드 조계 내의 정치범 수용소에 연금하고 다시는 정치에 관여하지 못하게 했다. 푸이는 다시 폐위되었지만 별다른 처벌을 받지는 않았다. 북양 군벌의 두 거두인 돤치루이와 펑궈장은 타협을 통해 돤치루이가 다시 총리의 자리에 오르고 펑궈장은 공화정부의 대총통이 되었다. 이것은 결국 중국을 두고 벌인 미국과 일본의 암투에서 일단 일본이 이겼다는 것을 의미한다. 이후로 중앙 정부의 실질적 권력은 모두 사라지고 총통과 의회는 군벌들의 입김에 좌우되는 그들만의 리그로 전락해 비록 허울뿐이나마 명목적으로 내세워졌던 민주주의는 사라지고 나라의 명운이 군벌들의 손아귀에 떨어지게 되었다.

　　제2차 돤치루이 내각이 성립하자 일본의 데라우치 내각은 즉각 "돤치루이 내각에 상당한 정도의 우호적인 원조를 제공하여 시국의 평정을 기함과 동시에 이번 기회에 중·일 양국 간의 몇 가지 현안을 해결함을 도모한다"는 각의 결정을 내리고 아직 현안으로 남아 있던 '21개조의 요구'를 현실화하려는 방침을 세웠다.● 1917년 8월 중일 합작의 중화흥업은행(中華興業銀行)을 세우고 주일대사였던 루쭝위(陸宗輿, 육종여)를 총재로 앉혀 일본의 차관을 다루게 했다. 1917년 1월부터 1918년 9월까지, 일본이 돤치루이 정부에 제공한 이른바 **니시하라 차관**(西原借款)도 이 은행을 통해 차례차례 이루어진 것이었다.

● 히메다 미츠요시(姬田光義) 외, 『중국근현대사』, 183쪽.

니시하라 차관 (단위 : 만 엔)

차관명	계약 일시	발행액
제1차 교통은행 차관	1917. 1. 20	500
제2차 교통은행 차관	1917. 9. 28	2,000
유선전신 차관	1918. 4. 30	2,000
길회(吉會)철도 차관 전대금	1918. 6. 18	1,000
흑길림광 차관	1918. 8. 2	3,000
만몽철도 차관 전대금	1918. 9. 28	2,000
산둥 2철도 차관 전대금	1918. 9. 28	2,000
참전 차관	1918. 9. 28	2,000
총계		14,500

● 히메다 미츠요시(姬田光義) 외, 『중국근현대사』, 186쪽.

이렇게 제공된 차관으로 만저우와 몽골 지역을 연결하는 철도가 부설되었고, 금광과 삼림 개발권이 일본 측에 넘어갔으며, 유무선 전화가 가설되고 병기가 제공되었다. 그리하여 '21개조 요구'가 정식으로 조인되는 것과 무관하게 이미 많은 이권이 일본 측으로 넘어간 셈이니 당시 일본의 데라우치 수상은 '21개조 요구'의 10배가 넘을 정도였다고 큰소리 칠 정도였다. 결국 일본 측의 요구대로 중국은 1917년 8월 독일과 오스트리아에 대해 선전포고를 했다. 하지만 중국이 한 일이라고는 단지 이전에 독일과 오스트리아에 의해 통치되었던 지역인 칭다오^{青島, 청도}와 톈진^{天津, 천진}, 한커우^{漢口, 한구}와 조계를 점령한 것이었을 뿐, 그 어떤 군사적인 행동도 취하지 않았다.

한편 장쉰이 국회를 해산했을 때 누구보다 분개했던 것은 본래 '임시약법'을 제정했던 쑨원이었다. 비록 군벌들 사이의 이해관계로 '임시약법'을 기초로 국회가 소집된 것이기는 했으나, 이를 통해 새로운 도약을 꿈꾸었던 쑨원으로서는 장쉰 때문에 뜻을 이루지 못한 셈이 되었다. 이에 쑨원은 즉각 '임시약법'을 지키자는 의미를 담고 있는 '호법護法' 운동을 벌여나갔다. 돤치루이가 장쉰을 몰아내고 다시 베이징으로 돌아오자 쑨원은 그에게 전보를 쳐 '호법'을 요구했으나 돤치루이는 묵묵부답이었다. 결국 쑨원은 자신을 지지하는 상하이 해군부장 청비광程璧光, 정벽광과 함께 광둥으로 가서 광둥 도독 천빙쿤陳炳焜, 진병곤의 환영을 받고 '호법'에 대한 지지를 얻어냈다. 그리고 후난湖南, 호남의 탄옌카이譚延闓, 담연개와 광시廣西, 광서의 루룽팅陸榮廷, 육영정, 윈난의 탕지야오唐繼堯, 당계요와도 연합했다. 그러나 이들이 쑨원을 지지한 것은 무슨 '호법'이니 하는 명분 때문이 아니라 돤치루이가 자신들을 토벌하기 위해 군사 행동에 나서자 서로 힘을 합쳐 그와 맞서 싸울 필요가 있기 때문이었다.

그런 사정을 몰랐던 쑨원은 곧바로 베이징에 있는 자신을 지지하는 국회의원들을 광둥으로 소집했다. 150명 이상의 의원들이 곧바로 광둥으로 내려와 1917년 8월 27일 비상국회를 열고 중화민국 군정부 조직 대강을 가결하여, 쑨원을 대원수, 윈난 독군 탕지야오唐繼堯, 당계요와 광시 군벌 루룽팅陸榮廷, 육영정을 부원수로 하는 광둥군정부廣東軍政府를 수립했다제1차 광둥정부 수립. 이제 천하의 대세는 베이징정부와 광둥정부로 나뉘어 서로 대치하는 형국이 되어버렸다. 그런데 중국 역사에서 이러한 남북 대치 상황은 이게 처음이 아니었다. 광대한 영토를 가진 중국은 유사 이래로 강력한 중앙집권체제를 지향했지만, 사실상 각 지역은 그 나름의 독립적인 성격을 띠고 문화적으로나 경제적으로나 서로 다른 차이를 드러내고 있었다. 거칠게 보자면 중국은 크게 북부와 남부 지역으로 나뉘는데, 이들 두 지역의 기질상의 차이는 그 역사가 오랜 것이었다.

흔히 중원이라 일컬어지는 황허 이남과 양쯔 강 이북 사이에 있는 북부 지역은 오랫동안 중국을 지배해왔다. 하지만 1840년 아편전쟁으로 문호가 개방된 이래 남부 지역은 한동안 비단이나 차 등의 무역을 통해 경

● 쯔루(子路, 자로)가 강함에 대하여 물으니 쿵쯔가 말했다. "남방의 강함이냐, 북방의 강함이냐, 그렇지 않으면 너의 강함이냐? 너그러움과 부드러움으로써 가르치고 무도한 짓에도 보복하지 않는 것이 남방의 강함이니, 군자가 그렇게 산다. 싸움터에서 무기와 갑옷을 깔고 앉아서 죽더라도 주저하지 않는 것이 북방의 강함이니, 강포한 자가 그렇게 산다.(『중용(中庸)』)

제적인 이득을 얻어 북부 지역보다 발전했다. 하지만 1890년 이후에는 서구 열강들이 철도와 광산 등에 대한 대규모 투자를 해오자 북부 지역이 상대적으로 그 혜택을 입어 빠른 속도로 개발되었다. 정치적으로는 지배 세력들이 온존해 있는 북부 지역이 보수적이었던 데 비해 남부 지역은 활발한 이민 활동 등으로 분위기가 개방적이고 진취적이어서 급진적인 지식인들이 많이 배출되었다. 민국 초기 북부와 남부의 이와 같은 분위기를 대표했던 인물이 바로 위안스카이와 쑨원이었고, 그런 의미에서 보자면 양자의 대립은 곧 남과 북의 대립이었던 셈이다. 돤치루이가 위안스카이의 성실한 후계자로서 북부 지역을 대표한 하나의 아이콘이었다면, 쑨원은 남부 지역을 대표하는 상징이었다. 그만큼 쑨원과 돤치루이는 서로의 입장이 분명했고 또 그만큼 강경했다.

하지만 각각의 성省을 지배하고 있던 군벌들은 그렇지 않았다. 이들은 자신들의 이해관계에 따라 이합집산을 거듭했던 것이다. 쑨원이 자신의 '임시약법'을 무시한 북양군벌 타도에 부심했고, 돤치루이 역시 서남파의 광둥정부를 토벌하고자 했지만, 다른 한편에서는 남북의 대립을 타파하고자 하는 화의가 이루어지고 있었다. 특히 베이징정부의 또 다른 한 축이었던 펑궈장은 서남파와 은밀히 타협을 진행하고 있었다. 그런데 펑궈장의 심복인 차오쿤曹錕, 조곤이 이 사실을 돤치루이에게 통보하자 이에 노발대발한 돤은 1917년 11월에 총리직을 사임했다.

본래 중앙에서 실권을 잡고 있던 돤치루이를 정점으로 하는 안후이 파 군벌들은 구성원들 간의 결속력이 떨어졌고, 또 대부분이 군권을 장악한 실무진이 아니라 지위만 높은 고위층들이었기 때문에 실제적인 군사력은 그리 강하지 않았다. 결국 안후이 파가 의지한 것은 일본의 군사적 원조였는데, 일본이 이런 식의 지원을 통해 얻고자 한 것은 중국의 군사력을 자신들이 원하는 방향으로 견제하는 것이었다. 그때 마침 러시아 혁명이 일어나자 일본은 중·일 간에 군사 협정을 맺는 교섭을 시작했다. 러시아 혁명으로 러시아와 독일의 전쟁이 종결되자 일본에 적대적인 독일군이 러시아령을 넘어 극동까지 진출할 때 중국과 일본이 공동으로 대응한다는 것이 이 협정의 골자였다. 하지만, 실제로는 일본군의 중국 내에서의 자유로운 행동과 군사 기지 설정 및 일본군에 대한 중국군의 예속을 꾀하는 것이었다. 당연하게도 중국 측은 만저우 일대가 일본군 지배 하에 놓이게 되는 것을 저어하여 교섭에 소극적이었지만, 일본은 차관을 중지한다고 위협하며 압력을 가해 결국 1918년 5월에 **중일공동방적협정**中日共同防赤協定이라는 비밀 협정이 체결되었다. 이것으로 애당초 '21개조의 요구' 가운데 중국과 열강들의 반대로 삭제되었던 제5호 7개 조항의 일부가 실현되었다.

이러한 실상이 중국 내에 알려진 것은 일본에 유학했던 중국인 유학생들에 의해서였다. 당시 도쿄에 유학하고 있는 중국인 학생들은 협정문의 내용에 경악해 1918년 5월부터 동향회라는 명목으로 곳곳에서 집회를 열었다. 일본 경찰은 집회장마다 침입해 학생들을 체포했으나, 5일 밤에는 학생 대표들이 집회를 갖고 '대중화민국구국단'이라는 조직을 결성하기에 이른다. 그리고 5월 7일부터 약 1개월 사이에 당시 총 유학생 2,400명 가운데 절반에 이르는 1,200명의 유학생들이 중국으로 돌아가 상하이에 구국단 본부를 설립하고 베이징에는 분부分部를, 그리고 각 성에는 지부를 세우고 반일 계몽 운동을 전개했다. 5월 20일에는 베이징대학 구국회가 2,000여 명이 참가한 가운데 집회를 가졌고, 다음날인 21일에는 베이징의 학생 약 2,000여 명이 대총통부에 청원을 내고, 지방에서도 학생들이 성省 정부에 비밀 협정 폐지를 중앙에 요구하도록 하는 청원을 냈다. 중국 역사상 처음 있는 이러한 일련의 움직임들은 꼭 1년 뒤에 일어나는 '5·4운동'의 한 전조라고 할 수 있을 것이다.

한편 총리직에서 물러난 돤치루이는 곧바로 일본의 차관을 동원해 즈리 파에게 반격을 가했다. 총리를 사임한 지 한 달 만인 12월에 돤치루이는 참전독판參戰督辦에 취임하고 그 다음해인 1918년 3월에는 제3차 내각을 구성했다. 이어진 국회의원 선거에서는 풍부한 자금을 동원해 공작한 결과 어용당파인 안푸구락부安福俱樂部, 안복구락부가 국회의 다수를 차지했다. 1918년 10월에는 이른바 '안푸국회安福國會'라 불린 신 국회에서 임기가 만료된 펑궈장을 대신해 북양군벌의 원로인 쉬스창徐世昌, 서세창; 1855~1939년을 새로운 총통으로 선출했다. 쉬스창은 본래 과거에 급제한 뒤 만청 조정에서 관료를 지냈는데, 신해혁명이 일어나자 당시 재야로 물러나 있던 위안스카이를 재등용해 혁명을 진압할 것을 건의하기도 했던 인물이었다. 하지만 그는 분수를 아는 사람이었던지라 항상 자신이 서 있는 위치를 가늠하여 그에 합당한 처신을 해왔다. 총통의 자리에 오르자 그는 "무력을 배제하고 문치를 펼 것偃武修文"을 주장하며 남북 간의 내전을 중단하자는 정전 명령을 내렸다.

여기에 당시 미국 대통령이었던 우드로 윌슨은 쉬스창에게 보내는 축전에서 참전군을 내전에 이용하면 국제 협약에 어긋난다는 사실을 들어 남북이 화해할 것을 강력하게 권고했다. 아울러 영국과 프랑스 역시 직접적인 경고의 메시지를 보냈다. 동시에 열강들은 그동안 인정하지 않았던 광둥정부를 승인했는데, 이것은 관세 잉여금에 대한 관리권의 분할이라는 조치로 현실화되었다. 그동안 서구 열강들은 자신들이 제공한 차관에 대한 담보 역할을 했던 관세를 거두어 자신들의 몫을 뺀 나머지를 베이징정부에만 분배했는데, 1919년 1월부터는 광둥정부에 대해 (남부 관할 항구의 무역량에 비례한) 중국 관세 수입의 13퍼센트를 할당하기로 결정한 것이다.

하지만 무엇보다 돤치루이를 곤경에 빠뜨린 것은 그때까지 돤치루이를 지지했던 일본의 데라우치 내각이 실각한 것이었다. 사실 데라우치 내각이 중국에 제공했던 '니시하라 차관'은 앞서의 도표로도 알 수 있듯이 주로 1918년 9월에 집중적으로 이루어졌는데, 이것은 순전히 일본군의 '시베리아 출병'을 준비하기 위한 것으로 확실한 담보도 없었고, 결국 전쟁이 끝난 뒤에도 회수를 못했으니 그 부담은 고스란히 일본 민중들에게 돌아가고 말았다. 이렇게 무리한 출병을 두고 일본 내에서 반대 여론이 대세를 이룬 것은 어찌 보면 당연한 것이었다. 1918년 7월 7일 오사카 《아사히 신문》에는 다음과 같은 독자 투고가 실렸다.

> 지난날 칭다오 공격 때는 출정 병사들에겐 잘 갔다 오게나, 어쨌든 돈벌이 아니냐고 작별인사를 보낸 이들이 적지 않았다고 한다. 이 한 마디는 국민들이 전쟁을 보는 눈의 계량기였다. 그러나 이번에 우리가 출정해서 시베리아의 백설을 새빨갛게 물들이며 전사한들 가엾은 희생자여, 하는 따위가 고작 아닐까? 출병론을 조금 더 심사숙고해 주었으면 한다. ─그저, 죽어 마땅할 때 죽을 곳을 얻어야지, 죽어서 개죽음이 되지 않기를 바랄 뿐이다.●

● 사에키 유이치(佐伯有一), 노무라 고이치(野村浩一) 외, 『중국현대사』, 252쪽에서 재인용.

하지만 일본 정부는 이런 국내 여론을 무시하고 출병을 단행했는데, 여기에 더해 당시 일본 내의 경제 상황 역시 그리 좋지 않았다. 세계대전의 발발로 일본 내 산업이 빠른 속도로 발전했던 것은 사실이지만, 그에 따른 물가 상승 등의 사회 문제 역시 심각하게 나타났다. 특히 1918년에는 쌀값이 급등하여 민중들의 삶이 어려워져 그 인하를 요구하는 운동이 전국적으로 벌어졌다. '니시하라 차관'은 그런 저간의 상황을 무릅쓰고 제공했던 것인 만큼 데라우치 내각은 일본의 민중들로부터 곧 외면을 받았다. 결국 쌀값 파동과 극심한 인플레이션으로 인해 일본 내에서 폭동이 일어나자 이에 책임을 지고 데라우치가 사임하고 그 대신 하라 다카시^{原敬, 1856~1921년} 내각이 들어섰다. 하라 내각은 열강들의 압력에 굴복해 돤치루이에 대한 일방적인 지원을 중단하고 중국과의 관계를 완화하는 정책을 펴나갔다. 결국 돤치루이는 내외의 압력에 의해 남북 화의에 참여하지 않을 수 없게 되었던 것이다.

한편 또 다른 강경론자였던 쑨원은 실제로 동원할 수 있는 병력 하나 없는 허울뿐인 대원수의 자리를 지키고 있었을 따름이었고, 그가 유일하게 믿었던 국회 또한 정학계^{政學系}니 익우계^{益友系}니 민우계^{民友系}니 하는 파벌로 나뉘어 대립했다. 그런 와중에 광둥정부의 분위기가 화의로 돌아서자 '호법'을 위해 베이징정부와 맞서 싸워야 한다는 강경론을 고수했던 쑨원은 계륵과 같은 존재가 되어버렸다. 급기야 광둥정부를 지탱하는 서남파 군벌들은 1917년 5월 군정부의 조직을 고쳐 대원수인 쑨원을 사직하도록 몰아붙이고, 7월에는 쑨원과 우팅팡^{伍廷芳, 오정방}, 당사오이^{唐紹儀, 당소의}, 천춘쉬안^{岑春煊, 잠춘훤}, 루룽팅^{陸榮廷, 육영정}, 탕지야오^{唐繼堯, 당계요}, 린바오이^{林保懌, 임보역} 등 7인을 총재로 하는 집단 지도 체제를 채택하고 천춘쉬안을 수석 총재로 추대했다. 이에 쑨원은 크게 실망했고, 동시에 군벌들은 자신이 주장하는 '호법^{護法, 곧 護憲}'에 대해 아무런 관심이 없다는 사실을 깨닫고 광둥정부와 결별하고 상하이로 돌아갔다.

결국 1918년 11월 남북 양군에 정전 명령이 내려지고 이듬해인 1919년 2월에는 상하이에서 남북 화해를 위한 회의가 열리게 되었다. 하지만 일본과의 군사 협정을 폐기하라는 남부 측의 요구를 베이징정부가 거절하자 회의는 별다른 성과 없이 연기되고 만다. 회의는 비록 눈에 띄는 결과물을 내놓지 못했지만, 이로 인해 돤치루이의 안후이 파^{安徽派} 군벌들의 군사 책동은 일시적으로 억압되고 잠시나마 평화의 순간이 찾아왔다. 이러한 소강 상태는 미구에 닥칠 5·4운동을 가능케 하는 하나의 조건이 되었는데, 그럼에도 국내 정치의 분열 상황은 가라앉지 않고 각지에 할거하고 있던 군벌들이 혼전을 되풀이하는 이른바 군벌 지배의 시대가 한동안 지속되었다.

5·4 신문화 운동

1919년 4월 30일 한 통의 전보가 베이징에 도착했다. 내용은 산둥 지역이 일본의 손에 넘어갔고, 이 결정이 일본과 영국, 프랑스 사이에 맺어진 밀약과 중·일 간에 오갔던 공문 때문에 내려졌다는 것이었다. 이러한 사실은 곧바로 그 다음날인 5월 1일 신문에 실렸고, 전쟁이 끝나면 모든 게 원상으로 돌아올 것으로 기대했던 중국인들에게 크나큰 충격과 함께 실망을 안겨주었다. 베이징의 학생 대표들은 이런 망국적 위기에 분노하며 그 대처방안을 논의했다.

1918년 11월 11일 인류 역사상 최초로 일어났던 세계대전이 끝났다. 승전국이나 패전국이나 할 것 없이 엄청난 인적·물적 피해를 입었는데, 무려 4년여를 끌었던 전쟁으로 인한 재난은 당사국들뿐 아니라 아시아와 아프리카의 식민지나 종속국들 역시 피해가지 못했다. 중국 역시 '참전 중국인 노동자^{參戰華工}'라는 명목으로 러시아 동부전선에 약 8만 명이, 그리고 프랑스 서부 전선에 약 10만 명이 전쟁터로 내몰렸다. 물론 그 가운데 상당수가 이러저런 상황에서 희생됐다. 열강들은 이런 희생을 강요하기 위해 아시아와 아프리카의 여러 나라들에게 전쟁이 끝나면 독립과 자치, 주권 회복의 기회를 주겠노라고 약속했다. 영국 측의 팔레스타인 문제에 대한 맥마흔 선언^{1915년}이나 발포아 선언^{1917년}, 그리고 인도에 대한 몬타규 성명^{1917년} 등이 그 좋은 예이다.

미국 대통령 우드로 윌슨은 1918년 1월 대통령 교서에서 '민족 자결'

이 포함된 '14개 조의 평화 원칙'을 공표하였다. 제1차 세계대전이 발발할 당시 미국은 유럽에서 일어난 일에 관여하지 않는다는 전통적인 중립 정책을 표방했다. 그러나 1917년 독일이 무차별적인 잠수함 공격으로 미국의 상선과 여객선이 침몰 당하고 미국 항구 내에 화물이 적체되는 등 피해가 발생하고, 같은 시기에 러시아 혁명이 일어나 연합국의 전세가 불리해질 것으로 예상되자 결국 참전을 결정하게 된다. '14개 조의 평화 원칙'은 미국이 참전을 결정하면서 '전쟁을 끝내게 하는 전쟁', '민주주의를 위한 전쟁'이라는 명목을 내세움으로써 자신들의 참전 목적이 국제사회의 공정한 평화 수립에 있다는 사실을 국내외에 천명하기 위한 것에 지나지 않았다.

결국 이런 선언들은 강대국들이 약소국들을 달래기 위한 수사에 불과한 것이었고, 실제로는 비밀리에 진행된 밀약을 통해 연합국인 자본주의 열강의 지배 체제를 유지하고 강화해 나갔다. 그런 사실을 알 리 없는 식민지와 종속국의 민중들은 1919년 1월에 시작된 **베르사유 강화회의**에 많은 기대를 걸었다. 중국 역시 서로 대립 관계에 있었던 베이징정부와 광둥정부가 공동으로 사절단을 보냈는데, 이들의 최대 관심사는 제1차 세계대전의 발발을 틈타 일본이 강점하고 있던 산둥 지역의 구 독일 권익을 중국에 직접 반환하는 것이었다. 중국 대표는 회의에서 일본이 요구한 '21개조'는 위협에 의한 것이므로 무효이며, 1917년 8월에 중국이 독일에게 선전포고를 했으므로 독일과의 조약은 무효가 되고 따라서 그때까지 독일이 누리고 있던 권익 역시 당연하게도 중국에 반환되어야 한다고 주장했다.

하지만 이들은 회의석상에서 청천벽력과 같은 소식을 들어야 했다. 곧 일본이 참전에 앞서 이미 영국, 프랑스, 러시아, 이탈리아 등의 나라와 일본 해군의 전쟁 지원을 대가로 산둥 지역에 대한 독일의 권리를 무상으로 양도받는다는 밀약을 맺었던 것이다. 아울러 일본은 돤치루이가 아직 총리에 있을 당시인 1918년 9월에 니시하라 차관을 대가로 「산둥 성에서의 모든 문제 처리에 관한 교환 공문」을 비밀리에 주고받았다는 사실을 까밝혔다. 이것은 산둥 성에 대한 일본의 실질적인 권리를 공식적으로 인정하는 것을 골자로 작성된 것이었는데, 여기에는 당시 전권 공사인 장쭝샹張宗祥, 장종상의 이름으로 "중국 정부는 일본 정부의 제의에 흔쾌히 동의한다"는 내용까지 첨부되어 있었다. 일본 측 대표는 이 공문을 근거로 산둥의 문제는 중국과 일본 간의 문제이기 때문에 강화 회의의 의제가 될 수 없다고 주장했다. 중국 정부 대표단은 이러한 사실조차 모르고 회의에 참석한 것이었다. 중국 측으로서는 기가 막히는 노릇이었지만, 일본이 국제법을 근거로 거부할 수 없는 권리를 주장하고 나서자 산둥 문제에 대해 동정적이었던 우드로 윌슨 대통령 역시 어쩔 도리가 없었다. 1919년 4월 30일 윌슨은 영국의 데이비드 로이드 조지와 프랑스의 조르주 클레망소와 함께 산둥 성에서 행사했던 독일의 모든 권리를 일본에 이양했다.

이러한 사실을 접한 중국 민중들은 실망을 넘어 엄청난 분노의 감정에 휩싸였다. 일본이 대륙 진출의 교두보를 마련할 수 있었던 것은 사실상 위안스카이가 자신의 야욕을 채우기 위해 1915년 5월 7일에 '21개 조의 요구'를 받아들였기 때문이었다. 이후로 중국에서는 5월 7일을 '국치일'로 삼고 해마다 이날을 기념하고 있었는데, 바로 그 5월 7일이 코앞에 닥친 시점이었다. 목전에 임박한 '국치일'을 맞이해 대규모의 항의 집회를 열자는 쪽으로 여론이 모아지면서, "밖으로는 국권을 쟁취하고, 안으로는 국적을 징벌한다外爭國權, 內懲國賊"는 구호가 만들어졌다. 여기서 말하는 국적은 위안스카이 '21개조' 당시 외교부 차장이었던 차오루린曹汝霖, 조여림과 당시 주일대사 장쭝샹, 주일 공사 루쭝위陸宗輿, 육종여 세 사람이었다.

5월 7일까지 기다릴 수 없었던 학생들은 5월 3일 밤 베이징대학에서 임시 학생대회를 열었다. 회의에 참가한 한 학생이 자신의 옷을 찢고 손가락을 깨물어 "칭다오를 반환하라澴我青島"는 혈서를 쓰자 분위기는 더욱 격앙되었다. 다음 날인 5월 4일은 쾌청한 일요일이었다. 톈안먼 앞에는 3,000여 명의 시위대가 모여들었고, 이들은 대오를 짜고 항의하기 위해 각국 공사관들이 모여 있는 둥쟈오민샹東交民巷, 동교민항으로 몰려갔다. 하지만 시위대는 구역 내로 들어가지 못하고 몇 명의 대표가 각국의 공사관원에게 진정서를 전달하는 것만 허락되었다. 타협이 진행되는 동안 시위대의 감정은 격앙되었다. 무엇보다 자국 땅임에도 마음대로 들어갈 수조차 없다는 현실에 시위대는 분노했다. 이때 누군가 차오루린의 집으로 가자고 외쳤다. 차오루린의 집은 미리 정보를 입수한 200여 명의 경관이 지키고 있었지만, 성난 군중을 막을 수는 없었다. 차오루린은 도망쳤으나 때마침 그의 집에 와 있던 장쫑샹은 구타를 당하고 집은 불질러졌다. 사

베이징 시내에 있는 5·4운동 기념비

태는 들불처럼 번져나가 전국 각지에서 민중들이 들고일어났다$^{5\cdot4운동}$.

5월 7일에는 텐진에서 학생연합회의 결성이 결의되었고, 상하이에서도 국민대회가 열렸다. 5월 중순에는 학생들에 의한 집회와 시위가 전국으로 퍼져나갔으며, 5월 18일에 베이징학생연합회가 '동맹휴학^{罷課}'을 결정하자 텐진, 상하이, 난징을 비롯한 대도시의 학생들도 '동맹휴학'에 돌입했다. 정부의 탄압이 더욱 강력해지자 체포를 각오한 학생들이 6월 3일부터 베이징에서 가두 연설 투쟁을 벌여 178명이 체포되고 다음날에는 800여 명이 다시 체포되었다. 학생들의 투쟁은 사회 각층의 지지를 받아 7개 성 27개 도시의 상인들이 '시장을 닫고^{罷市}', 노동자들은 '파업^{罷工}'을 결정해, 이른바 **3파투쟁**^{三罷}이 1주일 간 전개되었다. 결국 궁지에 몰린 베이징정부는 체포되었던 학생들을 석방하고, 매국 3적을 파면했다. 이에 시위대의 화살은 일본 상품 배척 운동으로 날아가고 베르사유 조약의 조인을 거부하는 전보가 파리의 대표단에 쇄도했다. 베르사유 현지에서도 중국 학생들과 시위대가 자국의 대표단을 에워싸고 베르사유 조약의 서명식에 참여하지 못하게 했으니, 6월 28일 열강들에 의해 조인된 베르사유 조약에 중국은 끝내 서명하지 않았다.

결과적으로 5·4운동으로 중국 사회가 외견상 크게 변한 것은 없었고, 한동안 지속되던 대규모 시위 또한 이내 사그러들었다. 베르사유조약의 조인이 거부되긴 했지만, 어차피 이것은 중국 정부를 위한 회의가 아니었다. 차오루린 등 매국 3적이 물러나긴 했지만, 그들은 결국 공고하게 자리잡고 있는 기득권 세력의 자그마한 깃털에 불과했다. 불매 운동이 일어났으나, 그로 인해 타격을 입은 것은 몇몇 일본의 회사들뿐이었다. 중국 내 지배 세력은 조금도 흔들리지 않았고, 열강들 역시 주도권을 잃지 않았다.

그런 측면에서 보자면 5·4운동은 신해혁명과 마찬가지로 미완성된 것으로 볼 수도 있다. 하지만 5·4운동이 민중들의 자발적인 참여로 시작되고 진행되었다는 사실은 눈여겨볼 만한데, 역사라는 것이 각성한 소수에 의해 선도되는 게 현실이긴 하지만 모든 사회 운동과 혁명이 실제적인 성공을 거두려면 사회의 근저를 이루고 있는 민중들의 자발적 참여가 없으면 안 되기 때문이다. 이렇게 볼 때 역사 발전의 단계에서 역사의 주인공이라 할 민중들의 각성은 매우 중요한 의미를 갖고 있다.

> 5·4운동의 또 다른 원초적 측면은 이 운동의 거의 자발적인 정치적 성격이 조직화된 정치 기구의 뒷받침 없이도 수십 만 명을 행동하게 했다는 사실이다. 1911년 민주 혁명의 실패에 대한 실망과 고통의 후유증으로 인해 정치 조직과 정당의 정치적 능력에 대한 회의가 만연했는데, 이러한 회의는 개인적인 이익을 위해 의회 내에서 서로 단합하여 이름만의 당이 되는 우스꽝스러운 모습에 의해 그 정도는 더욱 심해졌다. 더욱이 1919년 5월 봉기의 자발성은 당시 유일하게 비교적 잘 조직되어 있던 정당인 쑨원의 중화혁명당을 완전히 기습한 셈이었다. 지도자들과 지식인들은 그 운동에 거의 참여하지 않다가 도저히 방관하는 것이 불가능하다는 사실을 깨닫고 뒤늦게 동참했다.●

● 장 셰노 외, 『중국현대사 1911-1949』, 77~78쪽.

때마침 5·4운동이 일어나기 나흘 전 미국의 유명한 철학자인 존 듀이(John Dewey, 1859~1952년)가 상하이에 도착했다. 그는 베이징대학의 초청교수로 일본을 거쳐 온 것인데, 중국에 도착하자마자 전국 각지에서 들불처럼 일어난 시위를 보고 깊은 인상을 받았다. 나중에 이 운동의 영향으로 중국 정부가 베르사유조약에 서명하지 않은 사실을 두고 한 편지글에서 다음과 같이 말했다.

> 중국이 서명하지 않았다는 사실이 이곳에서 어떤 의미를 갖는지 당신은 상상

도 할 수 없을 것입니다.……그것은 '여론의 승리'였습니다. 그리고 모든 것은 이들 어린 남녀 학생들에 의해서 움직여졌던 것입니다. 중국이 이러한 일을 성취할 수 있을 때 미국은 그 앞에서 확실히 부끄러워하지 않으면 안 됩니다.●

● 사에키 유이치(佐伯有一), 노무라 고이치(野村浩一) 외, 『중국현대사』, 285쪽에서 재인용.

'여론의 승리'였다는 말처럼 5·4운동은 중국 역사상 민중이 강화조약의 거부와 매국노의 처벌을 정부에 요구해 자신들의 힘으로 관철시킨 최초의 경험이었다. 민의民意로 국가의 중대사를 결정했다는 것이야말로 민주주의의 실현 가능성을 구체적으로 확증하는 중요한 사건이 아니겠는가? 여기에 더해 외세에 의해 침탈 받은 국권을 의식함으로써 '민족주의'에 눈을 떴다는 사실은 그 자체로 중요한 의미를 갖는다. 이것이야말로 1919년의 5·4운동이 1911년의 신해혁명과 구별되는 가장 큰 차이점이자 많은 사람들은 5·4운동이야말로 진정한 의미에서 현대의 출발점으로 여기는 이유가 된다. 물론 그렇다고 해서 신해혁명이 아무런 의미도 없는 한낱 해프닝에 지나지 않는다는 것은 아니다. 1911년의 그 사건 없이 어찌 1919년의 중국이 있을 수 있었겠는가? 그런 의미에서 보자면, 1911년 신해혁명은 "혁명의 절정이라기보다는 투쟁의 한 단계"라 할 수 있다.

그러나 그것은 특별한 중요성을 지닌 한 단계였다. 한편 혁명으로 전통적 형태의 반대운동, 즉 농민반란, 비밀결사의 역할, 향신계급의 개입, 반反 군주주의적 성격을 지닌 분쟁의 성공이 시인되었으며, 또 다른 한편, 혁명은 전통의 한계점들을 노출시켰으며, 전통을 새로운 요소, 즉 대의제도, 애국적 열정, 경제 발전 등으로 대체하려고 시도했다. 비록 이와 같은 모든 개혁들이 구체적인 현실로 나타나지는 않았지만, 그 변혁들 뒤에 있는 원리 원칙들—민주주의, 민족주의, 물질적 진보—은 많은 사람들에게 영향을 주었다.●●

과연 5·4 시기에 등장했던 구호들을 보면 신해혁명을 통해 중국 역사상 처음으로 제기된 '민주주의'와 '민족주의' 등과 같은 명제들이 사람들 뇌리에 선명하게 각인되어 있다는 사실을 알 수 있다. 그리고 신해혁명에서 5·4 시기 사이에 이러한 변화를 추동해낸 것은 각성한 지식인들이었다. 1911년 신해혁명의 좌절을 겪으면서 지식인들은 잠시 실의에 빠지기도 했지만, 곧 새로운 대안을 찾아 나섰다. 그들이 암울한 현실에서 한 줄기 광명처럼 추구한 것은 '구국^{救國}'과 '계몽^{啓蒙}'이었다.

●● 장 세노 외, 『중국현대사 1911-1949』, 34쪽.

위안스카이가 신해혁명을 무화시키며 황제의 자리에 오르기 위해 국내의 반대 세력을 탄압하고 일본의 '21개조 요구'를 받아들였던 1915년 9월 상하이에서 《청년잡지》라는 잡지가 세상에 모습을 드러냈다. 당시에는 발행 부수라고 해봐야 기증과 교환을 포함해 1,000부에 지나지 않았던 이 소박한 잡지 하나가 이후 중국 사회에 엄청난 파장을 일으킬 줄은 아무도 몰랐다. 창간을 주도했던 천두슈^{陳獨秀, 진독수: 1879~1942년}는 안후이의 지식인 집안에서 태어나 과거시험을 통해 입신영달을 꿈꾸었으나 이내 청말 사회의 타락과 부패를 목도하고 캉유웨이^{康有爲, 강유위}와 량치차오 등이 이끄는 '변법파'에 경도되었다. 그 영향으로 근대 교육을 추구하여 1902년 일본에 유학하여 도쿄고등사범학교 속성과에 적을 두게 되었다. 하지만 쑨원의 동맹회에 대해서는 이것이 편협한 민족주의 단체라는 생각을 갖고 유보적인 태도를 보이다가. 귀국한 뒤 고향인 안후이에 머물 때 신해혁명을 맞이했다. 이즈음 안후이성의 군인인 보원웨이^{柏文蔚, 백문울}의 비서로 있다가 보원웨이가 안후이성 도독에 임명되자 안후이성의 교육사장^{敎育司長}에 발탁되었다. 하지만 보원웨이가 위안스카이를 제거하기 위한 제2차 혁명에 가담했다 실패하자 1913년 천두슈는 다시 도쿄로 망명을 하게 된다. 일본에 있으면서 위안스카이를 반대하는 일군의 지식인들이 발행하는 잡지 《갑인^{甲寅}》에 글을 싣는 등 권토중래를 꿈꾸다 1915

베이징대학 구내에 있는 차이위안페이 상

년 여름 다시 중국에 들어와 그간의 경험을 바탕으로《청년잡지》를 창간했던 것이다.

하지만 그때는 아직 위안스카이의 서슬이 퍼랬을 시기로 언론 탄압이 혹독했다. 이런 상황 속에서《청년잡지》는 정치에 대해 신중한 입장을 취하고 있었는데, 드디어 제3혁명으로 위안스카이가 몰락하자 [1916년 6월]《청년잡지》는 본격적으로 활동을 재개하기에 이른다. 1916년 9월 잡지는 제2권 1호부터 제호를《신청년新青年》으로 바꾸고 문학 방면에도 적지 않은 지면을 할애했는데, 특히 서양의 문학 작품을 대량으로 번역 소개하였다.《신청년》은 당시 새로운 사상에 목말라 했던 젊은이들의 절대적인 지지를 받았고 동시에 그들에게 지적으로 큰 자극을 주었다. 그 가운데《신청년》의 필진들이 극력 주장했던 유교로 대표되는 봉건 도덕에 대한 도전과 극복은 현 상황에 답답함을 느끼고 있던 청년들의 마음을 뒤흔들어 애당초 1,000부로 시작했던 잡지는 2년 뒤인 1917년에는 1만 5,000부까지 급증하는 대성공을 거두었다.

1917년 1월에는 차이위안페이$^{蔡元培, 채원배: 1868~1940년}$가 베이징대학 교장으로 취임했다. 1892년 22세라는 약관의 나이에 과거시험에 합격해 진사가 되어 한림원 편수라는 관직에 올랐던 차이위안페이는 1898년 무술정변^{戊戌政變}을 겪으면서 몰락하는 왕조에 대한 희망을 거두었다. 그는 관직을 버리고 민족교육을 육성하기 위해 중국교육회^{中國教育會} 및 애국학사^{愛國學社}를 만들었다. 1907년에는 독일로 유학을 떠나 철학과 윤리학을 공부하고 돌아온 뒤 1912년에 초대 교육총장이 되어 근대 중국 학제의 기초를 세웠다. 차이위안페이는 베이징대학의 총장으로 임명된 뒤 개혁에 착수하며 취임 일성으로 "대학의 학생은 학술 연구를 천직으로 삼아야지 대학을 입신 치부를 위한 계단으로 삼아서는 안 된다"고 선언했다. 나아가 자유로운 학술 연구를 보장하기 위해 교원과 학생들의 발언을 옹호하면서, 자신의 임무는 여러 가지 다른 견해에 대해 넓은 마음을 갖고 관용을 베푸는 것이라 주장했다. 동시에 차이위안페이는 《신청년》을 주목하고 이 잡지에 활발하게 글을 올리는 필진들을 베이징대학으로 영입해 학풍을 쇄신하고자 했다. 이를 위해 차이위안페이는 천두슈를 문과대학장으로 초빙했고, 그때 막 미국에서 박사학위를 받고 귀국한 후스를 비롯해 당시 진보적인 학자들이었던 리다자오$^{李大釗, 이대교}$, 첸셴퉁$^{錢玄同, 전현동}$, 선인모$^{沈尹默, 심윤묵}$, 저우쭤런$^{周作人, 주작인}$, 류반눙$^{劉半農, 유반농}$ 등을 영입했다. 이들 '먼저 깨인 사람들^{先覺者}'에 의해 5·4운동이라는 거대한 민중 봉기가 일어날 수 있었던 것이고, 또 5·4운동의 경험은 중국인들의 삶과 행동에 새로운 가능성을 열어주었던 것이다.

그러한 가능성은 백화문의 사용으로 지식의 대중화가 이루어짐으로써 구체적으로 현실화될 수 있었다. 1917년 1월의 《신청년》제2권 5호에는 당시 미국 컬럼비아대학 대학원에서 유학하고 있던 후스가 투고한 「문학의 개량에 대한 거친 의론文學改良芻議」이라는 글이 실렸다. 후스는 이 글에서 문학을 개량하는 데 필요한 8개 항목의 주장을 펼쳤는데, 그 내용은 주로 문장의 표현상의 문제에 초점이 맞추어져 있었다. 그 가운데 '백화문白話文', 곧 '구어口語'를 사용하자는 주장은 특히 중요한 의미가 있다. 그것은 서구의 언어학자 에드워드 사피어가 "현실 세계는 상당한 정도로 그 집단의 언어 습관의 기반 위에 형성이 된다"고 말한 대로 백화문 사용의 함의가 문장 표현 수단의 문제에만 머물러 있지 않았기 때문이다. 이를테면 유럽의 경우도 중세의 라틴어로부터 해방됨으로써 근대 국민문학이 형성될 수 있었고, 일본이 아시아에서는 최초이자 유일하게 근대화에 성공해 서구 열강과 어깨를 견줄 수 있었던 것도 메이지 시대에 벌어진 언문일치 운동 때문이었다. 중국에서도 무술변법戊戌變法 시기에 몇몇 문인들에 의해 '신문체新文體' 운동이 벌어졌던 적이 있었지만, 후스의 주장은 이것을 훨씬 뛰어넘는 좀더 혁신적인 주장이었다. 천두슈 역시 바로 다음호인 《신청년》 제2권 6호에 「문학혁명론」이라는 글을 발표해 후스의 주장을 적극 지지하면서 다음의 세 가지 주장을 펼쳤다.

> 귀족문학을 타도하고, 국민문학을 건설하자.
> 고전문학을 타도하고, 사실문학을 건설하자.
> 산림문학을 타도하고, 사회문학을 건설하자.

천두슈의 주장은 후스보다 더 구체적이면서 강력한 것이었다. 후스가 주로 문체 위주로 문장 형식의 개혁을 주장했다면, 천두슈는 내용 면에서의 개혁을 주장했던 것이다. 이러한 차이는 이후로 두 사람의 행보에도 영향을 주어 후스는 비교적 온건한 입장에서 정치와는 거리를 두고 학술 연구에 몰두해 나갔던 반면, 천두슈는 현실 문제에 대한 좀더 구체적인 해결 방안을 찾아 나섰다. 아이러니한 것은 이들이 백화문 사용을 적극 주장했음에도 정작《신청년》잡지에 실린 글들은 모두 문언문으로 작성된 것이었다는 사실이다. 그들도 이런 모순을 깨닫고 1918년부터는 《신청년》에 실린 글들을 모두 백화로 개편했다.

 이들의 주장은 당연하게도 보수적인 입장을 가진 전통주의자들의 강력한 반발을 불러일으켰다. 이것은 백화문 운동이 지향하는 바가 단순히 언어적인 측면에만 머물러 있는 게 아니라는 사실을 반증하는 것으로, 새로운 표현 수단이 필요하다는 것은 결국 그것이 담아낼 새로운 사상과 문화가 절실하게 요구된다는 것을 의미하기 때문이다. 그런 의미에서 양쪽의 대립은 구 중국과 신 중국 사이의 길항 관계를 상징적으로 보여주는 것이라 말할 수 있다. 그래서 백화문을 지지하는 이들 가운데 극단적인 경우는 한자^{漢字}와 중국어가 존재하는 한 노예 도덕을 말하는 봉건 도덕을 근절할 수 없다 하여 '에스페란토어'를 채용하자고 주장하는 이들이 등장하기도 했다. 그런 까닭에 당시 학생들 사이에서는 에스페란토어가 유행하기도 했는데, 이러한 반전통의 흐름은 새로운 것을 추구하는 하나의 열풍으로까지 발전했다. 당시 젊은이들은 1919년에서 1920년 사이에 중국을 순회하며 대학에서 강의와 강연을 진행했던 미국의 철학자 존 듀이의 실용주의와 1920년에서 1921년 사이에 중국의 광범위한 지역을 여행하며 강연했던 영국의 버트런트 러셀의 자유주의적 사회주의에 경도되었으며, 심지어 크로포트킨의 아나크로니즘과 톨스토이, 로맹 롤랑의 인도주의뿐 아니라 당시에는 거의 알려지지 않았던 마르크스와 엥겔스의 과학적 사회주의 등도 열망의 대상이 되었다.

 이러한 일련의 사실들은 중국이 더 이상 '천상천하 유아독존$^{天上天下, 唯我獨尊}$,' 식의 중화중심주의^{Sinocentrism}에 빠져 있지 않았다는 것을 의미한다. 1840년 아편전쟁이 중국인들의 이러한 중화주의에 커다란 균열을 일으켰다면, 이후 전개된 불행한 역사의 사건들로 인해 중국인들은 처절한 심정으로 자기를 돌아보게 되었다. 하지만 미완의 혁명인 신해혁명으로 다시 한번 좌절을 맛본 뒤에는 좀더 적극적으로 자신을 둘러싼 세계에 대한 성찰에 이르렀으니, 그렇게 해서 찾은 것은 외세의 수탈 대상이 되어버린 중화 민족의 주체 의식이었다. 이것을 '민족주의'를 비롯한 다양한 명목으로 불러도 좋은데, 중요한 것은 그렇게 찾은 자국에 대한 정체성이 근대 이전에 중국인들이 가졌던, 자기들 이외의 모든 것은 단지 오랑캐일 뿐이고, 인간다운 존재로는 하늘 아래 유일한 것이라는 관념에서 벗어나 자신들 역시 여러 나라들 가운데 하나$^{one\ of\ them}$일 뿐이라는 것이었다. 곧 아편전쟁이 중국 민중들을 '즉자'의 상태에서 '대자'의 상태로 넘어가게 만들었다면, 이후의 그 '대자'들과의 다양한 접촉을 통해 다시 '즉자'로 돌아온 '즉자대자적 인식'의 과정을 겪었다고 할 수 있다.

물론 그러한 인식의 전환으로 하루아침에 모든 문제가 해결된 것은 아니었다. 하지만 수확이 전혀 없었던 것은 아니었으니, 제1차 세계대전 이후 중국 진출을 노리던 일본 제국주의의 기도는 일단 좌절되었고, 5·4 운동으로 수면에 떠오른 중국 민족주의의 존재는 서구 열강들로 하여금 중국을 다시 보게 만들었다. 결국 1921년 11월부터 1922년 2월 사이에 미국과 영국, 프랑스, 일본 등 9개국이 참가한 **워싱턴회의** 결과 체결된 9개국 조약에서 '중국의 주권 확립을 존중'하는 내용이 삽입되었고, 미국의 주장대로 '문호 개방'의 원칙도 명기하여 일본의 '21개조 요구'와 같은 노골적이고도 무리한 이권의 추구는 더 이상 허용되지 않게 되었다. 동시에 중·일 간에 산둥 지역의 반환에 대한 조약이 체결되어 중국 측의 주권이 완전히 회복되었다. 이렇게 해서 제1차 세계대전과 러시아 혁명을 이용해 중국으로 진출하려던 일본의 침략 정책은 일단 실패로 끝나고 말았다. 그럼에도 중국이 갈 길은 아직 멀어 보였다. 군벌들은 여전히 발호하고 있었고, 외세 역시 갖은 방법으로 중국을 수탈하기 위해 호시탐탐 노리고 있는 가운데 암담한 현실을 타개해 나갈 그 어떤 대안도 분명하게 떠오르지 않고 있었다. 그것은 한치 앞도 내다볼 수 없는 '깊은 한밤중^{子夜}'과 같은 어둠 그 자체였다. 그러나 저 멀리 한 가닥 희미한 여명의 불빛이 희미하게 비추고 있었다.

2 국민혁명의 시대, 제1차 국공합작과 북벌

마르크스주의의 도입과 중국 공산당 창립

5·4운동으로 민중의 힘을 분출하는 데는 성공했지만, 그것만으로 눈앞에 산적한 문제 해결을 기대할 수는 없는 노릇이었다. 때마침 일어난 러시아 혁명으로 지식인들은 새로운 각성을 하였으니, 그것은 노동은 신성한 것이고, 나아가 노동자의 힘으로 사회를 변혁할 수 있다는 사실이었다. 실제로 5·4운동을 통해 학생들은 노동자의 역량을 인식하고 광범위한 대중과의 공동 행동이 갖는 힘을 알게 되었다.

> 고래로 각종의 연합은 강한 권력을 가진 자의 연합, 귀족의 연합, 자본가의 연합이 주를 이루었다. 이를테면 외교상의 각종 '동맹' 조약은 국제적으로 강한 권력을 가진 자를 위한 '연합'이었다. 이를테면 중국의 무슨 '북양파'니, '서남파'니, 일본의 무슨 '사츠마번薩藩'이니 '쵸슈번長藩'이니 하는 것은 국내의 강한 권력을 가진 자들의 연합이다. 각국의 정당과 의원議院 같은 것은 귀족과 자본가의 연합이

다.……무슨 트러스트^{철강트러스터,석유트러스터}……니, 무슨 회사^{일본우선회사日本郵船會社, 만철회사滿鐵會社}니 하는 것은 순수하게 자본가의 연합이다. 근세에 와서는 강한 권력을 가진 자나 귀족, 자본가의 연합이 극에 달했으니, 그로 인해 국가의 붕괴 역시 극에 이르렀으며, 인류의 고통 역시 극에 달했고, 사회의 암흑 역시 극에 달했다. 이에 개혁이 일어나고 반항이 일어나고 민중들의 대연합이 나오게 된 것이다. _{마오쩌둥, 〈민중의 대연합〉, 1919년 5월 21일}

마오쩌둥은 1918년 25세의 나이로 후난 제1사범학교를 졸업하고 스승인 양창지^{楊昌濟, 양창제}가 베이징대학으로 자리를 옮기자 그를 따라 베이징대학에 가서 도서관 사서로 6개월 간 일했다. 다시 고향에 돌아온 마오쩌둥은 지인들과 《상강평론^{湘江評論}》이라는 잡지를 창간했는데, 위의 글은 이 잡지에 실은 것이다. 5·4운동이 일어난 뒤 중국 각지에서는 진보적인 청년들의 단체가 생겨났으며, 또 그들은 각자의 잡지를 만들어 자신들의 주장을 펼쳐나갔다. 베이징에서는 《서광^{曙光}》이, 톈진에서는 《각오^{覺悟}》가, 그리고 항저우에서는 《성기일^{星期日}》● 등 이루 헤아릴 수 없을 정도로 많은 잡지들에 수많은 필진들이 각양각색의 글을 실었는데, 주류를 이룬 것은 사회주의였다.

● '성기일'은 일요일이라는 뜻이다.

젊은 시절의 마오쩌둥

사실상 근대 초기 중국의 지식인들이 추앙한 것은 '과학'과 '민주'로 압축되는 서구의 선진 사상이었다. 그러나 베르사유조약 체결의 막후 협상 과정을 지켜본 중국 민중들은 서구의 선진 사상이라는 것이 결국 그들만의 리그를 위한 허울에 불과한 것이었다는 사실을 깨닫게 되었다. 그때 마침 러시아 혁명이 일어나자 그 대안으로 사회주의와 마르크스의 저작에 대한 소개가 봇물 터지듯 쏟아져 나왔다. 이에 따라 신문화 운동을 이끌었던 이데올로그라 할 수 있는 지식인 그룹에서도 분화가 일어나고 대립이 생겼다. 본래부터 온건한 성품의 학자였던 후스는 사회주의에 대한 논의가 팽배해가자 이에 불만을 품고 1919년 7월에 《매주평론每週評論》 31기에 「문제에 대해서는 많이 연구하고 주의에 대해서는 적게 말하자多硏究些問題, 少談些主義」라는 글을 발표했다.

> 현재 여론계가 처해 있는 큰 위험은 종이 위의 학설에 편향되어 중국의 오늘날의 사회적 수요가 도대체 무엇인지에 대해 실제로 고찰하지 않고 있는 것이다.······듣기 좋은 '주의'에 대해 공허하게 담론하는 것은 아주 쉬운 일로 개나 소나 할 수 있는 일이고, 앵무새나 유성기도 할 수 있는 일이다.······현재 중국이 해결해야 할 문제는 정말 많다. 인력거꾼의 생계 문제로부터 대총통의 권한 문제까지, 매음 문제로부터 매국 문제까지, 안푸 파安福派, 안복파● 를 해산하는 문제부터 국제연맹에 가입하는 문제까지, 여자 해방으로부터 남자 해방 문제까지······우리는 인력거꾼의 생계에 대해서는 연구하지 않으면서도 사회주의에 대한 고담준론을 늘어놓고, 여성을 어떻게 해방하고 가족제도를 어떻게 바로잡을 것인가는 연구하지 않으면서 아내의 공유와 자유 연애에 대해서는 고담준론을 늘어놓는다. 안푸파를 어떻게 해산하고 남북문제를 어떻게 해결할 것인가는 연구하지 않으면서 무정부주의에 대해서는 고담준론을 늘어놓는다.

● 안후이 파 군벌의 다른 명칭.

후스가 말한 '주의'는 바로 '마르크스'주의를 가리키는 것이었다. 마르크스주의를 추종하는 진영에서는 곧바로 반론을 제기했다. 같은 해 8월에 발행된 《매주평론》 35기에는 리다자오가 후스의 글을 반박하는 「문제와 주의를 다시 논한다再論問題與主義」는 글이 실렸다. 여기에서 리다자오는 문제와 주의가 나뉠 수 없는 관계를 맺고 있다는 사실을 지적하면서 "우리의 사회 운동은 실제 문제를 연구하는 한편, 이상적인 주의를 선전해야 한다"고 주장했다. 그는 후스가 문제의 근본적인 해결을 도외시하고 있는데, 근본적인 해결이 선행되어야만 개개의 문제를 해결할 희망이 보이는 것이라고 주장했다.

이것은 5·4운동 이전까지만 해도 같은 이상을 추구하는 듯 보였던 지식인들이 분화해 서로 다른 길을 걸어가게 되는 하나의 전조가 되었다. 신문화 운동의 기관지라고까지 불리며 당시 지식인 사회에 큰 영향력을 갖고 있던 《신청년》에서도 이런 경향이 나타났다. 하지만 《신청년》을 주도한 것은 천두슈 등 사회주의에 경도된 이들이었기에, 이후로 《신청년》 잡지는 초기에 봉건 도덕을 비판하거나 서구의 사조를 소개하고 청년의 개조를 주장하는 논조에서 벗어나 주로 마르크스-레닌주의와 소련에 대한 연구로 방향을 돌리게 된다. 급기야 1919년 5월 호에는 마르크스주의 특집호가 마련되어 리다자오가 「나의 마르크스주의관」을 발표했는데, 이 글은 중국 최초로 유물사관과 계급투쟁론, 잉여가치설 등 마르크스주의의 기본 원리를 설명한 것이다. 그렇다고는 해도 5·4운동 당시 마르크스주의는 소수의 급진적인 젊은 지식인들 사이에서 열정적인 관심을 불러일으켰던 수많은 이데올로기 가운데 하나였다. 당시를 회고하며 마오쩌둥은 자신이 마르크스주의자가 될 거라는 생각을 하지 못했다고 술회했고, 톈진에서 학생 운동에 참여했던 저우언라이^{周恩來, 주은래}는 새로운 길을 찾아 프랑스로 떠났다. 그런 가운데에도 마르크스주의는 중국 내에서 서서히 그 영향력을 확대해 나가고 있었다.

중국에 마르크스주의가 도입된 것은 우연한 일이 아니었다. 러시아 혁명이 성공하자 베르사유체제에 대한 실망했던 중국 민중들은 서구 열강들로부터 시선을 거두고 새로 탄생한 세계 최초의 노동자와 농민의 정권을 바라보았다. 당시 베이징대학의 교수 겸 도서관 주임으로 근무하고 있던 리다자오는 러시아 혁명 이후 러시아에서 일어나고 있는 혼란상에도 불구하고 거기에서 커다란 역사의 흐름을 발견했다. 그것은 볼셰비즘의 승리야말로 20세기 인류의 마음속에 공통적으로 싹튼 "새로운 정신의 승리"라는 사실이었다. 그가 보기에 제1차 세계대전은 "짜르의 전쟁이고, 카이저의 전쟁이고, 왕들의 전쟁이고, 황제들의 전쟁이며, 자본가 정부의 전쟁일 뿐 볼셰비키의 전쟁이 아니었다." 따라서 "독일 군국주의를 이긴 것은 연합국들이 아니라 독일의 각성한 인심이고, 독일 군국주의의 실패는 [당시 독일 왕가인] 호헨촐레른 가문의 실패이지, 독일 민족의 실패가 아니었다." 결과적으로 제1차 세계대전의 승리는 "인도주의의 승리이고, 평화 사상의 승리이며, 공리의 승리이고, 자유의 승리이며, 민주주의의 승리이고, 사회주의의 승리이며, 볼셰비즘의 승리이고, 적기赤旗의 승리이며, 세계 노동자 계급의 승리이고, 20세기 새로운 사조의 승리"였던 것이다.

● 리다자오, 「볼셰비즘의 승리」, 《신청년》 제5권 5호, 1918년 11월 15일.

　선구자라는 것이 항상 남들보다 반 발 또는 한 발 앞서 작은 움직임 속에서도 태산을 움직일 만큼 큰 의미를 찾아내는 사람이라고 한다면, 확실히 리다자오는 선구자라 부를 만하다. 그는 단순히 봉건적인 유가의 도덕에 반대하고 서구의 사상을 맹종했던 당시 지식인들 가운데서 보기 드물게 역사를 읽어내는 혜안을 갖추고 있었다. 마르크스주의는 제1차 세계대전이라는 인류 역사상 유례가 없었던 대 참화 속에서 중국 민중들이 찾아낸 하나의 대안이었던 것이다. 1918년 겨울 리다자오는 베이징대학에서 '마르크스주의연구회'를 결성하고, 열 명 남짓한 학생들과 함께 『공산당선언』을 비롯한 마르크스주의 문헌과 일본의 마르크스주의 경제학자 가와카미 하지메河上肇의 연구서 등을 읽어나갔다. 흥미로운 사실은 바로 그 무렵 스승인 양창지의 주선으로 마오쩌둥이 리다자오 밑에서 베이징대학의 사서로 근무했다는 사실이다. 비록 그들 사이에 어떤 인적 교류가 있었던 것 같지는 않지만, 마오가 리다자오의 지적인 영향을 받은 것은 분명해 보인다.

중국인들에게 마르크스주의가 호의적으로 받아들여질 수 있게 된 것은 신생국 소비에트 러시아가 취했던 대외정책 때문이었다. 5·4운동의 여운이 가시기도 전인 1919년 7월 모스크바에서는 「중국 인민 및 중국 남북 양 정부에 보내는 호소」라는 제목의 선언문이 발표되었다. 흔히 당시 외무인민위원장을 대리한 카라한[L. M. Karakhan, 1889~1937년]의 이름을 따서 **카라한선언**이라고 불리는 이 선언문에서 소비에트 정부는 "외국 영토에 대한 모든 약탈의 거부, 외국 민족에 대한 일체의 강제적 병합의 거부, 모든 배상에 대한 거부"를 명확히 하고 "일본과 중국 및 현존하는 동맹국 간에 체결되었던 비밀조약의 무효"를 공표하였다. 아편전쟁 이래 제국주의 열강들의 노골적인 침략과 불평등조약으로 인한 수탈에 시달렸던 중국 민중들에게 이 선언은 감동을 주기에 충분했다. 이 선언은 약 9개월 후인 1920년 3월 중국 정부에 정식으로 전달되었고, 3월 말부터 4월 초에 걸쳐 각 신문이 그 내용을 보도하자 전국의 각계 연합회와 학생 연합회, 국회의원단, 중화실업협회 등 수많은 단체가 소련 정부에 감사의 전보를 보냈다. 그리하여 같은 해 9월에는 좀더 구체적인 내용을 담은 「제2차 카라한선언」이 발표되기에 이르렀다.

러시아 혁명이 성공한 뒤 레닌은 공산주의자의 국제 조직인 '공산주의 인터내셔널[Communist International]', 곧 '코민테른'을 결성했다. 이것을 통해 유럽의 프롤레타리아 혁명운동을 추진함과 동시에 아시아 지역의 민족운동을 일으키려 했던 것인데, 문제는 식민지나 피압박 국가에서는 프롤레타리아 계급의 세력이 매우 미약했고 오히려 민족 자본가 계급이 민족운동을 추진하고 있었다는 데 있었다. 그래서 1920년 7월에 개최된 코민테른에서는 「민족 및 식민지 문제에 관하여」라는 테제를 채택해 이러한 문제를 해결할 방안을 모색했다. 그것은 곧 코민테른이 각 지역에 공산당을 조직하고 그들과 긴밀하게 제휴하는 동시에, 제국주의에 반대하는 민족자본가 계급과도 협조하여 함께 공동전선을 형성하는 것이었다. 이에 따라 코민테른은 아시아 각지에 공산당을 수립하기 위한 공작에 착수했다.

제2차 코민테른이 열리기 전인 1920년 봄 레닌은 이미 그리고리 보이틴스키와 양밍자이楊明齋, 양명재를 중국에 특사로 파견해 현지 상황을 조사하고 공산당 설립의 가능성을 타진하게 했다. 두 사람은 베이징에 도착하자마자 베이징대학에서 러시아어를 가르치고 있던 러시아인 교수를 만나 리다자오를 소개받고 그와 접촉했다. 리다자오는 다시 그들에게 상하이에 가서 천두슈를 만나볼 것을 제안했다. 당시 천두슈는 5·4운동 이후 3개월 간의 옥살이를 끝내고 베이징을 떠나 상하이의 프랑스 조계에서 《신청년》을 계속 발간하고 있었다. 세 사람이 만난 것은 1920년 5월이었다. 코민테른에서 파견된 두 특사는 천두슈에게 공산당을 결성하는 데 필요한 절차와 과정을 지도했다. 천두슈는 보이틴스키의 권유로 같은 해 8월 공산당 창당 발기인회를 열었는데, 구성원은 모두 7명에 지나지 않았지만, 이것을 계기로 전국 각지에서도 공산주의자 그룹이 하나둘씩 결성되어 그 나름대로 활동을 펼쳐나갔다. 아울러 모스크바와 파리 등지에서도 사회주의자 그룹이 속속 생겨났는데, 아직까지는 이들 사이에 어떤 조직적인 유대가 있었던 것은 아니었다.

마오쩌둥은 1920년의 대부분을 베이징과 상하이를 떠돌며 지내다 고향인 후난으로 돌아와 《상강평론湘江評論》을 펴냈지만, 잡지는 곧 성 정부의 탄압으로 폐간되었다. 그 뒤 학교 창립을 주도해 창사사범학교 부속 초등학교의 교장이 되었는데, 덕분에 생활이 안정되자 스승인 양창지의 딸이자 동급생이었던 양카이후이楊開慧, 양개혜와 결혼했다. 잠시 상하이에 가서 천두슈를 만나고 돌아온 마오쩌둥은 본격적으로 마르크스주의를 수용하고, 사회주의청년단 후난 지회를 결성했다. 이제 마오쩌둥은 후난을 대표하는 인물로 전국에 알려지게 되었다.

 1921년 3월에는 보이틴스키의 후임으로 제2차 코민테른 참석자였던 네덜란드 출신의 헨드릭 마링이 코민테른 극동 담당 집행위원회 대표라는 직함으로 중국에 들어왔다. 마링은 각지의 공산주의 그룹을 정리하고 정식으로 공산당을 창립하기 위한 활동에 돌입했다. 그리하여 1921년 7월 말 상하이에서는 공산당의 성립을 선언하는 제1회 전국 대표회의가 열렸다. 이 회의에 대한 기록이 남아 있지 않아 정확한 날짜와 참가 인원에 대해서는 확실하게 알려진 것이 없다. 당시만 해도 전국에는 약 50여 명의 공산당원이 있었다고 하는데, 그 가운데 13명의 대표가 참가했다. 그들은 상하이 그룹의 리다$^{李達, 이달}$, 리한쥔$^{李漢俊, 이한준}$, 후베이 성 우한 그룹의 둥비우$^{董必武, 동필무}$, 천탄츄$^{陳潭秋, 진담추}$, 후난 성 창사 그룹의 마오쩌둥, 허수형$^{何叔衡, 하숙형}$, 산둥 성 지난$^{濟南, 제남}$ 그룹의 왕진메이$^{王盡美, 왕진미}$, 덩언밍$^{鄧恩銘, 등은명}$, 베이징 그룹의 장궈타오$^{張國燾, 장국도}$, 류런징$^{劉仁靜, 유인정}$, 광둥 성 광저우 그룹의 천궁보$^{陳公博, 진공박}$, 재일 유학생 대표 저우포하이$^{周佛海, 주불해}$ 와

상하이에 있는 중국 공산당 창립대회 구지(舊址)

천두슈의 부탁으로 참가한 바오후이썽^{包惠僧, 포혜승} 등이었다. 여기에 코민테른에서 파견한 마링과 '적색노동조합 인터내셔널^{Profintern}' 대표 니콜스키도 참가했는데, 정작 당시 사회주의 그룹을 이끌었던 리다자오와 천두슈는 각각 다른 일로 베이징과 광저우에 머물고 있어 회의에 참석을 못 했다.

회의는 5일 동안 진행되었으나, 나흘째 되는 날 수상한 인물이 회의장을 찾아오자 참석자들은 밀정임을 직감하고 회의장을 빠져나와 상하이에서 멀리 떨어진 저장 성 쟈싱^{嘉興, 가흥}의 난후^{南湖, 남호}로 자리를 옮겨 호수 위에 배를 띄우고 마지막 하루의 회의를 마쳤다. 하지만 앞서 말한 대로 회의의 공식 기록은 남아 있지 않으며, 당의 강령이나 규약도 논의는 되었던 것 같지만 정식으로 채택되지 않았다. 그것은 당시 회의에 참가했던 사람들의 성향이 제각각이었기 때문인데, 그 때문에 참석자들은 회의 내내 몇 개의 분파로 나뉘어 치열한 논전을 벌였다. 가장 급진적인 입장에 서 있던 이들은 이제까지의 정치 운동은 모두 기만적인 자본가 계급 민주주의 운동이기 때문에 기왕의 것들을 모두 거부하고 프롤레타리아 독재를 위한 즉각적인 투쟁을 펼쳐나가야 한다고 주장했고^{류런징, 바오후이썽 등}, 비교적 온건한 입장에 서 있던 이들은 중국의 프롤레타리아 계급은 아직은 유치한 수준이기 때문에 우선 합법적인 마르크스주의 정당을 세워 지식인들을 조직해 연구와 학습을 위주로 활동하자^{리한쥔, 리다, 천궁보 등}는 입장을 취했다. 결국 이들은 어떤 합의를 도출해내지 못했지만, 아쉬운 대로 "프롤레타리아 독재를 당의 기본 임무로 하지만, 과도기적 단계에서의 전술로서 프롤레타리아가 적극적으로 자본가 계급의 민주주의 운동에 참가한다"는 것으로 의견을 정리했다.

그밖에도 쑨원 및 국민당과의 협력 문제가 논의되었는데, 이 문제에 대해 코민테른을 대표해 회의에 참석한 마링은 1920년 7월 코민테른이 채택한 「민족 및 식민지 문제에 관한」 테제에 따라 좀더 유연한 태도를 취할 것을 주장했다. 그러나 몇몇 대표들은 쑨원이 북양 군벌들만큼이나 질이 나쁜 '선동가'이기 때문에 그와의 동맹은 있을 수 없다는 입장을 고수했다. 하지만 과반수 이상의 대표들은 마링의 주장에 따라 쑨원에 대해서 기본적으로는 비판적 입장을 취하되 실질적이고 진보적인 활동을 위해 당을 초월한 협력을 해야 한다고 주장했다. 결국 대회는 일종의 비밀 혁명 조직으로서 중국 공산당을 창립하고, 회의에는 참가하지 않았지만 당시 중국의 사회주의 진영을 대표하는 이론가였던 천두슈를 서기장으로 선출했다. 아울러 공산당의 지도 하에 노동자들의 파업을 선동하고 노동조합 결성을 지원하는 '노동조합서기부'라는 기구를 상하이에 설치하고 장궈타오를 책임자로 선임하는 한편 선전주임으로 리다를 선출했다.

하지만 극좌적인 성향을 보였건 상대적으로 온건한 입장을 견지했건, 그들은 아직 실제 경험도 일천하고 생각이 여물지 않은 얼치기 사회주의자들이었을 뿐이다. 그것은 당시 회의에 참가했던 인물들 가운데 평생 공산당원으로 활동한 사람이 마오쩌둥과 허수헝, 천탄츄, 둥비우 네 사람에 불과했고, 그나마도 신중국 수립 이후까지 생존했던 사람은 마오와 둥 두 사람뿐이었던 것으로도 알 수 있다. 나머지 인물들은 빠르게는 회의가 끝난 직후나 혹은 좀더 나중에라도 전향을 하거나 갈지자 행보를 보이다가 비참한 최후를 맞았다. 가장 극좌적인 입장을 보였던 류런징은 그 뒤 트로츠키주의자로 당에서 제명된 뒤 거꾸로 국민당의 특무가 되어 공산주의자의 탄압에 앞장섰고, 합법적 마르크스주의 정당의 수립을 주장했던 리한쥔 역시 당에서 제명당한 뒤 군벌에게 처형당했다. 천궁보는 전향한 뒤 국민당의 요인이 되었다가, 중일전쟁이 일어난 뒤에는 왕자오밍汪兆明, 왕조명, 1883~1944년●과 함께 일본에 부역해 괴뢰정부를 세웠다가 해방 후 매국노로 처형되었다. 장궈타오는 이후 공산당 최고 간부가 되었지만,

● 광둥 성 출신의 혁명가로 자(字)가 징웨이(精衛)이기 때문에 중국에서는 흔히 '왕징웨이'로 부른다.

'장정' 기간 중 마오쩌둥과 결정적으로 대립하여 홍군을 분열시킨 뒤 제명되었다가 신중국 수립 후 홍콩으로 탈출한 뒤 캐나다로 망명해 그곳에서 죽었다. 서기장으로 선출된 천두슈는 이후에 우익기회주의 노선을 걸었다는 이유로 당에서 제명되었다. 그리고 코민테른 대표로 회의에 참석했던 마링은 한때 네덜란드 공산당 의장을 지냈지만, 곧 코민테른에서 배제되고 1927년에는 트로츠키주의자로 추방되었다가 제2차 세계대전 중 나치의 손에 처형되었다. 중국 공산당의 창립은 이처럼 하나의 해프닝에 지나지 않을 정도로 초라했지만, 이후 전개될 중국현대사의 거대한 흐름에 내딛는 첫 땅띔이 되었다.

워싱턴 체제와 군벌들의 혼전

한편 5·4운동을 촉발하는 직접적인 원인이 되었던 파리강화회의가 끝났지만, 회의를 주도했던 미국의 입장에서는 우드로 윌슨의 '14개 조의 평화 원칙'을 제대로 실현하지 못한 채 단지 세계대전 이후 제국주의 열강들의 영토 분할을 지켜볼 수밖에 없었다. 이에 불만을 품은 미국은 1921년 11월부터 1922년 2월까지 아시아와 태평양 지역의 제반 문제와 전후의 군비 제한을 목적으로 워싱턴회의를 소집했다. 1921년 12월 10일에는 영국과 일본의 결합을 저지하려는 미국의 의도에 따라 태평양에서의 상호불가침을 보장하는 미국과 영국, 프랑스, 일본 4개국의 상호불가침조약이 체결되어 기존의 영·일동맹은 폐기되었다. 아울러 다음해인 1922년 2월 6일에는 중국의 주권과 독립, 그리고 영토 보존의 존중, 행정적 보전의 존중, 문호 개방이라는 4개 원칙을 기초로 하는 9개국 조약이 체결되었다. 이로써 세계대전 중에 일본이 획득한 중국 대륙에서의 독점적·배타적 지위와 권익이 부정되고 형식적으로나마 중국은 주권을 찾게 되었다. 하지만 그런 약간의 성과가 있기는 했으나 워싱턴회의 역시 제국주의 세력들이 오랫동안 자행해온 영토 분할 정책을 다시 확인한 것에 지나지 않았다. 나아가 이제 서구 열강들은 중국 대륙 진출의 정책을 바꾸어 자신들이 직접 전쟁을 수행하기보다는 군벌들을 지지·육성하여 그들로 하여금 대리전쟁을 치르게 했다. 따라서 이후 벌어지는 중국 내 군벌들 간의 이합집산과 상호투쟁은 이러한 국제 정세와 불가분의 관계를 맺고 있었다.

당시 쑨원은 1918년에 서남파의 광둥정부와 결별한 뒤로 상하이에서 머물며 호화로운 프랑스 조계 안에서 편안한 삶을 영위했다. 하지만 이 시기에 쑨원은 민주주의와 그 문제점 등에 대해 정력적으로 글을 쓰는 한편, 1919년 베르사유에서 파리강화회의가 진행되자 중국의 권리를 강력하게 대변했다. 하지만 뜻하지 않게 5·4운동이 일어나자 그 사실에 자극을 받고 《건설建設》이라는 잡지를 창간해 새롭게 전개되는 정치 상황에 개입하려는 노력을 기울였다. 5·4운동은 아무런 준비가 되어 있지 않았던 쑨원에게 민중의 힘에 대한 새로운 인식과 정치 운동에 대중성이 필요하다는 각성의 기회를 주었으며, 이에 1920년에는 폐쇄적인 비밀결사의 형태로 운영되어온 중국혁명당을 없애고 국민당을 재건했다.

이 시기에 앞서 리다자오와 천두슈를 방문한 바 있는 보이틴스키가 쑨원을 방문했다. 이것은 쑨원과 소비에트 러시아 측의 첫 번째 실질적인 만남이었다. 쑨원은 자신이 중국에서 진행 중인 투쟁과 멀리 떨어져 있는 러시아에서의 투쟁을 어떻게든 결합시키고 싶어했다. 일찍이 쑨원은 여러 곳을 전전하며 망명 생활을 하는 동안 유럽의 혁명 사상에 접한 적이 있었기에, 사회주의 사상에도 일정 정도 공감을 하고 있었고, 그렇기에 러시아에서 혁명이 일어나자 즉각적으로 레닌에게 축전을 보내기도

했던 것이다. 쑨원은 소비에트 러시아와의 연락을 유지하기 위해 블라디보스톡이나 만저우$^{滿洲, 만주}$ 지역에 전신국을 설치할 수 있는지를 보이틴스키에게 물어봤다. 이미 1920년 3월 전 중국에 알려진 '카라한선언'으로 소비에트 러시아에 일말의 호감을 가졌던 쑨원은 이러한 만남을 통해 점차 생각이 바뀌어갔다.

쑨원이 떠난 뒤 광둥정부를 오로지했던 것은 광시 성 군벌 루룽팅^{陸榮廷,} ^{육영정}이었다. 이에 광둥 성의 자산계급은 "광둥 사람이 광둥 성을 다스려야 한다^{粵人治粵}"는 구호 아래 광둥 성의 향신인 우팅팡$^{伍廷芳, 오정방}$을 독군으로 선출하려 했으나 루룽팅은 이를 거절했다. 이렇듯 쑨원이 떠난 뒤 광둥정부는 형해화되어 아무런 권위도 갖지 못하게 되었다. 결국 광둥 성에서는 광시 성의 군국주의자들을 철저하게 배격하는 움직임이 일어났으니, 이를 빌미로 1920년 7월 루룽팅의 군대가 광둥을 침공했다. 쑨원은 광둥 성 출신으로 수년 간 푸젠$^{福建, 복건}$과 광둥 일대에서 전쟁을 계속해왔던 천중밍$^{陳炯明, 진형명: 1875~1933년}$에게 광둥으로 군사를 돌리라는 명령을 내려 광저우를 공격해 루룽팅을 패퇴시켰다. 루룽팅이 하야 후 상하이로 도망을 친 뒤에는 광시 성의 성도인 구이린$^{桂林, 계림}$ 출신인 리쭝런$^{李宗仁, 이종인: 1890~1969년}$이 바이충시$^{白崇禧, 백숭희: 1893~1966년}$와 연합해 광시 성을 장악했다. 그래서 1910년대에 광시를 장악했던 루룽팅은 '구계계^{舊桂系}'라 칭하고 리쭝런 등은 '신계계'라 부른다.

천중밍은 쑨원과 그의 동료들을 광저우로 초빙해 새롭게 광둥정부를 수립했고, 1921년 4월 쑨원이 비상대총통의 자리에 올랐다$^{제2차\ 광둥정부\ 수립}$. 당시 쑨원을 따라 광저우에 왔던 국민당 측 인사들 가운데 후한민$^{胡漢民, 호한민: 1879~1936년}$은 본래 광둥 성 출신으로, 신해혁명 직후인 1913년에 광둥도독^{廣東都督}이 되었는데, 이듬해에 제2혁명이 실패하자 일본으로 망명했다가 다시 돌아와 쑨원을 보필하고 있었다. 또 재정을 담당했던 랴오중카이廖仲愷, 요중개: 1877~1925년는 샌프란시스코 출생으로 1903년부터 쑨원의 정치 공작에 참여했는데, 그 역시 제2혁명 후 일본으로 망명했다가 귀국해 주로 재정 문제를 담당했다. 여기에 쑨원의 아들인 쑨커孫科, 손과: 1895~1973년는 광저우 시장으로 대대적인 도시 개조에 참여했고, 천두슈도 광둥성 교육위원회 위원장으로 초청되었다. 이런 상황에서 워싱턴회의가 열리자 쑨원은 광둥정부를 대표하여 워싱턴회의에 참가를 요구했다. 그러나 쑨원은 참가를 거부당했고, 이에 크게 실망한 쑨원은 서구 열강에 대한 기대를 거두고 새로운 대안을 찾아 나서야 했다.

쑨원은 신해혁명 이후 중국 혁명을 대표하는 인사로 중국인들에게 폭넓은 신망을 받고 있었지만, 군사력을 바탕으로 한 현실 권력이 없었다는 것이 약점이었다. 그래서 항상 서구 열강들의 지지와 지원에 목말라 했던 것이고, 워싱턴회의에 참가하고자 했던 것 역시 중국 내의 합법정부로 자신을 승인해달라는 것 이외에도 미국의 실질적인 원조를 기대했기 때문이었다. 그러나 이러한 기대가 물거품이 되어버리자 쑨원은 점차 태도를 바꾸어 신생 소비에트 러시아로 눈길을 돌렸다. 1921년 12월 북벌을 준비하고 있던 쑨원은 광시 성으로 출격해 구이린에 머물렀을 때 코민테른의 대표 마링과 회담을 벌였다. 마링은 쑨원에게 중국 혁명을 완수하기 위해서는 제대로 된 정당이 필요한데, 이 정당은 여러 계층, 그중에서도 노동자 농민 대중과 연합하지 않으면 안 된다고 역설하는 한편 혁명적 무력을 육성하기 위해 군관학교를 만들 것을 제안했다. 무엇보다 쑨원은 마링에게서 소련의 신경제정책^{NEP}의 상황에 대해 전해 듣고 자신이 집필한 「실업實業」 계획과 거의 같다고 공감을 표시했다.

1921~1923년 사이에는 중국 경제가 극심한 불황에 빠졌다. 제1차 세계대전으로 서구 열강들이 중국에 대해 손을 놓고 있는 동안 일시 성장했던 중국의 민족 자본은 전쟁이 끝난 뒤 속속 복귀한 열강들의 자본에

의해 크게 위협을 받았다. 문제는 그로 인한 압박이 노동자들에 대한 수탈로 이어졌다는 데 있었다. 이러한 상황에서 중국 공산당은 제1차 전국대표회의 이후 장궈타오의 지도 하에 전국노동조합 서기부를 설립하고 노동자 조직에 적극 나섰다. 공산당은 여러 지역에서 파업을 주도했는데, 그 가운데 1922년 1월 홍콩의 부두 노동자들이 벌인 파업은 대규모로 일어난 중국 최초의 파업이었다. 그 뒤 여기저기서 다양한 파업이 일어났고, 이런 가운데 1922년 5월에는 27만 명의 노동자를 대표하는 162명의 대표가 광저우에 모여 제1차 전국노동대회를 열었다. 그 뒤로는 공산당에 의한 노동자의 조직화를 통해 노동 운동이 고양되었는데, 여기에 찬물을 끼얹은 것은 2·7참안慘案이라 부르는 대규모 노동자 탄압이었다.

1923년 2월 1일 징한철로京漢鐵路의 노동자들이 공산당원들의 지도 하에 정저우鄭州, 정주에 모여서 '징한철로총공회京漢鐵路總工會'라는 노동조합을 결성하려고 했는데, 즈리 파 군벌인 우페이푸吳佩孚, 오패부가 자신의 군대를 동원해 탄압했다. 탄압에도 불구하고 결성식을 마친 '총공회'는 2월 4일부터 총파업에 들어갈 것을 결정했으며, 본부를 한커우 쟝안江岸으로 옮겼다. 2월 4일이 되자 오전 9시부터 시작되어 3시간 동안 진행된 파업으로 징한철로가 일시 마비되었다. 이후 각 지역 단위 별로 산발적인 파업이 계속되던 중 2월 7일 우페이푸의 지시를 받은 후베이독군湖北督軍 샤오야오난肖耀南, 초요남은 협상을 갖자며 쟝안공회 대표들을 만났다. 공회의 사무실에서 협상이 진행되는 가운데 군벌이 동원한 군경이 노동자 대표들을 보호하기 위해 대기하던 규찰대에 총격을 가해 30여 명이 사망하고 200여 명이 부상했다. 그럼에도 불구하고 파업은 2월 9일까지 지속되었지만, 불필요한 희생을 줄이고 조직 역량을 보호한다는 명목 하에 총공회 지도부는 결국 파업 철회를 선언했다. 이 사건을 계기로 각 지역의 군벌들은 노동 운동을 강력하게 탄압해 노동 운동은 한동안 쇠퇴기에 접어들

● 베이징과 한커우를 잇는 철도를 가리킨다.

었고, 중국 공산당 지도자 천두슈는 자신들이 갖고 있는 힘의 한계를 인식하고 국민당과의 합작의 필요성을 통감하게 되었다.

농민들의 상황 역시 열악하기는 마찬가지였다. 군벌들 간의 대립과 전쟁이 이어지면서 군벌들의 군사적 피해 못지 않게 농민들에 대한 착취 또한 격심해졌던 것이다. 전쟁을 수행하는 데 필요한 군대와 그것을 유지하기 위한 재정적 부담이 고스란히 농민들에게 전가되는 동시에 전쟁 자체로 인한 일상 생활의 파괴 또한 견디기 어려운 것이었다. 당시 군벌들의 정상적인 재정 기반은 토지세와 염세, 이금세釐金稅가 있었는데, 토지세의 경우 군벌들의 재원이 고갈되면 심하면 10년 이상 분을 앞당겨 징수할 정도였고, 염세 또한 중앙 정부로 납부해야 할 몫까지 지방 군벌들이 수탈했으며, 청대에 만들어진 일종의 국내 관세인 이금세는 본래의 취지와 상관없이 군벌들이 수익을 올리는 주요한 수단이 되어버렸다. 군벌들의 착취에 토지를 잃고 직업을 갖지 못한 농민은 어쩔 수 없이 군벌의 군대에 입대하는 악순환이 벌어졌으니, 이런 군대에서 무슨 조국에 대한 충성심이라든가 상대방에 대한 전의戰意 같은 것은 애당초 기대하기 어려운 것이었다. 결국 군벌들끼리의 전쟁에서 승리한 쪽은 세력을 넓힐 수 있었지만, 그렇게 확대된 세력을 지탱하고 유지하기 위해 농민들을 수탈할 수밖에 없었고, 그로 인해 민중의 지지를 잃어갔으니 여기에 군벌들의 딜레마가 있었던 것이다.

이런 상황에서 군벌들 간의 암투와 전쟁은 앞서 말한 대로 단순히 그들만의 이권 다툼의 수준을 넘어서게 되었다. 위안스카이 사후 정국을 주도했던 것은 돤치루이를 수반으로 하는 안후이 파, 곧 완계皖系, 환계 군벌이었다. 이들은 쑨원이 1918년 당시 루룽팅 등 서남파 군벌의 지지하에 '호법' 운동을 벌였을 때, 무력으로 진압하려 했지만 즈리 파의 반대로 좌절된 바 있었다. 곧이어 5·4운동이 일어나자 양자의 대립은 더욱 첨예해졌다. 안후이 파는 그때까지 일본의 전폭적인 지지를 받고 있었는데, 이에 대항해 펑궈장 사후 즈리계直隷系, 직예계 군벌을 이끌고 있던 차오쿤曹錕, 조곤과 우페이푸는 영국의 지원을 받고 있었다. 즈리 파의 활동 영역인 양쯔 강 유역에서 허베이의 탕산唐山, 당산 탄광에 이르는 지역은 당시 영국의 지배 범위와 일치했던 것이다. 여기에 본래 마적 두목이었다가 위안스카이에 의해 펑톈奉天, 봉천의 장군으로 임명된 후 정치적 음모와 군사력으로 동북 3성을 손아귀에 넣은 장쭤린張作霖, 장작림; 1873~1928년의 '펑톈파'가 있었다. 이들은 초기에는 안후이 파의 동맹 관계에 있었지만, 일본과도 직접적인 관계를 맺으며 1918년 7월에는 지린성吉林省, 길림성 지역의 풍부한 산림을 담보로 3,000만 원의 차관을 얻어내기도 했다. 그리하여 천하는 '안후이 파'와 '즈리 파', '펑톈파' 이렇게 세 군벌이 마치 삼국시대처럼 '정족지세鼎足之勢'를 이루고 있었다.

● 펑톈은 선양(沈陽, 심양)의 당시 명칭이다.

정국을 주도하고 있던 안후이 파는 탐욕과 폭정으로 점차 민심을 잃고 있었다. 이에 즈리 파와 펑톈파는 1920년 봄에 안후이 파를 공격하기로 공모했다. 당시 안후이 파 군벌 가운데 가장 활동적이었던 쉬수정徐樹錚, 서수쟁은 북서부의 군대를 지휘하고 있으면서 몽골로 진출하려는 야심을 품고 있었다. 당연하게도 그 길목에 있는 펑톈파는 쉬수정에게 눈엣가시 같은 존재였다. 즈리 파와 펑톈파의 위협에 당시 대총통 쉬스창은 7월에 쉬수정을 해임하는 데 동의했으나, 안후이 파의 영수인 돤치루이는 이에 반감을 품고 전쟁을 일으켰다. 7월 14일에서 18일까지 이어진 전투 끝에 안후이 파가 전쟁에 패한 뒤 후퇴함으로써 주력이던 서북변방군은 해체되었는데, 사실상 이런 일련의 과정은 모두 미국과 영국의 극동 지역 복귀와 일치하는 것이었다. 이제 실질적인 권력은 펑톈파의 영수인 장쭤린과 즈리 파를 이끄는 차오쿤과 우페이푸의 손에 넘어갔다. 하지만 차오쿤은 즈리 파의 명목상 영수였을 뿐 군사적 지원은 우페이푸에게 의존하였다. 여기에 안후이 파에 속했지만 나중에 즈리 파로 전향한 펑위샹^{馮玉祥, 풍옥상: 1882~1948년}이 있었다. 한편 이 과정에서 그때까지 안후이 파를 지원했던 일본은 발빠르게 입장을 바꿔 자신들이 안후이 파와 아무런 관계가 없다는 사실을 공표하고 당시 일본이 경제권을 장악하고 있던 중국 동북부를 대표하는 펑톈파와 민간 파벌인 량스이^{梁士詒, 양사이}가 이끄는 친일 교통계 관료들을 통해 신정부와의 접촉을 유지했다.

그러나 시간이 흘러감에 따라 영국과 미국의 지원을 받는 즈리 파는 안후이 파를 몰아낸 뒤 베이징정부를 장악하여 각 방면에 걸쳐 세력을 확장해 나갔다. 본래 즈리 파는 베이징과 중부 및 양쯔 강 하류 지역을, 펑톈파는 북동부 지역을 장악하고 있었는데, 이들의 야심은 각자의 지역에 안주하는 것이 아니라 권력과 실제적인 이익의 원천인 중앙 정부를 장악하는 데 있었다. 여기에 민간 파벌인 교통계가 얽혀들어 베이징의 정국은 한치 앞을 내다볼 수 없을 정도로 혼미해갔다. 1921년 12월 교통계의 영수인 량스이가 총리에 임명되어 그때까지 밀리고 있던 일본의 입지가 일신되었다. 하지만 1922년 워싱턴회의 결과 일본은 중국 내에서의 영향력을 상실했고, 영국은 많은 이권을 획득했다. 따라서 영국의 지원을 받고 있던 즈리 파 역시 영국의 적극적인 지원으로 많은 이익을 얻게 되었다. 이에 불만을 품은 펑톈파의 장쭤린은 1922년 4월 일본의 지원 하에 구 안후이 파 군벌 및 쑨원 등과 연합해 즈리계 군벌을 공격했으니, 이것을 **제1차 펑즈전쟁**^{奉直戰爭, 봉직전쟁}이라 부른다. 하지만 장쭤린은 펑위샹의 군대에게 패퇴해 만리장성 이북까지 밀려났고, 당시 국무총리였던 친일계 인사 량스이는 일본으로 망명했다. 전쟁에서 승리한 우페이푸가 남북을 대표하는 두 총통인 쑨원과 쉬스창의 동시 사임을 요구하며, 1913년 당시의 구 국회의원과 전 대총통 리위안훙을 베이징으로 다시 부르니, 대총통인 쉬스창은 리위안훙에게 자신의 자리를 넘겨주었다.

이 전쟁 직후 광둥에서는 천중밍이 쑨원을 몰아내고자 반란을 일으켰다. 본래 쑨원을 광둥으로 불러들였던 천중밍이 내건 슬로건은 '각 성들의 자치를 허용하고 연합하자^{聯省自治}'는 것으로, 그의 의도는 광둥 성을 넘어서지 않는 것이었다. 이것은 광둥 성을 기반으로 북벌을 진행해 중국을 통일한다는 쑨원의 생각과 전면으로 배치되는 것이었는데, 결국 양자 간 생각의 차이는 결정적으로 두 사람 사이를 갈라놓게 되었다. 그래서 천중밍이 쑨원의 비상대총통 취임식에도 참가하지 않았던 것인데, 그럼에도 쑨원은 그를 육군부총장^{陸軍部總長} 겸 내무부총장^{內務部總長}에 임명하고 국민당에 가입할 것을 설득했다. 그러나 천중밍의 생각은 확고했다. 1922년 3월 쑨원은 북벌을 결정하고, 천중밍에게 군대를 움직일 것을 명령했으나 천중밍은 거부했다. 이에 쑨원은 4월 21일 천중밍을 광둥성장과 광둥군 총사령관, 내무부총장의 자리에서 물러나게 하고 육군부총장의 직만을 남겨두는 조치를 단행했다. 바로 제1차 펑즈전쟁이 진행되던 그 당시였다. 할 수 없이 천중밍은 광저우를 떠나 후이저우$^{惠州, 혜주}$로 갔

당시 천중밍이 포격을 가했던 웨슈러우는 현재 쑨원을 기리는 중산기념관이 되었다.

고, 쑨원은 광저우로 돌아왔다. 6월 13일 천중밍은 비밀리에 지령을 내려 16일 아침 쑨원의 총통부總統府와 관저인 웨슈러우粤秀樓, 월수루를 포격했다. 이에 앞서 소식을 들은 쑨원은 융펑함永豊艦, 영풍함에 올라 해군을 인솔해 반란을 진압하는 한편, 급히 전보를 쳐서 북벌군을 돌려 반란을 토벌케 하였다. 그러나 이미 사태는 돌이킬 수 없는 지경에 이르러 쑨원은 할 수 없이 그 길로 상하이로 도피했다. 쑨원으로서는 1918년 서남파 군벌에 의해 쫓겨난 뒤 재차 같은 일을 당한 것이었다. 이로써 쑨원의 북벌 계획은 어그러지고 잠시 숨을 고르게 된다.

상하이로 도피한 쑨원은 소련 측의 제안에 대해 이전보다 수용적인 태도를 보이게 된다. 아무래도 광저우에 있을 때는 아쉬울 게 없었지만, 상하이에서 고립무원 상태에 놓이자 지푸라기라도 잡는 심정으로 우군을 찾게 된 것이다. 1922년 8월 마링과 다시 만난 쑨원은 소련 측에 지원 가능한 군사적·정치적 협력에 대해 논의했다.

1922년 가을 상하이에서 국민당은 소련과의 동맹 및 공산주의자들의 국민당 입당 허용 문제 등을 놓고 회의를 열었다. 1923년 1월에는 국민당의 완전한 개조를 선언하고 '개진改進' 작업을 시작했다. 이것은 그때까지 쑨원 한 사람을 중심으로 운영되었던 정치 기구를 확장해 당의 집단 노선을 천명하고, 공산당원들의 개인 자격 입당을 허용하는 등 당원 참여를 촉진한 것으로 이전에는 볼 수 없었던 것이었다. 이로써 국민당은 기왕의 군사적·정치적 조직으로부터 대중적 정당으로의 전환을 꾀하게 되었다. 이러한 국민당 개조는 중국 공산당 창당과 마찬가지로 러시아 혁명의 성공이라는 "거대한 현실에 떠밀려서 생긴 사건"이라 할 수 있으며, "그런 의미에서 양당은 쌍생아와 같은 관계에 있었다."●

● 히메다 미츠요시(김순호 옮김), 『20세기 중국사』, 돌베개, 1995. 45쪽.

소련 측 역시 이에 화답해 특명전권대사 요페A. A. Yoffe; 1883~1927년를 파견해 상하이에서 쑨원과 만나게 했다. 그때까지의 준비를 바탕으로 두 사람은 1월 26일 **쑨원·요페 공동선언**을 발표하는데, 여기서 중요한 것은 제1항으로, 그 내용은 중국에서는 공산 조직과 소비에트제도를 적용하는 게 불가능하며 중국의 긴급한 과제는 국민적 통일과 국가적 독립이기 때문에 소련 국민은 중국을 원조해야 한다는 것을 명확히 한 것이었다. 이후로 사태는 급박하게 흘러갔다. 그만큼 쑨원은 다급했던 것일까? 쑨원은 1923년 광동을 방문한 미국의《뉴욕타임스》기자에게 다음과 같이 진술했다.

> 만약 여러 나라가 대 중국 정책을 변경한다면, 우리는 무력에 의지하지 않고 중국의 통일을 실현할 수 있을 것이다.……중국 국민은 통일되고 있다는 것을 기억해 주기 바란다. 다만 외국에 의해 키워지고 있는 정부가 우리들 사이에 분열을 일으키고 있는 것이다.
> ……나는 베이징정부를 타도하기 위해서는……누구와도 손을 잡겠다. 우리는 미국·영국·프랑스, 그밖의 모든 나라로부터의 원조에는 희망을 잃었다. 남방에 있는 우리들 광동정부을 원조하려는 의도를 보이고 있는 나라는 오직 소비에트 정부뿐이다.

● 사에키 유이치(佐伯有一), 노무라 고이치(野村浩一) 외, 『중국현대사』, 310쪽에서 재인용.

이로써 국민당과 공산당의 국·공합작의 분위기는 점차 무르익게 되었다.

🈷 쑨원과 제1차 국공합작

베이징에 수립된 신정부는 즈리 파 군벌들의 내분으로 오래가지 못했다. 당시 뤄양(洛陽, 낙양)에 머물고 있던 우페이푸는 점차 영향력을 상실해갔고,

그의 군사적 지원을 받고 있던 차오쿤은 베이징 수비를 맡은 펑위샹의 지지를 받아 베이징을 장악했다. 차오쿤은 우페이푸의 지원으로 대총통에 오른 리위안훙을 제거하고 자신이 대총통의 자리에 오르고자 하는 야심을 품고 있었다. 마침 1923년 국가의 재원이 고갈되어 거의 모든 공무원들의 봉급을 지급하지 못하는 사태가 벌어지자, 배후가 의심스러운 민중 시위가 일어나 대총통의 사임을 요구하였다. 우페이푸도 어떻게 손을 쓸 수 없는 가운데 결국 6월 리위안훙이 재차 총통의 자리에서 물러나자 차오쿤은 국회의원들에게 1인당 5,000위안의 뇌물을 주고 선거를 통해 대총통이 되었다.

한편 상하이로 물러났던 쑨원 등은 1923년 1월 14일 천쥥밍을 타도하기 위해 동군과 서군 두 진영으로 군대를 재편하고 16일에 광저우로 향했다. 이에 천쥥밍은 하야를 발표하고 홍콩으로 옮겨갔다^{제3차 광둥정부 수립}. 그러나 쑨원의 목적은 단순히 지방 군벌들과의 흥정을 통해 한 지역에서 할거하는 것이 아니었다. 요페와의 회담 후 쑨원은 요페의 일본 방문에 발맞춰 랴오중카이^{廖仲愷, 요중개}를 일본에 보내 그와 동행케 했다. 일본에서 돌아온 랴오중카이는 그곳에서 토의된 국공합작의 문제와 중국 혁명과 러시아 혁명의 전망, 군관학교 설립 등에 대해 쑨원에게 보고했다. 8월에는 심복인 쟝졔스를 소련에 보내 군사와 정치 등을 시찰하도록 했다. 쟝졔스는 쑨원의 뜻에 따라 트로츠키와 치체린^{외무인민위원}을 회견하고, 적군^{赤軍}의 조직 및 공산당의 규율을 배우고 귀국했지만, 공산당에 대한 경계심만큼은 거두지 않았다.

……요페는 중국에서 돌아가자 곧 실각했다. 레닌의 병세가 위급을 고하고 있던 그때 마침, 소련 공산당의 내부에선 트로츠키를 지도자로 하는 '국제파'와 스탈린이 지도하는 '일국사회주의파'가 서로 격심한 암투를 벌이고 있었다. 나는 그들이 이

처럼 격렬한 투쟁을 벌이고 있는 것으로 미루어 본다면, 레닌이 죽은 뒤의 중·소 합작 관계는 반드시 중대한 영향을 받게 될 것임이 틀림없다고 생각했다.

　내가 소련 방문 3개월 간에 받은 인상을 한 마디로 말한다면, 그것은 소련 공산 정권이 한번 강고한 존재가 되는 날에는 짜아르시대의 정치적 야심이 부활할 가능성이 크며, 따라서 그러한 야심이 장래 우리나라와 우리 국민혁명에 미칠 화가 측량하기 어렵지 않은가 하는 것이었다.

　공산당이 당시 우리 당에 행사한 붕괴·이간·도발 등의 수단도 이 여행에서 똑똑히 확인할 수 있었다. 이런 사실은 우리 방소 사절단의 편성을 보아도 알 만하다. 멤버 네 명 가운데 세 명은 국민당원이며 장타이레이張太雷, 장태뢰만이 공산분자였다. 그러나 일행이 소련에 도착하자 장타이레이는 곧 붕괴 공작에 착수하여 먼저 선딩이沈定一, 심정일를 자기 편에 끌어들이고 우리들 두 사람과 대립했다. 그 때문에 사절단의 각종 계획과 시찰 행동·대소 교섭 그밖에 모든 일마다 양자의 의견이 충돌했다.●

● 이희춘 역, 『장개석』, 한국출판공사, 1984. 33~34쪽.

　10월에는 코민테른 대표 보로딘이 국민당 고문에 취임하고 국민당임시중앙집행위원회가 중국국민당 제1차 전국대표대회를 준비했다. 그럴수록 쑨원과 서구 열강들의 사이도 점점 더 멀어져 갔다. 같은 해 7월 《뉴욕타임스》와의 인터뷰에서 쑨원은 자신이 서구 열강들을 신뢰하지 않으며 소련 외의 그 어떤 국가도 더 이상 신임하지 않을 것을 선언했다.

　중국 공산당 역시 국공합작으로 나아가는 하나의 진전을 이루어냈다. 1922년 '2·7참안' 이후 거듭된 실패로 잠시 좌절에 빠진 공산당은 자신들의 힘만으로는 중국 혁명을 지도하기에 역부족이라는 사실을 절감하고 국민당과의 합작을 심각하게 고민했다. 그 결과 1922년 7월에 열린 중국 공산당 제2차 전국대표회의에서는 코민테른의 정식 가입을 결정하는 한편, 국민당과의 '통일전선' 확립을 위한 이론적 준비를 갖추었다. 곧

이어 공산당 지도자 리다자오와 천두슈가 개인적으로 국민당에 가입했고, 천두슈는 쑨원의 지명으로 국민당 개진위원회改進委員會의 위원으로 선발되었다. 결국 1923년 1월 코민테른 중앙집행위원회에서는 국공합작을 결정했고, 같은 해 6월에 열린 중국 공산당 제3차 전국대표회의에서는 프롤레타리아를 중심으로 한 투쟁과 그들의 정치적 임무를 우선시하는 기존의 입장에서 벗어나 국민당의 지지와 민족해방투쟁에 더 큰 비중을 두는 동시에, 중국 혁명에서 국민당의 중심적 역할을 재확인하고 공산당도 이에 참여할 것을 결의했다. 하지만 그 과정에서 찬반 양론을 두고 격렬한 논전이 벌어졌는데, 일찍이 네덜란드 령 동인도(지금의 인도네시아)에서 이와 비슷한 공작에 참여한 적이 있었던 마링의 조언이 강력한 힘을 발휘했다. 당시 마링은 사회주의자들을 회교도의 민족주의자 조직에 가입시켜 운동의 확대를 꾀했었다. 그런 의미에서 공산당 내에서 국공합작을 추진한 주요 동력은 마링에게서 나왔다 해도 과언이 아니다. 사실상 코민테른은 이 문제에 대해 어떤 확신을 갖고 일을 추진한 것 같지 않기 때문이다. 결국 논란 끝에 마링의 제안이 과반수를 겨우 넘겨 채택되었다.

그리하여 1924년 1월 20일부터 30일까지 광저우에서 국민당 제1차 전국대표회의가 열렸고, 이로써 **제1차 국공합작**이 정식으로 성립되었다. 이 대회에서 당의 주의와 정강을 밝히는 〈대회 선언〉과 당의 구성을 규정한 총장總章이 공표되었으며, 〈대회 선언〉에서는 '삼민주의'를 국민당의 이념으로 채택했다. 잘 알려진 대로 삼민주의는 쑨원의 대표적인 정치 사상으로 '민족民族', '민권民權', '민생民生'을 가리킨다.● 쑨원이 처음 삼

● '민족'은 국내 여러 민족의 평등과 함께 반제국주의의 성격을 명확히 하는 것이다. '민권'은 전민정치(全民政治)를 구현하기 위해 국민의 정부 통제권인 선거권, 파면권, 창제권(創製權, 유리한 법률을 시행토록 하는 것), 복결권(複決權, 불리한 법률을 폐지 또는 개정토록 하는 것) 등의 4대 민권을 실현하자는 것이다. 그리고 '민생'은 독점 자본의 억제와 대기업의 국영화 등을 포함한 자본절제(資本節制)와 경자유전(耕者有田)의 원칙에 입각한 토지 해방의 내용이 덧붙여진 것이다(네이버 검색 참조).

민주의를 구상한 것은 1895년 광저우에서 봉기가 실패한 뒤 영국으로 망명을 떠났던 때로 알려져 있으나, 쑨원이 개인적인 삶을 살아가며 겪었던 수많은 정치적 역정과 함께 삼민주의의 내용 역시 많은 굴곡을 겪으며 다듬어지고 보완되었다. 초기의 삼민주의는 유럽의 근대 국가들을 모델로 중국의 민족적 독립과 정치적 민주 제도, 경제적 평등의 요구를 실현하려는 것으로, 아직은 소박하고 추상적인 형태를 띠고 있었다. 이후 신해혁명과 5·4운동 등을 거치며 쑨원의 삼민주의도 점차 내용을 보완하며 발전해 갔는데, 1924년 1월에 즈음해서는 중요한 전환을 이루어내며 좀더 원숙한 단계에 접어들었다. 쑨원은 그 내용을 같은 해 1월부터 8월 사이에 행한 강연에서 펼쳐냈고, 그 다음해인 1925년에 『삼민주의』라는 책자로 출간했다.

이 시기의 '삼민주의'는 초기의 '삼민주의'와 구분하기 위해 '신新 삼민주의'로 부르기도 하는데, 요컨대 '민족주의'는 반제 투쟁과 궤를 같이 하는 것이었고, '민권주의'는 서구의 의회주의에서 탈피해 국민의 권력을 강조한 것이었으며, '민생주의'는 궁극적으로 사회주의를 지향하는 것이라 할 수 있다. 여기서 한 걸음 더 나아가 이렇게 정립된 세 가지 원칙은 구체적으로 '제국주의와 군벌의 타도, 농민과 노동자의 해방'으로 해석되었고, 이를 통해 '소련과 연합하고, 공산당을 받아들이며, 노동자·농민을 돕는다聯蘇·容共·扶助農工'는 3대 정책이 수립되었다. 이로써 '국민혁명'은 '반제·반봉건군벌'의 기치를 내걸고, 민족 자본가 계급과 소자본가 계급 및 노동자, 농민을 포괄하는 전국적 차원의 운동으로 고양되었다. 여기서 말하는 **국민혁명의 시대**란 "신해혁명 이후 위안스카이의 독재와 그의 사후 벌어진 군벌들의 혼란 속에서 국민당과 공산당이라는 새로운 혁명의 담당자가 나타나 중국의 국가적 통일을 일단 달성하기까지의 시기"를 말하는데, 대개 시기적으로는 "1919년 5·4운동에서 시작해 1928년 국민

● 나카지마 미네오(中嶋嶺雄)(윤영만 옮김), 『중국혁명사』, 세계, 1985. 81쪽.

●● 여기서 '공인(工人)'은 노동자를 의미한다. 곧 '노동자부'를 가리킨다.

당의 북벌로 완성된 것"을 가리킨다.●

대회에서는 새로운 집행부인 중앙집행위원회가 구성되었다. 모두 24명인 중앙집행위원 가운데 리다자오와 탄핑산譚平山, 담평산, 위수더于樹德, 우수더 등 3인과 후보위원으로 선출된 17명 가운데 린쭈한林祖涵, 임조함, 마오쩌둥, 취츄바이瞿秋白, 구추백, 장궈타오 등 7명이 공산당원이었다. 새로 조직된 국민당 중앙집행위원회의 부서 가운데 대중의 조직과 가장 관련이 있던 것은 조직부와 공인부工人部●●, 농민부였다. 가장 핵심적인 부서는 당 조직과 당원의 질을 좌우할 수 있는 조직부였는데, 공산당원인 탄핑산이 부장에 취임했다. 노동자 조직을 관리하는 공인부는 원래 랴오중카이가 부장을 맡았지만, 랴오중카이는 그밖에도 겸직을 많이 하고 있어 실권은 공산당원인 펑쥐포馮菊坡, 풍국파가 쥐고 있었다. 농민부장은 애당초 공산당원인 린쭈한에서 국민당원으로 바뀌었지만 공산당원인 펑파이彭湃, 팽배가 계속 비서의 지위에 있어 여전히 발언권이 있었다. 그리고 마오쩌둥은 선전부 대표부장을 맡았다. 이렇듯 공산당은 비록 그 숫자는 적지만 당의 요직을 점하고 있으면서 당의 운영을 좌지우지할 정도로 큰 힘을 발휘했다. 이에 당무에서 소외된 국민당 측 인사들이 공산당에 대한 제재를 요구하기 시작했다. 쑨원이 나서서 이런 움직임을 해소하기 위한 노력을 기울여 당내의 파벌과 그로 인한 분규는 잠복했으나, 이것은 결국 몇 년 뒤 국공합작이 결렬되는 데 결정적인 작용을 하게 되었다.

또 대회 기간 중에 국민혁명군의 간부를 육성하기 위한 군관학교 설립안이 통과되어 5월에 광저우 교외의 황푸에 **황푸군관학교**黃埔軍官學校가 설립되고, 쑨원의 두터운 신임을 받았던 쟝졔스가 교장으로 취임했다. 쑨원의 개인사에서 그리고 국민당의 역사에서 황푸군관학교의 창설은 큰 의미를 갖는다. 신해혁명 이래 쑨원과 국민당은 자신의 군사력을 갖지 못해 주로 서남 지역의 군벌들에 의지해야 했는데, 이제 자신들만의 군

황푸군관학교 정문

대를 갖게 된 것이었다. 학교는 소련의 자금으로 설립되었다. 이에 소련제 무기가 속속 광저우에 도착했고, 군사 고문으로 갈렌^{Galen, 본명은 Vasilii K. Blücher}이 부임했다. 그리고 특기할 만한 것은 4년여에 걸친 프랑스 유학을 마치고 돌아온 저우언라이가 교장인 쟝졔스 밑에서 정치부 부주임으로 취임했다는 사실이다.

황푸군관학교에서는 군사 훈련과 마찬가지로 정치 교육도 중시되었는데, 그로 인해 이 학교의 졸업생들은 기왕의 군벌 휘하 장교들과는 전혀 다른 기질과 성격을 갖고 있었으며, 이들은 이후 국민혁명군의 핵심으로 성장해 군벌들을 상대로 한 싸움에서 중요한 역할을 해냈다. 아울러 군 조직은 소련의 적군을 모방한 당 대표제를 도입해 군을 당의 지도 하에 두었는데, 초대 대표로는 랴오중카이가 추대되었다. 또 당시 국민당을 지지하는 군대는 아직 출범도 하지 않은 학생군과 군벌들의 군대에 불만을 품고 있으면서 국민당 정권에 호의적이었던 지방 군벌의 군대인 객군^{客軍}이 주력을 이루었다.

1924년 9월 베이징에서는 차오쿤이 국회의원을 돈으로 매수해 대총통의 자리에 오른 것을 두고 그를 비판하는 목소리가 높아갔다. 이것을 기화로 제1차 펑즈전쟁의 패배로 동북 지방에서 권토중래를 노리던 장쭤린의 펑톈파 군벌이 잔존한 안후이 파 군벌과 국민당과 삼각동맹을 맺고 **제2차 펑즈전쟁**을 일으켰다. 전쟁이 일어나자 쑨원도 사오관韶關, 소관으로 출정했다. 이때 광저우에서 천롄보陳廉伯, 진렴백가 이끄는 상단군商團軍이 10월 10일 쌍십절을 맞이해 소란을 일으켰다. '상단'이란 자본가 계층을 중심으로 각지에서 결성된 자위 조직이었는데, 이들은 쑨원이 광저우 시내에서 점포세를 징수하는 것에 반대한다는 등의 구실을 내세워 상점주들을 선동하고 소란을 일으킨 것이었다. 이들은 본래 영국의 지원을 받고 있었는데, 영국은 쑨원이 소련과 제휴하는 것을 경계하여 이에 대항할 목적으로 이들 상단을 지원했다.

'제2차 펑즈전쟁'에 앞서 상단군은 그 해 8월부터 무기를 밀수하는 등 자체의 무력을 갖추기 위한 준비를 차근차근 진행해왔다. 이 사실을 눈치 챈 쑨원은 쟝졔스에게 지시를 내려 이들의 동태를 감시하게 했다. 쟝졔스는 상단 측의 밀수선을 발견하고 황푸군관학교로 예인하여 9,000정의 무기를 압수했다. 이에 쑨원은 상단에 서한을 보내 천롄보의 음모를 구체적으로 적시하면서 반역 행위를 하지 말 것을 경고했다. 그러나 상단은 오히려 8월 20일 압수한 무기의 무조건적인 반환과 상단의 군사 조직을 인정해줄 것을 요구했다. 쑨원이 그들의 요구를 거절하자 상단은 총파업에 들어갔고 쑨원은 무력 진압까지 불사하겠다는 강경한 태도를 보였다. 이에 영국도 중국 정부가 무력을 사용한다면 자신들도 상단을 지원해 맞서 싸우겠다고 선언했다. 일촉즉발의 위기로 치닫던 사태는 쑨원이 9월 1일에 대외 선언을 발표해 제국주의 세력의 반혁명 지원 행위를 비난하고, 영국 수상에게 직접 항의하는 전문을 보냄으로써 가까스로 수습 국면에 접어들었다. 그리고 제2차 펑즈전쟁으로 쑨원이 광저우를 떠나자 쌍십절을 기해 상단군이 소란을 일으켰던 것이다.

국민당 정권은 상단의 배후에 영국이 있다는 사실을 비난하는 동시에 혁명위원회를 조직해 즉각 상단군의 저항을 진압할 것을 명했다. 13일에는 우테청^{鳴鐵成, 오철성}이 3,000명의 경위군을 이끌고 광저우로 왔고, 후난군 3,000명도 광저우로 집결했다. 14일에는 쑨원이 전군의 지휘를 쟝졔스에게 맡긴다는 명령을 내리니, 15일 오전 4시 쟝졔스가 지휘하는 정부군이 반격을 개시해 상단군과 격렬한 시가전을 벌였다. 정부군의 포위 작전으로 상단군의 전열이 무너지고 그들 대부분이 투항함으로써 사태는 손쉽게 진압됐다. 이것은 황푸군관학교가 세워진 이래 첫 번째로 수행한 군사 작전으로, 처음으로 민중들 앞에 나선 군관학교의 학생군들은 일사불란한 행동으로 사람들의 마음속에 깊은 인상을 남겼다. 아울러 이 사건을 통해 쑨원과 국민당 정부의 반제국주의 노선이 분명하게 표출되었다.

북방의 전선에서는 초기에는 우페이푸의 군대가 승리하는 듯 보였으나, 돌연 생각지도 못하게 그의 동맹자인 펑위샹이 배후에서 군사 쿠데타를 일으켜 베이징을 점령하고 차오쿤을 축출하자^{베이징 정변}, 우페이푸는 남은 병력을 이끌고 양쯔 강 지역으로 후퇴했다. 전쟁에서 승리한 장쭤린과 펑위샹은 '안즈전쟁'의 패배 이후 권좌에서 물러났던 안후이 파의 수령 돤치루이와 연합세력을 형성했다. 이후 돤치루이와 펑위샹이 쑨원에게 베이징 방문을 요청하니, 1924년 11월 10일 쑨원은 이른바 '북상^{北上}'을 선언하고 베이징으로 출발했다. 쑨원은 선언문에서 "국민을 결합시키고 무력을 국민의 무력으로 해야 국민혁명은 비로소 성공할 수 있다"고 주장했다. 그리고 시국에 대한 토론을 위해서 '국민회의'를 소집하되, 그 구체적인 준비 단계로 우선 국민회의의 예비회의를 소집할 것이며, 여기에는 근대적 실업단체, 상회, 교육회, 대학, 각 성 연합회, 노동조합, 농민조합과 차오쿤과 우페이푸에 반대하는 각 군과 정당의 대표가 참가할 것을 제안했다. 또 베이징으로 가기에 앞서 쑨원은 11월 말에서 12월 초에 걸쳐 일본을 방문해 관세권의 회수와 치외법권의 철폐 등, 일본이 중국과 맺고 있는 불평등조약을 폐지할 것을 요청했으며, 고베^{神戶}에서는 이른바 〈대아시아주의〉라는 제목의 연설을 했다. 여기서 쑨원은 국제 관계를 인의 도덕에 기초한 왕도와 강권에 기초한 패도로 분류하고 패도로 나아가고 있는 일본을 은연중에 비판하며 왕도로 나아가는 소련과의 제휴를 천명했다. 이 모든 것은 쑨원이 지도하는 국민당의 반제국주의적·반군벌적 계급의 통일전선을 위한 것이었다.

그러나 베이징에서는 이미 돤치루이가 11월 22일에 임시집정^{臨時執政}의 자리에 올랐다. 12월 31일 쑨원이 베이징에 도착했을 때 역 앞에는 수많은 군중이 운집해 그를 환영했다. 하지만 쑨원의 몸은 이미 병마에 극심하게 시달리고 있었다. 1월 24일과 25일 이틀 간 쑨원은 전혀 식사도 못한 채 체온이 상승하고 맥박도 빨라졌다. 26일 쑨원은 미국의 록펠러재단의 지원으로 건립되어 당시 최고의 의료진을 확보하고 있던 베이징의 셰허의원^{協和醫院}에서 개복수술을 받았으나, 그의 병세는 이미 말기 간암으로 진행되어 손을 쓸 수 없는 지경이었다.

한편 쑨원이 제안한 '국민회의'를 두고 베이징의 정국은 둘로 나뉘었는데, 펑위샹은 이것을 지지했지만, 임시집정 돤치루이와 장쭤린은 대표들의 참여폭을 좀더 제한하는 '선후회의^{善後會議}'를 개최할 것을 주장했다. 국민당과 공산당은 이에 대항해 국민회의를 좀더 민주적으로 추진하기 위해 집회와 시위를 열었으나, 선후회의는 돤치루이와 장쭤린의 뜻대로 1925년 2월 13일에 개막되어 4월 21일까지 진행이 되었다. 회의가 한참 진행되고 있던 1925년 3월 12일 쑨원이 59세의 나이에 간암으로 사망했다. 평생을 중국 혁명에 바친 위대한 민족주의자가 세상을 떠난 것이다. 장례식에는 수많은 인파가 몰려들어 그의 죽음을 애도했고, 운구는 베이

쑨원의 유해가 안치되었던 비윈쓰에는 그의 '의관총'이 마련되어 있다.

징 시산^{西山, 서산}의 비윈쓰^{碧雲寺, 벽운사}에 임시로 안치되었다가 4년 뒤인 1929년 난징의 쯔진산^{紫金山, 자금산}에 안장되었다. 눈을 감기 전에 쑨원이 남긴 마지막 한 마디는 "혁명은 아직 끝나지 않았다^{革命尙未完}"는 것이었다.

쑨원 사후 사태는 끈 떨어진 연처럼 갈피를 못 잡고 걷잡을 수 없이 돌아갔고, 펑위샹은 실망한 채 자신의 '국민군'을 이끌고 서북 지방으로 돌아갔다. 그리고 갑자기 공허해진 중앙 권력을 장악하기 위해 안후이 파와 즈리 파, 펑톈파 간에 복잡한 경쟁이 계속되는 가운데, 1925년 봄에 새로운 전쟁이 벌어졌다. 그것은 친 즈리 파인 쟝쑤 성과 친 안후이 파인 저장 성 사이에 벌어진 전쟁으로 결국 저장 성이 패배하고 쑨취안팡^{孫傳芳, 손전방}이 양쯔 강 유역의 5개 성을 장악하는 새로운 대군벌로 등장했다. 군벌들의 싸움은 무한히 반복되는 무의미한 정치 게임에 지나지 않았다. 그 와중에 상징적으로나마 공화정의 아이콘으로 중국인들의 마음속에 남아 있던 쑨원마저 세상을 뜨고 나니 중국 내에서는 한동안 힘의 공백

2. 국민혁명의 시대, 제1차 국공합작과 북벌

과 함께 심리적 공황 상태가 이어졌다.

이제 상황은 파국으로 치닫고 있었다. 군벌들은 세력 다툼을 그칠 줄 몰랐고, 그로 인해 일반 민중들의 부담 역시 증가해 일상 생활을 영위하기 어려울 지경에 이르렀다. 민중들의 불만은 폭발 직전이었고, 이것은 반제국주의, 반군벌 투쟁으로 표출되었다. 1921년 당시 군벌들을 지탱하는 무장 병력의 숫자는 무려 150만에 달했다고 한다. 각 성에서는 다양한 성분의 군벌들이 실질적인 권력을 잡고 있었다. 그들은 자신들이 장악하고 있는 지역에서 군림하며 일종의 지역 제국을 건설했는데, 1911년 이후 1949년 신중국 수립까지 일관되게 산시 성을 장악했던 옌시산閻錫山, 염석산이나 '위대한 윈난'의 건설을 내걸었던 탕지야오唐繼堯, 당계요 등은 일종의 고립주의 정책을 펴며 자신들의 야심을 그들이 장악하고 있는 지역에만 한정했다.

이러한 생각은 일찍이 쑨원을 옹립해 '광둥정부'를 수립했던 천중밍이 내걸었던 '각각의 성들의 자치를 허용하고 연합하자聯省自治'는 주장과 일맥상통하는 것으로, 1920년대 초반에서 1921년에 이르는 시기에 수많은 잡지들을 통해 전국에 확산되었다. 좌익계 지식인들의 경우 자신들이 열망하는 급진적 이데올로기가 아직은 전 중국에 뿌리를 내리기 어렵다는 정세 판단 하에 이러한 '연방주의'가 실현되면 점차 지역 내에서 자신들의 기반을 확보할 수 있을 것이라 기대했는데, 이것은 일종의 전략적 후퇴라 할 만한 것이었다. 반면에 량치차오 등과 같은 온건주의자들은 서구에서 연방주의적 모델을 모색하였으니, 이들은 연방제에 바탕한 미국의 경우를 심도 있게 연구했고, 마찬가지로 연방제를 채택하고 있는 스위스와 브라질 등의 경우를 분석했다. 연방주의가 특히 정국을 주도하고 있던 '빅쓰리안후이 파, 즈리 파, 펑톈파'● 이외 지역의 군벌들로부터 환영을 받은 것은 어찌 보면 당연한 것이었다. 천중밍이 지지했던 "광둥인이 광둥 성

● 당시 서방의 언론들은 이들을 일러 '수퍼 독군(super-督軍)'이라 칭했다.

을 다스려야 한다^{粤人治粤}"는 슬로건은 이내 "후난인이 후난을 다스려야 한다", "쓰촨인이 쓰촨을 다스려야 한다", "후베이인이 후베이를 다스려야 한다" 등으로 확산되었다. 이것은 당시 전 중국의 권력자로 올라서기에 앞서 각 성에서의 민족주의자들의 지위를 강화하려는 쑨원의 생각과도 일정 부분 맞아떨어진 측면이 있어 당시 국민당은 각 성의 자치를 위한 시도에 관여한 바 있었다.

그러나 이러한 시도는 이내 연방주의를 자신의 권력을 공고히 하려는 수단으로 삼으려 했던 각 성의 군벌들에 의해 무화되었다. 연방주의를 제창했던 민간인들은 기존의 군벌 세력에 대항해 싸우기에는 너무나도 무력했으며, 그로 인해 본래 군벌 세력의 만행을 견제하고 제지하려는 의도에서 시작되었던 연방주의 운동이 오히려 각 지역에서 할거하고 있는 군벌들의 세력을 강화해주는 역설적인 결과를 만들어냈던 것이다. 군벌들은 자신들을 비판하는 세력에 대해 무자비한 탄압을 일삼았는데, 이를 통해 각자가 장악하고 있는 지역에서 각종 세금이나 화폐의 조작, 그리고 여러 가지 종목의 불법 무역을 통해 막대한 수입을 얻었다. 반면에 자연재해 등으로 빈발했던 민중들의 기근 등 사회 문제에 대해서는 속수무책이었고 사실상 해결의 의지도 갖고 있지 못했다. 그들이 추구했던 것은 철저하게 자신들의 권력 강화를 통한 사익의 추구였을 뿐이었다. 5·4운동 등을 통해 민중들의 의식이 성숙해지자 이들 군벌들 가운데 노회한 이들은 좀더 진보된 형태의 민중 선동으로 여론을 형성해 자신들을 비호했다. 이를테면, 산시 성의 옌시산은 산시 성을 모범적인 성으로 만든다는 명목으로 청년 단체를 조직하고 민중들이 유교적 도덕을 실행하도록 했다. 후난 성의 자오헝티$^{趙恒惕, 조항척}$는 한동안 학생과 노동자들과 협력하는 제스처를 취하는 등 이른바 '민중'을 지지하는 입장을 내세우기도 했다. 독특하게도 기독교 신자였던 펑위샹의 경우에는 기독교적 진보주의와 유교적 도덕을 가미한 일종의 민족주의를 역설하기도 했다.

군벌들의 할거로 인한 정국의 혼란과 민중의 수탈 등으로 전 중국이 혼란에 빠져 있는 가운데 민중들은 점차 그 배후에 제국주의 열강의 그림자가 어려 있다는 사실을 깨닫게 되었다. 일찍이 쑨원은 제2차 펑즈전쟁 직후 제국주의의 원조를 받는 군벌의 무력 통일에 명확하게 반대하는 입장을 표명했는데, 이 같은 생각은 점차 일반 민중에도 확산되어 '반제·반봉건'이라고 하는 '국민혁명'의 테제로 떠올랐다. 그리고 잠복해 있던 국민당과 공산당의 대립이 표면에 떠오르니 사태는 또다시 일변하게 되었다.

장제스의 부상과 국민당의 분열

쑨원이 죽은 뒤, 그가 평생 꿈꾸었던 새로운 중국의 도래는 멀어만 보였다. 하지만 쑨원이 죽기 바로 직전인 1925년 2월에는 이른바 **제1차 동정**東征을 감행해 장제스의 지휘를 받는 황푸군관학교 생도들이 이끄는 군대가 광둥 성 북부 지역인 차오저우潮州, 조주와 산터우汕頭, 산두 일대에서 잔존 세력을 거느리고 있던 천중밍의 군대를 토벌했다. 나아가 5월에는 윈난과 광시의 군벌인 양시민楊希閔, 양희민과 류전환劉震寰, 유진환의 반란을 격퇴하고 1만 7,000명의 포로와 1만 6,000정의 소총을 노획했다. 이러한 일련의 승리를 통해 국민당 군대는 점차 다른 군벌들과의 싸움에서도 밀리지 않을 자신감이 생겨났고, 이러한 무력을 바탕으로 국민당 정권 역시 쑨원이 꿈꾸었던 '북벌'을 감행할 기반을 갖추게 되었다. 여기에 '2·7참안' 이래로 침체에 빠졌던 노동 운동도 공산당의 지도 아래 활기를 되찾았다.

1925년 5월 1일 광저우에서는 제2차 전국노동대회가 열려, 중화전국총공회中華全國總工會가 탄생했다. 이것은 명실상부한 전국의 노동자 조직을 대표하는 단체로 이때 모인 노동자들은 지역의 농민, 병사들과 함께 대규모 시위에 나섰다. 당시 노동자들의 최대 조직은 상하이총공회였다. 상하이에서는 1923년 초까지 4만의 노동자가 24개 노동조합을 결성해, 1924년 메이데이에는 10만의 노동자들이 거리에 나와 시위를 벌일 정도였다. 1925년 2월 상하이의 방적공장에서 노동자들이 해고당하자 이 때문에 파업이 일어났다. 5월에 다시 두 명의 노동자가 해고당한 일로 파업이 일어나자, 5월 15일에 일본인 감독이 파업 중의 노동자에게 발포해 조합의 간부인 구정훙顧正紅, 고정홍을 사살하고 수십 명에게 부상을 입히는 사건이 발생했다. 그러자 이에 항의하는 노동자와 학생들이 거리로 뛰쳐나와 시위를 벌였다. 드디어 운명의 날인 5월 30일을 기해 대규모 시위가 일어났는데, 오후에 접어들어 시내 번화가인 공동 조계 인근의 난징루南京路, 남경로에 사람들이 모여들어 오전에 체포된 학생들의 석방을 요구하던 중, 영국 경찰들이 군중들에 대해 발포해 13명이 사망하고 수십 명이 중상을 입는 등 대참사가 일어났다. 이것을 '5·30운동'이라 하는데, 역사가들은 이 사건을 중국에서의 반제국주의 운동의 시작으로 규정하고 있다.

　상하이에서는 그날 이후 노동자들이 총파업에 들어갔고, 심지어 자국민의 살상에 분노한 자본가들도 파업을 지시했다. 이에 일본과 영국, 미국은 군함을 상하이에 집결시키고 육군을 상륙시켜 민중들과 대치했다. 그리하여 사건이 벌어진 5월 30일부터 6월 10일 사이에 60여 명이 살해되고 70여 명이 중상을 입었다. 이제 사태는 걷잡을 수 없이 퍼져나가 전국 각지에서 비슷한 상황이 벌어졌다. 그 가운데서도 가장 치열한 투쟁이 벌어진 것은 홍콩과 광저우였다. 6월 19일에는 홍콩의 노동자들이 파업을 일으켜 영국인 총독은 파업을 탄압하기 위해 계엄령을 내렸고, 이에 맞서 노동자들은 영국의 식민지인 홍콩을 떠나 광저우로 집결했다. 6월 23일 광저우에서는 노동자, 학생 등 10만여 명에 이르는 군중이 모여 대규모 시위를 벌였다. 행진이 외국 조계인 사몐沙面, 사면의 맞은편에 이르렀을 때 조계 경비를 맡고 있던 영국과 프랑스 군대가 갑자기 기관총을 발사해 60여 명이 사망하고 170여 명이 중상을 입었다. 이것을 **6·23사건**이라 부르는데, 이것이 새로운 도화선이 되어 영국 상품에 대한 보이콧과 총파업이 잇달아 일어났다. 홍콩과 광저우에서는 그 뒤로도 파업이 16개월 동안이나 계속되었고, 국민당 정부 역시 영국 정부에 대해 경제 단교를 단행하고 파업 노동자들을 지원했다.

홍콩, 광저우의 파업이 1년 4개월이나 계속된 데에는 물론 그 나름의 이유가 있었다. 광둥의 국민당 정권이 바로 전력을 기울여 이 파업을 지원했기 때문이다. 광저우의 집회에서는 랴오중카이, 보로딘 등이 열변을 토했으며, 또한 파업위원

현재도 이국적인 풍취가 여전히 남아 있는 사몐 거리

> 회에는 거액의 재정 지원이 정부로부터 보내졌다. 노동자는 이러한 지원 아래 도박장이나 아편굴을 접수하고 그것을 파업 노동자의 기숙사와 식당으로 대체함과 동시에 굳건한 수비대를 조직했다. 한편 정부는 이러한 노동자의 조직에 근거함으로써 강력한 권력과 커다란 위신을 스스로의 손에 넣을 수 있었다.
> 말하자면 여기서 노동 운동은 정부의 지원 아래 발전하고 동시에 정부는 그러한 노동자의 힘에 의지함으로써 현실적인 세력으로 성장해 갔던 것이다.●

● 사에키 유이치(佐伯有一), 노무라 고이치(野村浩一) 외, 『중국현대사』, 329~330쪽.

당시 파업위원회는 홍콩에서 밀려들어오는 수만 명에 이르는 파업 참가자들이 묵을 장소를 제공하고, 해안을 지키기 위한 무장 규찰대를 배치했다. 특히 광둥정부가 제공한 막대한 금액의 예산을 자체적으로 운용하면서 파업 방해자를 구금하는 등 경찰과 사법 기관의 역할까지 해내 일종의 정부와 같은 기능을 하고 있어, 광둥에서는 이 위원회를 '제2정부'라 부를 정도였다. 이러한 정세는 국민당 내 좌파 세력에 큰 힘이 되었으나, 동시에 반대편에 선 자본가 계급에게는 큰 위협이 되었다.

국공합작의 기운이 한참 무르익던 1924년 4월에 이미 몇몇 원로 정치인들이 일종의 항의 표시로 감찰위원회에서 탈퇴했으며 앞서 기술한 광저우의 '상단군'의 반란 역시 같은 맥락에서 일어난 것이었다. 사실상 국민당 내에 모여든 사람들은 그 출신이 다양했다. 이들을 하나로 아우른 것은 쑨원이라는 걸출한 지도자가 있었기에 가능했던 것인데, 이제 그 구심점이 사라지니 그동안 잠복해 있던 갈등이 수면 위로 떠오르게 되었다.

쑨원 사후 국민당은 일단 집단지도체제를 채택했는데, 5월에 열린 중앙집행위원회를 주도한 것은 오랫동안 국민당의 재정을 맡아온 좌파 성향의 랴오중카이와 한때 아나키스트였으며 이후로도 좌파 지식인이었던 왕자오밍, 그리고 우익을 대표하는 후한민이었다. 여기에 황푸군관학교 교장으로 군권을 장악하고 있던 쟝졔스가 있었다. 여러 가지 위기 요소가 잠복해 있는 가운데, 1925년 7월 1일에 열린 국민당 1기 3차 중앙위원회 전체회의에서 정식으로 **국민정부가 수립**되었다.

> 국민정부는 국민당에 의해 지도되었다고는 하지만, 당시의 국민당이 국공합작, 국민회의운동 등의 통일전선에 기초한 반제·반봉건의 중심적 정치 세력이었다는 점, 또 광둥정부가 노동 운동의 에너지를 결집해 그것에 의해 강화되고 있었다는 점, 보로딘을 통한 소련의 지도와 원조가 중요한 정신적·물질적 기초였다는 점으로 미루어 볼 때, 광둥 국민정부를 민족 민주적 연합정권의 맹아로서 보는 것이 좋은 것이다. 이런 의미에서 국민정부의 성립은 1912년 이래의 중화민국사상 가장 중요한 사건의 하나라고 평가할 수 있다.●

● 히메다 미츠요시(姬田光義) 외, 『중국근현대사』, 239쪽.

이제 기존의 대원수 제도가 폐지되고 새롭게 왕자오밍이 정부 주석이 되고, 랴오중카이는 재정부장, 후한민은 외교부장, 쉬충즈^{許崇智, 허숭지}가 군사부장이 되었다. 주석과 재정부장을 좌파들이 차지함으로써 일단 국공합작을 이어가려는 쑨원의 유지가 받들어지는 듯이 보였지만, 국민당 내부의 움직임은 그렇게 간단하지 않았다. 국민당을 지지하는 주요 세력은 지주나 기업가들이었는데, 이들은 농민의 소작료와 세금 인하 요구, 임금 인상을 위한 도시 지역의 파업 등에 공감하지 못했던 것이다. 쑨원이 죽은 뒤 그의 뜻을 떠받들어 국공합작의 임무를 수행한 것은 랴오중카이였다. 따라서 그는 자연스럽게 국민당 내 불만분자들의 표적이 되었다. 급기야 8월 20일 랴오중카이는 국민당 집행위원회에 참석하기 위해 가는 길에 대여섯 명의 젊은이가 총격을 받고 살해되었다. 사건 직후 특별위원회가 꾸려져 수사에 착수한 결과 후이성^{胡毅生, 호의생}, 린즈몐^{林直勉, 임직면}, 주줘원^{朱卓文, 주탁문}이라는 세 젊은이에게 체포령이 떨어졌지만, 린즈몐만 체포되고 나머지 두 사람은 종적을 감추었다. 체포된 뒤 린즈몐은 랴오중카이가 공산당이기에 정부의 요직을 맡을 수 없다는 말을 할 뿐 범행은 극구 부인했다. 결국 이 사건은 결말을 짓지 못하고 흐지부지되었는데, 달아난 후이성이 후한민의 사촌동생이었고 군사부장인 쉬충즈의 부하도 연루되었기에, 결국 왕자오밍과 쟝졔스는 후한민을 모스크바로 추방하고 쉬충즈의 군대를 무장해제시켰다. 사실상 이들과 같은 우파의 입장에 서 있던 쟝졔스가 좌파인 왕자오밍과 손을 잡았던 것은 좌우를 떠나 쉬충즈와 후한민이 각각 쟝졔스와 왕자오밍의 경쟁상대였기 때문이었다.

랴오중카이가 암살된 뒤 집단 체제가 붕괴하고 왕자오밍과 장졔스의 협력 체제로 돌아섰다. 왕자오밍은 국민정부 주석에 중앙집행위원회 정치위원회 주석, 황푸군관학교 주재 당대표가 되어 당과 정부를 장악했고, 쟝졔스는 황푸군관학교 교장과 국민혁명군 제1군 군장으로서 군대를 장악했다. 10월 2일에는 광둥의 국민혁명군이 **제2차 동정**東征에 나서 후이저우 일대에서 명맥을 잇고 있던 천즁밍의 세력을 격파하고 광둥 성의 통일을 완수했다. 랴오중카이의 죽음으로 좌파 진영은 일시 타격을 입은 듯했지만, 1926년 1월에 개최된 국민당 제2차 전국대표대회의 결과 좌파 진영은 여전히 세력을 유지했다. 대회에 참가한 278명의 대의원들 가운데 168명이 좌파나 공산당원이었고, 중도파는 겨우 65명이었으며, 우파는 겨우 45명에 불과했다. 나아가 국민당 집행위원회의 위원 36명 가운데 7명이 공산당원이고 14명이 좌파에 속할 지경에 이르자 코민테른에서 파견된 국민당 정치고문 보로딘은 국민당 내 각 위원회에서 공산당의 자리를 3분의 1로 제한할 만큼 여유를 부렸다. 광저우는 노동자들이 거리를 순찰하고 파업이 장기화되어 당시 사람들이 '붉은 도시'라 부를 정도였다.

바야흐로 보수파는 이같은 현실에 위기의식을 느끼지 않을 수 없는 상황에 놓이게 되었다. 이에 앞서 1925년 11월에는 국민당 우파 당원인 린쑨^{林森, 임삼}이 한때 공산당에 경도되기도 했던 민족주의적 지식인 다이지타오^{戴季陶, 대계도}, 선딩이^{沈定一, 심정일} 등과 베이징 근교의 시산 비윈쓰에서 별도의 모임을 가졌다. 회합을 가졌던 지명을 본따 '시산파^{西山派, 서산파}'라 부르는 이들은 자신들의 회동을 제4차 중앙위원회 전체회의라 칭하고, 공산당원의 국민당적 박탈, 보로딘의 해직, 왕자오밍의 6개월 간 당적 박탈 및 공산당적 중앙위원 9명의 제명을 결의했다. 하지만 이들의 주장은 일거에 묵살되고, 곧이어 앞서의 국민당 제2차 전국대표회의가 열렸다. 하지만 쑨원이 죽기 전부터 공산당에 대한 의구심을 버리지 않고 있던 쟝졔스 역시 국민당 내 좌파 세력의 준동은 참을 수 없었다. 당시 황푸군관학교 내에는 공산당 계의 청년군인연합회와 국민당 계의 쑨원주의학회가 서로 대립하고 있었다. 비록 저우언라이가 정치위원으로 학생들을 지도하고 있기는 했지만, 학생들 사이에 은근히 퍼져가는 반공 정서를 막을 수는 없었다. 공산당과 국민당 내 우파 사이의 미묘한 대립과 갈등은 바야흐로 일촉즉발의 긴박한 분위기를 조성했다.

이런 흐름을 일거에 바꾸어놓은 것이 바로 1926년 3월 18일에 발생한 이른바 **중산함**^{中山艦} **사건**이었다. 중산함은 사실 4년 전인 1922년 쑨원이 천즁밍에게 쫓겨 광저우에서 상하이로 향할 때 타고 갔던 융펑함으로, 쑨원 사후에 중산함으로 개명했다. 사건의 개요는 간단하다. 당시 해군 국장대리이며 중산함장이었던 리즈룽^{李之龍, 이지룡}이 군함을 광둥에서 황푸로 돌린 것을 쟝졔스가 자신에 대한 쿠데타로 여겨 3월 20일 리즈룽과 소련인 고문단을 체포한 것이었다. 이때 보로딘은 소련에서 중국 정세를 시찰하러 온 사절단을 접견하기 위해 베이징에 가 있었고, 쟝졔스 역시 황푸군관학교를 떠나 광저우에 있었다. 어찌 보면 보로딘이 잠시 광저우를 떠나 있

1938년 우한에서 일본군에 의해 격침되었던 중산함은 1997년 복원되어 현재는 우한시에 있는 '중산함박물관'에 전시되어 있다.

는 틈을 타 누군가 일을 벌인 것인지도 모를 일이었다. 하지만 누가 중산함을 황푸군관학교로 회항하도록 명령했는지는 밝혀지지 않았고 따라서 이 사건의 진상 역시 미궁에 빠졌다. 중요한 것은 이 사건을 계기로 쟝졔스가 국민당 내에서 자신의 입지를 확고히 했다는 사실이다. 잠시 추방되었던 보로딘 일행은 쟝졔스가 자신의 잘못을 인정함에 따라 바로 그 다음달인 4월에 되돌아왔다.

중산함 사건은 하나의 해프닝으로 끝났지만, 이것은 국민당을 우파와 좌파로 양극화시키는 충격적인 결과를 낳았고, 쟝졔스가 국민당을 장악해 좌파들을 압박하는 계기가 되었다. 그런 의미에서 이 사건은 쟝졔스가 벌인 일종의 '반공 쿠데타'라 할 수 있다. 곧이어 쟝졔스는 5월에 열린 중앙위원회에서 당무정리안党務整理案을 제출했는데, 그 내용은 다음과 같은 것이었다. 첫째, 다른 당원이 국민당에 가입할 경우, 그 당은 해당 명부를 중앙집행위원회에 제출해야 한다. 둘째, 다른 당원으로 국민당의 고급 기관의 간부를 맡게 될 경우, 전체의 3분의 1을 넘어서는 안 된다. 셋째, 다른 당원으로 국민당에 가입하는 자는 당 중앙 기관의 부장이 될 수 없다. 여기서 '다른 당'이라는 것이 '공산당'을 가리키는 것은 분명한 사실이었고, 결국 골자는 국민당 내에서 공산당의 활동을 제한하겠다는 것이었다. 이 방침에 따라 중앙집행위원회의 각 부서에서 활약하고 있던 탄핑산과 린쭈한, 마오쩌둥 등은 그 지위를 내놓아야 했다. 그런데 국민당 내 좌파와 공산당 측은 이 안에 대해 극히 타협적인 태도로 협조했고, 쟝졔스 역시 국공합작의 기본 노선을 단번에 버리지는 않았다. 국민당과 공산당 사이에 마찰이 생기면 연석회의가 열렸고, 그 자리에는 반드시 코민테른 대표가 참석했던 것이다. 그럼에도 쟝졔스는 국민당의 세력을 장악해 가는 한편 당내에서, 특히 자신의 권력 기반인 군대 내에서 공산당 세력을 몰아내겠다는 의도를 분명히 했다.

● "보로딘이 이러한 조건들을 받아들였던 까닭은 당시 스탈린이 모스크바에서 심각한 권력 투쟁에 몰입할 때라 광저우에서 공산당과 소비에트 고문이 완전히 축출당하면 스탈린의 명성에 금이 갈 우려가 있었기 때문이다."(조너선 D. 스펜스, 『현대중국을 찾아서 1』, 401쪽.)

한편 중산함 사건 이후 당무정리안의 제출까지 급박하게 돌아가는 현실 속에서 쑨원 사후 초기의 집단지도체제가 랴오중카이의 암살로 무너진 뒤 쟝졔스와 양강 체제를 이루고 있던 왕자오밍은 쟝졔스가 주도하는 일련의 조치들에 항의하는 뜻에서 유럽으로 건너갔다. 왕자오밍은 국민당 내 좌파 세력을 대표하는 인물이었는데, 그가 잠적해버리자 남아 있는 좌파들은 어쩔 수 없이 공산당과의 협력을 모색하게 된다. 합법적인 공간에서 자유롭게 활동하며 세를 늘려간 공산당은 아직까지는 때가 아니라는 판단 하에 국민당 내 우파 세력과 정면으로 대결하는 것보다는 좀더 시간을 두고 지켜보자는 입장을 견지했다. 국민당을 장악한 쟝졔스의 궁극적인 목표는 쑨원이 그토록 염원했던 '북벌'이었다. 이에 앞서 쟝졔스는 국민당 정부 내에 속해 있는 다양한 성격의 군대를 명목상으로나마 통일하기 위한 작업에 착수했다. 황푸군관학교 창설 이후 국민당은 자체의 군대를 보유하게 되었다. 여기에 이들 황푸군관학교 생도들이 이끄는 군대가 두 차례의 '동정東征'을 통해 광둥 성 일대를 통일하자 곳곳에서 군벌 부대가 국민당 군에 투항하는 일까지 벌어졌다. 하지만 이렇게 편입된 군벌 부대 출신의 군인들은 이전의 생활 방식을 그대로 갖고 있어 어떤 이들은 아편에 중독되어 있는가 하면 상황에 따라 탈영을 일삼는 등 전체적으로 규율이 없었고 훈련도 부족했다. 말하자면 이들은 국민당 군에 대해 양날의 칼이었던 셈이다. 이제 국민당의 세력 안에 포함되어 있는 군대는 명목상으로나마 새롭게 재편되었다. 국민당 군을 제1군으로 하고, 나머지 후난군은 제2군, 윈난군은 제3군, 광둥군은 제4군, 푸젠군은 제5군으로 하는 '국민혁명군'이 새롭게 탄생한 것이다.

이제 남은 것은 국민혁명군을 이끌고 북쪽으로 진격해 군벌들을 타도하고 통일정부를 세우는 것이었다. 이에 앞서 국민당 정부의 군사고문인 갈렌은 북벌이 가능한 시점이 도래했다고 선언하고 독자적인 북벌 계획을 세운 바 있었다. 쟝졔스는 당무정리안으로 당내의 공산당 세력을 견제하고 자신의 군사 권력을 확대하기 위해 조기 북벌을 바라고 있었다. 하지만 공산당 내의 입장은 조금 복잡하고 어정쩡한 것이었다. 당무정리안으로 공산당의 활동이 위축된 뒤 7월에 열린 공산당 중앙위원회 제2회 확대회의에서는 쟝졔스를 '신우파'로 규정하고 그에 대한 경계심을 높였다. 아울러 노동 운동이나 군사 운동 등을 통해 당시 고조되고 있던 반혁명의 움직임에 적극적으로 대처하려 했지만, 결국 이런 방침들은 철저하게 이행되지 못했다. 나아가 쟝졔스의 '북벌' 계획에 대해서도 당시 공산당 지도자였던 천두슈는 북벌보다는 혁명의 근거지인 광둥 지역을 강화해야 한다는 '북벌 시기상조론'을 주장했고, 군사고문인 키산카^{Kisanka}는 '북벌 필패론'마저 주장했다.

그럼에도 대세는 '북벌'로 기울었다. 본격적인 군사행동에 들어가기 위해 무엇보다 필요한 것은 자금과 병력이었다. 자금은 쑨원의 처남으로 하버드대학을 졸업한 뒤 뉴욕의 국제은행단에서 3년 동안 일하고 돌아와 1924년에 광저우 중앙은행 총재가 된 쑹쯔원$^{宋子文, 송자문}$이 맡았다. 쑹쯔원은 수완을 발휘해 주요 재원을 축적하는 한편, 1925년에는 국민당 광저우 정부의 재정부장으로 승진한 뒤 세입을 4배나 증가시켰다. 아울러 정부의 자금 마련을 위한 채권도 대량으로 발행했다. 그리고 황푸군관학교는 유능하고 숙달된 정예 장교를 속속 배출해냈다. 입학을 위해서는 적어도 중학교 졸업 이상의 학력을 요구했기에 노동자나 농민 출신의 젊은 이들은 애당초 학교에 입학하기 어려워 학생들은 대부분 비교적 부유한 농촌 가정 출신으로 채워졌다. 1926년 중반에는 이미 7,795명의 졸업생들이 전투에 임할 준비를 갖추고 있을 정도였다.

1926년 6월 쟝졔스는 국민혁명군 총사령관에 취임했고, 7월에는 본격적으로 북벌을 개시했다. 당시 병력은 1군에서 8군까지 모두 10만 명 정도였고, 각 군의 군장은 허잉친(何應欽, 하응흠), 탄옌카이(譚延闓, 담연개), 주페이더(朱培德, 주배덕), 리지선(李齊深, 이제심), 리푸린(李福林, 이복림), 청쳰(程潛, 정잠), 리쭝런(李宗仁, 이종인), 탕성즈(唐生智, 당생지) 등이었다. 북벌의 진로는 세 갈래로 나뉘었다. 첫째, 제4·제7·제8군은 우페이푸가 지배하고 있던 후난·후베이 방면으로, 광저우에서 우한까지 철도를 따라 거슬러 오르거나 샹강(湘江, 상강)을 따라 후난의 거점 도시인 창사로 진군했고 둘째, 제2·제3·제6군은 간쟝(贛江, 공장)을 따라 쑨취안팡이 지배하고 있던 쟝시로 나아갔으며 셋째, 제1군은 동부 해안을 따라 저우인런(周陰人, 주음인)과 차오완순(曹萬順, 조만순) 등이 할거하고 있던 푸젠으로 북상했다. 북벌군의 북상 속도는 놀랄 만한 것이었다. 후난과 후베이 방면의 경우 8월 12일에 창사를 점령했고, 18일에는 웨저우(岳州, 악주)를 점령했으며, 10월 10일에는 우창을 점령했다. 우창은 1911년의 같은 날 신해혁명의 도화선이 되었던 바로 그 '우창 봉기'가 일어난 지 정확하게 15년 만에 반동적인 군벌을 물리치고 그 앞날을 예측하기 어려운 혁명군대를 맞이해 새로운 역사의 중심지가 될 운명에 처했던 것이다. 쟝시 방면은 12월 4일에 쥬쟝(九江, 구강)을 점령하고 12월 7일에 성도인 난창(南昌, 남창)을 점령했다. 북벌을 개시한 지 반 년도 되지 않아 양쯔 강 유역 중류 일대가 모두 국민혁명군의 지배 하에 들어왔다. 그런 와중에 국민당 내 좌파와 공산당은 중공업지대로 당시 노동 운동의 중심지였던 우한으로 모여들었고, 쟝졔스는 뒤늦게 점령한 난창에 국민당 집행위원회 위원들을 모아 새로운 거점으로 삼았다.

　국민혁명군의 성공은 어찌 보면 당연한 것이었다. 국민당은 수적인 면에서는 군벌들에 비해 훨씬 열세에 있었지만, 그들은 반봉건 반제국주의라는 대의명분이 있었고 병사들은 분명한 목표 의식을 갖고 용감하게 전투에 임했다. 여기에 결정적으로 이러한 대의명분을 지지하는 민중의 지지가 있었다. 국민혁명군이 진군할 때 농민들은 그들을 위해 기꺼이 양식을 내놓았고, 직·간접적으로 전투에 참가해 북벌군을 지원했다. 당시 화중·화북 지역에서는 대개 5명의 유력한 군벌들이 할거했는데, 만저우에서 산둥과 베이징 주변에는 장쭤린이, 우한에서 베이징에 이르는 징한철도京漢鐵道, 경한철도 연변에는 우페이푸가, 쟝쑤와 저쟝, 안후이, 쟝시 지역은 쑨취안팡이, 그리고 산시山西, 산서에는 옌시산閻錫山, 염석산이, 그밖에 산시陝西, 섬서에는 '국민군'이라 자칭한 기독교도 장군 펑위샹馮玉祥, 풍옥상이 있었다. 이 가운데 펑위샹은 명백하게 국민당과 연계하면서 다른 군벌들을 견제하고 있었고, 나머지 군벌들 역시 이해관계에 따라 서로 합종연횡과 이합집산을 거듭했다.

  북벌군이 성공을 거두고 양쯔 강 중류 지역을 지배하고 있을 무렵, 국민당 내에서는 국민정부의 수도를 남쪽으로 치우친 광둥에서 중원 지역의 한복판으로 교통의 요충지인 우한으로 이전하자는 논의가 일었다. 그러나 쟝졔스는 자신의 거점인 난창을 떠날 생각이 없었다. 아니 더이상 국민당 좌파와 공산당에 이끌려 가기를 거부했다. 그럼에도 우한에서는 1926년 12월 국민당 중앙집행위원과 국민정부위원의 임시 연석회의가 열렸고, 이 연석회의를 최고 직권의 수행 기관으로 할 것을 결정했다. 그리하여 우한정부는 1927년 정초부터 실질적으로 그 직무를 행사하고 있었다. 같은 해 1월 3일에는 국민당 주최의 축하대회가 열렸는데, 우한 삼진三鎭● 가운데 하나인 한커우의 영국의 조계지에서 군중들과 영국 육군 사이에 충돌이 벌어져 1명이 사망하고 수십 명이 부상을 당했다. 분노한 군중들의 항의로 5일에는 우한정부가 한커우의 영국 조계를 회수했고, 뒤이어 6일에는 쟝시 성 쥬쟝에서도 영국 조계가 중국 측에 접수되었다. 1월 11일 쟝졔스가 자신의 견해를 밝히기 위해 우한을 방문했지만, 그는 그곳 인사들로부터 철저하게 무시당했을 뿐 아니라 보로딘과 다른 좌파 인사들로부터 공개적으로 모욕을 당한 뒤 난창으로 돌아갔다.

● 본래 우한은 우창과 양쯔 강 대안에 있는 한양(漢陽, 한양), 그리고 상업 및 교통의 중심지로 징광철도(京廣鐵道)가 지나가는 한커우라는 세 도시가 합병된 것이다. 그래서 예로부터 '우한 삼진'이라 불렸던 것인데, 세 도시가 정식으로 합병된 것은 1950년이다.

장제스가 난창으로 돌아간 직후인 2월에 우한정부의 사람들은 국민정부의 우한 이전을 결정했다. 이로써 국민당 내 우파는 난창으로 좌파와 공산당은 우한으로 집결함으로써 두 세력은 분명한 대립 관계에 놓이게 되었다. 1927년 3월 우한에서 열린 국민당 제3차 전국대표대회에서는 중앙집행위원회의 권한을 강화하는 한편, 국민혁명군 총사령관의 직위를 폐지하고 장제스를 군사위원회의 위원 가운데 한 사람으로 격하했다. 이것은 명백하게 장제스에 대한 도전이라 할 만했다. 이에 양자 간의 관계는 돌이킬 수 없을 정도로 악화되었다. 이때 이러한 국면을 결정적으로 뒤바꿔놓을 사건이 상하이에서 일어났다.

상하이는 제국주의와 외국 자본이 중국에 진출하는 출발점이자 근거지이기도 했지만, 1925년 '5·30사건' 이래로 노동 운동이 가장 활발하게 일어났던 국제 도시였다. 1927년 2월 상하이 노동 운동의 지도자들은 총노동조합 조직가들의 도움을 받아 이미 인근 도시인 항저우를 점령한 국민혁명군의 도착을 목전에 두고 총파업을 벌였다. 총파업을 주도한 수뇌부에는 중산함 사건과 장제스의 당무정리안 등 일련의 조처로 광저우를 떠난 뒤 공산당 중앙의 지령으로 새로운 활동장소인 상하이로 잠입했던 저우언라이가 있었다. 그곳 군벌인 쑨취안팡의 군대는 이 총파업을 무자비하게 진압했다. 팜플렛을 뿌리던 노동자는 그 자리에서 목이 베어졌으며, 거리에서 연설하던 학생 3명도 살해당했다. 결국 총파업은 실패하고 일시 소강 상태에 빠졌다. 하지만 그 다음달인 3월에 접어들자 국민혁명군은 상하이 근교인 룽화^{龍華, 용화}까지 접근했고, 군벌의 군대는 3월 21일 상하이를 빠져나가기 시작했다. 이것을 기화로 총공회는 마침내 새로운 총파업을 지시했다. 3월 21일 총파업이 감행되었는데, 이번에는 지난번의 실패를 교훈삼아 5,000명의 순찰대가 조직되었다. 순찰대장은 노동자 출신인 구순장^{顧順章, 고순장}이었고, 저우언라이가 부대장을 맡았다. 이

내 순찰대와 외국 군대 간의 전투가 벌어졌는데, 수적으로 열세에 있던 외국 군의 저항은 무력했고, 23일 저녁 무렵에는 거의 모든 상황이 끝나 있었다. 그 다음날인 24일에는 노동자들의 '임시정부'가 성립했다.

> 상하이 폭동은 분명히 중국 공산당의 지도 하에 있었던 상하이 총공회가 중심이 되어 노동자 계급과 소 부르조아 대중이 연합해 북벌군에 호응해서 싸운 획기적인 사건이었다. 그것은 국민 혁명의 과정에서 성장하여 혁명의 지도권 획득에까지 이른 중국 노동자 계급의 위치를 부각시킨 상징적 사건이었다.●

바로 이날 난징에서는 또 하나의 사건이 벌어졌다. 국민혁명군이 난징에 진입했을 때 그 혼란 속에서 병사들이 영국과 미국의 영사관이나 교회에 들어가 선교사를 살해했다. 양쯔 강에서 대기하고 있던 영국과 미국의 함대는 즉각 자국민 보호를 명목으로 난징 성내를 포격해 2,000명 이상의 민중과 병사가 살해되었다. 결국 사건 직후 도착한 외국의 조사단은 선교사 살해가 퇴각하던 평톈파 군벌 소속의 병사가 저지른 것이라는 증거를 찾아냈다. 하지만 이에 아랑곳하지 않고 영국과 미국, 프랑스, 일본, 이탈리아 등 5개국은 쟝졔스에게 항의했다. 기실 이들이 노린 것은 쟝졔스가 좌파들로 구성된 우한정부와 계속 협조할 것인지 그렇지 않으면 자신들 편에 설 것인지를 결정하도록 압력을 가한 것이었다. 여기에 상하이의 은행가나 상인, 공장주 등 자본가 계급을 대표하는 상하이 총상회의 회장이 1926년 말 쟝졔스가 있는 난창을 방문해 재정 지원을 약속한 바 있었다. 당시 상하이의 자본가 계급 가운데 일부는 '청방靑幇'●●과 같

● 히메다 미츠요시(姬田光義) 외, 『중국근현대사』, 246쪽.

●● 20세기 초 중국 상하이를 중심으로 활동한 비밀결사로, 청나라 초기 강남(江南)에서 베이징으로 양곡을 수송하던 운수 노동자들의 자위 조직으로 출발했다고 하나 정확하지 않다. 20세기에 들어서는 상하이의 상인과 기업가들도 가담했다. 두웨성(杜月笙)은 당시 두목으로 이름을 떨친 사람으로 상하이 암흑가의 황제로 군림했다. 청방은 아편을 지방 군벌들로부터 받아 상하이 빈민 지역에 공급하

은 암흑가의 비밀결사와 연결되어 있기도 했는데, 청방의 지도자들은 중국인 사회에서 확고한 입지를 가진 성공적인 기업인이기도 했고, 국민당 측과 밀접한 관계를 맺고 있었다. 이제 모든 것은 쟝제스의 선택에 달려 있었다.

쟝제스는 3월 말 상하이에 들어왔다. 쟝제스는 외국인 조계 지역을 그대로 유지한다는 성명을 발표함으로써 열강들을 안심시키는 한편, 노동조합 측에게도 역시 그들의 가열찬 투쟁과 그 성과를 치하했다. 쟝제스는 자신의 속내를 감춘 채 결정적인 순간을 기다리고 있었다. 4월 1일에는 중산함 사건 이후 유럽으로 도피했던 쟝제스의 라이벌 왕자오밍이 귀국해 4월 6일 공산당의 최고 지도자인 천두슈를 만났다. 우한에서는 '왕자오밍을 영입해 쟝제스에 반대하자迎汪反蔣'는 구호가 넘쳐났다. 왕자오밍과 천두슈는 공동선언을 발표해 국공합작을 계속할 것을 천명했지만, 누가 보더라도 우한정부와 쟝제스의 관계는 돌이킬 수 없었고, 일촉즉발의 위기의식이 양측에 감돌고 있었다.

그럼에도 쟝제스는 왕자오밍을 만나는가 하면 베이징대학의 전 총장인 차이위안페이와 같은 국민당 중도파 인사와 부유한 상하이의 기업가들, 그리고 두웨성杜月笙, 두월생 등과 같은 '청방'의 지도자들도 만나는 등 평소와 다름없는 일상을 보내고 있었다. 그런 와중에 쟝제스는 노동자들에게 우호적인 군대들은 시외로 이동시켰고, 청방의 지도자들은 공진회共進會를 결성해 프랑스 조계 형사주임의 집에 본부를 마련하고 있었다. 상하이의 외국인 조계에는 3만 명의 외국 군대가 사전에 정보를 입수하고 대

고, 도박이나 매춘 같은 범죄에도 개입했다. 또 기업가들로부터 돈을 받고 노동조합이나 노동 운동을 탄압했고, 때로는 우파 정치인들의 테러에도 동원됐다. 특히 '4·12사건' 이후 두웨성은 쟝제스의 국민당군 장군으로 영입된다. 청방은 이후로도 중국 국민당과 긴밀한 협력 관계를 유지했고, 쟝제스도 한때 청방의 일에 관여한 것으로 알려져 있다. 청방은 또한 쟝제스의 비밀 정보 기관이자 군사 조직인 남의사(藍衣社)와도 협력 관계를 유지했다. (네이버 검색 참조)

비를 하고 있었으며, 상하이 시내를 관통하며 흐르는 황푸장黃浦江, 황포강에는 군함 30척이 정박하여 미구에 도래할 사태에 언제라도 응전할 태세를 준비하고 있었다.

운명의 4월 12일 새벽 4시 흰 완장을 두르고 푸른 옷을 입은 중무장한 공진회 회원들이 노동자들의 집결지를 급습했다. 이 준군사적인 깡패 집단은 외국 조계 당국의 묵인과 원조 하에 움직였고, 이른 새벽 미처 잠이 깨기도 전에 급습당한 노동자들은 속수무책으로 당했다. 노동조합 측 순찰대원들의 저항이 있었으나 잠깐 사이에 제압당하고 처참하게 살해되었다. 당시 순찰대 부대장인 저우언라이도 후저우회관湖州會館, 호주회관에 있다가 전투 중에 간신히 탈출했다. 일설에 의하면 그는 당시 장제스와 연합한 군벌 바이충시白崇禧, 백숭희의 군대에 체포되었으나, 황푸군관학교 당시 제자의 도움으로 겨우 탈주할 수 있었다고 한다. 사태는 급박하게 돌아갔다. 그 다음날인 13일에는 상하이의 시민과 노동자, 학생들이 대중집회를 열고 총공회의 보호와 조합파괴자의 징벌을 요구하며 청원단을 구성해 사단사령부로 파견했다. 목적지에 이르렀을 때 그들을 기다리고 있는 것은 무차별적인 기관총 세례였다. 군인들은 총검을 꽂고 군중 속에 뛰어들어 처참한 살육전을 벌였다. 일순간에 수백 명의 사람이 죽고 부상당했다. 그 뒤로도 한동안 체포와 처형이 이어졌고, 상하이 시내에서 모든 파업 행위가 금지되었다.

이른바 **4·12쿠데타**로 공산당은 궤멸적인 타격을 입었다. 많은 노동자들과 공산당원들이 희생되었을 뿐 아니라 그들이 애써 구축해놓은 노동조합 역시 회복이 불가능할 정도로 붕괴했다. 일련의 사태에 분노한 우한정부는 4월 17일 장제스의 당적 박탈과 체포령을 의결했다. 장제스는 이를 맞받아 그 다음날인 4월 18일 난징에 국민정부를 수립하니, 결국 국민당은 **우한정부와 난징정부로 양분**되었다. 4·12쿠데타는 정국을 일시에 흔들어놓았다. 이제 노동조합과 공산주의자들에 대한 탄압은 쟝졔스와 국민당 우파가 장악하고 있는 지역을 넘어서 북부의 군벌들이 있는 지역에도 반공의 광풍이 휩쓸고 지나갔다. 이른바 '국민연군[이전의 국민군]'의 지도자인 펑위샹은 우한과 난징 모두에 대해 중립적인 태도를 취하긴 했지만, 산시[山西, 산서] 군벌인 옌시산은 재빨리 쟝졔스와 타협했다. 그리고 장쭤린은 1926년 4월 다시 한번 안후이 파 지도자인 돤치루이를 몰아내고 이미 세력이 약해진 즈리계 군벌을 대신해 최대의 군벌로 올라섰다. 장쭤린은 4·12쿠데타가 일어나기 전인 1927년 4월 6일에 베이징에서 소련대사관을 수색하여 그곳에 숨어 있던 35명의 공산주의자들을 체포한 뒤 처형했는데, 그 가운데에는 중국 공산당의 주요한 지도자 가운데 한 사람이었던 리다자오도 끼어 있었다.

한때 '붉은 도시'라 불리기도 했던 광저우 역시 리지선[李濟深, 이제심]에 의해 공산당원과 혁명적 노동 대중에 대한 체포와 학살이 자행되었고, 그 밖에도 우시[无錫, 무석]와, 창저우[常州, 상주], 산터우[汕頭, 산두] 등지에서도 '청당[淸黨]'이라는 명목으로 백색 테러가 자행되었다. 그밖의 여러 지역에서 파업은 금지되었으며, 노동조합과 농민협회는 해체되었다. 국민혁명군 내에서도 동요가 일었다. 5월 17일 독립 제14단장인 샤더우인[夏斗寅, 하두인]이 쓰촨 군벌인 양썬[楊森, 양삼]과 함께 우한 공격을 선언했고, 곧이어 5월 21일에는 국민혁명군 제8군 군장인 탕성즈의 부하인 창사 수비사령 쉬커샹[許克祥, 허극상]이 후난 성 총공회와 성 농민협회, 당 본부, 당 학교 등을 급습해 100명 이상을 살해했다. 5월 29일과 6월 9일에는 쟝시 성의 주석인 주페이더는 휘하의 국 내부와 성 정부 내에서 공산당원을 추방하려는 사건을 일으켰다.

 제1차 국공합작의 결렬과 북벌의 완성

이제 우한정부는 위기에 처했다. 우한정부를 둘러싼 내외의 상황은 보기보다 복잡했다. 우선 우한정부의 중추를 이루는 국민당 좌파와 공산당은 난징정부와 대립했지만, 근본적으로 그들과 결별할 생각은 전혀 없었고 4·12쿠데타와 같은 대가를 치렀음에도 여전히 국민당과의 관계를 유지하려고 했다. 이것은 우한정부 내의 문제이기도 했지만 대외적으로는 국공합작을 기획하고 이끌어왔던 코민테른 내부의 문제이기도 했다. 당시 소련에서는 1924년 1월에 사망한 레닌의 후계를 놓고 스탈린과 트로츠키가 한창 각축을 벌이고 있었다. 물론 그들 사이의 싸움이 군사적인 전쟁으로 이어진 것은 아니었고, 주로 이념적인 면에 치우쳐 있었는데, 중국 혁명에 대한 해석은 양자 사이의 논쟁의 핵심을 이루는 것이었다.

스탈린은 중국 혁명의 반 제국주의적 성격을 주장하며 중국 공산당이 상하이를 완전하게 장악할 때까지 국민당과 좋은 관계를 유지해야 한다고 강조했다. 이에 반해 트로츠키는 혁명은 도시를 중심으로 한 전투라고 보았으며 그 주체 역시 프롤레타리아가 중심이 되어야 한다고 주장했다. 그러나 스탈린은 자신의 정적과 어떤 타협을 볼 생각이 없었다. 물론 그 역시도 궁극적으로는 장제스를 용인해서는 안 된다고 생각했다. 그러나 아직까지 중국 공산당은 독자적으로 혁명을 수행할 역량이 없으므로 국공합작이라는 대 전제 하에 장제스의 입장을 일단 묵인하며 그와 타협할 것을 주장했다. 심지어 4·12쿠데타가 일어나기 열흘 전에 스탈린은 다음과 같은 연설을 했다.

> 국민당은 연합체이다. 우익·좌익·공산당의 일종의 혁명적 의회다.……장제스는 아마 혁명에 동정을 느끼지 않을지도 모른다. 그러나 어쨌든간에 그는 군대

를 지도하고 있다. 그는 제국주의자와 싸우기 위해 군대를 지도할 수밖에 없다. ……쟝졔스는 규율에 따르고 있다.……그런데 왜 쿠데타가 일어난다고 할까.……그들은 최후까지 이용되고 레몬처럼 짜내고는 내버려야 한다.●

● 사에키 유이치(佐伯有一), 노무라 고이치(野村浩一) 외, 『중국현대사』, 342쪽.

이것으로 잇따른 반공 발언 등과 같은 여러 정황을 볼 때 쟝졔스의 쿠데타 의도를 미리 간파할 수 있었음에도 중국 공산당 내에 4·12쿠데타에 대한 대비가 전혀 없었던 이유를 알 수 있을 것이다. 스탈린의 생각과 달리 그의 정적인 트로츠키는 날카로운 직관과 정보 분석을 통해 이미 중산함 사건 이래 국민당의 노선 전환 등을 예상하고 공산당이 이에 대비하는 동시에 독자 노선을 추구할 것을 줄기차게 요구했다. 그러나 트로츠키는 이미 당내에서 입지를 잃어가고 있었다.

우한정부 내의 국민당 좌파와 공산당은 기본적으로는 협력을 유지하며 어떻게든 우한정부를 강화시키기 위한 노력을 기울였다. 1927년 5월 우한에서 열린 제5차 전국대표대회에서는 오랜 토의 끝에 대지주의 땅만을 몰수하는 선에서 논의를 중동무이했다. 이것 역시 바로 직전에 있었던 트로츠키와 스탈린의 논쟁 끝에 나온 결론을 반영한 것이었다. 트로츠키는 노동자와 농민, 소 자본가 계급, 그리고 군인의 소비에트만이 혁명정부의 기반이 될 수 있다고 주장한 반면, 스탈린은 그렇게 할 경우 우한정부 내에서 국민당 좌파를 몰아내는 결과가 빚어질 수 있다며 트로츠키의 주장을 단호히 거부했다. 스탈린은 친국민당 군벌들이 국민당을 배반하거나 당시의 혁명적 상황을 깨뜨리지만 않는다면 어떤 경우에도 그들의 토지에 손을 대서는 안 된다는 지시를 중국 공산당 측에 전달했다. 결국 공산당의 지도자인 천두슈는 코민테른의 지령에 따라 노동자, 농민 운동을 통제하는 입장을 취했던 것이다. 이것으로 앞서 기술한 바 5월 21일 후난 성에서 1,000여 명의 부하만으로 구성된 비교적 소규모의 쉬커샹의 군대가 노동자와 농민, 학생들을 매일 10회 이상 학살해 이에 분격한 수천 명의 농민군이 무기를 들고 집결했을 때 우한의 공산당 중앙위원회로부터 "계획을 중지하고 국민정부가 문제 해결을 위해 취할 행동을 기다려달라"는 명령이 하달되었던 이유를 알 수 있다.

현재 중국의 역사학자들은 천두슈의 이러한 일련의 조치에 대해 '우익 기회주의' 노선이라고 비판하고 있다. 그러나 사실상 천두슈는 코민테른의 지시를 충실히 실행에 옮긴 것말고는 아무 잘못도 없었는지도 모른다. 물론 천두슈가 갖고 있던 중국 혁명에 대한 인식 역시 정확하지는 않았다. 곧 당시 공산당은 아직 역량이 미숙했기 때문에 일단 국민혁명은 민족 자본가 계급으로 구성된 국민당이 중심이 되고 공산당은 그에 협조해야 하며, 공산 혁명은 중국에서 자본주의가 성숙하고 다수의 산업 노동자가 나타날 때 가능하다는 견해를 되풀이했다. 따라서 당시는 노동자나 농민들이 자본가 계급을 화나게 해서는 안 된다고 주장했던 것이다. 물론 그렇게 투철하지 못한 인식 때문에 공산당은 크나큰 희생을 치러야 했다. 그러나 이런 평가는 모든 것이 지나간 뒤 내릴 수 있는 것이고, 그 당시의 상황으로는 어쩔 수 없는 것이었는지도 모른다. 공산당이 주축이 되는 중국 혁명은 아직 미성숙한 단계에 있었고 그로 인해 많은 혼란과 시행착오를 겪어야만 했던 것이다. 앞서 말한 공산당 제5회 전국대회에 참석한 인원은 5만 7,000명에 이르렀다. 공산당이 창당되었던 1921년에 비하면 약 1,000배, 그리고 가장 가까운 1926년 7월의 확대회의에 비하면 4배 정도 증가한 것이었다. 하지만 이 사실이 곧 공산당이 혁명에 대한 올바른 이론과 전망을 담보하는 것은 아니었으니, 이를 위해서는 앞으로도 더 많은 시련과 경험이 필요했다.

결국 중국 공산당은 한편으로는 국민당 좌파와 제휴를 강화하는 한편, 노동자 농민 대중 운동을 더욱 철저하게 수행해 나가려고 시도했다. 하지만 이것은 동시에 추구할 수 없는 모순된 목표였다. 특히 노동자와 농민 운동이 격화될수록 자본가 계급 출신의 우한정부 내의 군인과 고급 관료들은 동요했고 혁명으로부터 멀어져 갔다. 그들은 5월에 벌어진 노동자·농민 학살이 공산당 때문에 초래된 재앙이었다고 비난하며, 이러한 학살을 용인하는 동시에 군벌 세력과의 유대를 강화해 나갔다. 이에 따라 공산당 역시 보로딘과 천두슈같이 국민당과의 통일전선을 유지하기 위해 노농 운동의 과격화를 억제하려는 견해를 가진 쪽과 로이와 마오쩌둥, 취츄바이瞿秋白, 구추백 등 이에 반대하는 입장을 가진 쪽으로 나뉘었다.

> 1927년 5월 우한에서 제5차 대표회의가 열렸을 때 당은 아직 천두슈의 지배 하에 있었다. 비록 쟝졔스가 반 혁명을 주도했고, 상하이와 난징에서 공산당에 대한 공격을 개시했지만, 천두슈는 우한의 국민당에 대하여 아직도 온건하고 타협적이었다. 주위의 모든 반대에도 불구하고, 그는 우익 기회주의의 하찮은 자본주의적 정책을 수행했다. 나는 당시 당 정책에 불만이 컸으며 농민 운동에 대해서는 더욱 그러했다. 오늘날 농민 운동이 좀더 철저히 조직화되고 지주에 대한 계급 투쟁을 위하여 좀더 철저히 무장되어 있었다면, 소비에트가 전국적으로 좀더 일찍 그리고 훨씬 더 강력하게 발전했으리라고 나는 생각한다.

● 에드거 스노, 『마오쩌둥 자전』, 119쪽.

리리싼

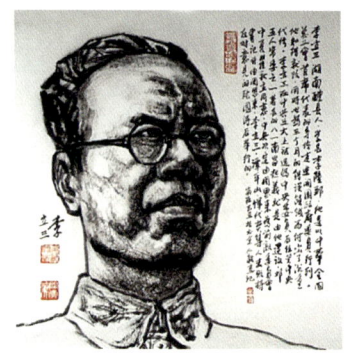

당시 우한정부는 재정적으로도 큰 어려움에 처해 있었다. 한커우의 외국 기업들은 활동을 정지했고, 자산가들은 현금을 챙겨 한커우를 떠났다. 그에 따라 많은 공장과 상점이 문을 닫아 수천 명이 실직했다. 우한정부는 일상적인 경상비조차도 충당하기 어려운 지경에 빠져 돈을 찍어냈지만, 은행들은 그 돈을 받지 않았다. 실업이 만연한 가운데 인플레이션이 발생했고 물가는 계속 오르고 있었다. 그런 와중에 난징정부와의 일종의 경쟁심에서 촉발된 우페이푸 군대에 대한 공세를 이어갔다. 결국 우한정부는 점차 독자적으로 존립하기 어려운 지경에 이르렀다. 우한정부는 어쩔 수 없이 난징정부와의 관계 개선을 위해 5월과 6월에 걸쳐 군대 내부에서 공산당 계열의 장교를 숙청하고 체포하는 등의 반공적인 사건들을 일으켰다.

 같은 해 6월 1일 스탈린은 느닷없이 중국 주재 코민테른 대표인 보로딘과 이 무렵 코민테른 최고 간부로 선발돼 중국에 파견된 젊은 인도인 공산주의자인 M. N. 로이에게 긴급 훈령을 전달했다. 그 내용은 다음과 같다. 농촌 혁명 없이 승리할 수 없으니, 토지 혁명을 감행해 지주의 재산을 몰수한다. 그리고 흔들리고 타협하는 국민당 지도자들을 타도한다. 새로운 군대를 모으기 위해 2만 명의 공산당원과 학생 사령관 휘하의 5만 명의 '혁명적 노동자·농민을 동원해 믿음직스러운 군대로 보낸다. 그리고 반동적인 장교를 재편하기 위해 혁명재판부를 조직하라는 것이었다.

 당시 보로딘과 로이는 공산당이 직면하고 있는 현안들에 대해서 합의를 보지 못한 상태였다. 6월 15일 로이는 보로딘을 견제하고, 국민당 측에게 공산당이 청산되어야 할 세력이라는 사실을 확신시키기 위해서 이 전문을 우한정부의 주석인 왕자오밍에게 보여줬다. 왕자오밍은 일찍이 "청말에 청년 논객이자 혁명가로 명성을 얻었으며, 일본과 광저우에서 쑨원의 심복으로 일했"던 인물이었다. "쑨원의 임종을 지킨 것도 왕자오밍이었고, 지도자의 마지막 충고와 가르침을 들은 것도 그였다. 광저우 정부의 총리로서 그는 많은 문제에서 공산당과 견해를 같이 했"지만, "1926년 3월 20일 장제스의 중산함 쿠데타 이후에는 가족과 함께 프랑스로 이주하는 것이 현명하다고 판단했던" 어찌 보면 신념이 확고하지 못한 지식인일 따름이었다. 결국 왕자오밍의 경우에서 볼 수 있듯이 국민당 좌파의 인사들은 근본적으로 국민당 내의 우파들과 계급적으로

● 조너선 D. 스펜스, 『현대중국을 찾아서 1』, 412쪽.

다르지 않았다. 게다가 그들은 독자적인 군사력이 취약해 탕성즈와 같은 기회주의적인 군벌들에 의존해야만 했다.

그렇지 않아도 동요하던 우한정부 내의 국민당 좌파는 단번에 공산당과의 결별을 선언했다. 이제 쑨원의 미망인인 쑹칭링^{宋慶齡, 송경령; 1893~1981년}과 덩옌다^{鄧演達, 등연달} 같은 소수의 사람들을 제외하고는 국민당 좌파의 사람들은 연이어 혁명에 등을 돌리고 난징의 쟝졔스와 손을 잡으려 했다. 이를 위해 왕자오밍은 명목상으로는 국민당 좌파와 동맹 관계를 맺고 있으면서, 그 나름대로 독자적인 노선을 모색하고 있던 펑위샹을 만나 협상을 진행했다. 왕자오밍은 펑위샹에게 그가 우한정부를 지원하는 대가로 공산당 세력을 더욱 견제하기로 약속했고, 펑위샹은 다시 쟝졔스를 만나 양측의 중개인 역할을 자임했다. 드디어 왕자오밍은 탕성즈의 군대를 북부 전선에서 소환한 뒤 7월 15일 국민당 내에서 공산당 세력의 축출을 공식 발표했다. 코민테른 대표 로이와 보로딘은 이에 앞서 자동차와 트럭을 타고 고비사막을 지나 소련으로 돌아가는 긴 장정에 올랐지만, 남아 있던 공산당원들은 우한을 겨우 빠져나왔다. 이날은 우한정부가 와해하고, 쑨원이 주도해 3년 7개월이나 이어졌던 '제1차 국공합작'이 붕괴한 역사적인 날이었다.

나^{에드거 스노}는 마오쩌둥에게 우한 연립 정부를 실패하게 하고 결과적으로 난징 독재 정권으로 하여금 전면적인 승리를 거두게 했던 1927년의 공산당의 실패의 가장 큰 책임이 누구에게 있었다고 생각하느냐고 물었다. 마오쩌둥은 천두슈를 지칭하며 맹렬히 비난했다.……객관적으로 볼 때 로이는 바보였고, 보로딘은 어리석은 실수를 저지르는 사람이었고, 천두슈는 무의식적인 배반자였다고 마오쩌둥은 생각했다.……최근 이 시기에 관한 몇 가지 중요한 연구가 축적되었는데, 정도의 차이를 보이기는 하지만 스탈린의 책임을 강조하고 있으며, 중국의 역사학계에서는 아직 공산당의 공식적인 견해를 분석한 자료를 내놓지 않고 있다.● ●에드거 스노, 『마오쩌둥 자전』, 125~127쪽.

　　결과적으로 스탈린이 중국 공산당에 내린 훈령은 앞뒤가 맞지 않는 모순된 것이었다. 스탈린은 당원과 노동자·농민들을 무장할 것을 명령하면서 동시에 국민당과의 합작을 유지하도록 했던 것이다. 도대체 어쩌라는 것인가? 노동자·농민 운동이 격화되면 지주와 자본가 계급으로 구성된 국민당은 자연히 공산당으로부터 멀어지게 된다. 공산당 총서기였던 천두슈 역시 이 점을 지적하고 불만을 토로한 바 있었다. 그러나 결과적으로 천두슈는 '우경 기회주의 노선'을 추구했다는 비판을 받고, 총서기직에서 해임되었다. 이런 와중에도 우한정부의 붕괴를 한탄하며 국공합작의 기조가 무너진 것을 통렬하게 비판한 사람이 있었다. 그는 다름 아닌 쑹칭링이었다. 우한정부 붕괴 직후인 8월에 쑹칭링은 다음과 같은 성명을 발표하고 소련으로 망명한 뒤 1929년 귀국할 때까지 유럽에 머물렀다.

> 　　쑨중산의 정책은 지극히 명백하다. 만약 당내의 지도자가 그의 정책을 관철할 수 없다면, 그들은 쑨중산의 진정한 추종자일 수 없으며, 당 또한 이미 혁명의 당이 아니다. 단지 이러저러한 군벌의 도구에 지나지 않는다. 당은……민중을 압박하는 하나의 기계, 일종의 도구로 변해, 현재의 노예를 이용해서 스스로를 살찌우는 한 마리 기생충이 될 것이다. 우리는 중대한 위기에 접어들었다.……혁명이란 중국에서는 피할 수 없는 것이다.

　　공산당원들이 떠나간 뒤 왕자오밍과 쟝졔스는 빠른 속도로 접근했다. 하지만 4·12쿠데타 이후 쟝졔스 역시 잠시 곤란한 상황에 놓여 있었다. 그것은 재정적인 어려움이 우한정부만의 것은 아니었기 때문이었다. 쟝졔스 역시 일상적인 차원에서 자신의 군대를 유지하고 나아가 북벌이라

← 쑹 씨(宋氏, 송씨) 세 자매, ↑ 쑹 씨 세 자매(메이링, 아이링, 칭링)

고 하는 거대한 '사업'을 진행하기 위해서는 막대한 자금이 필요했다. 그 때문에 쟝제스는 자신을 지지하는 상하이의 은행가나 기업가들을 쥐어짰다. 기업인들은 정부의 채권을 강매당하거나 거액의 기부금을 할당받았다. 청방 단원들은 중국인 지역이든 외국인 조계든 멋대로 돌아다니며 상인들을 위협하고 강탈했다. 하지만 각종 명목을 동원해서 자금을 확보하려 해도 필요한 만큼의 돈을 마련하기는 쉽지 않았다. 그런 와중에 쟝제스의 군대는 철도 교차지로서 전략적으로 중요한 위치에 있던 쉬저우徐州, 서주를 차지하기 위해 벌인 전투에서 군벌 군에게 패퇴했다. 여러 가지로 힘든 상황에서 그 해 8월 14일 모종의 양해 하에 쟝제스는 일시 국민혁명군 총사령관을 사임하고 하야했다. 그리고는 9월 28일 일본으로 건너가 쑹칭링의 동생인 쑹메이링宋美齡, 송미령과의 결혼을 추진했다.

쟝제스는 그때 이미 처자식이 있는 유부남이었고 본처와 정식으로 이혼하지 않았기 때문에 엄밀하게 말하자면, 중혼重婚이었던 셈이다. 쟝제스는 당시 일본에 머물고 있던 쑹씨 자매의 어머니를 만나 오랜 설득 끝에 결혼을 허락 받았다. 기독교 집안인 쑹씨 가문의 뜻대로 쟝제스가 '기독교를 공부'하기로 약속한 끝에 얻어낸 결혼 승낙이었다. 12월 1일 상하이로 돌아온 쟝졔스는 쑹메이링과 성대하게 결혼식을 올렸다. 예식은 두 가지로 치러졌는데, 하나는 하버드대학 출신으로 당시 중국 YMCA의 총무로 일하고 있던 데이비드 위[본명은 위르장余日章, 여일장]가 주관한 기독교식 혼례였고, 다른 하나는 전 베이징대학 총장이며 현 국민당 교육부장이던 차이위안페이가 진행한 중국식 혼례였다. 이렇게 해서 쟝졔스는 쑨원과는 동서가 되고, 국민당 재정을 좌지우지했던 쑹쯔원과는 처남 매부의 관계를 맺게 되었다. 쟝졔스는 결혼을 통해 당시 중국을 움직이는 중요 인사들과 유력한 관계를 맺을 수 있게 되었던 것이다.

쑹 씨宋氏, 송씨 세 자매

중국 현대사에서 아주 독특한 위치를 차지하고 있는 쑹 씨 세 자매는 아이링(靄齡, 애령)과 칭링(慶齡, 경령), 메이링(美齡, 미령)을 가리킨다. 이들의 아버지는 본명이 쑹쟈수(宋嘉樹, 송가수, 1863~1918년)인 찰스 존스 쑹 또는 찰리 쑹(Charles Jones Soong)인데, 본래 객가(客家) 출신으로 감리교 목사이자 성공한 사업가였다. 그는 본래 한(韓) 씨였지만 12세 때 자식이 없는 삼촌 집안에 양자로 들어가 '쑹' 씨 성으로 개명했다. 15세 때 미국에서 개신교로 개종해 신학 공부를 한 뒤 감리교 선교사가 되었으며, 1886년에 중국에 돌아와 그 이듬해 결혼했다. 뒤에 선교사 직을 사임하고 담배와 면화 등의 사업을 벌여 많은 돈을 벌었다. 1894년 상하이에서 쑨원을 만난 뒤 중국 혁명에 관심을 가지게 되었고, 그가 이끄는 '중국동맹회'를 재정적으로 후원하였다. 그는 3명의 아들과 3명의 딸을 두었는데, 아들들은 아버지의 뒤를 이어 사업가나 금융가로 활동했다. 큰 아들인 쑹쯔원(宋子文, 송자문)은 국민당 정부의 재무부장관과 외무부장관을 역임했고, 둘째 아들인 쑹쯔량(宋子良, 송자량)은 뉴욕에서 사업가로 활동했고, 막내인 쑹쯔안(宋子安, 송자안)은 홍콩의 광동은행 은행장을 역임했다.

찰리 쑹의 아들이 관료나 사업가, 은행가로 비교적 평탄한 삶을 살았던 데 비해, 딸들은 중국 현대사에 걸출한 족적을 남긴 이들과 결혼하면서 세상에 이름을 떨쳤다. 첫째인 아이링은 부유한 은행가이자 중국의 재무부장관을 지낸 쿵샹시(孔祥熙, 공상희)와 결혼해 '돈을 사랑한 여인'이라 불렸고, 둘째 딸인 칭링은 아버지의 친구인 쑨원의 비서 노릇을 하다 그와 결혼해 '중국을 사랑한 여인'이라 불렸다. 그리고 딸 가운데 막내인 메이링은 쟝졔스와 결혼해 '권력을 사랑한 여인'이라 불렸다. 부자와 결혼해 안락한 삶을 선택한 아이링은 1940년대에 미국으로 건너가 평생을 그곳에서 살다 죽었기 때문에 별다른 이야기 거리가 없지만, 칭링과 메이링은 평생 대립하며 살았다. 쑨원이 일찍 죽은 뒤 칭링은 국민당 내 좌파 세력의 중심 인물이 되어 쟝졔스와 대립했다. 해방 후에는 내전을 거친 뒤 칭링은 중국 본토에 남아 중국 공산당을 지지했고, 많은 사회 활동을 하다 1959년 국가 부주석직에 올랐다. 공산당과의 싸움에 패한 국민당 정부를 따라 타이완으로 이주한 메이링은 이후에도 활발한 대외 활동을 벌였는데, 1975년 남편인 쟝졔스가 죽은 지 3년 뒤인 1978년에 미국으로 이주해 그곳에서 생을 마감했다. 결국 서로 다른 길을 걸어간 두 자매는 평생 연락조차 하지 않고 살았다 한다.

한편 쟝졔스가 하야한 뒤인 1927년 9월 17일 우한정부 측은 난징으로 돌아가 두 정부의 공식적인 합작을 선언했다. 그 다음해인 1928년 2월 1일부터 열린 국민당 제2기 4차 중앙위원회 전체회의에서는 쟝졔스가 다시 국민혁명군 총사령관으로 복귀하고, 3월에는 중앙정치회의 주석에 취임함으로써 명실상부하게 군軍과 정政의 실권을 장악하게 되었다. 국민당을 실질적으로 장악한 쟝졔스는 본격적으로 북벌을 단행했다. 동맹 세력인 펑위샹과 옌시산, 그리고 새롭게 광시를 대표하는 군벌이 된 리쭝런의 군대는 '4·12쿠데타'가 일어난 지 만 1년만인 1928년 4월에 공격을 개시했다. 양쯔 강 지역에 할거했던 쑨촨팡과 우페이푸의 군대는 이미 1차 북벌로 패배해 양쯔 강 이북으로 밀려나 있었으며, 베이징에는 펑톈파의 쟝쭤린이 여타 군벌들을 결집해 안국군총사령安國軍總司令이라는 이름 하에 자신의 권력을 유지하려 했다. 파죽지세로 북상하던 북벌군은 5월에 산둥 지역에서 자국민 보호를 구실로 출병한 일본군에 의해 잠시 후퇴했다.

본래 쟝졔스의 목표는 북방의 군벌 세력들이었기 때문에 공연히 일본을 자극할 생각이 애당초 없었다. 4월 30일 산둥 성의 성도인 지난濟南, 제남에 진입한 쟝졔스의 군대는 뜻밖에도 일본군의 저항을 받았다. 당시 지난에는 2,000명 가량의 일본인들이 거주하고 있었는데, 일본은 자국민 보호라는 명목으로 500명의 군인을 파견하고 있었다. 쟝졔스가 직접 나서 일본군의 철수를 요청하자 일본 측은 그의 요구를 받아들일 듯이 보였다. 그러나 5월 3일 일본군은 돌연 국민당 군을 공격했다. 전투가 치열해지자 일본 측은 병력을 증파해 5월 11일 국민당 군을 시내에서 몰아냈다. 쟝졔스는 베이징 입성에 앞서 일본과의 충돌로 더 이상의 손실을 입고 싶지 않았기에 국제연맹에 그 부당을 호소하는 깃으로 사태를 중둥무이하고 자신의 군대를 돌려 황허를 건너 서쪽으로 진로를 바꾼 뒤 베이징으로 향했다[지난사건●濟南事件, 제남사건].

일본 측에서는 비록 전쟁 중의 자국민 보호라는 명분을 내세웠지만, 그 이유야 어찌되었든 다른 나라의 영토에서 거리낌없이 무력을 행사한다는 것은 해당 국가의 주권을 무시한 일이었을 뿐 아니라 내심 그들이 호시탐탐 노리고 있는 대륙 침략이라는 속내를 가감 없이 드러낸 것에 지나지 않았다. 과연 불과 4년 뒤 일본은 '만저우 사변'을 일으켜 대륙 침략을 본격화한다. 그런 의미에서 보자면 산둥 지역에서의 일본군과의 충돌은 당시에는 작은 해프닝에 그치는 것이었지만, 이후 본격적으로 진행될 일본의 중국 대륙 침략의 전조로 볼 수 있다. 아울러 대세의 흐름을 간파한 일본은 오랫동안 자신들이 지원해온 장쒀린에 대한 지지를 거두어들였다.

베이징에 주둔하고 있는 장쒀린의 군대는 자신들의 근거지인 동북 지역과 긴밀하게 연결하고 있었다. 그러므로 베이징에 입성하기에 앞서 국민당 군은 그 연결 루트를 끊기 위해 톈진을 공격하기로 했다. 톈진은 외국 조계가 다섯 군데나 있고 외국인들이 많은 투자를 한 곳이었기에, 서구 열강들은 이곳에서 분쟁이 벌어지는 것을 원치 않았다. 이러한 이해관계를 대변해 일본이 앞장서 장쒀린에게 자신들이 책임지고 국민당 군을 막아줄테니 베이징을 포기하고 동북 지역으로 돌아갈 것을 종용했다. 장쒀린은 백방으로 방안을 강구했으나 달리 방도를 찾지 못해 결국 6월

● 여기서 주의해 보아야 할 것은 '사건'이라는 명칭이다. 이후로 일본은 본격으로 대륙을 침공하면서 1931년 9월의 만저우 침략을 '만저우 사변'으로, 그리고 1932년 1월의 상하이 침략을 '상하이 사변', 그리고 1937년 7월의 루거우차오 사건은 '북지사변', 곧 '북중국사변' 등으로 불렀다. 이것은 침략을 당한 중국 측이 일본의 이러한 일련의 행위들을 침략 전쟁으로 규정하고 모든 인민들이 떨치고 일어나 철저 항전을 결의했던 것과 대치되는 것이다. 일찍이 중국 공산당은 이러한 일본의 의도를 간파하고 '상하이 사변'이 일어났을 때 중화소비에트 정권의 이름으로 '대일전쟁선언'을 한 바 있다. 일본은 자신들이 일으킨 모든 사태들을 결코 '전쟁'이라 부르지 않았으며 나아가 정식으로 선전포고도 하지 않았다. 이것은 국제적인 반발을 우려한 나머지 '침략전쟁'을 '국지적인 분쟁'으로 보이게 하려는 일본의 의도를 잘 보여주고 있다.

● 곧 지금의 선양(沈陽, 심양).

2일 결사 항전을 선언하며 베이징을 떠났다. 6월 4일 오전 5시 장쭤린을 태운 기차가 산하이관山海關, 산해관을 벗어나 펑톈에 도착하기 직전, 만철선과 교차하는 황구툰皇姑屯, 황고돈에 도착했을 때 엄청난 굉음과 함께 열차가 폭파되고 장쭤린은 그 자리에서 숨졌다(**장쭤린 폭사**). 사건의 주모자는 일본 관동군 고급 참모인 가와모토 다이사쿠河本大作 대좌로 알려졌다. 일본으로서는 장쭤린이 동북 지역으로 들어오게 되면 그들을 추격하는 국민혁명군도 따라 들어올 것이고, 그렇게 되면 동북 지역을 노리고 있던 일본에게 큰 위협이 될 수 있다는 판단 하에 이 같은 일을 저지른 것이었다. 아울러 장쭤린 사후 동북 지역이 혼란에 빠지면 그만큼 자신들의 운신의 폭도 넓어지게 될 터였다. 장쭤린의 뒤를 이은 그의 아들 장쉐량張學良, 장학량은 아편 중독자로 만저우군 내에서 그다지 두각을 나타내지 못하고 있던 그저 그런 인물로 일본군은 애당초 그를 별다른 위협거리로 보지 않았다. 일본 측은 그에게 국민당과 거리를 두고 '만저우' 지역의 자치를 유지할 것을 종용했다.

그러는 사이 7월 6일 쟝졔스는 베이징 북쪽 샹산香山, 향산의 비윈쓰에 있는 쑨원의 영전에서 **북벌 완료**를 보고했다. 이제 국민당은 중국 전역을 장악한 듯이 보였다. 쟝졔스는 난징이야말로 중국의 유일한 수도라는 사실을 분명히 해두기 위해 이날 이후 '베이징'에서 수도를 의미하는 '징京'을 빼고 그 대신 '북쪽의 평화'를 의미하는 '베이핑北平, 북평'이라는 명칭을 쓰도록 했다. 이 명칭은 이후 1949년 중화인민공화국이 수립될 때까지 사용되었다[이 책에서도 이 기간 동안은 이 명칭을 따를 것이다]. 1928년 10월 10일 쌍십절에는 난징에서 새로운 국민정부가 공식적으로 출범했고, 쟝졔스는 주석의 자리에 올랐다. 한편 장쉐량은 갑자기 면모를 일신하고 놀라운 결단력으로 자신의 아버지가 지배했던 동북 3성을 난징 정권과 통합하는 결정을 단행했다. 그리고 1928년 12월 난징정부에 충성을 서약했다. 이로써 군벌 시대가 정식으로 종언을 고했다. 여기서 이른바 '국민혁명' 시기를 굳이 구분한다면, 1924년 1월에서 1925년 3월까지 쑨원의 주도하에 국공합작이 이루어졌던 시기를 '제1기'라 할 수 있고, 쑨원 사후에 국민당 집단지도체제가 성립해서 왕자오밍과 장제스의 협력 체제로 이행했던 1925년 3월에서 1926년 3월까지를 '제2기'라 할 수 있다. 그리고 국민당이 우한정부와 난징정부로 나뉘어 각축을 벌였던 1926년 3월에서 1927년 7월까지가 '제3기'가 된다.

● 나카지마 미네오(中嶋嶺雄), 『중국혁명사』, 87쪽.

3

한 알의 불꽃이 들판을 불태우다

 난징 국민정부의 불안한 '통일'

이른바 '국민혁명'이 완수되고 명목상 중국을 대표하는 통일 정권이 수립되었지만, 이것은 지극히 불안한 '통일'에 불과했다. 안후이 파와 즈리 파 계열의 군벌들은 제압되었지만, 그들을 대신하는 구 '국민군'을 대표하는 펑위샹[제2집단군총사령^{第二集團軍總司令}]과 구 '산시 군벌' 옌시산[제3집단군총사령^{第三集團軍總司令}], 그리고 구 '광시 군벌'[제4집단군총사령^{第四集團軍總司令}] 리쭝런 등이 각자 자신의 군대를 이끌고 할거하고 있었고, 국민당 내에서도 후한민과 쑨커 등의 국민당 우파와 왕자오밍, 천궁보, 쑹칭링 등의 파벌들이 서로 대립하고 있었다. 장제스에게 주어진 과제는 각각의 군벌들 사이의 이해관계를 조정하면서 중앙정부의 통일적인 권력 체계를 확립하는 것이었다. 1928년 8월 국민당은 난징에서 제2기 5차 중앙위원회 전체회의^{5중전회}를 열고 두 가지 중요한 결정을 내렸다. 그것은 첫째 '훈정 개시^{訓政開始} · 오원입안^{伍院立案}'과 둘째 '군사정리안^{軍事整理案}'이었다.

이른바 '훈정'이라는 것은 일찍이 쑨원이 혁명 완수를 위해 구상한 군정기(軍政期), 훈정기(訓政期), 헌정기(憲政期)의 3단계 가운데 두 번째 단계인 '훈정기'를 가리킨다. 신해혁명의 실패를 맛본 쑨원은 무력에 의해 반혁명 세력을 타도하고 헌법을 반포하더라도 각성한 인민들이 그것을 뒷받침해야 하기 때문에, 이에 그치지 않고 적극적으로 인민들을 가르치고 계도해 나가야 한다고 생각했다. 쟝졔스는 쑨원의 생각을 계승해 난징정부의 수립으로 무력을 통한 중국 통일 기간인 군정기가 끝나고 이제 바야흐로 인민들을 교육시켜 자치로 이끌 수 있는 훈정기가 도래했다고 본 것이다. 이를 위해 10월에 열린 국민당 중앙집행위원회에서는 〈훈정 강령 6조〉를 통과시켰다. 그 주요 내용은 다음과 같다.

> 제1조, 중화민국은 훈정 시기의 개시에 있어 중국 국민당대표대회가 국민대회를 대표하며 국민을 영도하여 정권을 행사한다.
> 제2조, 중국 국민당 전국대표대회의 폐회 중에는 정권을 중국 국민당 중앙집행위원회에 위탁하여 집행한다.
> 제3조, 쑨원이 '건국대강'에서 밝힌 선거, 파면, 창제, 복결(復決) 등 4종의 정치권리에 의거하여 국민을 훈련시켜 국민들이 점차적으로 이를 향유하게 하여 헌정을 세우는 기초를 세운다.
> 제4조, 통치권은 행정, 입법, 사업, 고시, 감찰 등 5개 항으로 나누며 국민정부가 이의 집행을 총괄하여, 헌정 시기 민선 정부의 기초를 세운다.
> 제5조, 국민 정부가 중대한 국무를 시행하는 것을 지도 감독하는 것은 중국 국민당 중앙집행위원회 정치회의에서 맡는다.
> 제6조, 중화민국 국민정부 조직법의 수정 및 해석은 중국 국민당 중앙집행위원회 정치회의가 의결하고 집행한다.

● 1928년 10월 6일 《중외일보》. 인용문은 현대식 표기로 윤문하였다.

이 〈훈정 강령〉은 국민당 훈정 지배의 기본법이 되었다. 그 의의는 국회 등의 입법 기관이 제정한 법률에 의해 합법성을 획득한 것이 아니라 '북벌' 전쟁이라는 무력에 의해 수립된 혁명 정당의 정치적·군사적 지배력을 기초로 통치 기구로서의 정통성을 확립했다는 데 있다. 〈훈정 강령〉과 동시에 반포된 〈국민정부조직법〉에서는 중화민국의 통치권을 국민정부가 총람하고, 구체적으로는 '입법', '사법', '행정', '고시', '감찰'의 오원(伍院)이 나누어 집행한다고 규정했다. 쟝졔스는 국민정부 주석 겸 육해공 총사령관이 되었고 탄옌카이가 행정원장, 후한민이 입법원장, 왕충후이가 사법원장, 차이위안페이가 감찰원장, 그리고 다이지타오(戴季陶, 대계도)가 고시원장에 각각 임명되었다. 10월 10일에는 쟝졔스 등이 난징의 국민당 중앙당부에서 취임식을 거행하였고, 26일에는 군정 시기가 끝나고 훈정 시기가 개시되었음을 공식적으로 선언했다. 이 선언에서는 또 훈정 시기의 3대 주요 역점 사업으로 '정치 건설', '경제 건설', 그리고 '교육 건설'을 제시했다. 아울러 이러한 사업을 물질적으로 뒷받침하기 위해 경제 발전 계획을 추진하되, 가장 중요한 요소는 사회적 안정이며 경제 건설의 2대 선결 과제는 '군비 절감'과 '재정 안정화'라는 사실을 공표했다.

여기서 '오원'이라는 것은 서구의 '삼권 분립'에 바탕해 여기에 '관리 선발 시험'인 '고시'와 '관리의 탄핵과 재정 감사'를 맡아보는 '감찰'을 추가한 것인데, 이것 역시 쑨원이 구상한 것이었다. 쑨원은 중국의 과거 시험이라고 하는 전통적인 관료 선발 제도와 그 관리 감독 제도의 중요성을 잘 인식하고 있었기에, 그러한 전통과 필요성을 중시해 서구의 삼권 분립과 연결시켰다. 외양만을 놓고 보자면, 적절하게 균형이 잡혀 있어 별로 나무랄 데가 없어 보이지만, 결국 이것은 유능한 현인(국민당)이 무능한 우민(국민)의 정치적 권리를 도맡아 대행하는 것에 불과했다. 6년 간으로 규정된 훈정 기간 동안 국민당 전국대표대회가 국민대회를 대신해 국민의 주권 행사를 지도하고 대표대회가 폐회 중에는 국민당 중앙집행위원회가 그것을 대행했던 것이다.● 그런 의미에서 보자면 '훈정' 지배는 소련 공산당의 일당독재체제의 정치적 효율을 학습한 결과이기도 하고, 중국의 전통적인 '왕도' 정치를 재현한 것이기도 하다. 결국 이른바 훈정 시기의 실질적 내용은 국민당 일당독재에 지나지 않았다.

이것은 1929년 3월에 열린 국민당 제3차 전국대표회의에서 좀더 구체화되는데, 필요할 때는 국민당이 인민의 집회와 결사, 언론, 출판의 자유를 법률로 제한할 수 있었다. 1931년 5월에 열린 국민회의에서 통과된 〈중화민국 훈정시기 약법〉은 그 정점을 달렸다. 이것은 '강령'에서 확인한 기본 원칙들을 실제 효력이 발휘되는 법률로 격상한 것이었다. 동시에 국민당 중앙집행위원회에서 주석 1명과 약간 명의 위원을 선임하기로 규정하고, 쟝졔스를 국민정부 주석으로 추대했다. 이로써 쟝졔스는 군사와 재정 등의 실권을 모두 장악했다. 이후로 이러한 체제는 중일전쟁이 끝날 때까지, 아니 쟝졔스가 타이완으로 쫓겨나 죽을 때까지도 계속되었다.

그렇다고는 해도 당내에 쟝졔스를 견제하는 세력이 전혀 없었던 것은 아니었다. 왕자오밍과 천궁보 등의 좌파는 국민혁명 전개의 원점이 되었던 국민당 개조 때의 방침을 지속해야 한다고 주장하면서 이들을 '개조파'라 부

● 그런데 흥미로운 것은 이것이 현재 중화인민공화국의 통치 체제와도 매우 흡사하다는 것이다. 곧 현재 중국 정권은 명목상 '당'과 '국가', '군'이라는 3개의 위계 조직을 기본 골격으로 하고 있으면서, 가장 우위에 있는 공산당이 정치 전반을 감찰하고 통제하는 가운데 국가 관료제는 정부를 운영하고, 집권화된 군사 조직이 이러한 정권을 유지하고 있다. 이 가운데 핵심인 중국 공산당은 명목상 전국인민대표회의가 최고의 의결 기관이고, 당의 최고 정책 심의 기구로 중앙위원회를 두고 있다. 하지만 이것은 일종의 정책 추인 기구로 기능하며, 소수 정예의 최고 권력 엘리트 집단인 중국 정치국 내의 상무위원회가 정치국과 상의 없이 독자적으로 정책을 결정하고 있다. 결국 국민당 전국대표대회는 공산당 전국인민대표회의와 흡사하고, 국민당 중앙집행위원회는 공산당 상무위원회에 해당한다고 볼 수 있다. 이것은 1912년에 쑨원이 입안한 3단계론 가운데 두 번째 단계가 그로부터 100여 년이 지난 뒤까지 완수되지 않았고, 따라서 세 번째 단계인 '헌정기'는 여전히 실현되지 않았다는 것을 의미하는지도 모른다. 진정 중국 혁명의 기나긴 여정은 아직도 진행중인 것일까?

른다, 자신들의 주장을 담은 《혁명평론》이라는 잡지도 펴내 청년당원들의 큰 지지를 받고 있었다. 다른 한편에서는 이들 '개조파'와 정면으로 대립한 구 '시산회의파'西山會議派나 후한민, 쑨커 등의 광둥파 역시 무시할 수 없었다. 쟝졔스는 이렇듯 다양한 스펙트럼으로 구성된 국민당 내 여러 세력들을 아우르고 조정해야 했다. 여기에 당시 국민당의 대중적 기반은 취약하기 짝이 없었다. 지역적으로는 광둥이나 난징, 상하이 등 남부 지역에 편중되어 있는 데다 국민당을 이끌어갈 당원들 역시 50만 명 정도에 그쳐 당시 4억 인구를 대표하기에는 턱없이 부족했다. 국민당은 일당 독재를 행하기 위해 필요한 기본적인 역량이 아직 많이 부족했던 것이다. 쟝졔스가 이러한 상황을 극복하기 위해 동원한 것은 '남의사'藍衣社와 'C·C단'●이라고 하는 비밀 조직을 결성해 반대 세력을 잔혹하게 탄압하는 것이었다. 하지만 이런 문제말고도 쟝졔스에게 가장 위협적이었던 것은 그를 도와 북벌을 완수했던 지방의 군벌 세력들이었다.

이들은 여전히 자신의 지역에 할거하고 있으면서 이해관계에 따라 행동했다. 앞서의 두 번째 결정이라는 '군사정리안'은 바로 이렇게 실제적 위협이 되는 군대의 감축과 군사 부분에 대한 중앙 정부의 통제를 강화하기 위한 것이었다. 하지만 실제로는 이들 지방군을 유지하는 데 필요한 재정 문제도 한몫했다. 당시 전국의 군대는 약 200만 정도로 이 정도 규모의 군대를 유지하는 데 1928년 기준으로 정부 재정 가운데 약 48퍼센트에 해당하는 2억 위안 정도가 소요되었다. 그러니 '군대 삭감'을 의미하는 '재병'裁兵 문제는 누구도 이의를 제기할 수 없는 시급한 현안이었다. 문제는 서로가 필요성을 인정하면서도 선뜻 그것을 실행으로 옮기는 데에는 극히 인색했다는 데 있었다. 1929년 1월 난징에서는 중앙위원회에서 통과된 '군사정리안'을 시행하기 위해 군벌들을 불러모은 제1차 '편견회의'編遣會議가 소집되었다. '편'은 '편성'을 의미하고, '견'은 '흩어버린

● '남의사'가 군인들이 주축이 된 특무 기관이라면, 'C·C단'은 민간인 출신으로 이루어진 특무 기관이다. '남의사'는 상하이 암흑가를 지배했던 두웨성(杜月笙, 두월생)이 창설에 기여했고, 'C·C단'은 쟝졔스의 부하인 천궈푸(陳果夫, 진과부), 천리푸(陳立夫, 진립부)의 머리글자를 땄워다는 설도 있지만, 실제로는 'Center Club'의 약자라고 한다.

다遣散'는 뜻으로 결국 기왕의 군대를 정리하고 새롭게 중앙군으로 재편하는 것을 의미한다. 이 회의에서 산시山西, 산서의 군벌 옌시산은 다음과 같이 제안했다. 곧 장졔스의 직속군인 제1집단군과 펑위샹의 제2집단군은 10사師씩, 옌시산의 제3집단군과 광시계 리쭝런의 제4집단군은 8사씩, 그리고 나머지 잡군은 6 또는 8사로 한다. 아울러 전국을 8개의 편견구로 나누고 각각의 편견구와 중앙직할부대는 각기 11사를 넘지 못하게 하고 1년 군비는 1억 9,000만 위안으로 제한하도록 했다. 결과적으로 총 200만의 군사를 80만으로 줄이고, 병기와 군비는 모두 중앙에서 지급받으며, 무기의 제조 및 사유私有를 금하는 것 등이 결정되었다.

하지만 이것은 누가 보더라도 지방 군벌의 세력을 약화시키고 장졔스의 권력을 강화하고자 하는 의도를 숨김 없이 드러낸 것이었다. 회의 도중 펑위샹은 자신의 의견이 받아들여지지 않자 회의를 박차고 나가 노골적으로 불만을 표시했다. 이러한 군벌들의 불만은 결국 군사적 충돌로 이어졌다. '반 장反蔣' 세력에 의한 최초의 내전은 제1차 회의가 끝난 지 한 달 만인 1929년 2월에 광시파의 선공으로 시작되었다. 하지만 이것은 충분한 계획 없이 광시파의 부장들이 우발적으로 일으킨 반란이었던 탓에 준비 부족과 행동 통일의 결여로 이내 진압되었고, 리쭝런 등 광시파 군벌들은 즉시 꼬리를 내리고 하야를 선언했다. 그러나 뒤이어 전쟁을 관망하던 펑위샹이 일본군 철수 후의 산둥 성을 누가 접수하느냐 하는 문제를 놓고 갈등을 빚다 장졔스 토벌을 선언했다. 그러나 펑위샹 휘하의 부장인 한푸쥐韓復榘, 한복구와 스유싼石友三, 석우삼이 장졔스에게 매수되어 투항하고 펑위샹은 계략에 말려 연금되었다. 펑위샹의 다른 부하들이 계속 전쟁을 일으켰으나 내부 분열로 패퇴해 11월에 산시陝西, 섬서로 퇴각했다. 이어 12월에는 장파쿠이張發奎, 장발규가 광시군과 연합해 광둥으로 침입하고, 후난 군벌 탕성즈 역시 이에 동조했으나 모두 진압되었다.

최대의 결전은 1930년 5월부터 10월 사이에 치러진 이른바 **중원**中原 **대전**이었다. 같은 해 3월 쟝졔스 이외의 제2, 3, 4집단군의 주요 지휘관 57명이 모여 쟝졔스의 하야를 주장했고, 4월에는 산시와 서북, 광시를 대표하는 옌시산과 펑위샹, 리쭝런이 독자적으로 중화민국 육·해·공군 총부사령에 취임하면서 전군 50만 명에게 동원령을 내렸다. 국민당 내부에서도 이에 동조해 왕자오밍 등 개조파의 일부가 베이핑에 지방 정권을 수립했다. 이것은 쟝졔스에게 커다란 충격이자 위기였다. **남북대전**이라고도 불린 이 전쟁은 5월에 개시되어 9월까지 계속되었다. 초기에는 쟝졔스 군이 불리하였다. 아무래도 병력 등에서 쟝졔스 군이 밀렸던 것이다. 하지만 9월이 되자 엄청난 반전이 일어났다. 그때까지 사태를 관망하던 동북의 장쉐량이 돌연 쟝졔스의 지지를 선언하고 연합군의 배후를 공격한 것이다. 장쉐량의 군대가 톈진과 베이핑을 점령하니, 옌시산은 재빨리 군대를 수습하고 자신의 근거지인 산시로 퇴각하고, 펑위샹은 끝까지 저항하다 궤멸적 패배를 당하고 하야했다. 이렇게 해서 펑위샹의 군대는 거의 소멸되고 옌시산의 군대는 세력이 약화되어 장쉐량의 동북군으로 개편되었다. 그럼에도 장쉐량의 군대 역시 쟝졔스의 군대에 맞설 만한 힘이 없었기에 쟝졔스의 군대는 비로소 다른 군벌들에 대한 군사적 우위를 확보할 수 있었다.

일단 군벌들의 준동을 저지하고 진압하긴 했지만, 난징의 국민정부가 나갈 길은 아직 멀기만 했다. '내우외환'이라는 말에 걸맞게 쟝졔스 정권을 둘러싼 국내외의 여건은 결코 녹록지 않았는데, 이런 상황을 타개하기 위해 쟝졔스 정권이 내세운 정치적 이념은 '국내의 안정을 도모하고 외부의 적을 몰아낸다安內攘外'는 것이었다. 국내를 안정시키는 데 가장 급선무는 재정 적자를 보전하는 것이었다. 재정 적자의 가장 큰 원인은 비정상적으로 큰 군사비 지출 때문이었다. 앞서 살펴본 바와 같이 쟝졔스가 '군사정리안'을 내놓은 것은 물론 지방의 군벌 세력을 약화시키려는 의도도 있었지만, 군사비를 줄이기 위한 고육책이기도 했다. 신해혁명 직후 쑨원을 몰아내고 총통이 된 위안스카이 역시 자신의 군사력을 유지하기 위한 자금 조달에 애를 먹었는데, 당시 위안스카이는 외국의 차관으로 이 문제를 해결하려다 결국 외세에 코가 꿰여 몰락했다. 쟝졔스의 난징정부는 이런 전철을 밟지 않기 위해 스스로 세수 증가에 전력을 기울였다.

이를 위해 가장 먼저 불평등 조약에 의해 열강들의 손에 넘어간 관세 자주권을 회복했다. 서구 열강들도 자신들의 이익을 관철하기 위해서는 중국이 통일될 필요가 있었기 때문에 난징정부의 요구대로 1928년 7월에는 미국이, 12월에는 영국이, 그리고 1930년 3월에는 일본이 관세자주권을 승인했다. 그러나 이것은 명목상의 승인일 뿐 관세는 외국에 지고 있는 채무 가운데 외채 상환에 대한 유일한 보증이었기에, 완벽한 의미에서의 자주권 회복이라고 부를 수는 없었다. 그럼에도 이것은 의미 있는 진전이었다. 외국 상품에 대해 관세를 부과함으로써 국내 산업을 보호하는 한편 이것을 바탕으로 각종 산업 진흥 정책을 펴나갔다. 여기서 한 걸음 더 나아가 국내의 각 성 간에 오가는 물품에 붙여졌던 일종의 국내 관세인 '이금세'가 폐지되니, 더욱 활발한 물품 교역이 이루어질 수 있었다. 여기에 면사나 담배, 시멘트와 같은 공업 제품에 대한 통일소비세統稅를 부과해 안정된 세수를 확보하는 것이 가능해졌다. 그럼에도 난징정부는 여전히 재정 적자를 벗어나지 못했는데, 그것은 징세상의 어려움 때문에 1936년까지 소득세를 부과하지 못했고, 국가 차원의 토지세 역시 부과할 수 없었기 때문이었다. 당시 토지세는 군벌들이 장악하고 있는 각각의 성 정부에 귀속되었다.

아울러 난징정부는 통화 정책을 정비했다. 당시는 은화를 기본 축으로 하는 통화 제도를 채택했는데, 여러 가지 은화를 비롯해 각종 동전이나 지폐가 멋대로 유통되었다. 여기에 국제적인 은 가격의 변동에 따라 외국 환율이 크게 오르내렸기 때문에 국내 경제에 좋지 못한 영향을 끼쳤다. 이에 난징정부는 1933년 3월 일정한 무게를 중심으로 값을 매기는 '칭량화폐稱量貨幣'로서의 '은냥銀兩'을 폐지했고['폐량개원廢兩改元'], 1935년에는 당시 주요 은행이던 중앙은행과 중국은행, 교통은행에 화폐 발행 권한을 주어 '법폐法幣'로 통일하는 화폐 개혁을 단행했다. 그리하여 은화의 높은 환율과 은화 유출에 따른 금융난으로 심각한 공황에 시달리던 중국 경제는 화폐 개혁 이후 급속히 경기를 회복하게 된다. 하지만 통화 발행의 권한을 정부와 세 은행이 장악함으로써, 만성적인 적자 재정과 군사비 조달을 위해 통화를 마구 찍어내고 금융 시장을 조작하는 등의 부작용 또한 만만치 않았고, 그 과정에서 극히 일부의 사람들에게 부가 집중되는 폐단도 생겨났다. 그럼에도 전체적으로 볼 때 난징의 국민정부는 그 이전의 어느 정권보다 안정적인 재정 운용을 통해 정부의 지지 기반을 다져나갈 수 있었다.

그러나 난징정부가 무엇보다 역점을 두었던 것은 농촌 지역에 대한 효율적인 행정 통제를 재확립하는 것이었다. 아직 근대적인 산업국가로 전환하지 못했던 당시 중국 사회의 근간을 이루는 것은 농촌이었으며, 그렇기 때문에 농촌 지역에 대한 효율적인 행정 통제를 재확립하는 것은 매우 시급한 일이었다. 하지만 이것은 근대 이전의 어느 왕조도 실현 못했던 것으로 혼란 중에 자기 앞가림하기에도 급급한 국민정부라고 달리 뾰죽한 묘안이 있는 것은 아니었다. 그렇기에 심지어 송대의 개혁적인 정치가 왕안스王安石, 왕안석가 창안한 보갑제保甲制를 활용해 농촌을 통제하려 했다. 보갑제란 본래 "용병에 들어가는 비용을 절감하기 위해 민병제로 전환하는 것으로, 10가家를 1보로 하고 50가를 대보大保, 500가를 도

● 조관희, 『조관희 교수의 중국사 강의』, 궁리, 2011. 229쪽.

보^{都保}로 하여 각 가에서 보정^{保丁}을 내 공동으로 치안을 맡고 농한기에 군사 교련을 하게 한 것"이었다. 하지만 국민당 정부는 이것을 보갑제가 시행되고 있는 지역 내에서 토지 개혁과 같은 사건이 일어나면 구성원들이 상호 공동 책임을 지는 것으로 활용했다. 결국 국민당 정부는 농촌 지역을 장악하고 통제하는 데 실패했고, 많은 농촌 지역의 삶은 이전 왕조인 청대와 다를 바 없었다. 그런 와중에 일단의 지식인들이 '향촌 건설 운동'이나 '평민 교육 운동' 등을 펼쳐나갔고, 국민정부 또한 농촌부흥위원회와 중국경제위원회를 두어 이들 사업을 지원했다. 사업의 내용은 주로 향촌에서의 자치나 교육 보급을 통한 생활 개선에 역점을 두었고, 여기에 '예의염치^{禮義廉恥}'라고 하는 유가의 윤리도덕이나 근대 사회의 보건 위생 관념을 도입해 일상 생활에서의 도덕을 확립했다. 이것은 이탈리아의 파시즘 운동이나 일본의 국민정신 부흥 운동 등과 유사한 것으로, 공산당 지배로부터 수복한 지역에 고유 문화를 다시 일으키려는 정치적인 의도 하에 수행된 것이었다. 그러나 구호뿐인 이런 일련의 '신생활 운동'으

마오둔의 『새벽이 오는 깊은 밤^{子夜}』

1911년 신해혁명 이후 중국은 권력의 공백 상태에 빠져 약 20년 간 군벌들이 합종연횡하며 천하를 혼란에 빠뜨렸다. 신해혁명의 주역 쑨원이 "혁명은 아직 끝나지 않았다"는 말을 남기고 세상을 뜨자 그의 유지를 받든 장제스가 천하 통일의 대업을 완수하기 위해 '북벌'에 나섰다. 1928년 10월 베이징에 입성한 장제스는 북벌의 완수를 선언했지만, 그 이후에도 장제스의 난징 정부 앞에는 여전히 많은 과제가 산적해 있었다. 사실상 북벌의 완수는 명목적인 것이었을 뿐, 전국 각지에는 크고 작은 군벌들이 여전히 할거하고 있었고, 방대한 군사력을 유지하는 데 막대한 자금이 필요했으나 세금 징수 등에 필요한 행정 체계가 무너진 상태에서 이를 조달하는 데 큰 어려움이 있었던 것이다. 난징정부는 공채를 발행해 재정 문제를 해결하려 했는데, 1930년 5월 자신들의 세력이 약화되는 것에 불만을 품은 지방 군벌들이 연합해 전쟁을 일으켰다. 이것이 장제스와 반 장제스 세력 간의 최후의 일전인 이른바 '남북대전'으로, 전황이 확대되자 기업가와 대지주, 자본가들이 모두 재산을 공채 투기에 쏟아부어 극심한 혼란이 일어난다.

전쟁 양상은 초기에는 장제스 군이 열세에 몰렸으나, 뒤에 동북 지역의 패자인 장쉐량이 돌연 장제스 지지를 선언하고 반 장제스 군의 배후를 치자 전세가 역전되어 비로소 장제스가 군의 군사적 우위에 설 수 있게 되었다. 하지만 장제스는 운이 없었다. 군벌들을 제거하고 막 숨을 돌리려는 차에 불어닥친 '대공황'의 여파로 중국 경제 역시 큰 타격을 받았던 것이다. 이즈음 상하이는 외국 조계지를 중심으로 서구의 문물이 들어와 번성했던 국제 도시였으며, 외국 기업

과 매판 자본가들이 활발하게 기업 활동을 벌이고 있어 중국 자본주의의 첨병 노릇을 하고 있었다. 상하이는 외세 기업가들의 가혹한 착취와 열악한 노동 조건으로 인해 노동 쟁의가 끊이지 않았고, 잦은 군벌 전쟁과 기아, 질병 등을 피해 대도시로 몰려든 이농민들이 거대한 빈민층을 형성하고 있었으니, 상하이야말로 당시 중국 사회가 안고 있는 갖가지 문제가 중첩해 있는 하나의 축도(縮圖)라 할 수 있다.

중국 현대문학계의 태두인 마오둔(茅盾, 1896~1981년)의 『새벽이 오는 깊은 밤(子夜)』은 바로 이러한 시대 배경을 토대로 씌어진 작품이다. 이 작품은 애당초 1932년에 모 잡지에 연재될 예정이었으나, '상하이 사변'으로 출판사가 불타는 바람에 원고가 소실되었다. 다행히도 작가가 한 부 더 베껴놓은 원고가 남아 있어 우여곡절 끝에 1933년 1월에 발표되었다. 초판본에는 'The Twilight: A Romance of China in 1930'이라는 부제가 붙어 있었다. 본래 'Twilight'은 저녁 어둠이 짙어지기 전의 '박명(薄明)'을 가리키는데, 초판본의 서평을 썼던 주쯔칭(朱自淸)은 이것을 "여명 직전의 캄캄한 어둠 상태"를 가리킨다고 해석했다. 제목 그대로 이 작품은 한 치 앞도 내다볼 수 없는 암담한 중국의 현실을 묘사하고 있다. 작품이 나오고 한참 뒤인 1939년에 마오둔은 「'새벽이 오는 깊은 밤'은 어떻게 창작되었는가」라는 글에서 다음과 같이 자신의 창작 동기를 밝힌 바 있다.

> 내가 병이 나았을 때는 바로 중국혁명이 새로운 단계로 전향하고 있었고, 중국 사회 성질 논쟁이 격렬하게 진행되고 있던 때였다. 그때 나는 소설의 형식으로 다음 세 가지 면을 쓰고자 했다. 첫째, 민족공업이 제국주의 경제 침략의 압박 하에서, 세계경제공황의 영향 하에서, 농촌파산의 환경 하에서 스스로를 보존하고자 더욱 가혹한 수단을 가하여 노동자 계급을 착취하고 있다는 사실 둘째, 이런 까닭에 노동자 계급이 경제적·정치적 투쟁을 일으키고 있다는 사실 셋째, 당시의 남북대전으로 농촌경제가 파산하고 농민 폭동이 민족 공업의 공황을 더더욱 심화시켰던 사실 등이다.

작품에 등장하는 인물은 약 70여 명에 달하는데, 우쑨푸(鳴蓀甫, 오손보)를 중심으로 한 민족자본계급과 자오보타오(趙伯韜, 조백도)를 중심으로 한 금융매판자본계급의 대결이 큰 축을 이룬다. 우쑨푸는 민족 공업을 발전시키겠다는 야심과 모험 정신, 그리고 뛰어난 수단을 지니고 있지만, 자오보타오의 압력과 경제 위기, 군벌 내전 등으로 위기에 몰리자 공장의 노동자들에게 거침없이 폭력을 행사하기도 하고, 동시에 공채 투기를 통해 자신의 자본을 축적하고자 하는 등 냉혹한 성격을 갖고 있는 인물이다. 당시와 같은 반(半) 식민지 상황 하에서 민족자본계급은 제국주의 세력에도 반대하고, 혁명적 상황이나 혁명도 두려워하는 이중성을 지닌 극히 취약하고 동요하는 계급이었다. 결국 우쑨푸를 주축으로 한 중국의 민족자본계급은 외세 등에 업은 매판자본가 세력에 의해 패배하고 몰락하고 만다.

작품의 제목이 뜻하는 '한밤중'이란 바로 이와 같이 미래를 전혀 예측할 수 없는 중국의 현실을 의미한다. 하지만 깊은 어둠은 동시에 새 아침을 예비하는 것이기도 한데, 작품 속에서는 수많은 좌절과 실패를 겪으면서도 꺾이지 않고 살아나는 광범위한 노동자 대중의 역량에 대한 긍정적인 묘사로 표출된다. 비록 이들은 수없이 많은 패배를

마오둔

겪었고, 또 여전히 그들 앞에는 또 다른 패배가 예비되어 있지만, 점차 주체적인 세력을 형성하고 역사의 주역으로 나설 것이라는 한 줄기 희망의 빛이 드리워져 있는 것이다. 당시 상하이는 1925년의 '5·30운동'이나 1927년의 총파업 등으로 알 수 있듯이 중국 노동 운동의 중심지였다.

하지만 이후에 마오쩌둥의 주도 하에 펼쳐지는 중국 혁명의 주된 방향이 농민을 기반으로 한 것이었다는 점에서 이 소설의 지향점은 다소간 현실적이지 못하다는 결점을 안고 있기도 하다. 이 소설에서 이야기하고자 하는 바 노동자 중심의 혁명 수행은 이미 당시 중국 공산당을 이끌었던 리리싼(李立三)의 모험주의적 노선의 처절한 실패로 증명되었기 때문이다. 하지만 이것이 그렇게 큰 결점이 되지 못하는 것은 이 소설에는 당시 사회의 다양한 상황에 대한 묘사가 복잡한 성격을 갖고 있는 다양한 인물들에 대한 형상화만큼이나 성공적으로 수행되었기 때문이라고 할 수 있다.

로는 중국의 농촌 사회가 안고 있는 가장 큰 문제점인 '토지 소유의 불균등'을 해결할 수 없었다.

중화소비에트공화국 임시정부 수립과 국민당 군의 포위 토벌

우한정부와 결별한 공산당의 간부들은 1927년 7월 말을 전후로 난창으로 속속 모여들었다. 이곳은 우한과 난징의 중간 지점으로 난징정부가 수립되기 전에 쟝졔스의 근거지였다. 당시 난창에는 주더^{朱德, 주덕; 1886~1976년}가 소수의 사관 교육연대를 지도하고 있었다. 주더는 한때 아편에 중독되기도 했으나, 36세 때 과감하게 뜻을 세우고 독일로 유학을 떠났다가 그곳에서 저우언라이를 만나 중국 공산당의 비밀 당원이 된 인물이었다. 그리고 난창의 인근 도시인 쥬쟝에는 장파쿠이^{張發奎, 장발규}의 제2방면군 산하 제20군단장 허룽^{賀龍, 하룡 : 1897~1969년}과 제11군 24사단장 예팅^{葉挺, 엽정: 1896~1946년}이 지휘하는 공산당계 군대 약 3만 명이 주둔하고 있었다. 잔존 세

중국 공산당은 8월 1일을 '건군 기념일'로 삼고, 인민해방군의 군기와 군복의 모자 등에 '八一'이라는 날짜를 명기해 이를 기념하고 있다.

력을 그러모은 공산당 측은 같은 해 8월 1일 류보청$^{劉伯承, 유백승: 1900~1986년}$ · 저우언라이 · 탄평산 · 리리싼$^{李立三, 이입삼}$ · 장궈타오 · 주더 등의 지도 하에 국민혁명군을 동원하여 국민당의 반공정책에 대항하는 무장폭동을 일으켰다[**난창봉기**^{南昌蜂起}].

하지만 봉기군은 국민당 군의 역습에 불과 사흘만에 난창을 포기하고 혁명의 근거지 광저우를 향해 남하했다. 이런 와중에 8월 7일 쥬장에서 보로딘과 로이를 대신해 새로 파견된 코민테른 대표 로미나제가 출석한 가운데 취츄바이, 덩중샤$^{鄧中夏, 등중하}$, 왕뤄페이$^{王若飛, 왕약비}$, 마오쩌둥 등 22명이 중앙긴급회의를 열었다$^{8·7 긴급회의}$. 이 자리에서 이제까지의 천두슈의 지도를 '우익 기회주의'로 규탄하고,● 그를 대신해 1920년대 초반 러시아어를 배우기 위해 모스크바에 유학한 적이 있던 당시 28세의 취츄바이를 총서기로 선출했다. 아울러 '난창봉기' 이후의 대책을 숙의한 가운데 무장폭동의 총노선을 확인하고 비교적 농민 운동이 활발한 후난과 후베이, 장시, 광둥 지역에서 가을 추수기를 맞이해 농민들의 무장 봉기를 일으킬 것을 결정했다$^{추수 폭동}$. 이때 후난의 책임자는 마오쩌둥이었다. 마오쩌둥은 훗날 당시의 상황에 대해 다음과 같이 말한 바 있다.

● "1927년 8월 27일의 공산당 비상 회의에서 천두슈는 자신을 변론하면서, 1927년 봄에 코민테른의 노선에 반대했지만, 자신의 주장은 받아들여지지 않았으며, 그후 자신의 현명한 판단에도 불구하고 스탈린의 지시를 강요하는 코민테른의 지시를 따랐다고 변명했다. 그는 장제스나 왕자오밍을 신뢰하지 않았다."
(에드거 스노, 『마오쩌둥 자전』, 127쪽.)

> 1927년 8월 1일 허룽과 예팅이 지휘하는 제24군 사단은 주더와 제휴하여 역사적인 난창 봉기를 일으켰으며, 이때부터 장차 홍군이 될 군대가 편성되기 시작했다. 그 1주일 후인 8월 7일, 당 중앙위원회의 비상 회의에서 천두슈의 당 서기직 해임이 결정되었다. 나는 1923년의 광둥에서 개최된 제3차 대표대회 이래 당 정치국위원이었기에 이 결정에 적극적인 역할을 했다.……공산당은 새로운 노선을 채택했고, 당분간 국민당과 제휴하리라는 가능성을 전적으로 포기했다.……나는 뒤에 추수 폭동으로 알려진 운동을 조직하기 위해 창사$^{長沙, 장사}$로 파견되었다.●●

●● 에드거 스노, 『마오쩌둥 자전』, 132~133쪽.

난창을 포기하고 남하하던 허룽과 예팅의 군대는 9월 24일 광둥 성 북부 해안 도시인 산터우汕頭, 산투를 점령하는 데 성공했다. 이곳은 일찍이 천중밍이 쑨원과 전투를 치를 때의 거점이었던 부유한 해안 도시였다. 하지만 여기서도 상황은 별로 다르지 않았다. 이들은 곧바로 출동한 국민당 군에 밀려 불과 5일 만에 산터우를 포기하고 패주했다. 예팅과 녜룽전聶榮臻, 섭영진은 말라리아에 걸린 저우언라이와 함께 홍콩으로 도피하고 잔여 병력 1,000여 명은 광둥의 하이펑海豐, 해풍과 루펑陸豐, 육풍으로 향했다. 이곳은 펑파이彭湃, 팽배가 일찍부터 급진적인 농민 소비에트를 건설해 유지해 나갔던 곳이었다. 이들은 현지의 농민 운동과 합류하여 공농혁명군 제2사단을 편성하고 11월 18일에 하이루펑海陸豐 소비에트 정권을 세웠다. 이것이 '중국 최초의 소비에트 정권'으로, 국민당 군의 빈틈을 이용해 약 5개월 간 명맥을 이어나갔다. 하지만 1928년 3월 국민당 군의 총공격에 이곳 역시 붕괴되고 말았다. 이들과 별도로 주더의 군대는 갈피를 못 잡고 한동안 국민당 군과 좌충우돌하며 광둥과 광시, 후난의 이곳저곳을 돌아다녔다.

우한정부와의 결별 이후에도 한동안 한커우의 프랑스 조계지에 머물던 공산당 중앙위원회는 1927년 9월경 상하이로 이전했고, 같은 해 11월 9일과 10일에는 중국 공산당 중앙임시정치확대회의를 열었다. 여기서 새로 임명된 공산당 총서기 취츄바이의 **제1차 좌경노선**이 결정되었다. 이것은 당시 전 중국의 상황은 혁명의 고조기에 있으며, 이러한 혁명 정세가 몇 년 간 지속될 것이라는 판단 하에 전국적 승리에 선행해 하나의 성이나 또는 몇 개의 성을 빼앗아 폭동을 일으킨 뒤 군대를 조직하고 소비에트 정권을 수립한다는 것이었다. 아울러 '추수 폭동' 실패의 책임을 물어 후난의 마오쩌둥을 비롯한 각 지역의 폭동 지도자들을 모두 해임했다. 그러나 이것은 중대한 오판이었다. 당시는 '혁명의 고조기'가 아니라

'퇴조기'였으며, 폭동을 일으킬 당사자인 도시의 프롤레타리아 역시 그 숫자가 극히 미미했다. 당시 공산당에 충성을 바치는 노동조합원은 전국적으로 3만여 명 정도에 불과했고, 공산당원 가운데 10퍼센트 정도만이 도시 프롤레타리아였다. 그뿐 아니라 도시에는 국민당 군이 잔뜩 몰려 있었고, 노동자들이 파업이나 무장 폭동을 일으키더라도 제국주의 열강들의 군대가 급파되어 이들을 신속하게 진압했다.

하지만 이것은 먼 훗날 그 당시 상황을 객관적으로 바라볼 수 있을 때나 가능한 형세 판단이었다. 당시 공산당은 아직 혁명 경험이 일천했고, 무엇보다 당을 운영하고 비전을 제시하는 데 미숙했다. 여기에 소련 공산당 내부의 문제까지 겹쳤는데, 당시 12월에 열릴 소련 공산당 제15차 대회에 임박해서 스탈린과 트로츠키는 최후의 권력 투쟁을 벌이고 있었다. 일찍이 1927년 봄 '4·12쿠데타' 등으로 인한 중국 내에서의 실패에 대해 혹독한 비판을 받고 있던 스탈린은 이들 비판자들의 목소리를 잠재울 만한 결정적인 승리가 목마르게 필요했다. 코민테른은 중국 공산당 총서기 취츄바이에게 즉각적으로 무장 폭동을 통한 혁명을 일으킬 것을 지시했다. 취츄바이는 이 지령을 받고 신속하게 폭동을 준비했다. 그 대상지로는 옛 혁명의 발원지로 노동자들에 대한 공산당의 영향력이 강하고, 인접한 하이루펑의 소비에트 정권으로부터 지원을 기대할 수 있는 광저우가 선정되었다. 당시 광저우를 지배한 것은 '난창 봉기'를 진압했던 국민당 군 장군과 우한에서 피난 온 왕자오밍이었는데, 이들 사이에서는 상당한 내분이 일고 있었다.

12월 11일 광저우는 손쉽게 공산당 군대와 광저우 노동자들의 손에 떨어졌다. 그리고 곧바로 스탈린과 취츄바이가 원했던 대로 권력이 노동자와 병사, 농민 대표의 소비에트로 넘어갔다는 선언이 공표되었다 광동 코뮌 성립. 당시 봉기를 지도했던 것은 공산당 중앙정치국원인 장타이레이張太雷, 장태뢰와 산터우에서 홍콩으로 도피했던 예팅, 사관교육연대를 지휘하는 예젠잉(葉劍英, 엽검영) 그리고 당시 코민테른 대표였던 26세의 노이만이었다. 이 사실을 알리는 급전이 모스크바로 날아갔고, 스탈린을 비롯한 코민테른 집행위원회는 고무되었다. 그러나 혁명군보다 5배나 더 많은 군대를 보유하고 있던 국민당 군은 즉각 반격에 착수했고, 소비에트 정권 수립을 알린 사흘째 되는 날인 13일 오후 광둥 코뮌은 붕괴했다. 당시 무장 봉기가 일어났던 사흘 간 사망자가 600여 명에 불과했던 데 반해 코뮌 붕괴 후 다시 사흘 간 이어진 극심한 혼란 속에 시내에서는 대규모 살육전이 벌어져 5,700여 명이 사망했다. 심지어 러시아 영사관을 혁명의 기지로 사용하도록 해주었던 영사관 직원들까지도 모두 총살되었을 정도였고, 비싼 탄약을 쓰는 게 아깝다는 생각으로 반란자들을 열 명 남짓으로 묶어서 배에 태운 뒤 강물에 밀어 넣었다고 한다. 그러한 사실을 모른 채 이미 모든 상황이 종료된 뒤인 12월 15일 코민테른은 다음과 같은 성명을 발표했다.

> 광둥 성에서 소비에트 권력이 5개 지역을 굳게 장악하고 있다.……부분적인 패배에도 불구하고 운동은 발전해 나간다. 부르조아적인 반 혁명분자는 타파될 것이다. 제국주의자의 강도들은 내쫓길 것이다. 그러나 현재 시점에서 영웅적인 중국혁명, 곧 노동자와 농민의 혁명 위에는 강도들의 도끼가 번득이고 있다.●

● 사에키 유이치(佐伯有一), 노무라 고이치(野村浩一) 외, 『중국현대사』, 360쪽.

그럼에도 모든 실패는 취츄바이가 뒤집어썼고 코민테른은 그 책임을 묻기 위해 모스크바로 그를 소환했다. 결국 '광둥 코뮌'이 무너진 뒤 도시와 농촌에서의 무장 폭동은 더 이상 가능하지 않게 되었고 살아남은 공산당원들은 새로운 활로를 찾아 농촌 지역을 찾을 수밖에 없었다.

'8·7 긴급회의'의 결정에 따라 후난에서의 '추수 폭동'을 책임지게 된 마오쩌둥은 주변의 탄광 노동자와 농민, 그리고 군벌 군 출신으로 구성된 군대를 조직했다. 제1연대는 우한정부 시절 국민당의 호위 연대였으며, 장교들은 모두 공산주의자였다. 제2연대는 핑샹$^{苹鄕, 평향}$과 리링$^{醴陵, 예릉}$의 농민들과 안위안$^{安源, 안원}$의 탄광 노동자들로 구성되었고, 제3연대는 핑쟝$^{平江, 평강}$과 류양$^{劉陽, 유양}$에서 온 노동자와 농민들, 그리고 후베이에서 온 농민 의용군들로 구성되었다. 마지막으로 제4연대는 5월에 우한정부에 반란을 일으킨 바 있던 샤더우인$^{夏斗寅, 하두인}$ 장군 휘하의 부대를 재조직한 것이었다. 마오쩌둥은 봉기에 앞서 전적위원회^{前敵委員會}의 서기로 임명되었다. 봉기는 9월 9일부터 시작되었다. 우측에 있던 제1, 제4연대는 북동쪽으로 창사로 진격하고 좌측의 제2연대는 창사 남쪽의 안위안에서 진격해 핑샹과 리링을 함락한 뒤 류양에 집결하기로 했다. 중앙의 제3연대는 창사의 동쪽에서 진격해 와 제2연대와 류양을 합동으로 함락시키기로 하였다. 창사로 통하는 대부분의 철도는 차단되었고, 그로부터 1주일 간 열차는 한 대도 도착하지 않았다. 오래지 않아 국민당 군이 반격을 해왔다. 봉기군은 참패를 당하고 어쩔 수 없이 철수했으나 이미 부대는 상당한 손실을 입은 상태였다. 여기에 국민당을 배반하고 참여했던 제4연대가 형세가 불리해지자 반란을 일으켜 제1연대의 배후를 공격해 왔다. 봉기군은 혼란에 빠졌다. 마오쩌둥 역시 이 혼란의 와중에 지주 측의 민병대에 사로잡혀 사살될 뻔하다 겨우 탈출했다.

> 내가 군대를 조직하느라 한예핑$^{漢冶萍, 한야평}$의 광부들과 농민 민병대들을 방문하고 있을 때 국민당의 앞잡이로 활동하고 있던 민단 요원에게 붙잡힌 적이 있었다. 당시는 국민당의 테러 행위가 자행되고 있던 시기로서 수백 명의 공산주의 용의자가 현장에서 살해되었다. 그들은 나를 민단 본부까지 연행할 작정이었기 때문에 그곳에 가면 나는 죽을 것이 뻔한 노릇이었다. 그래서 나는 동료로부터 수십

달러를 빌려 호송병을 매수하려고 했다.

일반적으로 병사들이란 돈에 팔린 용병들로서 특별히 나를 죽일 이유가 없었기 때문에 그들은 나를 풀어주는 데 동의했다. 그러나 호송대의 지휘를 맡은 병사가 이에 반대했다. 그래서 나는 도망치기로 결심했다. 그러나 민단 본부로부터 약 200야드 되는 곳에 올 때까지 도망칠 기회를 잡지 못했다. 그제야 나는 포승줄을 풀고 들로 달리기 시작했다.●

● 에드거 스노, 『마오쩌둥 자전』, 135쪽.

마오쩌둥은 9월 15일 창사에 대한 공격이 무망하다고 판단해 손을 떼고 남은 부대를 모아 농촌 지역으로 철수하기 시작했다. 당시는 허룽과 예팅의 군대가 산터우를 공격해 점령 직전에 있었고, 공산당 중앙은 바야흐로 혁명의 고조기에 접어들었다고 오판하고 있었을 때였다. 9월 19일 당 중앙은 후난위원회에 창사에 대한 공격을 지체없이 수행할 것을 명령했다. 패주하고 있던 마오쩌둥이 이 편지를 받았는지 여부는 알 수 없는 가운데 마오쩌둥은 약 1개월 뒤 **징강산**井岡山, 정강산으로 깊숙이 들어갔다. 본래 마오쩌둥은 추수 폭동을 조직하기 위해 창사로 파견되었을 때 다음과 같은 5개 항을 실현할 계획을 갖고 있었다.

첫째, 성省의 조직을 국민당으로부터 완전히 분리시킨다.
둘째, 농민과 노동자 혁명군을 조직한다.
셋째, 대지주는 물론 중소 지주로부터 토지를 몰수한다.
넷째, 후난 성에 국민당으로부터 독립된 공산당 세력을 건설한다.
다섯째, 소비에트를 조직한다.

기이한 사실은 당 중앙이 창사에서의 마오쩌둥의 '배반'을 신랄하게 비판하고 있던 바로 그날9월 19일 마오의 구상 가운데 첫 번째와 세 번째,

다섯 번째 사항들을 구체화하는 결의안을 채택했다는 것이다. 하지만 마오쩌둥의 생각이 옳았다는 사실이 11월에 열린 중앙위원회 총회에서 봉기의 실패에 대한 마오쩌둥의 책임을 경감시키지는 못했다. 마오는 농지혁명의 강행 실패와 '군사적 기회주의'라는 이유로 중앙위원회와 후난 성위원회에서의 그의 직위를 모두 박탈당했다. 그러나 정작 마오쩌둥은 한동안 그 사실을 알지 못했다.

징강산은 쟝시 성과 후난 성의 접경 지역으로 주위가 온통 산림으로 뒤덮여 고립된 지역이었다. 따라서 중앙 권력의 통제에서 벗어나 토비^{土匪}나 국민당 군의 탈영병, 그리고 토지를 빼앗긴 농민들의 피신처 노릇을 하고 있었다. 마오쩌둥을 따라온 군대는 전 부대를 통틀어 1,000명이 채 안 되었다. 당시 그 지역은 왕쬐^{王佐, 왕좌}와 위안원차이^{袁文才, 원문재}라는 토비 두목이 장악하고 있었는데, 마오쩌둥은 그들과 동맹 관계를 맺었다. 그들

징강산역사박물관 내부의 모습

3. 한 알의 불꽃이 들판을 불태우다

은 마오쩌둥이 그곳에 있는 동안에는 '충실한 공산당원'이었으나, 나중에 마오쩌둥이 떠나자 다시 토비로 돌아갔다가 그곳 농민들에 의해 살해됐다. 아무튼 마오쩌둥은 두 비적 두목에게 연대장의 지위를 주고 그 휘하의 600명의 비적들이 마오의 군대에 가세하도록 했다. 이렇게 해서 잠시 휴식과 보급을 위한 거점을 마련한 마오쩌둥은 주위 마을을 접수해 소비에트 정권을 세우고 인근 지역에도 차례로 당 위원회가 세워졌다. 결정적으로 그 이듬해인 1928년 4월, 산터우 패배 이후 이곳저곳을 떠돌던 주더의 군대가 합류했다. 이 부대에는 정치위원 천이陳毅, 진의와 젊은 대대장 린뱌오林彪, 임표가 있었다. 5월 4일에는 5·4운동을 기념하는 동시에 양군이 재편되어 중국노농홍군中國勞農紅軍 제4군의 성립을 축하했다. 군장軍長에는 주더가, 당대표는 마오쩌둥이 각각 취임함으로써, 총 병력 1만의 이른바 '주·마오 군朱毛軍'이 결성되었다.

국공합작 초기만 하더라도 활기를 띠었던 공산당의 활동은 4·12쿠데타 이후 이어지는 일련의 거듭된 탄압과 실패로 극도로 약화되었다. 1928년 2월 25일 스탈린과 부하린, 샹중파向忠發, 향충발, 리리싼 등이 기초한 코민테른 테제에서는 이와 같은 상황을 고려해 그간의 모든 시도가 '모험주의'였다고 비판했다. 그리하여 '혁명의 새로운 고조를 준비'하는 것을 당의 임무로 보고, '폭동을 구상하는 것'에 단호히 반대하면서 '대중의 획득과 조직화'에 전력을 기울여야 한다는 사실을 천명했다. 아울러 농민의 게릴라 운동은 프롤레타리아의 새로운 혁명적 고조와 서로 연결되는 한에서 전국적 폭동 승리의 출발점이 될 수 있으며, 소비에트화된 농촌 구역에서의 당의 주요 임무는 토지 혁명을 실행하고 홍군을 조직하는 것이라고 하여 '주·마오 군'의 징강산 할거를 일정 부분 인정하였다.

1928년은 침체했던 공산당 세력이 일부 회복되었던 시기라 할 수 있다. 하이루펑 소비에트 정권 몰락 후 쉬샹첸徐向前, 서향전은 후베이와 허난,

안후이 성 경계에 이르러 홍군 제1군을 조직했다. 이것이 '어위완$^{鄂豫皖, 악예환}$● 근거지'이다. 허룽은 후난에서 홍군 제2군을 조직하고, 후난과 후베이 서쪽 지역에서 '샹어시^{湘鄂西}●● 근거지'를 건설했다. 팡즈민$^{方志敏, 방지민}$이 이끄는 유격대는 푸젠과 저장, 안후이의 접경 지역에서 '민저간$^{閩浙贛, 민절공}$●●● 근거지'를 마련했다. 또 덩샤오핑$^{鄧小平, 등소평}$은 광시에서 '좌우강^{左右江} 근거지'를 건설했다. 이러한 양상은 1930년 초에 이르면 마오쩌둥과 주더의 장시 소비에트를 중심으로 허난과 후베이로 점차 연결되어 전국적으로 13개 성의 300여 현에 이르는 지역에 총 병력 6만의 '홍군 벨트'를 형성하게 되었다. 이것은 실로 샘물이 스며나오듯 자연발생적으로 진행된 것이었으며, 국민혁명이 시작된 이래 중국에 뿌려진 혁명의 씨앗이 그 싹을 틔운 것이라 할 수 있다.

　1928년 모스크바에서 열린 중국 공산당 제6차 전국대회에서는 코민테른의 2월 테제를 근간으로 취츄바이의 노선이 '좌경 맹동주의'였다고 비판하고 향후 전개될 소비에트 혁명의 지도 방침과 전략·전술이 결정되었다. 취츄바이는 당서기에서 물러나고 새롭게 샹중파가 임명되었다. 리리싼과 저우언라이, 펑파이 등이 중앙위원으로 선출되었고, 그 전해 11월에 추수 폭동 실패의 책임을 지고 해임되었던 마오쩌둥 역시 중앙위원의 지위를 회복했다. 명목상으로는 샹중파가 총서기에 임명되었지만, 실권은 선전부장인 리리싼이 쥐고 있었다. 이 회의에서는 2월에 결정된 코민테른의 이론에 따라 중국 혁명에는 도시와 농촌이 불균형한 상태에 놓여 있고, 나아가 각각의 성^{省}들에서의 노동자·농민 운동이 불균형하게 발전하고 있다는 현실 인식 하에, 이들 도시와 농촌, 그리고 각각의 성들 사이에 상호연합적이고 상호호응적인 활동을 준비할 것을 결의했다. 그러나 우선순위는 어디까지나 도시 노동 운동의 회복을 통해 도시와 농촌 간의 불평등을 극복하는 것이었으므로, 이후의 당 중앙의 관심도 도시 노동

● 어(鄂, 악)와 위(豫, 예), 완(皖, 환)은 각각 후베이 성과 허난 성, 안후이 성의 약칭이다.

●● '샹(湘, 상)'은 후난 성의 약칭이다.

●●● 민저간(閩浙贛, 민절공)은 각각 '푸젠'과 '저장', '장시'의 약칭이다.

취츄바이

운동의 회복을 위한 당 조직 재건에 집중했다. 본래 리리싼은 애당초 농민 운동에 대해 거의 관심을 갖고 있지 않았다. 그가 견지했던 테제는 도시 프롤레타리아의 파업과 도시의 무장 봉기로 한 곳이나 몇 개의 성에서 먼저 승리한 뒤 이것을 바탕으로 전국적인 혁명의 열광으로 발전시켜 나간다는 것이었다. 그는 농촌은 손발이고 도시는 두뇌이자 심장이라는 비유를 끌어왔다. 손발은 잘라낸다고 죽지 않지만, 두뇌와 심장은 치명적인 것이다. 이런 의미에서라면 그는 정통 마르크스주의자라 할 수 있었다.

이에 반하여 마오쩌둥은 중국의 농민들이 갖고 있는 정치 의식과 그에 바탕한 거대한 잠재력을 높이 평가했다. 1926년 5월 쟝졔스의 주도 하에 열린 제2차 국민당 중앙집행위원회 2차 회의에서는 마오를 농민 운동의 시찰원으로 후난에 파견했다. 후난에서 마오는 리링醴陵, 예릉과 창사, 샹탄湘潭, 상담, 헝산衡山, 형산, 샹샹湘鄉, 상향 등 5개 현의 농민 조직과 정치 상황을 점검하면서 중앙위원회에 보낼 「후난 농민 운동 보고서」를 작성했다. 이 보고서에서 마오는 14건의 큰 사건, 곧 농민협회의 조직과 지주들이 받은 정치적·경제적 타격, 전통적인 봉건 통치와 지주들의 무장 조직의 폐지, 지역 권력자와 가계, 종교 및 혼인의 권위의 타도, 사치와 폐습의 철저한 금지, 징세의 남용 및 각종 수탈의 척결, 문화 운동, 협동조합 운동, 그리고 도로와 제방의 보수 등을 나열하고, 가난한 농민들이 갖고 있는 투쟁 정신을 높이 찬양했다. 심지어 마오는 "만일 1926~1927년의 '민주 혁명'에 10점을 준다면, '도시 주민과 군대는 겨우 3점이고, 나머지 7점은 농촌 혁명을 수행한 농민에게 주어야 한다'"고까지 말했다.● 교통과 통신이 불편한 징강산에 코민테른의 '2월 테제'가 도착한 것은 같은 해 11월이었고, 공산당 제6차 전국대회의 결의가 도착한 것은 12월이었다. 뒤에 마

● 조너선 D. 스펜스, 『현대중국을 찾아서 1』, 414쪽.

오쩌둥은 이 결의안에 대해 전적으로 의견의 일치를 보았다고 말했지만, 사실상 이것은 거짓말이었다. 이후에 벌어지는 일련의 사례들은 리리싼으로 대표되는 당 중앙과 마오쩌둥 사이의 이견은 돌이킬 수 없는 것이었음을 보여주고 있다.

● 에드거 스노, 『마오쩌둥 자전』, 142쪽.

주더가 합류함에 따라 일시 세를 불린 '주·마오 군'은 국민당 군대와의 싸움에서 승리하며 주변 지역으로까지 세력을 확장했다. 하지만 이에 따라 다양한 의견이 분출되기도 했다. 주요한 것으로 향후 군사 행동에 대한 것을 들 수 있는데, 당시 군대 내에는 즉시 창사로 침공하자는 주장과 광둥 성 경계의 남쪽으로 철수하자는 주장이 팽팽히 맞섰다. 마오는 전자는 모험주의로, 그리고 후자는 퇴각주의로 규정하면서, 당면한 과제는 토지 분배와 소비에트 건설이라고 생각했다. 그러는 사이 국민당 군과의 몇 차례 소규모 전투를 통해 승리와 패배를 동시에 맛보았지만, 국민당 군은 1929년 이후 군벌들과의 전쟁으로 잠시 공산당 군에 대한 전면적인 공세를 접어두었다. 1928년 말에는 국민당 군벌 내 허젠何健, 하건의 군대에서 봉기와 반란이 일어나 일단의 부대원들이 탈주해 징강산에 모여들자 이들을 규합해 제5군을 편성하고 펑더화이彭德懷, 팽덕회가 군장이 되었다. 하지만 그처럼 병력이 늘어나자 징강산의 상황은 악화되기 시작했다. 병사들에게 동복을 지급하지 못했고, 식량도 매우 부족했다. 결국 주·마오 군은 징강산을 떠나기로 결정했다. 1929년 1월 14일 홍군은 마오와 주더의 지휘 하에 철수를 시작했으며, 후위 방어는 펑더화이가 맡았다. 그러나 다바이뒤打白髀, 타백탁에서 참혹한 패배를 맛본 뒤 병력의 절반을 잃고 둥구東固, 동고 주변 지역에 정착했다. 그동안 징강산은 국민당 군에 의해 3면에서 공격을 받았다. 본래 비적 두목이었던 왕쭤는 자기 부하들을 이끌고 산채에 머물며 비적으로 되돌아갔고, 펑더화이는 같은 해 4월에야 마오와 합류할 수 있었다.

이즈음 마오쩌둥은 2월 9일이라 적힌 메시지를 중앙위원회로부터 받았는데, 여기서 마오는 그의 군대를 더욱 작은 단위 부대로 나누어 농촌 지역에 분산시킬 것을 권유받았다. 이에 대해 마오는 4월 5일의 편지에서 "상황이 더욱 불리해질수록 군사력을 더욱 집중시킬 필요와 투쟁에 있어 지도자들이 더욱 단호해질 필요가 있다"고 답했다. 하지만 리리싼은 마오쩌둥이 자리를 잡아가고 있던 쟝시 지역에서 돌아가는 상황은 도시 프롤레타리아의 주도권을 결여하고 있다는 점에서 비 정통적이고 비 마르크스주의적이라는 반응을 보였다. 그때 마침 국민당 군은 군벌군들과 본격적인 전쟁을 시작했고, 미국에서 시작된 대공황으로 전 세계는 혼란에 빠졌다. 실로 전후 세계의 모순이 안팎으로 중첩된 형세였다. 이러한 상황 속에 1929년 10월 코민테른은 중국 공산당에게 '새로운 혁명의 고조기'가 찾아왔다는 사실을 환기시키며, 새로운 지령을 몇 가지 하달했다. 이 무렵 리리싼은 6전대회 이래 장악했던 당 중앙위원회에 대한 주도권을 행사하고 있었다. 1930년 리리싼은 코민테른의 테제에 대응해 '리리싼 노선'으로 알려진 "한 곳 또는 몇 개의 성에서의 우선적 승리"라는 원칙을 다시 한번 강조했다. 쟝제스는 왕자오밍과 끝없이 갈등했고, 5월이 되자 본격적인 군벌들의 싸움^{중원대전}이 시작되었다. 리리싼과 당 중앙은 본격적인 공세를 개시할 시점이 도래했다고 판단했다^{제2차 좌경노선}.

1930년 6월 리리싼은 창사와 우한, 난창에 대한 공격 명령을 내렸다. 펑더화이가 이끄는 제3군은 7월 27일 창사에 입성했다. 사전에 우한, 난징, 상하이 등의 대도시에서 무장 폭동을 계획하고 있던 리리싼은 홍군의 창사 점령 뉴스를 듣자마자 8월 1일과 3일에 열린 정치국 회의에서 총파업과 전국 무장 폭동의 최고 지휘 기관인 총행동위원회를 성립시켰다. 그러나 이 소식을 듣고 당시 모스크바에 머물러 있던 취츄바이와 저우언라이는 리리싼이 미쳤다고 생각했으며, 코민테른은 무장폭동 계획의 즉각적인 정지를 요구하는 한편 취츄바이와 저우언라이를 급거 귀국시켰다. 군벌들 간에 벌어진 건곤일척의 대전이 한참 진행중일 때 이 소식을 들은 쟝졔스는 즉각 창사 탈환을 위해 병력을 투입했고, 미국과 영국, 일본의 군함 역시 창사에 급파돼 성 안에 함포 사격을 가했다. 겨우 열흘을 버틴 뒤 홍군은 류양[劉陽, 유양] 지역으로 패퇴했다. 8월 1일 난창을 공격했던 마오쩌둥과 주더의 제1군은 만 하루의 공격 끝에 많은 병사를 잃고 공격 중지를 결정했다. 위험에 빠진 창사를 지원하라는 당 중앙의 명령을 받고 우한을 향해 서쪽으로 후퇴하던 제1군은 펑더화이의 군대와 합류했는데, 펑더화이가 이들에게 제시한 것은 거듭해서 창사를 공격하라는 리리싼의 지시였다. 두 번째 공격은 9월 1일에 시작되었는데, 13일 동안의 전투 끝에 군대가 전멸의 위기에 처하자 마오쩌둥은 동지들을 설득해 공격 중지를 결정했다.● 그들은 당 중앙의 허락도 받지 않고 전투에서 철수해 근거지인 루이진[瑞金, 서금]으로 돌아갔다. 나중에 주더는 자신과 인터뷰했던 미국 기자 아그네스 스메들리[Agnes Smedley]에게 다음과 같이 말했다. "우리는 처음으로 당 중앙의 명령에 공공연하게 복종하지 않았다."

코민테른은 이 처절한 패배를 리리싼 개인의 실패로 규정했다. 사태를 수습하기 위해 모스크바에서 돌아온 취츄바이와 저우언라이는 1930년 9월 24일 중국 공산당 제3차 전국대표회의를 열었다. 그러나 중앙정치국의 위신을 지키기 위해 두 사람은 중앙정치국 노선과 코민테른 노선 사이에는 별다른 차이는 없고, 중앙정치국이 정세 판단과 타이밍 설정에서 오류를 범했다는 식으로 리리싼에 대한 비판을 막았다. 코민테른은 이를 불만스럽게 생각해 리리싼을 모스크바로 소환하고, 서한을 보내 리리싼 노선을 비판했다. 이것을 바탕으로 천사오위[陳紹禹, 진소우, 일명 왕밍[王明, 왕명]], 친방셴[秦邦憲, 진방헌, 일명 보구[博古, 박고]], 장원톈[張聞天, 장문천, 일명 뤄푸[洛甫, 낙보]] 등 모스크바 유학생 그룹이 이듬해인 1931년 1월에 열린 '4

● 창사를 수복한 국민당군은 잔혹한 소탕 작전을 수행했으며, 이때 마오쩌둥의 첫 번째 아내인 양카이후이를 잃었다.

중전회^{四中全會}'를 장악하고, 리리싼과 취츄바이를 중앙정치국에서 해임하는 한편, 자기비판을 수행한 총서기 샹중파와 군사부장 저우언라이는 그대로 유임시켰다. 그리고 당권은 새롭게 부상한 모스크바 유학생들, 이른바 '28인의 볼셰비키'가 장악했다. 이들 가운데 천사오위나 친방셴 등은 리리싼의 '모험주의'를 비판했지만, 그들 역시 농민이 아닌 도시 프롤레타리아가 혁명 운동을 주도해야 한다고 주장했다$^{제3차\ 좌경노선}$.

 이 같은 어려움 속에서도 공산당 세력은 일정한 성과를 거두었다. 비록 창사 공격은 실패했지만, 어쨌든 국민당 군은 군벌과 대전을 벌이느라 잠시 공산당에 대한 관심을 거두어 공산당 세력은 여러 곳에서 근거지를 마련할 수 있었다. 그러나 군벌들과의 전쟁에서 승리하자 장제스는 이들 '공비^{共匪}'들을 토벌하기 위한 작전에 착수했다. 1930년 겨울 장제스는 후베이와 후난, 쟝시의 성장^{省長}들을 소집해 공산당 토벌에 관한 제1차 작전 계획을 지시했다$^{제\ 1차\ 포위\ 공격(圍剿)}$. 국민당 군은 10만에 이르고 홍군은 4만에 불과했지만, 토벌군은 오합지졸에 불과한 지방군이었고, 홍군 지역에 대한 정보도 부족했다. 주더가 이끄는 홍군은 이들 국민당 군을 자신들의 근거지로 깊숙이 끌어들여 격파했다$^{유군심입(誘軍深入)}$. 장제스는 다시 1931년 2월 허잉친$^{何應欽,\ 하응흠}$을 총사령으로 삼아 20만에 가까운 병력을 동원해 **제2차 포위 공격**을 단행했다. 그러나 이 역시 홍군들의 게릴라전에 의해 실패로 돌아갔다. 홍군은 "적이 진격하면 우리는 후퇴하고, 적이 점령하면 우리는 그 후방을 교란하고, 적이 피로하면 우리는 공격하고, 적이 후퇴하면 우리는 추격한다$^{敵進我退,\ 敵據我擾,\ 敵疲我打,\ 敵退我迫}$"는 전술로 국민당 군을 괴롭혔고, '물속의 고기'인 인민들은 어느 경우에서나 홍군들을 지원했다. 이에 장제스는 이번에는 자신이 직접 나서 1931년 6월 10만 명을 동원해 **제3차 포위 공격**에 나섰다. 과연 이번에는 홍군이 고전을 면치 못해 세 차례의 교전에서 모두 국민당 군이 승리했다. 진격을 계속한 국민당 군은 9월에 홍군의 중심도시 루이진^{瑞金, 서금}을 압박했다. 이제 바야흐로 국민당 군은 결정적인 승리를 눈앞에 두고 있었는데, 뜻밖에도 9월 18일 동북 지역에서 **만저우 사변**이 일어났다.

국민당 군이 토벌전을 철수하고 난징으로 돌아간 틈을 타 1931년 11월 7일 소비에트 지역에서는 임시중앙정부가 수립되었다. 이것은 본래 1930년 5월 5일에서 10일 사이에 상하이에서 열린 전국 소비에트구 대표대회에서 결정된 사항인데, 국민당 군의 공격으로 계속 미루어진 것이었다. 대회에는 390명의 대표가 출석하여, 정부의 정강과 헌법, 토지법, 경제 정책 등을 채택하고 중앙집행위원을 선출했다. 이렇게 구성된 중앙집행위원회는 11월 27일 제1차 회의를 열고 주석에 마오쩌둥, 부주석에 샹잉^{項英, 항영}과 장궈타오를 선출한 뒤 중앙집행위원회 아래에 중앙 행정 기관인 인민위원회를 두고, 인민위원회 아래에 국가 정치보위국을 설치했다. 이렇게 해서 최초의 **중화소비에트공화국 임시정부**가 탄생했다.

그러나 이것은 사실상 도시에서 프롤레타리아의 기반을 빼앗긴 당 중앙이 상하이를 탈출해 근거지를 좀더 안정적인 곳으로 옮겨야 할 필요성에서 결정한 것이었다. 따라서 이것은 그때까지 독자적으로 고군분투하며 자신들의 근거지를 확보해왔던 마오쩌둥 등을 어느 날 갑자기 당 중앙이 지배했다는 것을 의미하며, 거꾸로 말자하면 천사오위 등이 마오쩌둥에게서 실권을 박탈하는 것을 의미하기도 했다. 그런 의미에서 마오쩌둥은 명목상 정부 주석을 맡았지만, 당 노선의 결정과 수행은 천사오위 등의 손 안에 있었다. 실제로 마오쩌둥의 노선은 '부농 노선', '우경화', '협소한 경험론' 등으로 폄하되고 비판받았다.● 1931년 말 또는 1932년 초 무렵에 천사오위가 모스크바로 떠나고 친방셴^{秦邦憲, 진방헌}●●이 그의 지위를 대신하자 사태는 더욱 복잡한 양상을 띠게 되었다.

● 실제로 마오쩌둥은 징강산에서의 경험을 바탕으로 부농을 가혹하게 대하면 중농 이하 농민들의 지지를 받을 수 없기 때문에 토지는 일괄적으로 몰수해서 분배할 것이 아니라 지주들의 토지만을 몰수하고 중간층 농민들에 대해서는 그들이 토지를 파는 것을 허락해야 한다고 주장했다. '28인의 볼셰비키'들은 이것을 '우경화' 노선이라고 비판했다.

●● 곧 보구(博古, 박고).

일본 대륙 침략의 서막을 알리는 '만저우 사변'

이즈음 일본 내 사정은 복잡하게 돌아가고 있었다. 1927년 금융 공황 사태를 이용해 집권한 일본의 다나카 기이치田中義一 내각●은 중국 내 일본인 거류민 보호와 자국의 이익 관철을 위해 중국 문제에 적극 개입했다'다나카 외교'. 1927~1928년 사이에는 3차에 걸친 산둥 출병을 단행했으니, 1928년의 '지난사건濟南事件'은 일본 군이 중국에 직접 무력 진출할 수 있다는 것을 웅변으로 보여주었다. 같은 해 6월 일어난 장쭤린 폭사 사건은 만저우 지역에 주둔하고 있던 관동군의 일부 참모가 주동이 되어 벌인 것이었다. 일찍이 1905년 러일전쟁의 승리로 일본은 뤼순과 다롄의 러시아 조차지와 남만저우 철도의 권익을 얻어낸 뒤 철도의 수비를 위해 1킬로미터당 15명 정도의 일본군을 배치할 수 있다는 청 왕조의 승인을 얻어냈다. 1906년에는 관동도독부關東都督府를 설치해 군사와 행정, 사법의 권한을 통괄하다가 1919년 민정으로 이관하면서 관동청을 설치하고 그 휘하에 군사 담당 기관으로 관동군 사령부를 두게 되었다. 관동군은 원래 관동주와 남만저우 철도 수비가 주목적이었지만, 1920년대 말부터 관동군 내에서는 만저우와 몽골에 대해 무력 침공을 비롯한 강경책이 팽배해 있었다.

그러나 장쭤린 폭사 사건을 제대로 해명하지 못해 다나카 내각은 당시 히로히토 천왕의 불신을 받고 총사직했고, 뒤이어 등장한 하마구치 오사치濱口雄幸 내각에서는 협조 외교 노선이 부활했다. 그러나 하마구치 내각은 그리 운이 좋지 못했다. 1929년 발생한 세계 대공황으로 일본 내 경제는 큰 어려움에 처했고, 1930년 런던 군축회의에서는 일본 군부의 해군 강경파가 마지노선으로 제시했던 영국과 미국 대비 7할에 해당하는 순양함을 보유한다는 것보다 낮은 수준에서 협정이 조인되자 해군과 우익 세

● 소속은 입헌정우회(立憲政友會, 정우회로 약칭함)다. 정우회는 1900년 이토 히로부미(伊藤博文) 등이 결성한 정당으로 입헌민정당(立憲民政黨)과 함께 일본의 2대 정당으로 자주적인 색채가 짙다. 여러 차례 내각을 조각했는데, 항일전쟁기에는 군부에 굴복해 '만저우 사변'을 비롯한 침략전쟁을 지지했다.

력, 그리고 야당이 일제히 반발했다. 이에 분노한 '애국 청년'이 11월에 하마구치 수상을 저격하여 중상을 입혔고, 하마구치 수상은 그 다음해 8월에 죽었다. 대공황으로 인한 장기적인 불황은 일본 사회를 큰 어려움에 빠뜨려 인민들은 정치에 대한 불신을 품게 되었고, 군부 내 강경파는 조급증에 빠져 급진적인 수단을 동원해 당면한 문제를 해결하고자 했다.

이런 와중에 1931년 6월 변장을 하고 중국 동북의 싱안링興安嶺, 흥안령 지방에서 스파이 여행 중이던 참모본부의 나카무라 신타로中村震太郎 대위가 중국군에게 붙잡혀서 동행하던 이스기 노부타로井杉延太郎 예비역 상사 등과 함께 사살되었다. 이 사건의 진상은 8월이 되어서야 발표되었는데, 이로 인해 일본 내에서는 반중 감정이 일었다. 그리고 7월에는 지린 성 창춘 현長春縣, 창춘현 싼싱바오三姓堡, 삼성보의 완바오산萬寶山, 만보산 지역에서 일본의 술책으로 조선족 농민과 중국인 농민 사이에 수로水路 문제로 충돌 및 유혈 사태가 일어났다완바오산 사건. 이것은 사실상 만저우 지역의 중국인 민족운동 세력과 조선인 민족운동 세력 간의 반일 공동전선 투쟁을 분열시키려는 일본 측의 음모에 의해 일어난 사건이었다. 급기야 1931년 여름부터 일본 내에서는 만저우 지역에서 무슨 일이 벌어질 것이라는 소문이 급속하게 퍼져나갔고, 급기야 8월 20일 남만저우철도주식회사의 주가가 갑자기 폭락했다. 이에 도쿄의 육군성과 외무성 관리들은 관동군의 과격한 행동을 저지하려는 움직임을 보였다. 1931년 9월 초 일본 정부는 고위 장군을 뤼순에 파견해 관동군 지휘관에게 군사 행동시 '신중과 인내'를 발휘할 것을 지시하게 했다. 그러나 이러한 계획은 사전에 도쿄에 있는 젊은 장교들에 의해 탐지되어 비밀전문을 통해 관동군 장교들에게 전달되었다. 이들은 그러한 명령이 전달되기 전에 행동을 취하기로 결정했다.

1931년 9월 장제스의 국민당 군은 '중원대전'을 승리로 이끌고 곧바로 공산당을 '포위 공격'하는 데 온힘을 기울였고, 장쉐량의 동북군 역시 주력이 만리장성 이남에 집결하고 있었다. 이 틈을 타 일본군은 행동을 개시했다. 1931년 9월 18일 펑톈시 북쪽 류탸오거우[柳條溝, 또는 류탸오후柳條湖라고도 함] 부근의 남만저우철도 일부가 폭파되었다[9·18사건, 또는 류탸오거우(卆) 사건]. 이 사건의 주모자는 관동군 작전 주임참모인 이시와라 간지石原莞爾와 관동군 고급 참모인 이타가키 세이시로板垣征四郞였고, 관동군 사령관인 혼조 시게루本庄繁 등이 이들의 계획에 찬동했다. 일본군이 이곳을 거사지로 선택한 것은 인근에 흔히 북대영北大營이라 불리는 장쉐량 군의 병영이 있었기 때문이었다. 피해는 경미해 약 20분 뒤에 펑톈 행 열차가 폭파 지점을 그대로 지나쳤을 정도였다. 그러나 관동군은 이것을 중국군의 소행이라 주장하고 즉시 공격을 개시했다. 북대영에는 포탄이 날아들었고, 19일 새벽에는 펑톈시 전역이 일본군에 의해 함락되었다. 사건이 일어나자 일본 정부는 일단 사태가 확대되지 않도록 결정했다. 그러나 이 사건이 외부에 알려지자마자 조선에 주둔하고 있던 일본군[사령관은 하야시 센주로林銑十郞]이 천왕의 명령 없이 즉시 행동에 돌입해 21일에는 1개 여단이 독단적으로 압록강을 건너 만저우로 향했다. 이제 사태는 돌이킬 수 없는 지경에 이르러 전면전이라는 '루비콘 강을 건너가버렸다.'

당시 장쉐량은 자신의 군대 절반에 해당하는 10만의 병력을 이끌고 베이핑에 머물고 있었다. 장쉐량 역시 그전부터 일본군의 심상치 않은 움직임에 대해 알고 있었다. 하지만 그는 주저했다. 일본군과의 싸움이 어떤 결과를 낳을지에 대해 확신이 서지 않는 가운데, 공산당 군에 대한 '포위 공격'에 열중하고 있던 쟝졔스 역시 동북 지역의 문제에 대해서는 별다른 언급을 하지 않고 있었다. 사건이 일어나기 직전인 9월 6일 장쉐량은 부하 사령관들에게 전보를 쳐서 어떤 일이 일어나도 인내심을 발휘하고 무력에 호소하지 말 것을 당부했다. 사건이 일어난 직후에도 장쉐량은 확전을 우려해 동북군에게 무저항을 명령했다. 그리고는 자신의 군대와 행정부를 랴오닝 성^{遼寧省} 서남부의 진저우^{錦州}로 옮기도록 해 관동군과의 정면 충돌을 피했으나, 일본군은 진저우마저 전략 폭격●했다. 이후 일본군은 별다른 저항을 받지 않고 공격을 계속해 같은 해 말에는 만저우 전역이 일본군의 통제 하에 들어갔다. 실로 '만저우 사변'은 러일전쟁 이래 제국주의의 반열에 접어든 일본 내 여러 세력 가운데 만저우와 몽골 지역 내에서의 특수 권익을 주장해왔던 관동군이 만저우를 향후 본격화될 대륙 침략의 전초 기지로 삼기 위해 벌인 독자적인 군사 행동이었다. 이제 일본 내에서도 점차 커지는 군국주의 세력의 침략 야욕을 견제할 이성적인 목소리가 점차 약해져가고 나라 전체가 전쟁의 광기에 사로잡힌 군국주의자들에 의해 좌지우지되었다. 이것은 미구에 닥칠 '태평양전쟁'의 전조였다.

● '전략 폭격'은 공격 목표를 군사 시설에 한정하지 않는 도시 공격으로 일본군의 진저우 폭격은 세계 최초의 전략 폭격이라 할 만하다. 이후 제2차 세계대전이 일어나자 전략 폭격은 모든 참전국들이 채용했으며, 아이러니하게도 이때 일본은 미국의 전략 폭격으로 큰 피해를 입었다.

'9·18사건'이 일어나자 중국 내에서는 각지에서 파업과 청원 데모, 반일 집회, 일본 상품 보이콧 운동이 벌어졌다. 국제적으로도 일본에 의한 만저우의 독점적·배타적 지배를 우려하는 열강들의 목소리가 점점 커져갔다. 그러나 쟝졔스는 국민당 내 반 쟝졔스 세력이 온존하고 잔여 군벌들이 지역에서 할거하고 있는 상황에서 더 이상 사태가 확대되는 것을 원치 않았다. 9·18사건이 일어나기 4개월 전인 5월에 쟝졔스의 통치 방식에 반대하는 왕자오밍과 천유런$^{陳友仁, 진우인}$, 쑨커 등 국민당 요인들은 광시파 군벌들과 손을 잡고 또다시 광둥정부의 수립을 선언했다. 그러던 중 9·18사건이 일어나자 양측은 타협과 조정을 시도했으나 합작은 쉽사리 진전되지 않았다. 이런 골치 아픈 상황 속에서 쟝졔스는 외교적 수단을 통해 사태가 수습되기를 원했던 것이다. 국제연맹은 국민 정부의 제소에 의해 10월 13일 이내에 일본군이 만철 부속지 안으로 철병할 것을 결의하고, 11월에는 영국의 리튼 경이 지휘하는 조사단$^{Lytton\ Commission}$

에게 상황을 파악하도록 했다. 그러는 동안에도 일본의 군부 내에서는 사실상 만저우 사변을 좀더 큰 '사업'으로 확대하려는 기획을 수립하고 있었다.

그러나 사태가 진전될수록 중국 내 반일 감정은 갈수록 거세졌다. 중국인들의 일본 상품 불매 운동뿐 아니라 중국은행가 협회가 일본인들과의 모든 거래를 정지하겠다고 선언하자 당장 일본 상인들은 중국인과의 거래를 결제 받거나 중국의 수표 및 현지 통화의 환어음에 의한 지불을 받을 수 없게 되는 등 큰 타격을 입었다. 급기야 1931년 말에는 상하이의 일본인실업가협회가 자국 정부에 거액의 대부금을 요청하기에 이르렀다. 바야흐로 상하이는 또 다른 분쟁의 초점으로 떠오르고 있었다. 일본인들은 이런 상황을 타개하기 위해 모종의 조치를 취할 필요가 있었다. 1932년 1월 18일 일본인 승려와 그 일행이 중국인들의 공격을 받았고 이로 인해 양측이 격하게 충돌해 사상자가 발생했다. 일본 측은 이를 빌미로 급히 군대를 파견해 1월 27일 상하이 시장에게 사태 해결을 위한 조치를 취할 것을 요구했다. 다음날인 28일 오후 2시 상하이 시장은 일본 측의 요구를 모두 수용하겠다고 답했으나, 이를 무시하고 같은 날 한밤중에 일본 육군은 상하이 내 쟈베이閘北, 갑북 지역을 공격했다[1·28 사건 또는 상하이 사변]. 순식간에 많은 민간인 사상자가 발생했고, 이에 분노한 중국 인민들의 격렬한 저항이 이어졌다.

이날은 공교롭게도 쟝졔스와 왕자오밍 일파의 합작이 이루어져 쟝졔스가 잠시 하야하고 왕자오밍이 난징정부의 행정원장에 취임한 날이었다. 당시 상하이에는 차이팅졔蔡廷鍇, 채정개가 지휘하는 국민당 제19로 군이 주둔하고 있었는데, 일본군에 비해 무기나 보급에서 열세였으나 일본군의 무차별적인 민간인 공격에 분노해 결사 항전을 벌였다. 일본군은 당초 예상과 달리 중국군들이 완강하게 저항하자 2월 초에 1개 사단을 증파하고 하순에는 다시 2개 사단을 보내 참담한 고전 끝에 겨우 중국군을 패퇴시켰다. 19로 군은 용감하게 싸웠으나 쟝졔스는 이들에게 아무런 지원도 하지 않았다. 3월 3일 일본군은 정전停戰 성명을 발표하고 중국 측과 협상을 벌였다. 쟝졔스는 일본 측의 요구대로 5월 5일 〈상하이 정전협정〉을 맺었다. 협정의 내용은 중국 정부가 항일 운동을 단속하고, 용맹하게 싸웠던 19로 군을 사령관의 충성심이 의심스럽다는 이유로 상하이 밖으로 이동시킨 뒤 푸젠으로 보내버리는 등 굴욕적인 것이었다. 협정 체결 다음날 일본군은 철병을 개시하고 사변은 '해결'되었다.

이러한 쟝졔스의 태도는 이미 6월에 루산廬山, 여산에서 열린 〈다섯 개 성의 공비 토벌회의伍省剿匪會議〉에서 "바깥의 적을 물리치기 전에 안을 안정시켜야 한다"는 예의 '안내양외安內攘外'으로 분명해졌다. 이것은 중국 공산당과 홍군의 토벌이 선결 문제이고, 그로 인해 일본의 침략에 대한 전면 저항은 할 수 없다는 무저항주의를 천명한 것이었다. 이것은 '상하이 사변'이 일어났을 때 중화소비에트 정권이 정부 주석 마오쩌둥과 군사위원회 주석 주더의 이름으로 '대일전쟁선언'을 하고 항일을 위한 정책을 공표한 것●과 비교되는 것이었다.

● 그 내용은 첫째, 소비에트구에 대한 공격 중지 둘째, 민중의 민주적 권리 보장 셋째, 민중 무장에 의한 항일의용군 조직을 인정한다면, 어떤 무장 세력과도 작전 협정을 체결한다는 것이다.

애당초 만저우 지역을 영유領有하려고 계획했던 일본 관동군은 만저우 지역의 지배를 강화하고 외국으로부터의 비난을 피하기 위해 만저우를 '독립국'으로 만들려는 계획을 세웠다. 1931년 10월 관동군은 〈만몽공화국 통치 대강안滿蒙共和國統治大綱案〉을 세워 통치 방침과 정부 조직을 결정하고 각지의 군벌과 군인에게 지역적인 독립정권을 세우도록 했다. 이에 앞서 7월에는 만저우군 사령부의 대표가 톈진에서 살고 있는 청 왕조의 마지막 황제 푸이를 은밀히 만났다. 10월까지 이어진 회담을 통해 만저우의 인민들이 독립국을 건설하는 것을 돕겠다는 약속을 받아낸 당시 25세의 푸이는 결단을 내렸다. 11월에 톈진 시내 일단에서 폭동이 일어났다. 이것은 푸이의 탈출을 돕기 위해 일본 측이 짐짓 꾸며낸 것이었다. 혼란을 틈타 푸이는 몰래 자동차로 톈진을 빠져 나와 화물차로 갈아타고 탕구_塘沽, 당고_까지 가서 배편으로 뤼순_旅順, 여순_에 도착했다. 이후 일련의 준비 공작을 거쳐 1932년 3월 1일 이번에는 재빨리 국민당 정부를 배신하고 새로운 '직장'으로 갈아탄 왕자오밍이 주도한 동북행정위원회가 만저우국의 성립을 선포했고, 3월 9일에는 푸이가 '집정_執政_'에 취임했다.

일본 내에서도 사태는 급박하게 돌아갔다. 만저우 사변이 진행되는 동안 일본 국내에서는 군부의 열혈 청년 장교들과 우익들에 의한 급진적 국가 개조의 움직임이 본격화되기 시작했다. 이들 군부 혁신파는 이미 1931년 3월과 10월에 미수에 그친 쿠데타 계획을 세운 바 있었다. '상하이 사변'이 완료된 직후인 1932년 5월 15일 이른바 '혈맹단 사건'이 일어났다. 같은 해 2월의 총선에서 대승을 거둔 이누카이_大養_ 내각은 만저우 사변을 묵인해 당시 육군과의 관계가 그리 나쁘지 않았다. 그러나 총리인 이누카이 쓰요시_大養毅_는 호헌파의 중진으로 군의 축소를 지지하고 있었는데, 바로 이 점 때문에 해군 청년 장교들의 불만을 샀다. 이에 오카와 슈메이_大川周明_ 등 11명은 극단적 우익단체인 혈맹단을 창단해 정당, 재벌 타도를 목표로 쿠데타를 일으켰고, 5월 15일 오전 11시 막 총리 관저로 나서던 수상 이누카이 쓰요시와 그의 고관들을 총으로 쏘아 암살했다_'5·15사건'_. 사건 이후 조선 총독 출신인 해군 대장 사이토 마코토_齋藤實_가 총리에 추대되어 군사 내각이 들어섰다. 이것으로 일본의 정당 정치는 사실상 끝나고_군국주의 시대의 개시_, 1922년 워싱턴 체제 하에 이루어졌던 협조 외교 역시 종언을 고했다. 군부 세력이 정계에 진출했고, 재벌들은 군부를 지원하기 시작했으며, 상징적인 의미로만 존재했던 일본 천왕이 절대 권력의 중심에 서고 군부의 영향력이 확대되는 등 군국주의 사상이 강화되어 독일과 같은 국가사회주의 운동의 막이 올랐던 것이다. 같은 해 9월

15일 일본은 〈일만의정서^{日滿議定書}〉를 체결하고 만저우국을 승인했다. 이후에 군부의 정계 진출이 이루어지면서, 재벌들은 군부를 지원하기 시작하였으며, 군국주의 사상의 강화로 인해 독일과 같은 국가사회주의 운동의 막이 올랐다.

'상하이 사변'의 해결로 한숨을 돌린 장제스는 1932년 5월부터 다시 공산당에 대한 **제4차 포위 공격**을 재개했다. 이번에는 40만 명의 대군을 동원해 천청^{陳誠, 진성}이 지휘하는 장제스의 적계^{嫡系} 부대 12개 사단 16만 명이 중로군^{中路軍}을 맡아 주공격의 임무를 책임졌고, 차이팅제^{蔡廷鍇, 채정개}가 지휘하는 제19로 군이 좌로군^{左路軍}을 맡았고, 위한머우^{余漢謀, 여한모}가 지휘하는 광둥 부대가 우로군^{右路軍}을 맡았다. 이즈음 중앙 소비에트공화국 내부에서는 마오쩌둥에 대한 비판이 시작되었다. 공산당 중앙은 '적을 근거지로 깊숙이 끌어들여 격퇴한다^{誘敵深入}'는 마오쩌둥의 유격 전술을 '패배주의', '도주주의'로 규정하고, "성문 밖에서 적을 저지"하는 정규전을 채택했다. 당시 홍군은 20만의 병사와 16만 자루의 총을 지닌 당당한 군대로 성장했고, 소비에트공화국까지 수립했던 터였다. 이러한 자신감을 바탕으로 이미 1932년 4월 15일 중화소비에트공화국 임시중앙정부 명의로 대 일본 선전포고를 한 바 있었다. 그 연장선상에서 당 중앙의 입장은 향후 벌어지는 전투는 정부와 정부, 국가와 국가 사이의 당당한 싸움이 되어야 한다는 것이었다. 이에 적을 자신의 진지로 끌어들이는 행위는 자신의 영토를 포기하는 것이고, 모든 전선에서 적과 맞서 싸워야 한다는 주장이 득세했다.

결국 마오쩌둥은 병을 핑계로 일선에서 물러나 소비에트 정부의 일에 몰두했고 저우언라이가 제1방면군 총 정치위원을 대행해 군권을 장악했다. 초기에 국민당 군은 비교적 접근이 용이한 장궈타오의 '어위완^{鄂豫皖} 근거지'를 제압하는 데 성공해 장궈타오의 제4방면군은 쓰촨 북부로 도망가 그곳에서 '촨-산$^{川-陝}$ 근거지'를 건설했다. 허룽이 이끌던 제2방면군 역시 '샹어시^{湘鄂西} 근거지'를 포기하고 후베이와 후난, 쓰촨의 경계지로 옮겨갔다. 이것은 곧 공산당 군의 주력 가운데 일부가 양쯔 강 중류의 비옥하고 인구도 조밀한 지역에서 쫓겨나 서쪽으로 후퇴한 것을 의미한다. 그 뒤 1933년 2월에 '제4차 포위 공격'을 결정짓는 격렬한 공방전이 벌어졌다. 제1방면군 총사령관 주더와 총 정치위원 저우언라이는 이황$^{宜黃, 의황}$의 황피$^{黃陂, 황피}$ 지구에서 국민당 군 제1종대^{第1縱隊}의 제 52, 59사단을 야습해 섬멸하는 전과를 올렸다. 한 달 뒤에 감행된 국민당 군의 공격도 짧은 시간 안에 분쇄되어 장제스의 최고 정예 부대였던 제11사가 무장해제된 채 궤멸되고 사장^{師長}은 중상을 입었다. 이 전투가 결정적인 분기점이 되어 국민당 군의 '제4차 포위 공격' 역시 무위로 돌아가고 말았다.

그러는 동안 일본은 아무런 저항도 받지 않고 만저우 지역을 마음대로 유린했다. 이미 1932년 7월에 러허$^{熱河, 열하}$ 지역으로의 침공을 개시한 뒤 1933년에는 동북 지역과 중원을 연결하는 요충인 산하이관을 공격했다. 이렇게 러허에서 치열한 전투가 벌어지고 있는 와중에 1933년 1월 '리튼 보고서'가 국제연맹에 제출되었다. 이를 두고 각국의 대표들은 열띤 논쟁을 벌였다. 결국 표결에 의해 만저우에서의 중국의 주권은 지켜져야

● 사실상 모스크바에서 유학을 마치고 돌아온 이들 젊은이들은 경험이 부족했고 교조적이었다. 이들이 보기에 마오쩌둥은 마르크스-레닌주의를 제대로 공부하지 못하고 농촌 등지에서 되는 대로 좌충우돌하며 마르크스-레닌주의를 익힌 시골뜨기에 불과했다. 이러한 사실을 시사해주는 하나의 일화가 있다.
 "1933년 초, 임시 중앙 정부가 장시 소비에트 구역에 들어왔다. 한번은 [마오쩌둥을 지지하는 '28인의 볼셰비키' 가운데 한 사람인 왕쟈샹이] 친방셴과 한가하게 이야기를 나누다가 불쾌한 일이 생겼다. 그때 마오쩌둥은 이미 군사 직무에서 해임되어 시간이 많았다. 마오쩌둥은 조사 연구를 하면서 마음을 모아 책을 읽고 있었다. 친방셴은 마르크스와 레닌이 쓴 책을 꽤 많이 가지고 있었다. 마오쩌둥이 책을 빌리러 오자 친방셴은 예의 바르게 몇 권 빌려주었다. 하지만 마오쩌둥이 책을 안고 나가자 친방셴은 비웃으며 왕쟈샹에게 말했다. "마오쩌둥도 마르크스와 레닌을 읽는구먼." "마오는 외국어는 모르지만 마르크스와 레닌 책도 꽤 읽었고 내용도 잘 파악하고 있소. 고서를 읽고 이해하는 능력은 우리 같은 사람들이 따르지 못할 것이오." 그러자 친방셴이 오만하게 웃으며 말했다. "산골에서 어찌 마르크스-레닌주의가 나올 수 있겠소." (웨이웨이, 『대장정』 상, 보리, 2006. 85~86쪽.)

하고 따라서 만저우국의 성립을 인정하지 않겠다는 내용을 담은 '리튼 보고서'가 국제연맹에서 받아들여졌다. 표결이 발표된 직후 일본은 국제연맹을 탈퇴하고 다시는 복귀하지 않았다.

3월 3일 러허의 중심 도시인 청더承德, 승덕가 일본군에 함락되었고, 4월경에는 일본군이 러허 전 지역을 장악해 산하이관 이북에서 소련 국경까지 만저우의 전 지역이 일본군의 손에 떨어졌다. 일본군은 이에 멈추지 않고 남하해 허베이 지역을 공격했다. 국민당 군은 베이핑 인근의 만리장성인 시펑커우喜峰口, 희봉구에서 결사 항전을 벌였으나 결국 5월에 정전을 요청했다. 중국과 일본 대표는 해안 도시인 탕구塘沽, 당고에서 정전 협정을 맺었는데, 그 내용은 허베이 동북 지방을 바이 강白江, 백강 동북쪽 선에서부터 비무장 구역으로 설정하고, 일본군은 만리장성 이북으로 물러난다는 것이었다.

쟝졔스는 다시 공산당 군에 대한 '제5차 포위 공격'을 준비했다. 이즈음 공산당 군과 국민당 군에는 두 명의 독일 출신 군사 고문이 영입되었다. 마오쩌둥이 실권을 잃고 소비에트 정부의 일에만 몰두하는 동안 당의 실권을 장악한 친방셴은 오토 브라운[Otto, Braun, 중국 명은 리더李德, 이덕]과 함께 군권을 장악했다. 오토 브라운은 마오가 고안한 유격 전술을 '비적들이 하는 짓'으로 폄하하고 진지전을 주장했다. 쟝졔스가 영입한 이는 한스 폰 젝트Hans von Seeckt 장군이었다. 그는 쟝졔스를 위한 연구 논문을 한 편 집필해주었는데, 그의 주장은 너무 많은 병력은 오히려 비효율적이므로 일종의 기동타격대로서 능력을 발휘할 수 있는 정예요원으로 구성된 여단을 개발해야 하며, 독일의 군사 고문들을 영입해 표준화된 군수 산업을 건설함으로써 병참 개혁을 완수해야 한다는 것이었다. 쟝졔스는 독일인 군사 고문 팔켄하우젠Alexander von Falkenhausen의 조언에 따라 수십만 개의 토치카를 중앙 소비에트구의 주위에 설치하고 군용 도로를 건설한 뒤 양자를 결합시켜 철의 포위망을 구축함으로써 소비에트 지역을 봉쇄했다. 아울러 이러한 봉쇄를 깨뜨리거나 소비에트 측을 돕는 사람이 생기면 그 마을 전체가 연대 책임을 지는 보갑제를 실행했다. 이를 위해 막대한 군자금과 병력이 투입되었는데, 그 실효가 당장 나타나지 않았지만 소비에트 지역은 경제적으로는 이미 상당한 정도로 압박을 받고 있었다.

장제스의 봉쇄로 심각한 보급난을 겪게 된 소비에트구에 한 줄기 희망의 빛이 비춘 것은 1933년 11월 푸젠에서 일어난 국민당 제19로 군의 반란이었다 푸젠 사변(福建事變). 이들은 '상하이 사변' 때 일본군에 용감하게 맞서 싸운 영용한 군대로 군장인 차이팅제는 국민적 영웅이었다. 이들은 장제스의 대일 굴욕 협정에 반대해 '항일구국'을 기치로 내걸고 '푸젠 인민정부'를 수립했다. 여기에는 광둥 군벌 천밍수陳銘樞, 진명추, 리지선李濟深, 이제심과 국민당 좌파 정치가 천유런陳友仁, 진우인 등이 합세했다. 사태가 일어나기 직전 19로 군은 중화소비에트 정권과 비밀리에 반 장제스 항일 초보 협정을 맺었는데, 이것은 일찍이 '상하이 사변' 직후 소비에트 정부가 항일을 위해서라면 어떤 무장 세력과도 협정을 체결할 것이라 공표한 데 근거한 것이었다. 장제스는 즉각 진압에 나섰다. 이때 마오쩌둥은 홍군의 주력 부대를 쟝쑤와 저쟝, 안후이, 쟝시 지구에 투입해 토치카 없는 광대한 지역을 무대로 싸움을 벌일 것을 주장했다. 마오는 이를 통해 장제스의 군대를 분산시켜 푸젠정부를 도울 수 있을 것이라 생각했던 것이다. 그러나 진지전을 고수하는 오토 브라운과 친방셴은 마오의 이러한 작전에 동의하지 않았다. 아울러 일찍이 제19로 군이 장제스의 제4차 포위 공격 때 주력 부대로서 홍군을 공격했던 구원舊怨도 있었고, 무엇보다 제19로 군의 실체가 자본가 계급과 소 자본가 세력을 토대로 한 것이라는 사실이 공산당 군으로 하여금 개입을 주저하게 했다. 1934년 1월 푸젠정부는 국민당 군의 공격 앞에 여지없이 무너졌다. 이제 국민당 군은 공산당 군을 섬멸할 수 있는 최후의 결전을 준비할 태세를 갖추게 되었다.

> "이 기간 동안 우리는 두 가지의 커다란 실수를 저질렀다. 첫 번째의 실수는 1933년에 푸젠성에서 폭동이 일어났을 때 차이팅계의 군대와 연합하지 못했다는 점이고, 두 번째 실수는 종전의 용병술을 포기하고 그릇된 단순 방어 전략을 채택했다고 하는 점이다.……이와 같은 실수로 인하여 쟝제스의 새로운 초공 전술과 전략은 월등한 수적·기술적 우세에 힘입어 홍군으로 하여금 1934년 쟝시에서의 상황을 부득이 변경시키지 않으면 안 되도록 만들었다."

● 에드거 스노, 『마오쩌둥 자전』, 182쪽.

'대장정', 당신들에게 인류와 중국의 미래가 달려 있습니다

'탕구 협정' 이후 만저우 지역의 처리를 놓고 도쿄의 내각과 관동군, 그리고 푸이와 그의 고문들 사이에 여러 논의가 오갔다. 결국 푸이의 기대대로 푸이가 황제의 신분을 회복하는 데 의견이 모아졌다. 1934년 3월 1일 만저우국의 새로운 수도라는 뜻에서 '신징^{新京, 신경}'으로 개명한 창춘^{長春, 장춘}의 동쪽 외곽에 위치한 천단^{天壇}에서 푸이는 황제의 자리에 올랐다^{'만저우국 수립'}. 새로운 연호로 '강덕^{康德}'이 선포되어 형식상의 칭제건원^{稱帝建元}이 모두 이루어졌다. 그러나 명목상의 황제였을 뿐 푸이는 아무런 실제적 권한을 행사할 수 없었고 모든 것은 전원 일본인으로 구성된 장관 대리회의에 의해 결정되었다.

1934년 4월 중화소비에트공화국의 수도 루이진의 관문인 광창^{廣昌, 광창}이 함락되었다. 공산당 군이 마오쩌둥의 유격전을 포기하고 오토 브라운의 진지전으로 전환한 대가는 참혹한 것이었다. 압도적인 군사력을 보유한 국민당 군의 공세 앞에 공산당 군은 사투를 벌였으나 루이진의 함락은 피할 수 없는 것이 되었다. 이미 초여름부터 공산당 중앙에서는 포위망을 뚫고 탈출하는 방안에 대한 논의가 시작되었다. 본격적인 철수에 앞서 선발대가 몇 차례 포위망을 뚫고 탈출을 시도했다. 1934년 7월 팡즈민(方志敏, 방지민)이 이끄는 '북상항일선견대(北上抗日先遺隊)'가 푸젠 북부에서 봉쇄를 뚫고 탈출했다. 그러나 이 부대는 북상하던 중 국민당 군에 포위되어 궤멸당했다. 8월에는 징강산 지구의 샤오커(蕭克, 소극), 왕전(王震, 왕진), 런비스(任弼時, 임필시)의 부대가 탈출에 성공해 허룽이 이끄는 부대와 합류해 제2방면 군을 결성했다. 한편 쉬하이둥(徐海東, 서해동)과 우환셴(嗚煥先, 오환선)이 이끄는 제25군이 후난과 안후이 경계에 있는 근거지를 떠나 산시(陝西, 섬서)로 이동해 새로운 소비에트를 건설했다.

　국민당 군은 포위망을 더욱 조여들었다. 공산당 군의 조사 결과 포위망 가운데 광시와 광둥 지역군들이 맡고 있는 쟝시 성 간저우(贛州, 공주)와 후이창(會昌, 회창) 사이 지역이 그나마 취약한 편이었다. 이곳은 포위망의 서남쪽에 해당하는 지역으로 이곳을 돌파하면 북쪽에 진을 치고 있는 국민당 주력 부대보다 한 발 앞서 진군할 수 있는 이점이 있었다. 그 이후에 대한 계획은 달리 생각할 겨를이 없었다. 출발 날짜가 갑작스럽게 결정되는 바람에 출발 준비는 1주일 만에 이루어져야 했다. 이것은 새로운 형태의 투쟁이라기보다는 궁지에 몰릴 대로 몰렸다가 맹목적으로 도주하는 것에 가까웠다. 이때 마오쩌둥은 실권을 잃은 데다 말라리아를 앓고 있어 저우언라이가 철수 전략을 지휘했다. 부대는 크게 10만의 장정 군과 3만의 잔류 부대로 나뉘었다. 장정에 참여하는 부대는 다시 당시 27세의 린뱌오가 지휘하는 제1군단과 36세의 펑더화이가 지휘하는 제3군단이 최전선의 돌파를 맡았고, 그 뒤를 중앙상무위원회 위원들과 정보원, 사관생도, 지휘 종대 등 소비에트 요원들이 뒤따랐다. 2만 8,000명의 잔류 병력들은 대부분 걸을 수 없는 부상병들이었다. 여기에는 마오쩌둥의 동생 마오쩌탄(毛澤覃, 모택담)과 폐결핵에 걸려 걸을 수 없었던 취츄바이 등도 포함되었다. 홍군이 떠난 직후 마오쩌탄은 국민당 군과의 교전 중에 죽고, 취츄바이는 국민당 군에 체포되어 처형됐다. 잔류한 병력뿐 아니라 장정에 참여하지 못했던 부녀자들 역시 크게 고초를 겪거나 처형당했다.

1934년 10월 16일 장정이 시작됐다. 그것은 쟝졔스의 군대가 그의 마지막 '포위 공격'을 시작한 지 꼭 1년 만의 일이었다. 그리고 다시 그로부터 꼬박 1년 뒤인 1935년 10월 20일까지 370여 일 동안 이들은 1만 2,000킬로미터의 고난에 찬 행군을 지속해야만 했다. 이것은 인류 역사상 일찍이 없었던 위대한 투쟁의 역사였다. 그때까지 갖가지 시행착오와 오류를 거듭했던 중국 공산당은 장정을 거치며 처절한 성찰과 모색의 시간을 가져야만 했다. 그런 시련 속에서 새로운 세계를 꿈꿀 수 있었고, 그것을 실현할 구체적인 방법들을 찾아낼 수 있었다. 그러나 그 1년의 시간 속에 많은 사람들이 스러졌고, 고통의 시간을 보내야 했다. 마오쩌둥은 겨우 몸을 추스리고 10월 18일에 장정에 합류했다.

갑작스레 떠난 길이었기에 초기에는 구체적인 목표나 매일매일의 행군 계획도 없이 밤이면 걷고 새벽에는 쉬는 강행군이 이어졌다. 이들의 목적은 서쪽을 향해 거의 직선으로 후난을 가로질러 토치카와 기관총으로 중무장한 국민당 군의 봉쇄망을 뚫고 후베이와 후난의 서부에 있는 허룽과 샤오커의 제2방면 군과 합류하려고 했다. 하지만 국민당 군 역시 이러한 사실을 탐지하고 홍군의 행렬을 비행기로 공격했다. 홍군은 막대한 피해를 입었고, 초기 한 달 동안에만 2만 5,000명이 사망했다. 마치 피난민 대열을 연상시키는 홍군의 대열은 지나치게 많은 장비와 짐들로 행군이 지체되었다. 결국 불필요한 짐들이 버려졌고 운반병들의 탈영도 이어졌다.

11월 말 국민당 군의 최후의 봉쇄 망인 광시 성의 샹 강湘江, 상강 도하 작전은 1주일 간 계속되었는데, 여기서만 3만 명의 희생자가 나왔고, 부대는 국민당 군의 손에 거의 잡힐 뻔했다. 겨우 샹 강을 건너 12월 10일 후난과 구이저우貴州, 귀주, 광시 성의 경계인 퉁다오通道, 통도에 이르렀을 때는 병력이 거의 절반으로 줄었다. 이곳은 행진의 갈림길이었다. 여기서 곧바로 북쪽으로 내달리면 허룽의 제2방면군의 근거지에 도달할 수 있지만, 이미 국민당 군에 의해 간파된 이 계획을 그대로 밀어붙이는 것은 홍군의 전멸을 초래할 위험성이 있었다. 이미 병사들 사이에서에서도 불만과 동요가 일었다. 오토 브라운과 친방셴은 또다시 북상을 주장했으나, 마오는 오히려 쟝졔스의 의표를 찔러 허약한 지방 군벌이 할거하는 구이저우로 들어갈 것을 주장했다. 모스크바 유학생인 친방셴과는 통역 없이 러시아어만으로도 대화가 가능했던 오토 브라운은 마오쩌둥과 주더 등을 경멸했으며 평소 눈길조차 제대로 주지 않았다. 하지만 거듭된 실패로 인해 대세는 이미 마오쩌둥으로 기울고 있었다. 결국 당 중앙은 제2방면군과의 합류를 포기하고 서남쪽으로 방향을 틀어 구이저우로 향하기로 결정했다.

마오의 예상대로 12월 14일 홍군은 손쉽게 구이저우의 동쪽 끝 마을 리핑黎平, 여평을 접수했다. 장정 이래 최초의 승리였다. 그곳에서 홍군은 국민당 군의 공격을 피해 이틀 정도의 휴식을 가질 수 있었다. 그 사이 임시 정치국 회의를 열어 일직선으로 후퇴하는 전술을 포기하고, 그 대신 심지어 그들이 왔던 길을 되짚어 가기도 하는 지그재그 식의 행군 전술이 채택되었다. 아울러 부대를 좀더 기동력 있고 강행군을 견딜 수 있게 재편하는 한편, 행군에 지장을 주는 무거운 휴대품 등을 모두 버리게 했다. 그 효과는 금방 나타났다. 그들은 리핑을 떠나 구이저우 제2의 도시인 쭌이遵義, 준의로 향했다. 그 남쪽에는 우 강烏江, 오강이 흘렀는데, 강폭은

270미터에 강변은 양쪽 모두 가파른 절벽을 낀 천연의 요새였다. 우 강의 도하 작전은 1월 1일부터 4일 간 계속되었다. 홍군은 적의 강력한 포격 속에 뗏목을 타고 강을 건너 험준한 암벽을 올라 국민당 군의 거점을 기습했다. 1월 7일 홍군은 탈취한 국민당 군의 군복과 군기를 이용해 적을 속인 뒤 쭌이에 무혈입성했다. 장정을 떠난 지 2개월 반만에 홍군은 2,200킬로미터를 걸어 이곳에 도달한 것이다. 병력은 이미 출발 당시에 비해 절반으로 줄어 있었다.

쭌이에서 홍군은 12일 동안의 휴식을 취하며 재보급을 받을 수 있었다. 1935년 1월 16일부터 18일 사이에 홍군은 중앙정치국 확대회의를 열었다. 이른바 **쭌이회의**遵義會議에는 16명 혹은 18명의 당 정치국원과 후보위원, 그리고 7명의 군 지도자와 코민테른 대표 오토 브라운이 참여했다. 회의는 격렬하게 진행되었다. 회의 결과 채택된 〈결의안〉에는 그때까지의 실패 원인을 짚어보고 그들이 당면한 과제를 조망하는 내용이 담겼다. 결국 홍군이 이 지경에까지 이르게 된 것은 현 지도부가 유격전을 포기하고 소극적으로 진지전을 벌이는 바람에 그 과정에서 홍군의 힘이 소진되었기 때문이었다. 게다가 장시를 떠나는 과정에 대해서도 문제 제기가 있었다. 소비에트에서의 철수는 '전략적 후퇴'가 아니라 공포에 질려 '맹목적으로 도주'한 것에 불과했다는 것이다. 당연하게도 현 지도부는 이러한 비판을 받아들이려 하지 않았으나 그때까지 군의 작전을 주도했던 군사부장 저우언라이가 그러한 비판을 수용하고 자신의 직책에서 물러나면서 마오쩌둥이 지도권을 장악해야 한다고 주장함으로써 사태는 일단락되었다. 결국 친방셴은 당 중앙에 전반적인 책임이 있는 인물로서의 지위를 박탈당하고 오토 브라운도 군사 결정에 대한 통제권을 잃었다. 막후 협상을 통해 마오쩌둥과 저우언라이는 전략상 장원톈張聞天, 장문천을 새롭게 당서기로 추대했고, 마오쩌둥은 정치국 상임위원회의 주석으로 지명되었다. 사실상 마오쩌둥은 1931년 이후 중화소비에트공화국의 주석 직위에 있었으나 당 중앙은 장악하지 못했었는데, 이제 '쭌이회의'를 통해 마오쩌둥은 명실상부하게 중국 공산당을 지배하는 위치에 올랐고, 장정의 군사권을 손에 넣었다.

마오쩌둥은 회의 직후 쭌이의 가톨릭성당의 큰 방에 당과 군 간부들을 모아놓고 〈결의안〉 내용을 설명했다. 그것은 홍군의 임무가 단순한 전투를 수행하는 데 그치지 않고 대중 활동과 대중의 조직화에 있다는 사실을 명확하게 하는 동시에 '항일을 위해 북상한다北上抗日'는 목표를 제시한 것이었다. 홍군은 이제 잠시 동안의 휴식을 마친 뒤 대오를 재정비하고 북쪽을 향해 출발했다. 애초에 홍군은 허룽의 제2방면군과 합류하려 했으나, 우여곡절 끝에 쓰촨 인근에 다다른 뒤, 그 목표는 쓰촨성 북쪽에 있는 장궈타오의 군대와 연계하는 것으로 바뀌었다. 그러나 이 목표 역시 쟝졔스에게 간파당했다. 쟝졔스는 아직도 이 지역을 통제하고 있는 군벌들 때문에 마음대로 활동할 수 없었지만 영리하게도 지역 군벌을 희생

쭌이회의 구지

시켜가며 효과적으로 홍군의 진군을 막아내고 있었다. 쟝졔스는 구이저우에서 쓰촨으로 통하는 접경 지역에 신속하게 병력을 집결시켰다. 그는 홍군을 남서쪽이나 멀리 티베트의 불모지역으로 쫓아내기 위해 휘하의 각급 사령관들과 군벌들에게 타전했다. "이 나라와 이 당의 운명은 양쯔 강 이남에서 홍군을 저지할 수 있느냐 없느냐에 달려 있다."

마오쩌둥은 국민당 군의 저지선을 뚫고 쓰촨으로 직접 밀고 나가는 것 대신 쭌이에서 윈난과 시캉西康, 서강을 지나 서부 쓰촨에 이르는 긴 우회로를 택했다. 이때 쟝졔스는 구이저우 성의 수도인 구이양貴陽, 귀양에 머물며 전투를 직접 지휘하고 있었다. 홍군은 적의 눈을 속이기 위해 대오를 세분해 특유의 전략을 사용했다. 그것은 화살처럼 전진만 하는 모험 대신 두 개의 종대 또는 때때로 네 개의 종대가 중심 대열의 좌우에서 일련의 교란 작전을 벌여나가고, 전위대는 협공 전선을 개척하는 것이었다. 홍군은 북상해서 쓰촨으로 갈 듯하다가 급히 서쪽으로 진군하고 다시 뒤돌아서 뱀처럼 구불구불 길을 돌아 쭌이로 돌아오는 등 역행군도 마다 않았다. 홍군이 구이양으로 향하자 쟝졔스는 윈난에 지원군을 요청했다. 그러나 이것은 윈난의 국민당 병력을 구이저우로 돌리기 위한 홍군의 양동작전이었다. 홍군은 돌연 서쪽으로 돌아 윈난을 가로질러 행군했다. 윈난에서도 수도인 쿤밍昆明, 곤명에서 또 한번의 양동작전으로 국민당 군을 혼란에 빠졌다. 윈난의 군벌인 룽윈龍雲, 용운은 모든 부대를 방어군으로 총동원했고, 쟝졔스 역시 지원군을 이끌고 구이저우에서 급히 달려왔다. 쿤밍을 향하던 홍군은 국민당 군의 공세에도 행군을 멈추지 않았다. 그 사이 홍군의 주력 부대는 양쯔 강 상류의 룽졔龍街, 용가에서 강을 건너기 위해 서쪽으로 진군하고 있었다. 홍군은 엄청난 강행군으로 한나절 동안 130여 킬로미터를 내달려 쟈오핑두皎平渡, 교평도에 도착했다. 그곳에서 적함 한 척을 습격해 탈취하고는 시가지로 들어서 그곳의 경비병들을 무장해제시키고 8일 동안 무사히 진사 강$^{金沙江, 금사강}$을 건넜다.

홍군은 계속 진군해 시캉과 쓰촨의 고원 지대를 지나며 한족들에 대해 극도로 적대적인 로로족$^{倮倮族, 나나족}$이 사는 지역을 통과하기도 했다. 그곳에서 참모장인 류보청$^{劉伯承, 유백승}$은 로로족의 부족장과 잘린 닭의 목에서 떨어지는 피를 나누어 마시는 형제의 의식을 행한 뒤 그들과 동맹을 맺었다. 로로족의 안내로 홍군은 안순창$^{安順場, 안순장}$으로 내려갔다. 안순창은 본래 태평천국의 난 때 익왕^{翼王} 스다카이$^{石達開, 석달개}$의 군대가 전멸을 당했던 곳이었다. 쓰촨은 전 지역이 험준한 골짜기와 그 사이를 격렬하게 흐르는 하천으로 이루어진 난공불락의 요새지였다. 스다카이 군대는 이곳에서 시간을 지체하다 추격의 빌미를 제공하고는 다두허^{大渡河}로 가는 길이 막힌 상태에서 공격을 받아 전멸당했다. 이제는 홍군이 그런 상황에 빠질 위험에 처했던 것이다. 홍군은 천우신조로 배 한 척을 마련해 도강을 해 대안의 국민당 군을 제압하고 몇 척의 배를 더 구했으나, 그 작은 배 몇 척으로는 전군이 도강하는 데 너무나 많은 시간이 소요될 것이었다. 그 사이 국민당 군의 증원군이 도착할 것이고 무엇보다 도강하는 군대가 적의 공중 폭격에 그대로 노출될 위험도 있었다. 결국 홍군은 안순창에서 다시 140킬로미터 상류에 위치한 루딩 교$^{瀘定橋, 노정교}$로 향했다. 이미 대안으로 건너간 부대와 나란히 가파른 절벽 위에 위태롭게 나 있는 오솔길을 따라 홍군은 행군을 시작했다.

악천고투의 연속이었다. 홍군의 행군을 막는 다두허의 작은 지류들에는 가교를 세우고, 간간이 만나는 국민당 군과 교전을 치르며 전진했다. 시간이 없었다. 1935년 5월 27일 선두 부대인 홍군 4연대에 군단장 린뱌오의 긴급 전령이 도착했다. 남아 있는 240리^{120킬로미터}를 24시간 내에 주파해 루딩 교를 점령하라는 것이었다. 홍군은 놀라운 속도로 행군해 루딩 교에 도착해 손쉽게 적의 진지를 장악했다. 그러나 13개의 쇠사슬로

이어진 현색교인 루딩 교는 이미 널빤지 상판이 모두 제거되어 있었고, 다리 건너편에는 모래주머니를 쌓은 사격 진지가 설치되어 있었다. 5월 29일 오후 4시 22명의 돌격대원이 굵은 쇠사슬에 매달렸다. 배후의 홍군이 엄호 사격을 하자 대안의 국민당 군 역시 기관총을 쏘아댔다. 첫 번째 병사가 총에 맞아 강물로 떨어졌다. 두 번째, 세 번째 병사가 계속 떨어졌다.

루딩교

그 사이 다른 병사들이 전진해 대안에 좀더 접근하자 다리의 바닥이 그들을 보호해주었고, 적진의 총알은 빗나가거나 반대 편 둑 위로 향했다. 마침내 홍군 병사 하나가 다리의 나무 바닥을 포복해서 기어올라가 적의 보루에 수류탄을 던져넣었다. 국민당 군 장교들은 나머지 부분의 판자들을 파손하라고 명령했으나 이미 더 많은 홍군들이 시야 속으로 밀려들고 있었다. **다두허의 도강**은 장정 기간 도중 단일 사건으로는 가장 중요한 사건이었다. 이곳에서 패했다면 홍군은 아마도 스다카이의 군대와 같은 운명을 맞았을 것이고, 이후 전개될 중국 역사 역시 달라졌을 것이다.

그러나 홍군의 고난은 이것으로 끝난 게 아니었다. 그들 앞에는 해발고도 4,000미터가 넘는 다쉐산大雪山, 대설산이 그들을 기다리고 있었다. 벌써 6월이 되었지만 높은 산 위의 온도는 평지보다 낮았다. 남쪽 지방 출신의 병사들은 추위와 피로에 몸이 쇠약해졌다. 6월 13일 홍군은 많은 희생을 치르고 험준한 산악 지대를 넘어 쓰촨 북서부의 마오궁懋功, 무공에 도착했다. 그곳에서 제4방면군과 합류했는데, 그들의 사령관은 쉬샹첸徐向前, 서향전이었고, 정치위원은 장궈타오였다. 하지만 그들의 처지는 너무도 달랐다. 한쪽은 산전수전을 다 겪으며 군복마저 너덜너덜해진 1만 명의 패잔

다쉐산의 위용

병 무리였고, 다른 한쪽은 부상병 하나 없이 충분한 휴식과 보급으로 사기 충천한 5만 명의 정예 병사들로 구성되어 있었다. 그러나 마오쩌둥의 군대가 온갖 역경을 치르며 정신적으로 강인해졌다면, 장궈타오의 군대는 홍군으로서의 자각은 하고 있었지만 정치적인 세례는 거의 받지 못한 상태였다. 어찌 되었든 장궈타오가 마오쩌둥을 맞이하는 것은 마치 '부자가 가난뱅이 친척을 대하듯' 했다고 한다.

장궈타오는 마오쩌둥이 젊은 시절 베이징대학에 잠깐 머무를 때 만났던 사이로 1921년 중국 공산당 창립대회에도 같이 참석했던 오랜 혁명 동지였다. 그러나 오랫만에 만난 두 사람은 그동안 쌓였던 회포를 풀기도 전에 너무도 다른 서로의 생각을 확인해야 했다. 6월 24일 두 진영과 당 중앙 지도자들은 량허커우兩河口, 양하구에서 회의를 열었다. 마오쩌둥은 본래의 '항일을 위해 북상한다北上抗日'는 원칙에 입각해 좀더 북쪽으로 올라가 산시陝西, 섬서나 닝샤寧夏, 영하로 이동해 그곳에서 '항일국민연합정부'를 결성해 모든 중국인이 일본의 침략에 대항하는 데 참여할 수 있도록 해야 한다고 주장했다. 이에 반해 장궈타오는 혁명이 이미 퇴조기에 접어들었으며 국민당의 세력은 상당히 강대하기 때문에 오히려 쓰촨 북쪽에 머물면서 고립적이고 방어적인 소비에트를 건설하자고 주장했다. 일단 당 중앙의 지도자들은 마오쩌둥의 노선을 확고하게 지지했다. 회의 이후 양 군은 다시 북상해서 7월 10일 경 마오얼가이毛兒蓋, 모아개에 도착했다. 이곳에서 양 군은 한 달 간 휴식을 취하며 다시 회의를 재개했다.

1935년 8월 1일 중국 공산당은 중화소비에트공화국정부 연명으로 「항일구국을 위해 중국 공산당이 전체 동포에게 알리는 글」이라는 선언문을 공표했다8·1선언. 8·1선언의 주요 내용은 국민당 군이 홍군에 대한 공격을 중지하면 함께 구국에 나설 용의가 있다는 것으로, 그때까지의 '소비에트 확대' 방침에서 '항일 제일주의'로 돌아선 것이었다. 비슷한 시기에 모스크바에서는 코민테른 제7차 대회가 열려서 8월 7일 천사오위王明, 왕명가 중국 공산당 대표로서 항일통일전선에 관하여 보고했다. 양자 사이에는 어떤 교감이 있었던 듯한데, 공식적으로는 이 선언이 마오얼가이에서 채택된 것으로 되어 있지만, 실제로는 모스크바의 중국 공산당 대표단이 중국 공산당 중앙위원회 이름으로 발표한 것으로 추정된다.

이제 홍군의 방침은 '북상항일'로 확고해졌다. 하지만 장궈타오는 이 결정에 동의하지 않았다. 12년 전 그들이 처음 만나 당을 구성할 때는 장궈타오가 마오쩌둥의 상급자였다. 장궈타오는 이제 와서 새삼 마오의 부하가 되고 싶지 않았던 것은 아니었을까? 하지만 국민당 군의 추격이 임박해 있었기 때문에 상황은 급박하게 돌아갔다. 결국 당 중앙의 설득으로 양 측은 타협을 하여● 군대를 동방 종대와 서방 종대로 나누었다. 동방 종대를 구성하는 3만 명에는 장궈타오의 제4방면군도 일부 포함되었다. 이때 1928년이래 마오의 가장 믿음직한 동료였던 주더가 장궈타오가

● 마오쩌둥은 훗날 에드거 스노에게 일생에서 '가장 칠흑 같았던 순간'으로 이때를 꼽았다. 그야말로 당이 붕괴하고 심지어 내전이 일어날 수도 있었던 위기의 순간이었던 것이다.

지휘하는 서방 종대로 갔다. 여기에 대해서는 여러 가지 설이 있는데, 쓰촨 출신의 주더가 쓰촨의 잔류를 주장한 장궈타오에게 간 것이라는 설명도 있다.● 이렇게 하여 두 부대는 다시 북상을 개시했다.

● S. 슈람, 『마오쩌둥(毛澤東, 모택동)』, 190쪽.

그들 앞에 놓여 있는 것은 대초원 지대였다. 남북으로 약 300킬로미터에 달하는 이 지역은 8·9월의 우기에는 엄청난 늪지대로 변했고, 그 주위를 수십 킬로미터의 대 삼림이 에워싸고 있었다. 장정을 떠나온 이래 수많은 역경을 딛고 이곳에 이른 홍군들이었지만, 이번에는 상황이 완전히 달랐다. 앞서는 그들에게 적대적인 소수민족들이더라도 만나서 설득을 하고 회유를 할 수 있었다. 그러나 이곳에 사는 소수민족들은 홍군이 나타나자 아예 양식과 가축을 몰고 숲으로 사라져버렸다. 보급의 가능성을 잃은 뒤 홍군이 휴대했던 양식마저 떨어져버리자 가장 먼저 몰고 가던 말을 잡아먹고 그 다음엔 가죽신이나 허리띠를 비롯해 자양분이 될 만한 모든 것을 끓이거나 구워먹었다. 나중에는 땔감마저 구할 수가 없어 어쩌다 구한 곡식과 채소들을 날것으로 먹어야 했다. 때로 그들이 어설픈 지식으로 캐거나 채집한 야생 식물들은 독성이 있어 그것을 먹은 병사들이 구토와 설사를 하거나 죽어나갔다. 심지어 마실 물도 없었다. 사방에는 초지에 물이 고여 있었으나 대부분 녹이라도 슨 것처럼 붉은 빛을 띠고 있었으며 사람이나 말이 먹으면 배탈이 나고 이질에 걸렸다. 거의 매일 비가 내렸다. 그로 인해 변변하게 쉴 만한 공간을 찾기가 어려웠다. 밤에는 뼈를 에이는 듯한 혹독한 추위가 몰려왔다. 병사들은 관목 아래에 몰려들어 서로를 껴안 앉았지만 아침이면 다시 눈을 뜨지 못한 이들이 속출했다. 국민당 군과의 싸움이 아니라 가혹한 자연의 힘 앞에 홍군들은 힘없이 스러져 갔다.

장궈타오와 마오쩌둥

겨우 습지를 빠져나온 뒤인 9월 3일 마오쩌둥은

장궈타오가 보낸 전보 한 장을 받아들었다.

> 강 상류로 70리까지 올라가서 살펴보았지만 건널 만한 곳이나 다리 놓을 만한 곳이 없다. 그리고 부대마다 양식이 사흘 치밖에 없고 전신국은 이미 양식이 바닥났다. 망망한 초지는 지나갈 형편이 안 되고 이대로 앉아서 죽기를 기다릴 수도 없고 결국 내일 아침 세 갈래로 나누어 모두 아바로 돌아가기로 결정했다.

이것은 모두 핑계에 지나지 않았다. 대부대가 작은 시냇물 하나 때문에 지체했다는 것은 있을 수 없는 일이었다. 결국 마오쩌둥은 그들과 헤어져 다시 북상을 시작했다. 장궈타오 진영에서 빠져나온 제1군 출신 장병들이 다시 되돌아오고 9월 16일 홍군은 초원의 출구인 라쯔커우^{臘子口, 납자구}에서 그들을 기다리고 있던 국민당 군을 격퇴했다. 이제 홍군은 비로소 위험 지대를 빠져나왔고 가을걷이가 시작된 마을에서 충분한 보급을 받을 수 있게 되었다. 마오쩌둥은 그제야 긴 한숨을 토해내며 시 한 수를 읊었다.

칠률^{七律}
—장정^{長征}

홍군은 고단한 원정^{遠征} 길 두려워하지 않거니	紅軍不怕遠征難,
깊은 강물, 험난한 산도 대수롭지 않게 여기네	萬水千山只等閑.
다섯 고개● 구비 구비 잔물결 이는 듯하고	伍嶺逶迤騰細浪,
웅대한 우멍산^{烏蒙山} 굴러가는 진흙덩이런가	烏蒙磅礴走泥丸.
진사 강^{金沙江} 물 철석이는 구름 벼랑 따스하고	金沙水拍雲崖暖,
다두허^{大渡河}에 가로 걸린 쇠밧줄 차갑기만 한데	大渡橋橫鐵索寒.

● 홍군이 장정을 하면서 넘어왔던 다위링(大庾嶺, 대유령), 치톈링(騎田嶺, 기전령), 두팡링(都龐嶺, 도방령), 멍주링(萌渚嶺, 맹저령), 웨청링(越城嶺, 월성령)을 가리키는데, 각각 장시와 후난, 광둥, 광시, 구이저우 성에 걸쳐 있다.

| 민산^{岷山}의 천리 눈은 더더욱 반가울 손 | 更喜岷山千里雪, |
| 삼군은 무사히 당도해 병사들 얼굴에는 웃음꽃 활짝 | 三軍過后盡開顏。 |

10월에는 험준한 류판산^{六盤山, 육반산}을 넘었다. 이곳은 그 옛날 칭기즈 칸이 서쪽으로 정벌을 나갔다가 도중에 객사한 곳이기도 했다. 그리고 10월 20일 홍군은 마침내 산시 성^{陝西省, 섬서성} 우치 진^{吳起鎭, 오기진}에 도착했다. 이제 병사는 겨우 8,000여 명으로 줄어 있었다. 그곳에는 산베이^{陝北, 섬북} 소비에트의 제15군단 사령관 쉬하이둥^{徐海東, 서해동}이 마중 나와 있었다. 초면인 두 사람이 마주섰다. 마오쩌둥이 말했다. "당신이 쉬하이둥 동지입니까? 나오느라 애써주셔서 고맙습니다." 그리고는 두 사람 다 말을 잊었다. 이제 장정이 끝난 것이다. 11월 7일 옌안^{延安, 연안}에서 남쪽으로 50킬로미터 떨어진 곳에 있는 샹비쯔완^{象鼻子灣, 상비자만}이라는 작은 마을에서 마오쩌둥은 병사들을 모아놓고 정식으로 장정이 끝났음을 선언했다.

● 웨이웨이, 『대장정—세상을 뒤흔든 368일』, 보리, 2006. 507쪽.

마오쩌둥과 에드거 스노

대장정은 인류 역사가 시작된 뒤로 처음 있는 일이다. 그것은 하나의 선언이며 선전력이고 파종기^{播種機}이다. 판구^{盤古, 반고}가 하늘을 연 뒤로 삼황오제부터 오늘에 이르기까지 역사에 이와 같은 장정이 있었던가? 열두 달 동안 하늘에서는 날마다 적기 수십 대가 정찰, 폭격하고 땅에서는 적군 수십 만이 포위하고 추격하고 길을 막고 대오를 끊는 통에 우리 홍군은 말로 다 표현할 수 없는 고난과 위험에 맞닥뜨렸다. 하지만 우리는 우리 두 발로 열한 개 성을 거침없이 오가면서 24,000리에 이르는 멀고 험한 길을 돌파했다. 묻나니, 역사에 언제 우리의 대장정과 같은 일이 있었던가? 없었다. 단 한 번도 없었다.……●

장정이 끝난 뒤 마오쩌둥은 미국인 기자 에드거 스노를 만나 그간의 사정에 대해 인터뷰를 진행했고 다음과 같은 말로 자신의 이야기를 마무리했다.

> 홍군이 승리의 행진을 할 수 있었던 점과 잔여 부대를 이끌고 간쑤·산시陝西, 섬시까지 성공적으로 도달할 수 있었던 이유는 첫째, 공산당이 올바른 영도력을 발휘할 수 있었고 둘째, 우리 소비에트 인민의 훌륭한 기술·용기, 그리고 초인적인 인내심과 혁명에 대한 열망 덕분이었다. 중국 공산당은 어제도 오늘도 그리고 내일도 마르크스-레닌주의에 충성할 것이며, 어떠한 기회주의적 경향에 대해서도 투쟁을 계속할 것이다. 불패의 신념과 최후의 승리에 대한 확신만이 이러한 결심에 대한 유일한 대답인 것이다.●

장궈타오의 홍군 제4방면군은 1935년 9월 마오의 제1방면군과 헤어져 남하한 뒤 숱한 우여곡절을 겪은 끝에 1936년 6월과 7월 사이에 간쯔甘孜, 감자 지역에서 허룽의 홍군 2방면군과 합류할 수 있었다. 제4방면군에 잔류한 주더와 류보청 등의 노력과 당 중앙의 포용으로 장궈타오는 어쩔 수 없이 제2방면군과 제4방면군이 북상하는 데 동의해 같은 해 12월 산시 북부의 홍군 근거지에 도달하고 그 사이 장궈타오가 별도로 수립했던

● 에드거 스노, 『마오쩌둥 자전』, 184쪽.
"장정의 통계적인 개괄도 인상적이다. 그들은 전선 어디에서든 대개 평균 하루에 한번 꼴로 전투를 치렀으며 15일 간 밤낮으로 접전을 벌이기도 했다. 368일 간의 전체 행군 중에서 주간 행군이 235일을 차지했고, 야간 행군은 18일이었다. 100일 동안에 대부분 소규모로 전투로 지새운 정지 기간 중에서 56일은 쓰촨 북서부에서 보냈고, 나머지 44일은 5,000마일의 거리를 이동했는데, 평균 114마일 행군에 한 번 쉰 꼴이었다. 이것은 일일 행군 거리가 71리, 즉 거의 24마일이었음을 나타내는데 이는 대규모 군대가 지상에서 가장 험난한 지역에서 벌인 평균적인 행군의 거리이다.……홍군은 18개의 산맥을 넘었는데, 그중 5개는 만년설로 덮여 있었다. 그들은 24개의 강을 건넜고, 12개의 지방을 통과했으며, 62개의 도시와 마을을 점령하고 10개의 각각 다른 지방 군벌들의 포위망을 돌파했다.……그들은 6개의 원주민 지역을 횡단하고 어떤 중국 군대로 몇십 년 동안 지나가 본 적이 없었던 지역들을 통과했다." (에드거 스노, 『마오쩌둥 자전』, 222~224쪽.)

'임시 중앙 정부' 역시 정리되었다. 이곳에서 장궈타오는 정부 부주석과 주석 대리 직무 등을 맡아보았으나 결국 제4방면군의 남하에 대한 책임 추궁 등으로 입지가 좁아지자 1938년 4월 홍군 근거지를 탈출해 시안西安,서안을 거쳐 우한으로 가서 국민당으로 전향했다. 이후 중국 공산당은 그를 당적에서 제명했다.

홍군이 대장정을 마치고 산베이에 도착했다는 소식이 중국 전역에 알려지자 루쉰은 친히 「중국 공산당 중앙위원회에 드림」이라는 원고를 작성해 미국인 기자 아그네스 스메들리를 통해 홍군 측에 보냈다. 거기에는 이렇게 써 있었다.

대장정, 당신들에게 인류와 중국의 미래가 달려 있습니다.

당 중앙은 1936년 초봄에 이 전보문을 접수하였다.

닥터 노먼 베쑨

외세의 침탈과 내부 모순으로 신음하던 식민지 사회의 젊은이들은 구국의 일념으로 무엇을 할 것인가를 고민하다가 의학 공부를 시작한 경우가 많다. 의술로 고통받는 인민의 육신을 고쳐주겠다는 소박한 생각에서 그렇게 한 것일 텐데, 신해혁명을 주도했던 쑨원은 사업적으로는 그리 성공하지 못했던 의사 출신이었고, 중국 현대문학사에 큰 족적을 남긴 루쉰 역시 의학을 공부한 적이 있었다. 어찌 그뿐이랴. 알제리 민족해방전선의 종군의사이자 알제리혁명의 이론가였던 프란츠 파농(1925~1961)이 있는가 하면, 죽을 때까지 혁명의 길을 걸었던 아르헨티나의 의사 혁명가 체 게바라(1928~1967)도 있고, 선거를 통해 사회주의 정권을 수립했다가 미 제국주의 세력의 지원을 받은 군부 쿠데타에 의해 살해된 칠레의 대통령 살바도르 아옌데(1908~1973) 역시 의사였다.

중국 혁명 과정 중에도 그와 같은 인물이 있으니, 중국인들이 마오쩌둥과 저우언라이, 그리고 마오와 만나 인터뷰를 진행하고 그때까지 베일에 싸여 있던 해방구의 진상을 세계에 널리 알렸던 미국인 기자 에드거 스노와 함께 '네 명의 위대한 인물' 가운데 하나로 꼽는 캐나다 출신 의사 헨리 노먼 베쑨(Henry Norman Bethune, 1890~1939년)이 바로 그 사람이다. 그의 중국식 이름은 바이츄언(白求恩, 백구은)이었으며, 스페인 내전에도 참전한 바 있는 활동가였다. 젊은 시절 비교적 평탄한 의사 생활을 하던 그는 폐결핵을 앓고, 기적적으로 완쾌된 뒤 흉부외과 전문의가 되었는데, 이때 폐결핵의 근본 원인이 빈곤에 있다는 사실을 깨닫고 점차 사회적인 문제에 눈을 뜨게 되었다. 그리하여 사회주의적인 의료 보건 활동을 지지했고, 가난한 노동자와 빈곤층의 치료에 앞장섰는데, 1935년 소련을 방문했을 때 그곳의 의료 보장 제도에 감명을 받고 캐나다에 돌아와 비밀리에 공산당에 입당했다. 그 뒤 캐나다 의료 체계에 사회주의적인 요소를 도입하려는 운동에 앞장섰고, 아동의 보건 상태 개선 활동 및 미술 치료 등에 관심을 기울였다.

1936년 베쑨은 스페인 내전에 참전해 이동수혈부대를 운영해 많은 부상병들을 구해냈다. 1937년 캐나다 몬트리올로 돌아온 그는 여러 곳을 다니면서 스페인 내전에 대한 관심과 지원을 호소했다. 1938년 1월 베쑨은 홍콩에 도착했고, 곧바로 옌안으로 들어가 의무대를 꾸린 뒤 전선으로 향했다. 그가 향한 곳은 일본군에 의해 완전하게 고립되어 식량뿐 아니라 의약품마저 부족한 진차지(晋察冀, 진찰기) 지구였다. 그곳에서 헌신적인 노력을 기울여 부상병을 치료하던 중 1939년 가을 수술 중 실수로 손을 베었는데, 이로 인한 감염으로 패혈증에 걸려 1939년 11월 13일 49세를 일기로 세상을 떠났다. 그가 죽었다는 소식을 접하고 마오쩌둥은 다음과 같이 말했다.

"노먼 베쑨 동지는 중국의 항일전쟁을 원조하기 위해……불원천리하고 중국에 왔습니다. 작년 봄에 옌안에 도착해 뒤에 우타이산(伍台山, 오대산)에서 일했는데, 불행하게도 순직했습니다.
……
베쑨 동지가 이기심은 추호도 없이 다른 사람을 이롭게 하고자 하는 정신은 일에 대한 그의 극단적인 책임감에, 그리고 동지와 인민에 대한 지극한 열정에 드러나 있습니다." 1939년 12월 21일, 「베쑨을 기념하며」

● 그의 전기는 테드 알렌, 스드니 고든(천희상 역), 『닥터 노먼 베쑨』(실천문학사, 1991)이라는 제목으로 번역되어 출간되었다.

4

항일전쟁 시기, 시안 사변과 제2차 국공합작

시안 사변, '쟝졔스를 핍박하여 항일에 나서게 하다'

1936년 12월 12일 새벽 5시 반 동북군의 한 부대가 쟝졔스가 머물고 있던 시안^{西安, 서안} 교외의 휴양지인 화칭츠^{華淸池, 화청지}를 급습했다. 극소수의 호위병만을 데리고 있던 쟝졔스는 반란이 일어났다는 걸 직감하고 잠옷 바람으로 뒷산으로 달아났다. 바위 아래 동굴에 웅크리고 있던 그는 수색대에 의해 체포되어 곧바로 시안으로 호송되었다. 그날 밤 쟝쉐량^{張學良, 장학량}과 양후청^{楊虎城, 양호성}은 전국에 전통문을 보내 쟝졔스의 생명을 보장하는 동시에 8가지 요구 사항을 공표했는데, 그 내용은 '내전을 중지하고 일치 단결해 항일에 나선다^{內戰停止, 一致抗日}'는 것으로 요약된다. 사태는 급박하게 돌아갔다. 누구도 예상치 못한 사건이었다. 비록 자신의 근거지인 동북 지방에서 쫓겨나긴 했지만, 쟝쉐량은 국민당 내에서 쟝졔스 다음가는 명실상부한 2인자였다. 쟝졔스가 소수의 경호병들만 대동하고 쟝쉐량의 진영을 찾은 것도 그를 누구보다 신임했기 때문이었다^{시안 사변}.

당시 쟝졔스와 쟝쉐량이 회담했던 화칭츠 내의 '우젠팅(伍間廳, 오간청)'

　　쟝쉐량은 자신들이 쟝졔스를 체포한 것이 아니며, 그에게 최후의 간언을 하기 위해 어쩔 수 없이 그를 시안에 머물게 한 것이라고 강변했다. 사전에 이 사실을 인지하지 못했던 중국 공산당 내에서도 이 사건을 놓고 갑론을박이 이어졌는데, 12월 15일 모스크바에서 한 통의 전문이 전해졌다. 이것은 스탈린이 직접 작성한 것으로, 그는 민족통일전선을 지지하지만 쟝쉐량이 그것을 이끌 만한 힘이나 재능이 있다고 여겨지지 않는다고 말했다. 그간에 쟝졔스가 저지른 중국 공산당에 대한 갖은 탄압과 핍박에도 불구하고 스탈린은 쟝졔스에 대한 신뢰를 놓지 않았던 것이다. 어쩌면 스탈린은 '시안 사변'이 중국을 분열시키고 혼란에 빠뜨리기 위해 일본이 꾸며낸 일이라고 생각했는지도 모를 일이었다. 결국 스탈린은 중국 공산당이 그의 석방을 도와야 한다고 지시했다. 12월 16일 장쉐량은 대책 협의를 위해 중국 공산당 측의 저우언라이와 예젠잉葉劍英, 엽검영, 친방셴秦邦憲, 진방헌 세 사람을 시안으로 불러들였다.

난징정부는 대규모 군사 보복을 주장하는 쪽과 장제스의 목숨을 구하기 위해 협상을 벌어야 한다는 쪽으로 나뉘었다. 다른 누구보다 장제스의 부인 쑹메이링宋美齡, 송미령이 장제스를 살리기 위해 필사적으로 뛰었다. 쑹메이링은 일단 시안으로 쳐들어가야 한다는 국민당 내 강경파의 주장을 잠시 막아낸 뒤 곧바로 시안으로 날아가 장쉐량과 저우언라이를 만났다. 난징정부는 시안 공격을 위해 뤄양에 육군과 공군을 동원하는 한편, 장제스의 고문인 W. H. 도널드를 시안으로 보냈는데, 그는 과거 장쉐량의 고문이기도 했다. 그러나 시간이 흐를수록 조정과 타협을 통해 평화해결과가 주도권을 잡게 되었다. 12월 19일 중국 공산당 중앙은 '화평회의 소집을 위한 제안'을 발신했다. 그 내용은 공산당 대표를 포함한 구국회의를 소집하고, 장제스의 처리를 신중하게 논의하되 난징을 그 장소로 제안하는 것이었다. 협상은 12월 25일까지 계속되었다. 드디어 장쉐량의 호소에는 귀 기울이지 않던 장제스가 저우언라이의 설득에 마음을 돌렸다.

이전까지 완강하게 그 어떤 제의에도 응하지 않던 장제스는 쑹메이링과 그의 오빠인 쑹쯔원宋子文, 송자문, W. H. 도널드, 그리고 사건의 당사자인 장쉐량에게 자신의 정책 방향을 바꾸고 현 상황을 제고하겠다는 '구두약속'을 했다. 그 대신 자신이 "말한 이상 반드시 성실히 지킬 것이며, 행한 이상 그 결과가 있을 것言必信, 行必果"이라는 말을 남겼다. 장쉐량 측에서는 약간의 논란이 있었으나 장제스의 석방을 가장 반대하던 양후청마저 마음을 돌리자 결국 그를 석방하기로 결정했다. 12월 25일 오후 2시경 장제스는 시안을 떠났다. 장쉐량은 자신의 행위의 동기가 순수했고 따라서 자신이 반역자가 아니라는 사실을 증명하기 위해 자발적으로 장제스의 비행기에 동승했다. 비행기는 하루 만인 26일 정오경에 난징에 도착했고, 그곳에서 쟝졔스는 수많은 지지자들의 환영을 받았다. 쟝졔스는 난징에 도착하자마자 〈쟝쉐량과 양후청에 대한 훈계〉를 발표했지만, 여기에는 그의 석방을 놓고 어떤 타협이 오갔는지 전혀 나와 있지 않았다. 그래서 28일 공산당 중앙은 〈쟝졔스 성명에 대한 성명〉을 내놓고 쟝졔스가 쟝쉐량이 제시한 조건에 서명을 하지는 않았지만 일정한 약속을 지키겠다고 말한 것을 구체적으로 적시했다. 그 주요 내용은 향후 '공산당 토벌'을 중지하고 각 당과 파벌을 넘어선 구국회의를 소집하고 항일구국방침을 수립하겠다는 것이었다.

쟝졔스는 난징에 돌아오자마자 사표를 제출했으나 이듬해인 1937년 1월 2일 공식적으로 반려되고 그 대신 1개월 간의 휴가가 주어졌다. 쟝쉐량은 난징에 도착 즉시 군법회의에 회부되어 사형을 선고받았다가 감형되어 10년의 금고에 처해졌다. 그 이듬해에 쟝졔스는 특사로 쟝쉐량을 풀어주었으나 실제로는 엄중한 감시 하에 그를 가택 연금했고, 이것은 쟝졔스 자신이 죽을 때까지 계속되었다. 세월이 흘러 언젠가 쟝졔스의 생일날 쟝쉐량은 쟝졔스에게 시계를 선물했는데, 그 답례로 쟝졔스는 낚싯대를 선물했다고 한다. 시계를 선물한 것은 세월이 흐른 만큼 자신을 풀어달라는 뜻이었는데, 낚싯대를 보낸 것은 아직도 어림없으니 낚시나 하면서 시간을 보내라는 뜻이었다. 결국 쟝쉐량은 쟝졔스가 죽고[1975년] 그 아들인 쟝징궈蔣經國, 장경국도 죽은 뒤[1988년]인 1990년 6월 1일 연금이 해제되고 1993년 12월 15일 고령임을 감안해 44년 만에 대만을 떠나 미국으로 가도록 허용되었다.

● 1898년생인 쟝쉐량은 2001년 10월 14일 하와이의 자택에서 103세를 일기로 세상을 떠났다. 한편 시안 사변을 공모했던 양후청은 사건이 해결된 뒤 쟝졔스를 억류했다는 이유로 그 이듬해 4월 외유를 떠났다가 중일전쟁이 일어나자 다시 항일전에 참가하기 위해서 귀국했다. 그러나 난징 정부의 특무기관에 의해 감금당한 상태에서 각지를 전전하다 국공 내전 말기였던 1949년 9월에 충칭에서 살해되었다.

'시안 사변'이 일어난 것은 당시 일본의 군사적 압력이 그만큼 노골화되고 위협적이었기 때문이었다. 이에 반해 쟝졔스의 난징정부가 취한 정책은 가급적 일본과의 직접적인 충돌을 피하고 인내심을 발휘해 온건하게 대처하는 것뿐이었다. 쟝졔스는 일본의 힘이 강대한 데 반해 중국은 허약하다는 이유로 일본군이 공세를 펼 때마다 굴복하고 오로지 '반공 투쟁'에만 올인했다. 그 사이 일본은 1933년에 맺은 '탕구 협정'에 의해 설정

장졔스와 장쉐량

된 비무장지대를 확대해 허베이 성 일대까지 손에 넣으려 했다. 1935년이 되자 화북 지방에서는 배일 운동으로 인한 크고 작은 사건들이 잇달았다.

급기야 1935년 5월 29일 지나 주둔군의 사카이 다카시^{酒井隆}라는 일개 참모가 베이핑 군사분회 주임 허잉친^{何應欽, 하응흠}을 방문해 배일 테러 사건을 감안해 국민당 당부와 중앙군 등이 화북 지역에서 철수할 것 등을 요구하면서 다음과 같이 말했다. "오늘은 이 사항들을 상담하러 온 것이 아니고, 일본군의 단호한 결의를 통고하러 왔다." 이 오만한 발언에 대해 국민당 정부가 취한 태도는 실로 어이없는 것이었다. 국민당 정부는 외교 경로를 통해 그것은 중국의 내정 문제에 속하는 것이고, 자발적으로 성 정부를 바오딩^{保定, 보정}으로 옮겨 사태를 수습하고 싶다는 의견을 표명했다. 그러나 일본 측은 이것은 정전 협정에 관계된 군사 사항이니만큼 외교 교섭의 대상이 될 수 없다 하여 제안을 일축했다. 결국 이에 굴복한 국민당 정부는 6월 10일 이른바 **우메츠 · 허잉친**^{梅津 · 何應欽} **협정**을 맺어 일본의 요구에 굴복했다.

이것은 일본의 북부 중국 분리 작전의 일환으로 강행된 것으로 과연 그로부터 5개월 뒤인 1935년 11월 국민당 정부의 대일 창구 노릇을 하던 인루겅^{殷汝耕, 은여경}이 주축이 되어 '지둥방공자치위원회^{冀東防共自治委員會}'가

● '지(冀)'는 허베이 성의 약칭이다.

●● '차(察)'는 당시의 행정 구역인 '차하르(察哈爾)' 성을 가리키며, 현재의 허베이 성 서북부와 내몽골의 중부를 통괄한다.

성립되었다. 그리고 12월에는 다시 쑹저위안^{宋哲元, 송철원}을 대표로 하는 '지차정무위원회^{冀察政務委員會}'●●가 발족되었다. 이것들은 모두 일본 군부의 괴뢰정부로 베이핑과 톈진을 포함한 허베이 성과 내몽골 지역을 포괄하고 있었다.

이러한 일련의 사태 진전은 단순히 일본군 세력 범위의 확장에만 머물지 않았다. 이로써 북부 중국 전체가 일본군의 손아귀에 들어가게 되었으니, 베이핑과 톈진 등 중요 도시에 살고 있던 인민들 역시 같은 처지에 놓이게 되었다. '지차정무위원회'가 발족한 다음날인 12월 9일 베이핑에서는 '일본 제국주의 타도'와 '화북 자치반대', '내전정지, 일치항일'을 구호로 하는 대규모 학생 집회가 열렸다^{12·9사건}. 이것은 5·4운동에서 극명하게 분출된 바 있는 베이핑 학생들의 격렬한 저항 정신의 발로였다. 베이핑의 경찰들은 성문을 잠그고 혹한의 날씨임에도 시위대에 물을 뿌려대고 곤봉으로 닥치는 대로 구타와 체포를 자행했다. 그러나 한번 터진 민중의 불만은 이제 걷잡을 수 없는 기세로 분출되었으며, 마치 전염이라도 된 듯 전국으로 퍼져나갔다. 한번 일어난 동요는 해를 넘겨 1936년까지도 지속되었다. 이 해 5월 쑨원의 미망인인 쑹칭링과 허샹닝^{何香凝, 하향응}, 장나이치^{章乃器, 장내기} 등을 중심으로 '전국각계구국연합회'가 결성되었다. 이들은 공산당과 국민당이 서로 싸우지 말고 항일을 위해 서로 협조할 것을 천명했다.

한편 이미 1931년 9·18사건 이후 자신의 근거지에서 쫓겨난 장쉐량은 상하이에서 서양인 의사의 도움으로 아편 중독을 치료한 뒤 유럽으로 여행을 갔다가 1934년 초 중국으로 돌아왔다. 그 뒤로는 줄곧 쟝졔스를 도와 후베이와 허난, 안후이 경계 지역에서 공산당 세력을 말살하는 데 힘썼다. 그러나 그는 이미 자신이 하고 있는 일에 대해 회의를 품고 있었다. 9·18사건 이후 난징의 국민당 정부가 보여준 태도는 실망스러운 것이었다. 유럽 여행 중에 이탈리아의 무솔리니와 독일의 히틀러의 민족주의와 강력한 군대를 접한 바 있는 장쉐량의 눈에 비친 쟝제스의 무력한 모습은 더 이상 그가 기댈 만한 의지처가 될 수 없는 것이었다. 그에 반해 그가 그토록 열심히 공을 들였던 '공비共匪' 토벌에 나섰음에도 그들이 주장하는 '항일'이라는 구호가 그의 귓전에 맴돌았다. 이제는 저들을 적대적으로만 대할 것이 아니라 이 문제를 평화적인 방법으로 해결할 때가 되지 않았을까 하는 생각이 그의 뇌리에 점차 자리를 잡아나갔다. 그가 지휘하는 부대의 장교들 또한 다르지 않았다. 그들 역시 일본군에 의해 고향에서 쫓겨난 신세였기에 일본에 대한 원수 갚기를 열망하고 있었다.

1936년 2월까지 장쉐량은 공산당 측 협상자와 적어도 한 차례의 회담을 가졌고, 산시陝西, 섬서의 공산당은 그들이 포로로 잡은 만저우군 병력들에게 항일 통일전선 사상을 전파한 뒤 전원 석방했다. 같은 해 봄 장쉐량의 암묵적 동의 하에 공산당 특사들이 장쉐량의 젊은 관리와 장교들과 항일동지회라는 조직을 결성했다. 4월 말과 5월 초에는 장쉐량이 직접 산시 북부 산간 지방에 있는 공산당 근거지를 방문해 항일 협동작전의 가능성을 놓고 저우언라이와 긴 회담을 가졌다. 어렸을 때 펑텐奉天, 봉천에 살았던 저우언라이에 대해 장쉐량은 개인적으로 호감을 갖고 있었다. 6월에는 광시 군벌 리쭝런李宗仁, 이종인, 바이충시白崇禧, 백숭희 등이 쟝제스의 독재와 대일 타협정책을 비난하며 '반쟝항일통전反蔣抗日通電'을 보내왔다.

이런 분위기를 감지하고 있었지만, 쟝제스의 입장은 확고했다. 일본이라는 '외환'보다는 공산당이라는 '내우'를 먼저 해결하자는 것이 그의 지론이었다. 1936년 10월 20개 사단 이상을 동원하는 **제6차 포위 공격**이 개시되었다. 이어서 11월에는 '전국구국연합회'의 간부들이 불법단체를 조직해 공비들과 손을 잡고 치안을 교란하고 정부의 전복을 꾀했다는 이유로 체포되었다. 10월 31일은 쟝제스의 50세 생일이었다. 이 날을 축하하기 위해 국내외 인민들로부터 신형 비행기 68대가 헌납되고 난징에서는 성대한 헌납식이 열렸으며, 축하연에서 쟝졔스는 공산당이 '우리'의 가장 큰 반역자라는 연설을 했다. 그러나 이러한 구호는 더 이상 연회에 참석했던 쟝쉐량을 포함한 사람들의 심금을 울리지 못했다.

이때 내몽골과 만저우 괴뢰정부의 군대가 일본군과 연합해 산시陝西, 섬서에 인접한 쑤이위안綏遠, 수원을 침공했다[**쑤이둥 사변**綏東事變, 수동 사변]. 국민당 군대는 영웅적인 저항으로 이들을 격퇴했다. 이때 쟝쉐량은 쟝졔스에게 이들과의 전쟁에 그의 군대를 파견할 것을 제안했으나 쟝졔스는 허락하지 않고 그를 질타했다. 그러는 사이에 베이핑에서 '12·9사건'이 일어났던 것이다. 쟝쉐량은 학생들을 무마하고자 했으며, 데모를 중단하고 대일 항전에 대한 자신의 신념을 믿어줄 것을 호소했다. 그리고 체포된 시위자들이 경찰에서 풀려날 수 있도록 했다. 그러나 그가 이러한 뜻을 쟝졔스에게 전했을 때 쟝졔스는 그를 해임시켜버렸다. 결국 쟝쉐량이 선택한 길은 하나밖에 없었던 셈이다. 그것은 '쟝졔스를 핍박해 항일로 나서게 하는 것逼蔣抗日'이었다. '시안 사변'은 그 결과로 일어난 사건이었던 셈이다.

제2차 국공합작, '주요 모순'과 '기본 모순'

쟝쉐량을 구금한 뒤 후쭝난胡宗南, 호종남이 지휘하는 중앙군은 시안을 공략했다. 2월에 시안이 함락되자 주인을 잃은 동북군은 일부는 탈출하고 일부는 홍군으로 들어갔으며, 그 나머지 위쉐중于學忠, 우학충과 허주궈何柱國, 하주국의 군대 10만 명은 중앙군 휘하로 들어갔다. 홍군은 그때 이미 동북군으로부터 옌안延安, 연안을 양도받아 지도부를 이곳으로 옮긴 뒤였다. 1937

년 2월 9일 휴가를 끝낸 쟝제스가 다시 상하이로 돌아와 국민당의 지도력을 회복했다. 2월 15일 국민당은 제5기 3중전회를 열었다. 당내에는 여전히 반공파의 영향력을 무시할 수 없는 분위기가 남아 있었으나 그보다 시급한 것은 항일에 대한 요구였다. 이 회의가 열리자 중국 공산당은 2월 10일에 「국민당 3중전회에 보내는 서한」을 보내 획기적인 제안을 해왔다. 그것은 만약 내전을 중지하고 일치항일에 나서고, 언론과 집회·결사의 자유를 보장하며, 각 당과 파벌의 대표자회의에 의한 공동구국회의를 결성한다면 다음의 4개 항목을 실행하겠다는 것이었다.

1. 국민 정부에 대한 무장폭동의 중지
2. 노동민주정부를 중화민국 특구^{赤化根艶案} 정부로, 홍군을 국민혁명군으로 개칭하고, 난징정부와 군사위원회의 직접적인 지도를 받는다.
3. 특구 정부 내에서는 보통선거에 의한 철저한 민주제도를 실시한다.
4. 지주의 토지에 대한 몰수 정책의 중지와 항일 민족통일전선의 공동강령을 단호하게 실행한다.

이것은 사실상 소비에트 혁명의 기본 원칙을 철회하겠다는 것으로 공산당으로서는 상당히 파격적인 제안이었다. 이에 대해 국민당은 〈적화근절안^{赤化根絶案}〉을 결의했는데, 이것은 어떤 의미에서 중국적인 소통 방식을 원용한 것으로 겉으로는 '적화를 근절한다'는 것을 내세웠으나, 그 내용은 공산당의 제안을 사실상 승인하는 것이었다. 여기에서 국민당은 공산당 측에 역으로 다음과 같은 제안을 했다.

1. 일국의 군대는 반드시 통일된 편성과 통일된 지휘가 있지 않으면 안 된다. 따라서 홍군이나 그 밖의 명칭을 쓰는 무력은 철저하게 없애지 않으면 안 된다.

2. 국가의 통일을 위해서는 정권의 통일이 필요하다. 따라서 이른바 '소비에트 정부'라든가 기타 통일을 문란케 하는 모든 조직은 철저하게 없애지 않으면 안 된다.

3. 적화 전선은 구국구민救國救民, 구국구민을 목표로 하는 삼민주의에 비추어 절대 용인할 수 없다. 따라서 적화 전선은 근본적으로 중지하지 않으면 안 된다.

4. 계급투쟁은 한 계급의 이익만을 본위로 하는 것이기에 사회에 여러 가지 대립을 생기게 한다. 따라서 계급투쟁은 근본적으로 정지시키지 않으면 안 된다.

이로써 제2차 국공합작의 분위기가 무르익었고, 구체적인 진전을 이루어내기 위해 저우언라이는 옌안과 시안, 그리고 난징을 바삐 오갔다. 산시 성陝西省, 섬서성 북부의 공산당 근거지에 대한 봉쇄도 사실상 해제되어 물자뿐 아니라 항일에 뜻을 둔 청년들이 이 지구로 들어오기 시작했다. 마오쩌둥과 그의 동지들은 이들을 맞이하기 위해 '북서항일홍군대학北西抗日紅軍大學' 등을 설립했다. 그러나 국공합작을 이루기 위해서는 넘어야 할 산이 아직도 많이 있었다. 공산당 내부에서마저도 앞서 제안한 내용을 구체적으로 실행할 때 필요한 조치들을 실현해 나가는 데 있어 내부적인 갈등을 겪어야만 했다. '홍군'의 명칭을 취소하고 난징정부의 지휘를 받으려면 먼저 난징정부의 민주적 개편이 선행되어야 하고, 소비에트 구의 행정권 근거지는 명칭을 변경하더라도 여전히 유지될 필요가 있었다. 나아가 계급투쟁을 일시 중단하더라도 이를 대신할 감세와 이자 감면 운동을 여전히 전개해야 하는 등 산적한 현안들을 어떻게 처리할 것인가를 놓고 공산당 내부에서도 서로 의견이 엇갈렸던 것이다.

마오쩌둥은 일반 당원들에 대한 설득을 나서면서 자신도 이에 대한 연구를 진행했다. 그는 이미 장시 소비에트 시절의 그가 아니었다. 징강산井岡山, 정강산에서부터 대장정에 이르는 동안 그가 겪었던 모든 경험들이 그로 하여금 현실적 감각을 갖춘 대 전략가로 거듭나게 했던 것이다. 1937년 3월 옌안에서 열린 중국 공산당 중앙정치국 확대회의에서 마오쩌둥은 장궈타오에 대한 비판을 개시했다. 장궈타오는 그 전해에 간쑤성^{甘肅省,} $_{감숙성}$ 후이닝^{會寧,} ^{회녕}에 도착한 이래 군사적 모험을 감행해 제4방면군을 계속 서진하도록 했으나 그곳에 살면서 한족에 대한 뿌리깊은 반감을 품고 있던 회족의 반격을 받아 궤멸적 타격을 입었다. 이제 대장정 시절 5만의 강병을 자랑했던 제4방면군은 800여 명으로 급격히 줄어들었고, 그에 따라 이제는 입장이 완전히 뒤바뀌어 장궈타오는 더 이상 마오쩌둥을 위협하는 도전자로서의 지위를 잃게 되었다. 같은 해 5월 3일부터 7일까지는 중국 공산당 전국대표자회의가 열렸다. 여기서 마오쩌둥은 과거에 당 중앙에 크게 의존했던 '집중제'를 포기하고, 민주화를 위한 투쟁의 중요성을 호소했다. 향후 공산당이 마주해야 할 국면은 이전과는 전혀 다른 새로운 시기가 될 것이고, 이에 대처하기 위해서는 대중을 자발적으로 추동하지 않으면 안 되는데, 이에 필요한 것이 바로 민주화라는 게 그의 기본적인 생각이었다.

그러기 위해서는 당원과 간부의 질을 높이지 않으면 안 되었다. 이를 위해 일찍이 루이진^{瑞金,} ^{서금} 소비에트 시절 설립되었던 '홍군대학'을 1937년 1월 '항일군정대학^{抗日軍政大學}'으로 개편하였다. 마오쩌둥 역시 직접 학생들에게 강의에 나섰는데, 여기서 그는 유명한 〈모순론〉과 〈실천론〉 강의를 했다. 사실상 그때까지만 해도 마오쩌둥의 변증법에 대한 이해는 그리 깊지 않았다고 한다. 그가 직접 강의에 나선 것도 차제에 변증법적 사고를 본격적으로 배우려고 하는 실천적 필요성에 더해 이를 바탕으로 자신의 이데올로기적 기반을 다지려는 욕심이 있었기 때문이었다. 아무튼 이를 통해 마오쩌둥은 중국 당내에서 탁월하고 광대한 구상력을 가진 지도자로서의 지위를 확고하게 뿌리내릴 수 있었다. 그에 따르면 현실에는 많은 모순들이 존재하는데, 그러한 모순들은 아무 의미 없이 혼재하는 게 아니라 그때 그때의 상황에 따라 어느 것이 지배적인 지위를 차지하게 된다. 마오는 자신의 또 다른 논문인 「항일 시기 중국 공산당의 임무」1937년 5월에서 중국에는 대체로 아편전쟁 시기부터 제국주의와 중국 사이의 모순과 봉건제도와 인민대중 사이의 모순이라고 하는 두 가지의 근본적 모순이 존재해왔는데, 전자는 민족적인 모순이고, 후자는 계급적인 모순이라고 주장했다. 그러나 여기에 그치지 않고 중국과 같이 계급 문제와 민족 문제가 뒤엉켜 혼재한 상황에서는 '근본적 모순기본 모순'과 '주요한 모순주요 모순'이라는 두 가지 말을 구별해서 사용하지 않으면 안 되는 상황이 발생한다. 여기에서 마오쩌둥 사상의 탁월함이 드러나는데, 곧 현실을 교조적으로 보지 않고 각각의 단계에서 어떤 때는 제국주의와의 민족적 모순이 뒤로 물러나고, 국내적 모순이 주요한 모순으로 되기도 하고, 또 어떤 때는 국내의 계급적 모순이 뒤로 물러나고 제국주의와의 모순이 주요한 모순이 된다고 본 것이다.

화북 지역을 석권한 일본 제국주의 세력은 이제 그 기세를 몰아 전 중국을 침략하기 위한 모든 준비를 마치고 있었다. 팽팽한 긴장감이 나라 전체에 퍼져 있었다. 1937년 현재 중국이 마주한 가장 위협적인 현실은 바로 일본군의 침공이었던 것이다. 일본군이 겨누는 총구는 공산당과 국민당을 가리지 않았으며, 따라서 일본군과의 싸움은 공산당과 국민당 할 것 없이 모두의 사활이 걸린 문제였다. 이제 미국이나 영국 등 그 밖의 제국주의 국가와 중국 사이의 모순뿐만 아니라 그때까지 국민당과 공산당 간에 벌어졌던 치열한 전투 또한 부차적인 것이 되어버렸다. 당시 중국이 마주한 '주요 모순'은 일본군과의 싸움이었으니, 임박한 '주요 모순'을 해결할 때까지 중국의 자본주의 계급을 대표하는 국민당 세력과 프롤레타리아 계급을 대표하는 공산당 세력과의 싸움인 '기본 모순'은 잠시 뒷전으로 미루어두어야 하는 형국이 되어버린 것이다. 이제 공산당과 국민당이 서로 연합해 '통일전선'을 구축하고 일본 제국주의 세력에 맞서 싸우는 것은 피할 수 없는 현실적 당위가 되어버렸다. 이렇게 해서 '제2차 국·공 합작'의 분위기는 무르익어 가고 있었다. 마오쩌둥의 〈모순론〉과 〈실천론〉은 이러한 시대적 요구에 대한 이론적 기초를 확고하게 세워준 하나의 이정표라 할 수 있다.

루거우차오의 포성, 중일전쟁 발발

1931년 9월 '만저우 사변' 이후 동북 지역을 자신의 손아귀에 넣은 일본은 그 이듬해인 1932년 5월에 일어난 '혈맹당 사건'곧 '5·15사건'으로 나라 전체가 군국주의화되어 본격적인 대륙 침략의 태세를 갖추고 있었다. 그런 가운데 일본 군부 내에는 청년 장교들을 중심으로 천왕 중심의 혁신론을 주창하면서 원로나 중신, 정당 재벌 등을 현상 유지파라 배격한 '황도파'皇道派'와 육군 막료층을 중심으로 군 전체의 통제를 강조한 '통제파'가 서로 대립하고 있었다. 1936년 2월 26일, '황도파'의 청년 장교들이 1,400명의 병력을 지휘하여 총리와 내대신內大臣 등의 관저와 사저, 육군성·참모본부·경시청·아사히朝日 신문사 등을 습격한 사건이 일어났다²·26사건'. 이들은 원로 중신들을 죽이고 천왕의 친정親政이 실현되면 정·재계의 부정부패나 농촌 지역의 곤궁을 해결할 수 있다고 믿고 행동에 나선 것이었다. 주모자 가운데 한 사람인 노나카 시로野中四郎 대위는 사건 직전에 다음과 같은 메모를 남겼다 한다.

"나는 미쳐버린 것인지 바보인지도 모른다. 외길을 따라가므로 피가 끓을 뿐이다."

그러나 이들의 거사는 누구에게도 지지를 받지 못했다. 육군 수뇌부는 당초에는 이들의 반란을 인정하는 듯한 태도를 취했으나 육군의 독주를 우려한 해군이 견제에 나서고 여론 또한 쿠데타에 동정적이지 않자 그 다음날인 27일 곧바로 계엄령을 선포했다. 결정적인 것은 천황의 태도였다. 사실상 반란군은 천황의 친정을 쿠데타의 명분으로 삼고 있었는데, 정작 쇼와 천황은 그들의 행위에 격분해 28일 이들의 원대 복귀를 명령했다. 사실상 이것으로 상황은 종료된 것이나 마찬가지였다. 29일 진압이 시작되자 노나카 시로는 권총으로 자살하고 나머지 장교들은 부사관과 사병들을 원대 복귀시킨 뒤 투항해 사건은 종결되었다. 이 사건으로 육군 당국은 숙군肅軍을 단행해 '황도파'는 궤멸하고 '통제파'가 득세하였다. 사건 직후 내각을 새롭게 구성한 히로다 고키廣田弘毅, 재위는 1936년 3월 9일~1937년 2월 2일는 각료의 인선이나 정책에 대해서까지 군부의 요구를 수용하였고, 현역 무관제를 부활해 군의 정치 개입을 용인하는 등 군부의 정치력을 증대시켰다. 이후로 군과 정부는 독점자본과의 유착·군비 확장·민중 탄압을 강화하여 일본 파시즘이 득세하게 되었다. 이보다 앞서 일어난 '5·15사건'으로 일본이 군국주의의 길로 들어섰다면, '2·26사건'은 이와 같은 흐름에 쐐기를 박은 결정타가 되었다고 할 수 있다.

그러나 일본 정계에서도 이러한 군부의 움직임에 대해 불만을 품은 이들이 많았으니, 이들의 목소리를 대변해 전 중의원 의장인 하마다 구니마츠濱田國松가 1937년 1월 21일 제70회 제국국회에서 2·26사건' 이후 군부의 과도한 정치 간섭을 통렬하게 비판했다. 이에 육군대신 데라우치 히사이치寺內壽一가 그의 말이 군대를 모욕하는 것으로 들린다고 반발하자 하마다는 자신의 말 어느 부분이 모욕적이냐고 되받아쳤다. 그럼에도 데라우치가 계속 모욕으로 들렸다고 강변하자 하마다는 "속기록을 조사해 내가 군을 모욕한 말이 있다면 할복으로 당신에게 사죄한다. 없다면 당신이 할복하라"고 소리쳤다. 데라우치가 격노해 단상에서 하마다를 노려보자 의장이 그를 나무라는 등 대혼란이 야기되었다. 다음날 의회는 정회되었고, 데라우치는 "정당이 시국에 대한 인식이 부족하다"며 히로다 총리에게 의회 해산을 요구하면서 해산하지 않으면 자신이 단독으로 사직한다고 선언했다. 시급한 예산 처리를 위해 총리부터 해군장관까지 나서 데라우치를 설득했지만, 데라우치는 마음을 돌리지 않았고 어쩔 수 없이 히로다는 내각 내의 불통일을 이유로 내각의 총사직을 단행했다.

새로 총리가 된 하야시 센주로^{林銑十郎, 총리 재위는 1937년 2월 2일~1937년 6월 4일}● 장군은 군부에 대한 싸늘한 민심을 의식해 "나는 호전적인 외교 정책을 신봉하지 않는다"고 선언하는 한편 야전의 사령관들에게 더 이상의 도발을 하지 말라고 지시했다. 아울러 공산당과 국민당 사이에 오가는 '통일전선'의 움직임에 대해서도 다소 신중하게 관망하는 태도를 취했다. 그러나 일본 군부의 생각은 달랐다. 그들은 만저우와 허베이 지역에 구축해 놓은 경제적 기반을 포기하려 하지 않았을 뿐 아니라 소련에 대한 전면 공격에 대비해 그곳을 전략적·경제적 거점으로 삼으려 했다. 이들은 만저우 지역에서 특수 무역이라는 미명 하에 밀무역을 자행해 낮은 관세의 염가 상품을 들여와 상하이와 같은 대도시뿐 아니라 오지에까지 퍼뜨

● 참고로 하야시 센주로는 조선 군사령관으로 재임하던 1931년 9월 18일 이른바 '만저우 사변'이 일어나자, 그 다음날인 9월 19일에 휘하의 20사단을 39혼성여단으로 개편하고, 상부의 지시 없이 이 부대를 만저우로 파견하였다. 내각은 만저우 사변을 둘러싼 군부의 음모를 조사하려고 하였으나, 손쓰기 힘들 정도로 사태가 확대되자 이를 용인하는 방향으로 선회하였다. 그리하여 39혼성여단을 독단적으로 움직인 하야시는 9월 22일 사후 승인을 받았다. 당시 만저우 사변을 꾸몄던 이시와라 간지(石原莞爾)는 "하야시 대장은 우리 마음대로 고양이도, 호랑이로도 만들 수 있다"고 말했다고 한다. 이후 하야시는 승승장구해 1932년부터 1934년까지는 육 군내 3대 보직 중 하나인 교육총감에 오르고, 1934년부터 1935년까지는 육군대신으로 일하는 등 승진을 거듭했다. 그리하여 사이토 내각과 오카다 내각에서 육군대신을 맡았다.

려 중국의 경공업에 큰 타격을 주었다. 이에 그치지 않고 러허 지역에서 생산된 아편까지 판매하는 등 엄청난 부를 축적했다. 그러는 사이 중국 사회에 점차 팽배했던 '반일' 감정이 중국군에도 전염되어 중국군의 사기는 그 어느 때보다도 높아만 갔다. 장차 임박한 일전을 앞두고 양측에는 애매한 소강 상태가 이어졌다.

그러나 갑자기 사태가 급진전됐다. 마오쩌둥이 '항일군정대학'에서 모순론을 강의하고 있을 즈음, 일본에서는 의회를 통한 경제 정책 수행에 실패한 하야시 센주로 내각을 대신해 고노에 후미마로$^{近衛文麿, 총리 재위는 1937년 6월 4일~1939년 1월 5일}$ 내각이 들어섰다$^{'제1차 고노에 내각'}$. 고노에는 취임하자마자 "국내의 각론의 융화를 도모한다"는 것을 명분으로 내걸고 치안유지법에 의해 체포되었던 공산당원과, '2·26사건'에 연루된 복역자들을 사면하려고 했다. 그러나 그의 후견인인 사이온지 긴모치^{西園寺公望}가 특히 2·26사건에 연루되었던 아라키 사다오^{荒木貞夫}의 사면에 반대하여 실행에 옮기지는 못했다. 고노에는 명문가의 후손으로 영향력을 발휘할 수 있었음에도 결단력은 부족했던 것이다.

그즈음 일본군은 1937년 6월부터 베이징 남쪽의 펑타이$^{豊臺, 풍대}$에 주둔하면서 도발적인 군사 훈련을 자주 실시했다. 운명의 날인 1937년 7월 7일 오후 10시 40분 베이핑 서남쪽 융딩허$^{永定河, 영정하}$에 있는 루거우챠오$^{蘆溝橋, 노구교}$ 인근의 완핑 현^{宛平縣} 성 근처에서 야간 훈련 중이던 일본군 부대를 향해 현성^{縣城} 쪽에서 몇십 발의 총알이 날아왔다. 이 와중에 일본군 사병 하나가 실종되었다는 이유로$^{사실 이 병사는 곧바로 원대 복귀했다}$ 일본군이 완핑 성에 들어와 수색을 요구했다. 당직을 서고 있던 중국 측 29군단 37사단 219연대장인 지싱원$^{吉星文, 길성문}$은 심야라는 이유로 이를 거절했다. 하지만 양측의 교섭은 그대로 진행되었는데, 새벽 4시가 되자 돌연 일본군 측이 일방적으로 완핑 성에 포격을 가했다. 일본으로서는 성동격서^{聲東擊西}의 양동작전으로 중국군의 마음을 느슨하게 만들어 놓은 뒤 전격적으로 기습 작전을 펼친 것이다.^{투거우챠오 사건}

애당초 일본 내에서는 사태가 확대되는 것을 원치 않는 분위기가 지배적이었다. 7월 9일 각의에서는 불확대 방침을 결정하였고, 일본의 '지나 주둔군' 특무기관과 텐진 시장 장쯔중^{張自忠, 장자충} 사이에 정전 협정이 성립되어 소규모의 충돌은 있었지만 9일 중에는 거의 사태가 수습되었다. 그러나 일본의 육군과 정부 내 강경파가 확전을 주장하니 고노에 내각에서는 불확대 방침을 내버리고 병력 증원을 결정해 전쟁이 확대되기 시작했다. 11일 오전 일본 각의는 일본 본토로부터 3개 사단, 조선으로부터 1개 사단, 만저우로부터 2개 여단을 파견한다는 강경 방침을 서둘러 승인했다. 그러나 그러는 와중에도 일본 내의 확전파와 비확전파 사이의 논란이 거듭되어 동원 명령 결정은 세 번이나 중지되었다.

현재 완핑 현성 안에는 '중국인민항일투쟁기념관'이 있고, 그 앞에는 포효하는 사자상이 세워져 있다.

4. 항일전쟁 시기, 시안 사변과 제2차 국공합작

219

이제 중국과 일본 간의 전면전은 피할 수 없는 현실이 되어버렸는데, 누군가 말한 대로 이 전쟁은 나라와 나라 사이의 전쟁이었음에도 공식적인 '선전포고'도 없이 일어나 확대되어갔다. 쟝졔스 역시 4개 사단을 허베이 남부의 바오딩으로 이동하도록 명령했다. 중국 공산당 역시 7월 8일 일본군의 화북 지역으로의 전면적인 진격이 임박했다고 호소하면서, 필요한 경우 즉시 항일의용군의 조직에 착수할 것을 지시했다. 전투가 진행되는 동안 양측 간의 성명전도 이어졌다. 고노에는 기자회견을 통해 이 사건이 "전적으로 중국 측의 항일 군사작전의 결과이며, 중국 당국은 불법적인 항일 행위에 대해 사과해야 한다"고 주장했다. 쟝졔스 역시 쟝시 성의 유명한 피서지인 루산廬山, 여산의 구링牯嶺, 고령에서 긴급회의를 열었는데, 여기에는 공산당 대표 저우언라이도 참석했다. 7월 15일 중국 공산당 중앙은 국공합작의 개시를 선포했다. 이에 발맞추어 7월 19일 쟝졔스도 담화를 발표하고[**루산담화**廬山談話, 여산담화], 일본과 이전에 맺은 협정은 유지되어야 하며 중국의 주권을 침범하는 어떠한 해결안도 받아들이지 않겠다고 선언했다. 그때까지 타협적으로만 일관해오던 쟝졔스가 그간의 태도를 바꾸어 결연한 항전 의지를 담아낸 강경책으로 돌아선 것이다. 중국 공산당은 이를 환영했고, 7월 23일 항일을 위한 구체적인 방침을 발표했다.

7월 27일 고노에 내각은 드디어 일본 본토의 3개 사단의 파병을 결정하고 천왕의 승인을 얻어냈다. 다음날인 28일 현지 일본군은 텐진과 베이핑을 중심으로 전면 공격을 개시해 30일에는 베이핑 남부에 있는 융딩허永定河, 영정하 이북 지역이 모두 일본군 손에 떨어졌다. 이로써 1931년 '만저우 사변' 이후 동북 지역에서 군사 세력을 확장해 오던 일본은 대륙 침략의 야욕을 만천하에 드러냈으며, 본격적인 중일전쟁이 시작되었다. 7월 28일 고노에 내각은 전쟁이 전 중국으로 확산될 것을 예견하고 한커우를 비롯한 양쯔 강 유역 일대에 거주하는 일본인들의 철수를 지령했다. 약 1,600명의 일본인들이 한커우에 집결해 배를 타고 양쯔 강을 따라 내려가 8월 9일에 상하이에 도착했다. 바로 그날 저녁 상하이에서 일본군 해군 중위 오야마 이사오大山勇夫가 중국 보안대에 의해 사살되는 사건이 일어났다제2차 상하이 사변. 11일 일본은 곧바로 군함을 증파했으며, 13일 일본 내각은 그때까지의 불확대 방침을 사실상 포기하고 일본 내 2개 사단의 상하이 파견을 결정했다. 이때 장제스는 일본군의 공격이 북중국에 집중되어 있는 것을 틈타 상하이 지역의 일본군을 공격하는 군사적 모험을 감행하기로 결심했다. 14일 장제스는 상하이 만에 정박하고 있는 일본 군함들을 폭격하도록 공군에 명령했으나 결과적으로 이 작전은 실패로 돌아갔다. 오히려 이 공격은 일본군이 중국군에 대해 대반격을 하게 되는 빌미가 되어, 14일에는 타이완에서 날아온 일본 해군항공대가 항저우杭州, 항주 등지를 폭격하고, 15일에는 나가사키長崎에서 날아온 비행기가 국민당의 수도 난징을 폭격했다. 9월 2일 일본 정부는 종래의 '북지사변北支事變'으로 부르던 명칭을 차제에 '지나사변支那事變'으로 바꾸기로 결정함으로써 앞서 말한 대로 아무런 선전포고도 없이 전면적인 **중일전쟁**이 개시되었다.

　이렇듯 긴박한 상황 속에서 국민당과 공산당의 항일민족통일전선 또한 빠른 속도로 진전되었다. 8월 22일 화북의 공산당은 국민혁명군 제8로군3개 사단으로 개편되고,● 9월 6일에는 산시 성 북부陝北 지역의 소비에트 구가 산간닝陝甘寧, 섬감녕●● 변구邊區로 개칭되었다.●●● **제2차 국공합작**이 현실화된 것이다. 9월 22일에는 '국공합작'에 대한 중국 공산당 중앙위의 선언이 공표되고 그 이튿날인 23일에는 장제스가 공산당의 합법적인 지위를 승인하고 단결구국의 필요를 지적한다는 담화를 발표했다. 10월이 되자 대장정 이후 화중과 화남에 머물며 유격전을 벌이고 있던 홍군 1만

● "홍군의 명칭은 폐지하고 그 명칭을 바꾼다. 국민혁명군으로 재조직될 것이며 국민당 정권의 군사위원회의 명령에 복종한다. 나아가서 항일 전투를 위한 의무를 위해 명령을 대기한다." (S. 슈람, 『마오쩌둥(毛澤東, 모택동)』, 203쪽에서 재인용.)

●● 각각 산시(陝西, 섬서)와 간쑤(甘肅, 감숙), 닝샤(寧夏, 영하)를 가리킨다.

●●● 두 번째 변구는 이듬해인 1938년에 세워진 '진차지(晉察冀, 진찰기)' 변구로, 산시(山西, 산서)와 차하르(察哈爾, 찰합이), 허베이(河北, 하북) 세 지역을 관할 구역으로 삼았다.

여 명이 집결해 그 다음해인 1938년 1월 신편 제4군[신사군^{新四軍}으로 약칭] 으로 재편되었다. 신사군의 군장^{軍長}은 '난창 폭동' 이후 홍콩에서 망명 생활을 하다 돌아온 예팅^{葉挺}이었고, 부군장은 장궈타오와 함께 쟝시 중화소비에트공화국의 부주석을 맡아보았던 샹잉$^{項英, 항영}$이었다.

그러나 일본군은 이미 걷잡을 수 없는 기세로 중국 대륙을 유린했다. 상하이 전투에서 중국군은 영웅적인 저항을 벌였으나, 이러한 총력전의 대가는 엄청난 것이었다. 쟝졔스가 거느린 정예 병력 가운데 60퍼센트에 해당하는 25만 명의 중국군이 사망하거나 부상당했다. 결국 상하이 전선이 무너졌고, 11월 11일 상하이가 함락되었다. 중국군은 난징으로 패주했다. 도쿄의 일본 정부는 중국 사태를 종결짓기 위한 조약을 체결하도록 쟝졔스를 압박했다. 그러나 쟝졔스는 국제 사회가 자신들을 지지할 것이라 믿고 시간을 끌었다. 그러나 그의 기대와 달리 국제 연맹은 12월 초까지 아무런 행동을 취하지 않았다. 쟝졔스는 그제야 일본과의 협상에 관심을 보였으나 이미 때는 늦어버렸다.

당시 난징을 맡고 있던 것은 구 군벌 탕성즈$^{唐生智, 당생지}$였다. 그러나 그는 쟝졔스의 기대를 저버리고 12월 12일 난징을 포기했다. 그는 자신의 목숨이 다할 때까지 난징을 사수하겠다고 공언했었지만 사실상 난징을 방어할 아무런 대책도 갖고 있지 않았기에 난징을 떠날 당시 그곳의 주둔군을 질서 있게 대피시킬 계획 따위는 애당초 없었다. 마치 자신은 도주 길에 오르면서 아무 일도 없으니 동요하지 말라고 국민들에게 거짓말을 한 어느 나라 대통령과 비슷한 처신을 한 것이었다. 12월 13일 상하이 전선이 붕괴된 뒤 각 방면에서 진격해온 일본군에 의해 난징이 함락되었다. '루거우챠오 사건^{蘆溝橋事件}' 이후 겨우 반년 만의 일이었다.

그 직전에 일본군은 잔류 시민들에게는 모두 관대하게 대하겠다는 전단을 시내에 살포했다. 그러나 개전 이래 손쉽게 중국을 점령할 것으로 생각했던 일본군은 악전고투 끝에 난징에 입성한 터였다. 그들은 전쟁에 대해 신물이 났고 그로 인해 몹시 화가 난 상태였으며 지쳐 있었다. 이들을 통제할 수 있는 이는 아무도 없었다. 그로부터 7주 동안 근대 전쟁사에서 가장 잔혹한 참상이라 일컬어지는 이른바 **난징 대학살**이 벌어졌다. 그곳에 남아 있는 남자들은 무기력했거나 이미 탈출해버린 뒤였다. 결국 남아 있는 무력한 주민들에게 가해진 폭력은 필설로 다할 수 없는 지옥의 모습地獄相 그것이었다. 여자들은 강간당했고, 아이들은 재미 삼아 허공에 던져졌다가 총검에 찔려 죽었다. 공식적으로는 난민 병사 3만에 일반 시민은 1만 2천이라고 하지만, 사실상 이것은 최소한의 숫자이고 그 정확한 내용은 아직까지도 밝혀지지 않았고 앞으로도 밝혀질 수 없을 것이다. 피해자의 숫자가 30만 명이든 그 이하든 그런 숫자가 중요한 것이 아니라 인간의 탈을 쓰고 그런 참혹한 정상이 만들어질 수 있었다는 데 모든 이들이 할 말을 잊었다. 중국의 현대문학가이자 정치가인 궈모뤄郭沫若, 곽말약는 다음과 같이 탄식했다.

> 그 죄상은 야만적인 행위라 비판받는다. 그러나 실제로는 단순소박한 야만인에게도 그런 잔혹성과 잔인성은 없다. 이것이야말로 인류 사회의 위기를 충분히 표현하고 있다. 문명을 이성의 통제 밖에 두고 문명의 이기를 악용하게 놔둔다면 그 결과는 의심할 필요 없이 인류의 멸망을 초래할 것이다.
> ……우리의 희생은 단순히 자기의 조국, 자기의 문화를 위해 피의 장성을 쌓았을 뿐만 아니라 전 세계 인류, 전 세계 문화를 위해 피의 장성을 쌓은 것이다.

이제 동북 지역을 벗어난 일본군은 화중 지역을 장악하고 이곳에 괴뢰 정권을 세웠다. 11월 22일 기왕의 군소 괴뢰 집단들을 묶어 멍장蒙疆, 몽장 연합위원회가 결성되었고, 12월 14일에는 왕커민王克敏, 왕극민을 원장으로 하여 허베이와 허난, 산둥, 산시^{山西, 산서}, 차하르^{察哈爾, 찰합이}의 다섯 개 성을 관할하는 '중화민국임시정부'라 불리는 정권이 세워졌다. 그 다음해인 1938년 난징에서 양훙즈^{梁鴻志, 양홍지}를 행정원장으로 하는 '중화민국 유신정부'가 세워져 쟝쑤와 저쟝, 안후이 3성을 관할했다.

한편 난징에서 아수라의 지옥상^{地獄相}이 연출되고 있던 그즈음에 살아남은 국민당 군은 우한으로 철수했다. 그와 비슷한 시기에 이른바 산간닝^{陝甘寧} 변구의 중심지인 옌안에 비행기 한 대가 모습을 보였다. 처음에는 일본군 폭격기라고 생각했던 이 비행기는 러시아에서 날아온 것이었고, 옌안의 작은 공항에 착륙한 뒤 비행기에서 내려선 것은 그때까지 모스크바에 머물고 있던 천사오위●^{陳紹禹, 진소우}였다. 그가 급거 귀국한 것은 그 자신의 말대로 국민당과 공산당의 단결을 더욱 강화해 항전을 철저하게 관철시킴으로써 최후의 승리를 쟁취하기 위해서였다. 그의 등장은 미묘한 시기에 미묘한 방식으로 중국 공산당 내부에 파문을 일으켰다. 그때까지 당내에서 일정한 세력을 구축하고 있던 '소련 유학파'의 실질적인 리더로 당내에서 마오쩌둥에 다음가는 2인자의 위상을 갖고 있던 천사오위의 등장은 향후 공산당이 직면하게 될 두 개의 노선에 대해 많은 시사점을 던져주는 사건이었다. 그것은 항일혁명전쟁의 수행과 마르크스 레닌주의에 입각한 사회주의 혁명의 완수라는 두 가지 과제를 어떤 식으로 조화시킬 것인가 하는 것이었다.

마오쩌둥과 코민테른의 입장을 대변한 천사오위는 기본적으로는 협조 관계를 유지했다. 마오쩌둥이 '쭌이회의' 이후 당내 주도권을 잡고 대장정을 완수함으로써 자신의 지위를 공고히 했지만, 중국 공산당에 대한 코민테른의 권위는 여전히 강력했으며, 장원톈이나 친방셴 등과 같은 소련 유학생 파 역시 중요한 위치를 점하고 있었고, 이들의 리더인 천사오위의 지위는 마오와 맞먹는 것이었다. 1938년 3월에 열린 중국 공산당 정치국

● 일명 왕밍(王明, 왕명).

회의도 마오쩌둥이 아닌 천사오위가 주관해서 열렸다. 여기서는 국민당과의 통일전선을 비중있게 다루었는데, 마침 국민당 군은 개전 이후 일방적으로 밀리기만 하다가 이즈음에 리쭝런 휘하의 쑨롄중孫連仲, 손연중의 제2집단군이 타이얼좡台兒莊, 태아장에서 일본군에 큰 승리를 거두었다. 사실상 이것은 개전 이후 승리만 해오던 일본군의 방심에서 비롯된 것이었는데, 국민당 군의 강력한 항전에 놀란 일본군은 5월에 **쉬저우 대회전**徐州大會戰을 벌여 결국 국민당 군을 패퇴시켰다. 패주하는 국민당 군은 기동 퇴각 전술을 취해 소부대 단위로 포위망을 돌파했다. 일본군은 이들을 추격하며 고도古都인 카이펑開封, 개봉으로 진군했다. 쟝졔스는 우한 방면으로 향하는 철도를 일본군에게 빼앗기지 않기 위해, 아울러 우한을 방어할 시간을 벌기 위해 황허의 제방을 폭파시켰다. 그 결과 일본군은 수 개월 간 진군이 지체되었으나, 헤아릴 수 없을 정도로 많은 중국인들이 수장되었고 막대한 재산상의 피해를 입었다. 국민당 정부가 양쯔 강 중·하류 지역을 근거지로 삼고 항전을 계속하려는 의도가 분명해지자 일본군은 우한에 대한 최종 공격에 필요한 비행기와 탱크, 대포 등을 집결시켰다.

❀ '지구전론', 제2차 국공합작의 결렬

중일전쟁이 개전된 이후 쟝졔스의 국민당 군은 몇 차례의 패전으로 주요 근거지를 잃어갔는데, 이것은 국민당 군의 무력함 때문만이 아니라 쟝졔스가 취한 전략 때문이기도 했다. 쟝졔스는 마지못해 항일이라는 목표를 위해 공산당과의 합작을 받아들였으나 정작 그의 관심사는 이 기회에 공산당에 대한 군사적 지휘권을 자신의 손 안에 넣는 것이었다. 이를 간파한 마오쩌둥은 국공합작이 성립된 직후부터, 이것이 단순히 국민당과 공산당이라는 두 개의 정당 간의 통일전선이 아니라 일본 제국주의 세력의 침략 앞에 선 각 당파와 각 계층 간의 통일전선이며 노동자, 농민, 병사, 지식인, 상공업자 등 모든 애국적 인민의 통일전선이라고 설파했다.

바로 이 지점에서 마오의 생각은 천사오위와 엇갈렸다. 곧 천사오위가 생각하는 통일전선은 단순히 국민당과 공산당이라는 두 정당 간의 합작이며, 구체적으로는 공산당이 상대적인 독립성을 가지면서도 항일전쟁의 통일적 지휘는 거의 전적으로 쟝졔스에게 맡기는 것이었는데, 사실 이것은 코민테른의 입장과 같은 것이었다. 이것은 '통일전선에서의 독립자주' 원칙을 견지한 마오쩌둥의 생각과 정확하게 배치되는 것이었다. 어떻게 보면 천사오위의 생각은 그때까지 홍군 지역에 머물러 있던 장궈타오의 그것과도 일맥상통하는 면이 있었다. 그러나 천사오위가 공산당의 혁명성을 미래에까지 견지해야 한다는 생각을 갖고 있었던 데 반해, 장궈타오는 거듭된 실패로 인해 이미 그와 같은 신심을 많이 잃고 있었다. 결국 1938년 4월 17일 장궈타오는 옌안을 방문한 국민당 군사사절단에 몸을 맡겼고, 그 다음날 새벽에 저우언라이와 천사오위, 친방셴 등 세 사람의 명의로 중앙서기처에 장궈타오의 탈당 상황이 보고되었다. 그날로 당 중앙은 〈장궈타오 당적 박탈에 관한 결정〉을 결의하고 이 내용을 전당에 공표했다.●

대장정을 끝내고 옌안에 정착한 이래 마오쩌둥은 비교적 안정적인 생활을 했다. 국민당과의 협상으로 직접 전투에 참여하는 일이 줄어들었던

● 우한을 떠나 국민당 측으로 넘어간 장궈타오는 한동안 다이리(戴笠, 대립)가 총괄하는 국민당 특무조직에서 일을 보다가 국공내전 중인 1948년 부인과 함께 타이완으로 건너갔다. 그러나 이미 이용가치가 떨어진 그를 거들떠보는 이가 아무도 없자 다시 그 이듬해 겨울 홍콩으로 건너가 잡지 기고 등을 통해 겨우 연명을 했다. 뒤에 그의 화려한 공산당 경력에 주목한 미국 대학의 교수들의 초청으로 미국에 건너가 회고록을 집필했다. 그 수입으로 곤궁한 생활을 이어가다 더 이상 생활을 지탱하기 힘들게 되자 다시 캐나다 토론토로 이주해 무료 양로원에 들어갔다. 1976년 중풍으로 쓰러진 뒤 병들고 노쇠한 그는 1979년 12월 3일 병상에서 덮고 있던 담요가 바닥에 떨어졌지만, 불편한 몸으로 인해 다시 주워 덮지 못해 그대로 얼어죽었다(82세).

혁명의 수도 옌안의 바오타산(寶塔山, 보탑산)에서 바라본 시내 전경

것이다. 이런 망중한을 이용해 마오쩌둥은 마르크스주의 이론에 좀더 천착하는 한편 중국 혁명 문제를 전체적으로 조망하는 데 필요한 비전을 갖추게 되었다. 그 결과 이 시기에 마오쩌둥은 비교적 길고 체계적인 글들을 많이 발표했는데, 주요한 것은 첫째, 군사적인 측면에서 항일 전을 다룬 것이고 둘째, 정치적인 문제를 다룬 것이었다.

1938년 5월 26일에서 6월 3일 사이에 마오쩌둥은 옌안에서 개최된 항일전쟁연구회에서 〈지구전을 논함論持久戰〉이라는 제목의 강연을 하고 한 편의 논문으로 발표했다. 여기서 마오는 당시 왕자오밍을 필두로 한 국민당 내 타협파가 견지하고 있던 "중국은 병기 면에서 뒤떨어져 있기 때문에 싸우면 반드시 진다"는 '망국론'과 장제스가 주장한 "3개월만 싸우면 국제 정세는 반드시 변화하고 소련이 반드시 출병해 전쟁이 끝난다"는 '속승론速勝論'을 비판하며, 항일전쟁은 '지구전'이라고 주장했다. 공산당 내에도 국민당 정규군의 항전에 기대어 유격전을 경시하는 사람들이 있었는데, 마오는 자신의 경험을 바탕으로 '망국론'과 '속승론'을 비롯한

4. 항일전쟁 시기, 시안 사변과 제2차 국공합작

모든 잘못된 현실 인식을 총괄하면서 공산당의 항일 지구전의 방침을 천명했다.

> 중일전쟁은 무슨 다른 전쟁이 아니라 반식민지 반봉건半殖民地半封建 상태의 중국과 제국주의의 일본 사이에 20세기 30년대에 벌어진 죽음을 각오한 전쟁으로 모든 문제의 뿌리가 여기에 있다.……일본은 강대한 제국주의 국가이지만, 그 침략전쟁은 퇴보적인 것이고 야만적인 것이다. 중국의 국력은 비록 비교적 약하지만 그 반침략전쟁은 진보적이고 정의로운 것이며, 또 중국 공산당과 그 영도 하에 있는 군대라고 하는 진보적인 요소의 대표를 갖고 있다. 일본의 전쟁 역량은 비록 강하지만 필경은 소국으로 군사력과 경제력 모두 결핍되어 있어 장기간의 전쟁을 치러낼 수 없다. 그러나 중국은 대국으로 땅도 넓고 인구도 많기에 장기간의 전쟁을 버텨낼 수 있다. 일본의 침략 행위는 다른 나라의 이익에 손해를 끼치고 위협하기에 국제적인 동정과 원조를 얻을 수 없지만 중국의 반침략전쟁은 세계적으로 넓은 지지와 동정을 얻어낼 수 있다. 이러한 특징들이 전쟁의 지구적인 성격과 최후의 승리가 일본이 아니라 중국에 있다는 사실을 규정해 왔고 규정하고 있다.●

● 『마오쩌둥 선집(毛澤東選集)』 제2권, 베이징(北京): 런민출판사(人民出版社), 1991. 447~450쪽.

다음으로 마오쩌둥은 이 전쟁은 단순히 전쟁 당사자만의 전쟁이 아니라 인민 대중이 자각적으로 참여하는 전쟁이어야만 승리할 수 있다고 호소했다. 그는 "힘의 대비對比는 군사력 및 경제력의 대비일 뿐만 아니라 인력人力 및 인심人心의 대비이기도 한 것이며, 무기는 전쟁의 중요한 요소이기는 하나 결정적인 요소는 아니고, 결정적인 요소는 물적 요소物的要素가 아니라 바로 인간이다"라고 주장했다. 곧 그들이 치르고 있는 전쟁은 단순히 국민당 군이나 공산당 군이 일본군을 맞아 싸우는 데 그치는 것이 아니기 때문에, 민족 의식을 자극해 민족의 부활을 호소하고 인민 대중으로 하여금 죽음을 무릅쓰고 적과 싸우겠다는 결의를 갖게 해야 한다는 것이다.

마지막으로 마오는 항일전쟁은 운동전을 위주로 하면서 유격전을 펼쳐나가야 한다고 주장했다. 그는 항일전쟁을 다음의 세 단계로 구분했다. 첫 번째 단계는 적의 전략이 진공進攻하는 것이면 나의 전략은 방어하는 것인 시기이고, 두 번째 단계는 적의 전략이 지키는 것保守이면 나의 전략은 반격을 준비하는 시기이며, 세 번째 단계는 나의 전략이 반격이면 적의 전략은 퇴각인 시기이다. 마오에 의하면 첫 번째 단계는 이미 거의 끝난 단계이고, 두 번째 단계야말로 가장 긴 것으로, 중국인들이 일본 전선의 배후에서 유격전을 벌이면서 균형 상태를 유지하던 때이고, 세 번째 단계는 소규모의 유격전을 중지하고 대규모의 운동전으로 돌입해 수세적인 방어에서 돌아서 적을 패퇴시키는 것이었다. 결국 이것은 유명한 마오쩌둥의 유격전 이론인 '적이 진격하면 아군은 후퇴하고, 적이 후퇴하면 아군은 진격하며, 적이 주둔하면 소요를 일으키고 적이 지치면 친다敵進我退, 敵退我進, 敵駐我擾, 敵疲我打'는 유명한 16자 전술을 전략적 차원으로 승화시킨 것에 지나지 않았다. 동시에 마오는 최후의 승리를 위해서는 국민당 군대의 지원과 일본 제국주의에 반대하는 중국 내 민주 세력의 지원이 필요하다는 사실을 빼놓지 않았다.

그러는 동안 일본군의 침략은 본격화되어 6월 15일 우한과 광둥에 대한 일본군의 총 공세가 결정되었다. 우한에 대한 공격은 황허와 양쯔 강 사이의 주요 지역을 제압함으로써 국민정부의 중축선을 끊어버리기 위한 것이었고, 광둥에 대한 공격은 영국 등으로부터의 국민정부에 대한 보급을 끊는 것을 목표로 한 것이었다. 우한 작전에 참여한 일본군은 9개 사단에 총 병력 30만 명에 이르는 것으로 중일전쟁이 시작된 이래 단일 작전으로는 최대 규모의 군사가 동원된 것이었다. 몇 달 간의 공세 끝에 우한은 초토화되었고, 10월 25일 일본군에 의해 함락되었다. 바로 직전인 10월 21일 다야 만^{大亞灣} 등에 상륙한 일본군이 광둥을 점령해 광저우 일대가 일본군의 손에 들어갔다. 이로써 웨한 선^{粤漢線, 월한선}● 과 주 강^{珠江}을 통한 국민당의 보급로가 끊어졌고, 어쩔 수 없이 쟝졔스의 국민당 정부는 다시 양쯔 강을 거슬러 올라가 충칭으로 천도했다.

바로 이즈음인 10월 12일에 제6차 중국 공산당 전국대표대회가 열렸다. 이것은 1934년 1월 루이진에서 제5차 대회가 열린 이래 무려 4년 10개월 만에 열린 것으로 옌안시대 이후 최초의 전체 회의였다. 이 회의에서는 기본적으로 항일전쟁을 부르주아 민족해방투쟁의 범주에 속하는 것으로 간주하여 자본가 계급의 지도자로서 쟝졔스를 높이 평가하고 국민당과의 장기 합작과 그 주도권을 인정하였다. 그리고 천사오위 등을 비판하고 마오쩌둥을 책임자로 하는 중앙정치국의 노선을 승인하는 동시에 향후 중국 공산당의 기본 노선을 확정하였다. 이로써 공산당 내에서의 마오쩌둥의 지도권이 확립되었는데, 이것은 중국 공산당이 점차 코민테른의 영향에서 벗어나 '마오쩌둥화^{毛澤東化}'로 나아가는 첫 땅띔을 내디뎠다는 데 그 의의가 있다.

개회 기간 중 마오쩌둥은 중앙정치국을 대표하여 10월 12일부터 14일 사이에 정치보고를 행하고, 11월 5일과 6일에는 다시 회의를 총괄하는 '결어 연설'을 했다. 정치보고는 11월 25일 《해방^{解放}》 제57기에 「신단계론^{新段階論}」이라는 제목으로 발표되었다. 그 가운데 제 7장 〈민족전쟁에 있어서의 중국 공산당의 지위〉의 '12. 학습^{學習}'이라는 부분에는 다음과 같은 언급이 포함되어 있었다.

> 마르크스 · 엥겔스 · 레닌 · 스탈린의 이론은 '세계의 어디에나 다 맞는' 이론이다. 그러나 이들의 이론을 교조적으로 간주할 것이 아니라 행동의 지침으로 삼아

● '웨(粤, 월)'는 광둥을 약칭한 것이고, '한(漢, 한)'은 우한 삼진 가운데 하나인 한커우(漢口, 한구)를 가리킨다. 곧 '웨한선'은 광둥과 우한을 잇는 철로이다.

야 한다. 또 마르크스-레닌주의의 문구만을 학습할 것이 아니라, 이것을 혁명의 과학으로 삼아 학습해야 할 것이다.……공산당원은 국제주의적 마르크스주의자이지만 마르크스주의는 반드시 중국의 구체적인 특징과 상호 결합하고 일정한 민족형식을 통해서만 실현될 수 있다. 마르크스주의의 위대한 힘은 이것이 각국의 구체적인 혁명 실천과 서로 연계되어 있다는 데 있다. 중국 공산당에 대해 말하자면, 마르크스-레닌주의의 이론을 중국의 구체적인 환경에 응용하는 것을 배워야 한다. 위대한 중화민족의 일부분으로서 이 민족과 혈육 관계로 맺어진 공산당원이라면 중국적 특성을 떠나서 마르크스주의를 말하는 것은 추상적이고 공허한 마르크스주의일 뿐이다. 따라서 마르크스주의를 중국에서 구체화하고 그 표면에 반드시 중국적 특성을 띠게 하는 것, 곧 다시 말해서 중국적 특성에 비추어 이것을 응용하는 것은 전 당이 시급히 이해해야 하고 시급히 해결해야 할 문제이다.●

여기서 마오쩌둥은 마르크스-레닌주의의 중국화의 구체적인 방법론으로서 '민족형식'●●을 중시함으로써 당내의 맹목적 '서구 모방'과 '교조주의'를 비판했는데, 이것은 명백히 천사오위를 비롯한 소련파를 겨냥한 것이었다.

한편 일본군은 엄청난 병력과 물량 공세로 우한과 광둥을 점령했지만, 마오쩌둥이 정확히 예측한 대로 일본의 군사 동원력은 이미 그 바닥을 드러내고 있었다. 중국의 방대한 영토를 장악하는 데에는 엄청난 인력과 보급이 필요했던 것이다. 일본이 우한과 광둥 함락 등을 통해 지배 지역을 늘리기는 했지만, 사실상 일본군이 확보한 것은 점과 선의 연결뿐이었고, 대도시를 중심으로 한 점령 지역을 벗어나면 그곳은 완전히 일본군의 치외법권 지역이었다. 일본군 점령지 배후에는 항일 근거지가 점차 늘어갔고 그에 따라 일본군은 서서히 전략적 수세로 몰리게 되었다. 일

● 『마오쩌둥 선집(毛澤東選集)』 제2권, 베이징(北京): 런민출판사(人民出版社), 1991. 533~534쪽.

●● 한편 마오의 발언 이후 일단의 문인들 사이에서는 무엇이 '민족형식'인가를 놓고 열띤 논전이 벌어졌는데, 그 결과 1940년 4월 21일 문학월보사(文學月報社) 주최로 〈문예의 민족형식 문제 좌담회〉가 열려 당시 충칭(重慶, 중경)에 머물고 있던 작가 21명이 참석했고, 6월 7일에는 신화일보사(新華日報社) 주최로 '민족형식 좌담회'가 열려 문인 18명이 참석해 열띤 토론을 벌였다.

본 육군성 참모본부는 11월 당면한 중일전쟁을 처리하고 군비를 확충하여 이에 대비하는 한편, 가까운 장래에 예상되는 국제 정세, 특히 유럽에서의 정세 변화를 대응하는 기본 방침을 수립했다. 그리하여 이제까지의 무력을 앞세운 군사 행동을 지양하고 이후에는 모략과 정략을 앞세운 타협 정책으로 전환했다. 11월에 '북지나개발회사', '중지나진흥회사' 등이 창립되고, 12월에는 대 중국 종합기관으로서 '흥아원'이 설립되어 일본의 점령지 내의 정치 경제 방면의 문제들을 총괄했다. 국제 정세 역시 일변해 1938년 2월 군의 통수권과 외교의 실권을 장악한 히틀러가 3월에 오스트리아를 합병하고 이어 체코를 점령했다. 이에 대해 영국과 프랑스는 히틀러와 타협해 9월에 '뮌헨 협정'을 맺었는데, 이것은 약소국인 체코를 희생양으로 삼아 전쟁을 회피하고 독일의 예봉을 소련으로 향하게 하려는 것이었다.

이렇듯 국세 정세가 독일과 같은 파시즘 국가에 대해 유화적인 분위기로 흐르고, 우한과 광동 지역이 일본군의 손아귀에 떨어지자 국민당 내부에서는 동요가 일어나 예의 '망국론'이 다시 고개를 들었다. 1938년 11월 3일 일본 정부가 같은 해 1월 16일에 천명했던 '이후 국민정부를 상대하지 않겠다'^{제1차 고노에 성명}는 당초의 입장에서 180도 선회해 이번에는 화해를 길을 열 것을 선언했다^{제2차 고노에 성명}. 국민당 부총재였던 왕자오밍^{汪兆銘, 왕조명} 등은 이에 응하여 '반공화평^{反共和平}'을 주장했고, 친일계 매판자본가들 역시 이에 동조했다. 급기야 12월 20일 충칭을 탈출한 왕자오밍은 하노이로 가서 대일 화평성명을 발표했다. 1939년 1월 국민정부는 왕자오밍을 공직에서 추방하고 국민당 당적도 박탈했다. 자기가 낸 성명에 대한 호응이 없자 왕자오밍은 신변 안전에 위협을 느껴 4월에 다시 하노이를 탈출해 일본군 점령 하의 상하이로 도피했고, 6월에는 국민당 정부가 왕자오밍의 체포령을 내렸다. 결국 일본 정부의 평화와 타협

공세는 실패로 돌아가고 전쟁은 교착 상태에 빠져 장기화될 전망을 보이게 되었다.

그러나 이즈음 국민당과 공산당 간의 통일전선은 이미 균열을 보이기 시작했다. 1938년 후반기 국민당은 은밀하게 〈이당異黨 활동 제한 판법辦法〉을 제정해 공산당의 활동을 간섭하기 시작했다. 그리고 국민당 내에는 공공연하게 일본과 싸우는 것보다 공산당을 타도하는 게 더 중요하다고 주장하는 반공파들이 늘어났다. 이들은 공산당 세력에 대한 경계심을 풀지 않고 반공정책을 제대로 시행하기 위해서는 일본과 평화 교섭을 진행해야 한다고 주장했다. 그뿐 아니라 국민당과 공산당이 접촉하는 지역에서는 우발적이라고는 하나 충돌 사고가 심심치 않게 발생했다. 공산당 6중전회가 끝나고, 같은 해 12월에 허베이 성 중부에서는 일본군을 눈앞에 두고 국민당 장인우張蔭惡, 장음오의 부대원 5,000명이 팔로군의 후방을 기습하는 충격적인 사건이 벌어졌다. 1939년 6월 12일 후난 성 핑장 현平江縣에서는 국민당 제27집단군 총사령부 소속 특무기관이 그곳에 주둔하고 있던 신사군과 팔로군 장교 10여 명을 살해하고 그 가족과 기타 혁명분자들을 1,000여 명 남짓 살해했다['핑장 참안平江慘案']. 이 사건이 알려진 뒤 8월 1일 옌안에서는 이를 규탄하고 희생자들을 추도하는 집회가 열렸다. 그러나 마오쩌둥은 쟝졔스에 대한 직접적인 비난은 피하고 '우리는 쟝 위원장에게 요구한다'는 식의 표현을 쓰는 등 쟝졔스에 대해서는 신중한 태도를 보였다. 그것은 쟝졔스가 여전히 항일전쟁에 적극 나섰으며, 중국 공산당 군의 유격전도 허용하고 있었기 때문이었다. 아직은 공산당이 국민당과 결별하고 단독으로 항일전쟁을 치를 역량이나 자신감이 없었던 것이다.

1939년 9월 1일 독일군이 폴란드를 침공하고, 3일 영국과 미국, 프랑스는 독일에 선전포고를 함으로써 **제2차 세계대전**이 본격적으로 시작되었다. 중국 대륙 내에서 일본군 세력에 대한 일종의 견제 역할을 했던 유럽의 열강들이 전쟁의 소용돌이에 휘말려들면서 일본의 중국 독점은 점점 강화되었다. 일본군은 총공세를 단행했고, 이에 맞서 쟝졔스 역시 11월 동계 공세를 지령해 약 71개 사단을 동원해 우한 주변에서 격전을 벌였다. 화북 지역의 중국군도 수세에서 돌아 일본군에게 반격을 가했다.

같은 해 5월 왕자오밍은 일본에 건너가 독자적인 정부 수립을 놓고 일본 정부와 협상을 벌였다. 일본 측은 기존의 괴뢰 정권과 같은 성격의 정부를 원했지만, 왕자오밍은 '내정의 독자성'을 요구했다. 중국으로 돌아온 왕자오밍은 기왕의 중국 내 일본 괴뢰정부의 수반들, 곧 북지나 방면군이 옹립한 '중화민국 임시정부'의 왕커민王克敏, 왕극민과 중지나 방면군이 옹립한 '중화민국 유신정부'의 량훙즈梁鴻志, 양홍지를 만나 회담한 뒤, 8월에 상하이에서 '국민당 제6차 전국대표대회'라 일컫는 회의를 소집해 쟝졔스를 국민당 총재에서 해임하고 스스로 총재 자리에 앉았다.

왕자오밍은 일본 측과 11월에는 〈중일국교조정원칙中日國交調整原則〉을, 그리고 12월에는 〈일지신관계조정요항日支新關係調整要項〉이라는 협정을 맺었다. 이것은 군대 주둔권과 주둔 지역과 그 인근 지역의 철도·항공·통신·주요 항만·수로에 대한 군사상의 요구권과 군사 고문·교관에 의한 중국군에 대한 지도권, 특정자원의 개발 이용에 관한 기업권 등을 포함하는 것으로 한 마디로 나라를 일본에 팔아 넘기는 것이었다. 1940년 3월 왕자오밍은 난징에서 '국민정부'의 수립을 선언했다.● 그러나 그의 괴뢰 정권은 인민의 신뢰를 잃었으며 일본군의 꼭두각시에 불과했다. 왕

● 중국 현대사에서는 이른바 '난징정부'라는 명칭이 몇 차례 등장한다. 첫 번째는 신해혁명 직후 쑨원을 임시총통으로 한 중화민국 임시정부(1912년 1월~1913년 12월)이고, 두 번째는 쟝졔스가 수반이 되어 좌파의 우한 국민정부에 대립해 난징에 수립한 국민정부(1927~1949)이며, 세 번째는 량훙즈를 수반으로 하여 일본의 앞잡이 구실을 한 중화민국의 유신정부(1938~1940)이고, 마지막으로 네 번째가 바로 왕자오밍을 수반으로 해 일본 앞잡이 노릇을 한 국민정부(1940~1945)를 가리킨다. 이 네 개의 정부 가운데 중앙정부의 역할을 제대로 해낸 것은 쟝졔스의 '난징정부'뿐이었다.

자오밍 역시 일본과의 교섭 과정에서 일본 측의 과도한 요구에 적잖이 실망했고 결국 자신을 하나의 도구로밖에 여기지 않는 그들의 태도에 좌절해야만 했다.●

 1940년 1월 마오쩌둥은 현 정세에 대한 자신의 인식을 총괄하는 〈신민주주의론新民主主義論〉을 발표했다. 바로 전해에 일어난 제2차 세계대전과 중국의 숨통을 죄어오는 일본군의 대륙 침략이라는 엄중한 현실 앞에 중국은 어디로 가야 하며 장차 어떻게 될 것인가? 마오쩌둥은 이 글에서 중국 혁명의 역사적 과정은 '민주주의 혁명'과 '사회주의 혁명'의 두 단계로 나누어야 하며, 민주주의 혁명은 자본가 계급이 지도하는 낡은 부르주아 민주주의 혁명이 아니라 새로운 프롤레타리아 계급에 의해 지도되는 '신민주주의 혁명'이어야 한다고 주장했다. 이것은 항일전의 승리 이후 중국이 예전의 중국을 재건할 것인가 그렇지 않으면 새로운 중국을 건설할 것인가라는 질문에 대한 답이었다. 그는 낡은 민주주의 혁명의 구체적인 예로 1840년 아편전쟁부터 태평천국太平天國의 난, 중국-프랑스전쟁, 중·일전쟁, 무술정변戊戌政變, 신해혁명辛亥革命, 5·4운동, 북벌전쟁北伐戰爭 등을 들면서, 이것들을 지주나 매판 자본가들의 손에 의해 수행된 거짓 혁명으로 규정하고, 중국 공산당이 주도하는 투쟁만이 신민주주의 혁명이 된다고 주장했다. 곧 그가 말하는 신민주주의 중국은 정치적으로 억압당하고 경제적으로 착취당하고 문화적으로 낙후된 중국을 정치적으로 자유롭고 경제적으로 번영하고 문명적으로 진보한 중국으로 전환시키는 것을 의미했다. 이를 위해 노동자와 농민, 소자본가 계급, 민족 부

● 하지만 왕자오밍은 골수암이라는 병마와 싸워야 했기에 그 치료를 위해 전쟁 기간 내내 주로 일본에 거주했다. 결국 그는 일본이 패망하기 전인 1944년 11월 10일 일본 나고야에서 죽었다. 왕자오밍이 죽은 후 그의 유해는 비행기로 옮겨져 난징에 묻혔는데, 일본군은 그의 묘가 파묘될까 우려되어 묻을 때 콘크리트로 박았다고 한다. 그럼에도 전쟁이 끝난 뒤 난징에 입성한 국민당 군은 그의 묘를 폭파하고 유해를 강가에 내버렸다.

르주아 등 중국의 변혁을 바라는 여러 세력들이 연합해 '인민민주통일전선'을 결성할 필요가 있는데, 이것은 궁극적으로 자본주의를 전복시키는 사회주의 혁명으로 나아가기 위한 하나의 조건을 준비하는 것이었다.

〈신민주주의론〉은 마오가 바로 한 달 전인 1939년 12월에 써서 당원들의 교과서가 된 『중국혁명과 중국 공산당』이라는 책자에서 '중국 혁명은 프롤레타리아와 공산당에 의해 지도되어야 한다'고 언명한 것을 심화시킨 것이었다. 이 두 문건은 역시 비슷한 시기인 1939년 10월에 마오쩌둥이 집필한 「『공산당인』 발간사」와 함께 마오가 자기 목소리를 내기 시작한 3부작이라 할 수 있지만, 여전히 마오쩌둥은 코민테른의 정통성과 대립할 수는 없었다. 그럼에도 중국혁명의 실천 과정에서 체득한 귀중한 경험을 통해 마오는 이른바 '신민주주의의 정치'는 농민에게 정권을 주는 것이라고 못박았다.

> 신삼민주의, 진정한 삼민주의는 실질적으로 농민혁명주의이다. 항일전쟁은 실질적으로 농민전쟁이다. 현재는 산상주의山上主義● 적 시기로 산 뒤에서 회의도 하고 사무도 보고 공부도 하고 신문도 내고 책도 만들어 고 연극도 하는 것은 실질적으로 모두 농민을 위한 것이다.……중국의 80퍼센트 이상이 농민이라는 것은 초등학생도 아는 상식이다. 그러므로 농민 문제는 중국 혁명의 근본 문제이며 농민의 힘은 중국 혁명의 주요 역량이다. 「신민주의론」

● 공산당 내 일부 교조주의자들은 마오쩌둥이 농촌의 혁명 근거지를 중시하는 것을 '산상주의'라고 비웃었다. 마오쩌둥은 여기서 교조주의자들의 말을 그대로 되받아쳐 농촌 혁명 근거지의 위대한 역할에 대해 설명하고 있는 것이다.

그럼에도 마오는 공산당이 가까운 장래에 실현할 수 있는 것은 사회주의가 아닌 노동자와 농민을 중심으로 한 혁명적 계급들의 연합 독재이며, 신민주주의의 정치·경제·문화라고 보았다. 결국 마오가 추구하는 신민주주의 혁명 국가는 서구식도 아니고 소련식도 아닌 새로운 형태의 공화국이었음에도 마오는 중국의 독자성을 '과도기'라는 이름으로 카무

플라쥐하고 있었던 것이다.●

 비록 갈등의 소지는 여전히 남아 있었지만, 중일전쟁의 발발로 국민당과 다시 통일전선을 결성하게 된 중국 공산당은 전선이 하나로 축소되자 상대적으로 평온한 환경에 놓이게 되었다. 1940년 당시 당원은 80만 명에 이르렀고, 항전 초기 2만 2,000과 3,000여 명에 불과했던 팔로군과 신사군의 숫자도 급격하게 늘어 1940년에 이르면 각각 40만과 10만으로 늘었다. 이렇듯 공산당 세력이 확대되어가자 쟝졔스의 불안감도 가중되었다. 1939년 12월 쟝졔스가 국민당 직계인 중앙군을 동원해 산간닝陝甘寧 변구를 포위하고 다섯 현을 점령했다. 1939년부터 1940년에 걸쳐 각지에서 국민당 군과 공산당 군 사이의 군사적 충돌이 잇달았다. 국민당은 공산당을 '간당奸黨'이라 부르고 팔로군을 '비군匪軍', 변구를 '비구匪區'로 비하해 부르기 시작했다제1차 반공고조. 아울러 국민당 내에서는 공산당이 자신들의 통치 구역인 변구의 확대에만 열을 올리고 일본과의 전투를 회피하고 있다는 비난의 목소리가 터져나왔다.

 이와 같은 상황을 타파하기 위해 1940년 8월 팔로군은 일본이 강력하게 통제하고 있던 북중국의 거점들과 도로와 철도에 대한 일련의 공격을 감했다. 이 작전에 동원된 팔로군 병사가 100개 연대실제로는 115개 연대였기 때문에, 흔히 **백단전쟁**百團戰爭이라 불렸던 전쟁의 결과 각지에서 일본군과 왕자오밍의 난징정부군 전방 거점이 큰 타격을 입었다. 이 작전은 펑더화이가 지휘했는데, 실제로는 그 공격이 어떻게 계획될 것이며 그 목적이 무엇인지가 분명치 않았다. 심지어 마오쩌둥조차 이 작전을 사전에

● 이후로 신민주주의 이론은 중국 공산당의 강령이 되었다. 1949년 이후 중국 공산당이 중국 대륙을 점령한 초기에는 중국인민정치협상회의 공동강령의 정신으로 표출되었고, 노동계급·농민계급·소(小)부르주아지·민족부르주아지 및 기타 애국적 민주분자들을 망라하는 인민민주통일전선으로 나타났다. 그러나 1954년 9월 중국 공산당이 정식으로 헌법을 채택하였을 때에는 민족 부르주아지와 소부르주아지를 포섭 대상에서 제외하여 투쟁 대상으로 전환시킨 '인민민주의 국가'를 제기함으로써, 신민주주의 단계는 끝났음을 선포하였다. 결국 신민주주의는 중국 공산당의 힘이 부족하자 중립적인 인사들을 포섭하여 중국국민당에 대항하기 위한 전략이었던 것이다.

알지 못했다고 한다. 초기의 성공에도 불구하고 일본군의 반격으로 공산당 군 역시 큰 타격을 입었고, 무엇보다 공산당 군의 작전 범위가 확대되는 결과를 빚어 도처에서 국민당 군과의 알력이 일어나게 되었다. 국민당과 공산당의 대립은 점차 심각한 상태로 나아갔고 공산당 군에 대한 군비 지급도 지연되기 시작했다.

'백단전쟁'이 끝나갈 무렵인 1940년 12월 국민정부의 중앙군사위원회는 '신사군'에게 양쯔 강 이북으로 이동할 것을 강력하게 요구했다. 그들은 중국 최대의 곡창 지대이자 중공업의 중심지이며 당시 일본의 통치 하에 있던 양쯔 강 삼각주 지역에서 공산당 군이 할거하고 있는 것을 못마땅하게 생각하고 있었다. 공산당 군은 국민당의 요구를 거부했고 명령을 강요하려던 국민당 군은 여러 번의 국지전과 한 번의 계획된 전투에서 심각한 패배를 당했다. 1940년 12월 초반 쟝졔스는 최후통첩을 보냈다. 양쯔 강 남쪽의 팔로군은 12월 31일까지 북쪽 기슭으로 건너가야 하며 같은 기간에 신사군은 북진을 시작해 1941년 1월 31일까지 강을 건너야 한다는 것이었다. 하지만 이 명령의 이행을 지연하거나 거부하려는 의도로 신사군 지휘관은 진군의 행로와 안전 통행권, 그리고 그들이 보유하고 있는 보급품과 금괴 등을 놓고 국민 정부와 흥정했다. 마침내 1941년 1월 예팅葉挺, 엽정과 샹잉項英, 항영이 이끄는 신사군의 정예 병력 9,000명이 세 갈래로 나누어 양쯔 강을 도하하기 시작했고 1월 5일 도하를 마치고 안후이성 징 현涇縣, 경현 남방의 마오린茂林, 무림으로 들어갔다. 이 때 갑자기 8만 명의 국민혁명군이 나타나 이들을 포위하고 그 다음날부터 공격을 개시하였다. 갑작스런 기습에 수적인 열세까지 겹쳐 신사군은 병력의 상당수를 잃었다. 군장인 예팅은 부하를 살리기 위해 1월 13일 국민당군측과 협상을 시도하였다. 예팅이 협상하러 오자 갑자기 국민당 측은 그를 체포해버렸고 그 와중에 신사군의 부군장인 샹잉이 전사했다.

포위망을 돌파해 살아 돌아간 병사는 2,000여 명에 불과했다[**신사군 사건, 또는 완난사변**皖南事變].

 1월 17일 장제스는 신사군의 해체를 명령했고, 예팅은 군법회의에 넘겨졌다. 그러나 1월 20일 옌안의 공산당 군사위원회는 부대를 재건하기로 결정하고, 새로운 부대장에는 천이陳毅, 진의를, 정치위원으로는 류사오치劉少奇, 유소기를 선임했다. 신사군은 이내 7개 사단 및 1개 여단으로 구성된 9만 병력의 규모로 재편되었다. 이 사건으로 중국 공산당은 많은 인명 손실을 입었지만, 실제로는 상당한 선전 효과를 거두었다. 국민당은 통일 전선을 깨뜨렸다는 비난을 들어야 했고 이에 반해 공산당은 항일 전선의 영웅으로 민중들 사이에서 떠받들어졌다. 비록 공산당은 이 사건으로 인해 양쯔 강 남쪽의 영토에 대한 영향력을 상실했지만 더욱 소중한 인민의 지지를 얻을 수 있었던 것이다.

 한편 '백단작전'으로 큰 타격을 입은 일본군은 진공을 멈추고 화북 지역에 대해 이른바 **삼광작전**三光作戰을 개시했다. 1941년 7월 오카무라 야스지岡村寧次 대장이 지휘하는 일본군은 화북 지역을 '치안구'와 '준 치안구', '비 치안구'로 구분하고 각각에 대해 서로 다른 조치를 취했다. '치안구'에서는 친일 권력을 내세워 옛부터 내려오는 보갑제에 의한 연좌법을 실시해 공산당원을 일소하는 한편, 일본과 중국은 '같은 글을 쓰고 인종도 같으니同文同種' '더불어 살아가고 더불어 영화를 누리기共存共榮' 위해, '공산당을 토벌해야 한다共匪討伐'는 등의 선전전을 벌여나갔다. '준 치안구'에는 주변에 무인구無人區를 만들고 토치카와 망루를 설치해 공산당 세력의 침입을 원천 봉쇄했다. 1941년과 42년 2년 동안 그렇게 만들어진 토치카가 무려 7,700여 개에 이르렀으며, 참호 길이는 11,860킬로미터에 달했다. 공사에 동원되고 자재까지 약탈당한 것은 물론 중국 민중들이었다. '비 치안구'에서 이루어진 것이 바로 '모조리 태우고燒光, 모조리 죽이고殺光,

모조리 약탈하는^{搶光} '삼광^{三光}'이었다. 과연 이것은 일시적으로 효과를 거두었다. 1941년 8월에서 10월 사이에만 이 작전으로 4,500명이 죽고 15만 채의 가옥이 불에 탔다고 한다. 이 작전은 일본군의 의도대로 어느 정도 효과를 거두었다. 그러나 일본군들이 깨닫지 못한 것이 있었다. 그것은 중국 인민들의 가슴속에 깊이 뿌리내린 일본에 대한 적개심이었다.

공산당 군은 '신사군 사건' 이후 국민당 정부에 의한 경제 봉쇄로 곤경에 빠졌다. 통일전선의 합의에 따라 팔로군 병사들에게 지급되던 보조금이 없어지자 옌안은 이중으로 고통을 당했다. 이로 인해 한때 50만이 넘었던 팔로군은 30만으로 줄었고, 변구의 인구도 1억에서 5,000만으로 급격히 줄었다. 변구 내에서는 군수 물자뿐 아니라 일상 용품마저도 구하기 힘들었다. 그래서 전투가 끝나면 교전지에서 무기를 수거해 오는 지역 민간인들에게 기관총은 한 정당 50위안, 장총은 10~20위안을 주는 식으로 포상을 했다. 팔로군 가운데 대열을 이탈해 고향으로 도망가는 자도 나왔고, 지휘관 가운데 국민당 군에 투항하는 자도 나왔다. 1941년에서 43년에 걸쳐 화북 지역은 극심한 가뭄과 그로 인한 흉작이 찾아왔다. 이 기간은 옌안의 공산당 군에게 가장 힘겨운 시기였다.

1941년 5월 마오쩌둥은 옌안에서의 간부회의에서 「우리들의 학습을 개혁하자」는 제목의 보고를 했다. 여기서 마오는 다시 한번 이론과 실천의 통일 문제를 제기하고, 교조만을 암기할 뿐 주변 상황을 무엇 하나 조사·분석하지 않으려는 주관주의적 태도를 날카롭게 비판했다. 여기서 한 걸음 더 나아가 마오는 마르크스-레닌주의 이론을 중국 혁명의 실제 운동과 결합시킬 것을 요구하면서, "'표적'은 중국 혁명이고, '화살'은 마르크스-레닌주의"라는 비유를 썼다. 이것은 바야흐로 목전에 임박한 당내 기풍을 정돈하고 진작하는 이른바 '정풍 운동^{整風運動}'의 서막을 알리는 것이었다.

사실 1938년 10월에 열린 '제6차 중국 공산당 전국대표대회'에서 마오가 「신단계론^{新段階論}」을 발표한 이래로 약 2년 간 당내에서 마오의 위치는 조금은 어정쩡한 데가 있었다. 당에 대한 마오의 통제력이 서서히 강화되고 있다고는 해도 당내에는 여전히 여러 집단 간의 협력 관계가 유동적으로 움직이고 있었다. 이후 「신민주주의론」에 이르기까지 마오가 여러 편의 글을 발표했음에도 당 기관지에서는 그의 논문을 특별히 다루지 않았고 소수의 예외적인 경우를 제외하고는 그의 글을 인용하는 일마저 없다시피 했다. 그럼에도 마오는 서서히 자신의 이론 체계를 완성시켜 나가고 있었다. 나아가 1940년에 이르면 마오는 이미 당내에서 이론의 여지가 없는 만능 전략가로 부각되었고, 다른 지도자들은 각각의 개별적인 영역을 담당하는 데 그쳤다. 마오가 독자적인 사상을 발전시켜 소련파로부터 점차 이탈하고 정치적으로 힘을 키워나가자 당내에는 그를 적극적으로 추종하는 세력이 나타났다. 1939년 5월에 시작되어 그 다음해인 1940년 6월까지 마오의 지도 하에 옌안에서 진행되었던 간부에 대한 교육 운동은 그로부터 2년 뒤에 본격적으로 시작되는 '정풍 운동'의 서막이었던 것이다.

'태평양전쟁'의 발발과 '마오쩌둥 사상'의 성립

제2차 세계대전의 시작을 알리는 나치 독일의 폴란드 침공 바로 직전인 1939년 8월 독일과 소련이 상호 불가침 조약을 맺었다. 그것은 독일이 폴란드를 침공할 때 배후의 위협이 될 소련에 대해 사전에 조치를 취한 것이었다. 당시 일본의 총리는 히라누마 기이치로^{平沼騏一郎, 재임 기간은 1939년 1월~1939년 8월}였는데, 히라누마 내각은 동아시아 지역의 패권을 놓고 소련과 각축을 벌여야 하는 입장에서 소련을 견제하기 위한 방편으로 독일과 동맹 관계를 맺고자 협상을 벌이고 있었다. '독·소 불가침조약'이 맺어지자 그 여파로 히라누마 내각이 총사퇴하고, 당시 육군의 양대 파벌인 통제파^{統制派}와 황도파^{皇道派}의 어느 한쪽에도 속하지 않는 중립적인 위치에 있으면서, 해군의 지지를 받았던 아베 노부유키$^{阿部信行, 재임\ 기간은\ 1939년\ 8월~1940년\ 1월}$가 총리가 되었다. 온건파인 아베는 제2차 세계대전이 발발하자 일본의 중립을 지키기 위해 노력했고, 격화되고 있던 중일전쟁 역시 종식시키려 했다. 특히 나치 독일과 군사 동맹을 맺으면 미국이나 영국과의 관계가 나빠질 것을 우려하여 세계대전에 개입하지 않는 방침을 세웠으나 육군이 지지하지 않아 결국 1940년 1월 총리 자리에서 물러났다. 그의 후임은 역시 대외 온건파였던 해군 대장 출신의 요나이 미츠마사* $^{內光政,\ 재임\ 기간은\ 1940년\ 1월~1940년\ 7월}$였는데, 그 역시도 '나치 독일-이탈리아 왕국-일본 제국'의 삼국 동맹을 강하게 반대했다. 하지만 삼국 동맹을 선호했던 육군의 압박으로 그 역시 취임 6개월만에 사임하고, 중일전쟁 발발 당시의 총리였던 고노에가 '동아시아의 신질서'를 내각의 기치로 내걸고 전면에 나서 재차 총리에 취임했다$^{'제2차\ 고노에\ 내각'}$.

'제2차 고노에 내각'$^{1940년\ 7월~1941년\ 7월}$은 〈기본 국책 요강〉에서 '대동아의 신질서 건설'을 주창했고, 8월에는 외무장관인 마츠오카 요스케^{松岡洋右}가 처음으로 '대동아공영권'이라는 말을 공표했다. 이것은 그때까지 만저우를 포함한 중국 지역에 국한되었던 일본의 침략 대상을 확대해 남방 진출을 선언한 것이었다. 고노에 내각은 이때부터 대동아공영권의 건설을 모토로 신체제 운동을 전개하였다. 그리하여 모든 정당을 해산시키고 의회민주주의를 폐지하였다. 10월 12일 일당국가를 모토로 하는 독재정당인 대정익찬회^{大政翼贊會}가 창당되어 고노에가 당수에 취임하였다. 이제 사태는 급박하게 돌아갔다.

1940년 9월 23일 프랑스가 독일에게 패퇴한 뒤, 일본군은 프랑스령 인도차이나의 북부를 점령하였고, 같은 해 9월 27일에는 독일-이탈리아와 함께 삼국동맹을 체결하였다. 여기에는 일본과 독일이 아시아와 유럽 지역 내에서 각자의 활동을 인정하고 중일전쟁과 유럽전쟁에 참가하지 않은 나라^{곧 미국}로부터 공격을 받을 경우 상호 '참전의 의무'를 진다는 것이 명시되었다. 프랑스는 독일과의 전쟁에서 패한 뒤 일본과 〈마츠오카·앙리 협정〉을 체결했다^{8월 30일}. 그 주요 내용은 동아시아 지역에서의 프랑스의 권익과 인도차이나 지역의 영토 보존 및 그 전 지역에서의 프랑스 주권의 존중을 조건으로 일본이 인도차이나 지역에 전략 기지를 세우는 것을 허용하는 것이었다. 이를 근거로 일본군은 인도차이나 지역에 주둔할 수 있게 되었다.

이듬해인 1941년 4월 13일 소련과 일본 사이에 중립조약이 체결되었고, 바로 전해에 맺은 '독·소 불가침조약'의 잉크가 채 마르기도 전인 같은 해 6월 22일 독일이 소련을 침공했다. 소련은 장기 항전 태세에 돌입했고, 7월에 미국 대통령 루즈벨트와 영국 총리 처칠은 대서양회담을 열고 대소 원조를 위해 미·영·소 삼국회담을 개최할 것을 공표했으며, 10월이 되자 계획대로 미·영·소는 모스크바에서 회담을 열었다. 한편 모스크바로 향하던 독일군은 11월에 모스크바에서 30~50킬로미터 떨어진 지점에서 혹독한 겨울 추위에 발이 묶였고, 12월에는 소련군의 반격이 시작되었다. 당시 일

목포의 근대역사관에 보관되어 있는 '팔굉일우(八紘一宇)' 비. 이것은 2011년 11월 12일 목포여자중학교 운동장 국기게양대 앞에서 운동장 토취 공사 중 비의 몸돌을 발견하여 수습한 것으로, 1940년 10월 27일에 목포여자중학교 국기게양대 앞에 세웠다가 해방 후 땅에 묻은 것으로 추정된다. 비석의 앞면에 새겨진 '팔굉일우'는 고노에 총리가 1940년 시정 방침 연설에서 "황국의 국시는 전 세계를 하나의 집으로 만드는(八紘一宇)" 데 있다고 말한 데서 유래한 것이다. 뒷면에는 당시 조선 총독이었던 미나미 지로(南次郎)가 이 글씨를 썼다고 기록되어 있다.

본 내에서는 삼국동맹에 의거해 소련 공격을 주장하는 육군과 자원 확보를 위해 남방 진출을 주장하는 해군이 서로 대립하는 사태가 벌어졌다. 미국은 일본이 인도차이나를 점령하자 이에 대해 경제 제재를 가했는데, 특히 석유를 금수 조처함으로써 일본을 곤경에 빠뜨렸다. 당시 외무장관이던 마츠오카는 독·소 전쟁에서 소련 공격을 주장했고, 남방 진출을 위해서는 미국·영국과의 전쟁도 불사한다는 강경론을 펼쳐 대미 교섭에 반대했다. 고노에는 이런 마츠오카를 경질하기 위해 7월 18일 '제2차 고노에 내각'을 해체하고, 바로 그 당일에 '제3차 고노에 내각'[1941년 7월~1941년 10월]을 구성했다.

마츠오카의 후임에는 남방진출을 주장하는 도요다 데이지로豊田貞次郎 해군대장이 임명되었다. 1941년 7월 23일 일본군은 나치독일에 항복한 프랑스의 권익을 탈취하기 위해 인도차이나 남부에 진격하여 사이공에 입성하였다. 이에 미국과 영국, 네덜란드는 대일 경제 제재를 시행했고, 8월 1일에는 미국이 석유 수출을 전면 금지했다. 일본은 이러한 조치를 예상하고 있었는데, 실제로 이러한 조치가 현실화되면 미국과 영국에 대한 전쟁을 결의하지 않으면 안 된다는 사실을 잘 알고 있었다. 9월 6일에는 어전 회의가 열려서 10월 중순까지 미국과 영국과 협상을 하고, 그 때까지 결론이 나지 않으면 영미와 전쟁을 하겠다는 「제국국책수행요강」을 채택하였다. 여기에는 10월 하순을 목표로 전쟁 준비를 완성시킬 것을 명시하고 별지에는 미국와 영국이 도저히 승인할 수 없는 교섭 조건을 내걸었다. 고노에는 이후 조지프 그루 주일 미국 대사를 만나서 미국과의 협상을 위해 미일 양국 정상회담을 미국 측에 요청했으나 미국 국무성은 이를 거부하였다.

10월 중순 일본 측이 내정한 외교적 협상시한을 넘기자, 전쟁의 견해를 둘러싸고 육군과 해군 간의 대립이 격화되었다. 그 와중에 고노에는 미국을 상대로 한 전쟁에는 자신이 없다고 말하며 총리 직을 사임하여 10월 18일 내각은 총 사퇴하였다. 그리하여 육군 대신이었던 도조 히데키東條英機가 후임 총리에 취임해 내각을 조직하고 11월 5일 〈제국 국책 수행 요령〉을 결정했다. 이것은 작전 준비와 병행해 대미 교섭을 계속하면서 12월 1일까지 미국과 타협이 이루어지는 경우 개전하지 않는다는 것을 골자로 한 중대 결정이었다. 그러나 이 교섭은 끝내 좌절되었고 12월 1일의 어전회의에서 미국과 영국·네덜란드에 대한 개전을 결정했다. 12월 2일 개전일은 12월 8일로 최종 확정되었고, 전쟁 명칭은 '지나사변'을 포함한 '대동아전쟁'으로 명명되었다. 1941년 12월 8일^{하와이 시간으로는 7일} 일본군은 기습적으로 진주만을 폭격했다. **태평양전쟁**이 시작된 것이다.

'태평양전쟁'의 발발로 일본의 전선은 중국 대륙에서 다시 동남아시아와 중남부 태평양으로 확대되었다. 이에 따라 일본군의 공세 역시 중국 전선에서 남방으로 옮겨갔고, 미국이 같은 연합국으로서 중국과 연대하는 상황이 벌어졌다. 그러나 이러한 호기를 장제스는 일본군을 공격하는 데 이용하지 않고 오히려 반공 공세를 펴나갈 빌미로 삼았다. 장제스는 미국이 일본을 물리쳐줄 것으로 생각하고 이 틈을 타 변구를 확실하게 분쇄하고자 했던 것이다. 반공에는 너와 내가 없었다. 심지어 국민당 군이 왕자오밍의 친일군에 투항해 일본군과 함께 변구를 봉쇄하고 공격하는 일까지 벌어졌다. 항일전쟁 당시 친일군의 규모는 약 80여만이었는데, 그 가운데 60퍼센트 정도가 투항한 국민당 군이었다. 공산당의 근거지인 산시 성 북부陝北 지역은 중국에서도 가장 빈한하고 낙후된 곳이었다. 농산물이라야 수수와 같은 밭 작물이 고작이었고, 그 때문에

진주만 폭격

쌀을 주식으로 먹던 남방의 후난 출신인 마오쩌둥은 식사 문제에 익숙지 않아 큰 곤란을 겪었다고 한다. 다행히 이름 그대로 '쌀이 기름지게 난다'는 미즈$^{米脂, 미지}$라는 곳에서 나는 쌀로 지은 밥으로 마오는 향수를 달랠 수 있었다.

● 미즈는 명나라를 멸망시킨 리쯔청(李自成, 이자성)의 고향이기도 했다.

안팎으로 가중되는 어려움들을 마오쩌둥은 '생산 활동'과 '정풍 운동'으로 타개하려 했다. 위기에 대한 대응으로서 1941년부터 1944년까지 중국 공산당이 전개한 정치·경제·사회·군사상의 몇 가지 대중 운동은 결과적으로 중국의 공산주의 운동을 그때까지와는 전혀 다른 차원으로 끌어올렸다. 여기에는 이른바 정풍 운동^{1942년}과 정병간정 운동^{精兵簡政運動}●● (1941~43년), 하향 운동^{下鄕運動}(1941~42년), 감조감식 운동^{減租減息運動}●●● (1942~44년), 합작사 운동^{合作社運動}(1942~44년), 민병강화 운동(1941~44년), 생산 운동(1943년), 3·3제 운동●●●● (1941~43년), 옹정애민 운동^{雍政愛民運動}(1943년), 교육 운동^{1944년} 등이 포함된다. 중국 공산당은 이런 운동들을 통해 기존의 체제를 철저하게 재편하고 해방된 대중 에너지를 통합해 1942년 말에 이르면 2년 간의 심각한 곤경으로부터 기사회생해 자립화의 길을 찾아내게 되었다. 하지만 이 가운데 마오쩌둥이 가장 심혈을 기울였던 것은 사실상 이 모든 것을 주체적으로 움직여 나가는 개개인의 사상 개조 운동이었다. 당시 변구에는 물질적인 결핍으로 인한 곤란함말고도 간부의 부패와 의식주의 불평등, 오락 거리의 부족이나 단조로운 일상 등에 대한 불만이 팽배해 있었다.

●● 말 그대로 군을 정예화하고 행정을 간소화하는 것.

●●● 소작료와 고율의 이자를 인하하는 것.

●●●● 변구의 정부 지구에서 관직의 3분의 1은 '비당파 좌파 진보세력'에게, 3분의 1은 중도파에게 넘기고 나머지 3분의 1만 공산당원으로 채우는 것.

●●●●● 별 내용이 없는 형식적인 문장.

1942년 2월 마오쩌둥은 〈당의 작풍을 바로잡자〉, 〈당 팔고^{黨八股}에 반대하자〉라는 두 개의 연설을 통해 당 전체에 이른바 삼풍정돈^{三風整頓} 운동을 일으켰다. 이것은 학습을 통해 당원 각자가 '학풍^{學風}', '당풍^{黨風}', '문풍^{文風}'이라는 말로 대변되는 '주관주의'와 '종파주의', '당 팔고●●●●●적인 작풍'을 극복하는 것을 말한다.

여기에서 문제가 되고 있는 것은 첫째, 책에 씌어진 지식·이론만을 되풀이하고 현실을 보려 하지 않아 현실에서 유리된 당내 지식인이었다. 둘째로 개인의 이익, 일부분의 이익만을 생각하고 전체를 고려하지 않아 개인 또는 집단 이기주의에 빠진 일부 당원의 문제였다. 그리고 셋째 대중과 접촉하고 대중에 선전 활동을 전개할 때의 문장 상의 공허한 형식주의의 문제였다.●

● 사에키 유이치(佐伯有一), 노무라 고이치(野村浩一) 외, 『중국현대사』, 448쪽.

마오쩌둥은 태생적으로 중국의 전통적인 엘리트들을 경멸하고 혐오했다. 그들은 현실에 대한 절실한 인식도 없이 단지 관념의 차원에서만 민중의 아픔을 이야기했던 것이다. 특히 마오는 그들이 농촌의 가난에 대해 무지한 것을 참을 수 없었다. 하지만 '정풍 운동'이 노리는 것은 그뿐만이 아니었다. 당시 공산당 당원과 행정 간부들의 지적 수준은 매우 낮은 편이었다. 특히 간부들의 대다수가 문맹이었기 때문에 이들에 대한 이론적 무장과 당내의 사상적 통일을 이루는 일이 시급하게 요청되었다. 이러한 목표 아래 1942년부터 43년에 걸쳐 당내의 고·중급 지도기관과 거기에 속해 있는 약 3만 명 이상의 간부가 동원되어 소조로 나뉘어 학습과 훈련을 받았다. 좀더 구체적으로는 마르크스와 레닌에 의해 체계화된 마르크스-레닌주의의 보편적 진리와 중국 혁명의 구체적 실천의 접합이 요구되었고, 이를 통해 그 구체적인 결정체로 '마오쩌둥 사상'이 전면적으로 칭송되었다. 곧 정풍 운동의 목적은 중국 공산당에서의 마르크스주의의 발견이었고, 그 체현자인 마오쩌둥의 재발견이었던 것이다.

다른 한편으로 마오쩌둥이 제기했던 문제는 '당'과 '대중'의 관계에 대한 것이었다. 곧 공산당은 누구를 위해, 또 어떻게 복무할 것인가 하는 문제가 시급한 과제로 떠올랐던 것이다. 1942년 5월 옌안에서는 '정풍 운동'의 일환으로 문예좌담회가 소집되었다. 마오쩌둥은 이 좌담회에 출석해 자신의 생각을 〈옌안 문예좌담회에서의 강화 在延安文藝座談會上的講話〉'문예강화'로 약칭라는 제목의 강연으로 풀어냈다. 마오쩌둥은 이 강연을 통해 당시 옌안 지구의 문학·예술이론과 운동을 비판했을 뿐 아니라 5·4운동 이래 혁명문학 논쟁 내부에서 일었던 '문예의 대중화' 문제에 대해 확고한 해답을 제시했고, 향후 중국 문학이 나아가야 할 방향을 제시했다.

〈문예강화〉의 중요한 요점은 "문학과 예술은 누구에게, 어떻게 봉사해야 하는가"라는 문제이다. 이 점에 대하여 〈문예강화〉는 다음과 같이 말했다. 문학과 예술은 첫째로 노동자·농민·병사를 위하여 봉사해야 한다. 어떻게 봉사해야 하는가에 대해서는 보급이 첫째이며, 보급의 기초 위에서 예술적 수준을 향상시켜야 한다. 노·농·병의 생활과 투쟁 속으로 깊이 들어가, 그들과 일체가 되고 그들의 생활을 알아야만 노·농·병을 정확히 표현할 수 있다고 주장했다. 또 "문학·예술과 정치"에 대하여 〈문예강화〉는 정치를 더욱 중요시했다. 즉 작품 비평에 있어서는 정치 기준과 예술 기준의 둘이 있는데, 정치 기준을 우위로 하여 양자를 통일해야 한다는, 예술성보다 정치성을 중시하는 주장을 펴고 있다. 〈문예강화〉의 문예관을 구체적으로 말하면, 노·농·병의 대중이 애호하는 전통적 민간 문예나 "민족형식"을 중시하며, 이를 이용해 사상성을 표현해내야 한다는 것이다.●

● 김학주·이동향, 『중국문학사』 2, 방송통신대학출판부, 1989. 254쪽.

이 좌담회에서는 특히 딩링$^{丁玲, 정령}$과 아이칭$^{艾青, 애청}$, 샤오쥔$^{蕭軍, 소군}$ 등이 비판을 받았다. 진정한 예술가는 "인민 대중을 깨우치고 일으켜 단합하고 투쟁하며 자신의 환경을 개혁하는 데 동참할 수 있도록" 할 수 있는 사람들이었다. 일반 당원과 마찬가지로 문예담당자들 역시 문예가 진실로 노동자와 농민·병사들에게 유익하고 그들의 삶과 일상을 반영할 수 있도록 하기 위해 1943년 3월부터 대규모적인 '하향입오^{下鄕入伍}' 운동이 벌어졌다. 그들은 작가 등의 직위를 버리고 군인이나 당 조직책, 행정 간부 또는 대중조직의 활동가로서 각지에 부임했다. 그 효과는 당장 나타났다. 딩링의 경우 이전의 작품에 드러났던 작가 개인의 내면의 세계는 없어지고 대중의 생활과 투쟁만이 묘사된 작품이 그의 작품집 목록에 이름을 올렸다.

〈문예강화〉의 세례를 받고 최초로 성공적인 작품을 쓴 작가는 자오수리$^{趙樹理, 조수리}$였다. 그는 산시 성$^{山西省, 산서성}$의 농촌 출신으로 농민들의 생활 감정이나 언어, 민간 문예에 대해 깊은 이해를 갖고 있었다. 그리고 소학교 교사를 거쳐 《신화일보》 기자가 되는 사이 여러 직업을 전전하며 다양한 체험을 했다. 이러한 체험을 통해 농민들의 세계를 간파한 자오수리는 '문단^{文壇}'의 작가가 되기보다는 '문탄^{文攤}●'의 작가가 되는 것을 지향했다. 1943년에 발표한 「샤오얼헤이의 결혼^{小二黑結婚}」과 「리유차이 판화^{李有才板話}」, 그리고 장편소설 『리씨 집안 장원의 변천^{李家莊的變遷}』 1945년 등은 농민들이 사용하는 언어를 능숙하게 운용했고 문장도 분명하고 유창하면서 유머가 듬뿍 담겨 있어 교육 수준이 낮은 농민들도 쉽게 읽을 수 있었다.

● '문탄(文攤)'은 '길거리 좌판에 벌여 놓은 책방'이라는 뜻으로, 중국어로는 '文壇'과 '文攤'의 발음이 '원탄(wentan)'으로 똑같다.

과연 생산 운동과 정풍 운동의 결과 변구 지역은 그들을 둘러싼 여러 가지 위협으로부터 벗어날 수 있었다. 1944년에 접어들면서 팔로군은 32만으로 그리고 '완난사변' 이후 궤멸적 타격을 입었던 신사군은 다시 15만으로 늘어났다. 당원도 44년에는 85만, 45년에는 120만 명으로 급증했다. 1937년 당시 10만 입방킬로미터의 면적에 200만 남짓의 인구로 시작한 변구 또한 45년에는 19개 소의 근거지를 기반으로 100만 입방킬로미터 면적에 1억이 넘는 인구를 가진 거대한 세력으로 성장했다. 그 결과 공산당 당내에서는 이전과 같은 격렬하고도 다양한 이론 활동이 소멸되고 논자들 역시 일변하여 점차 마오쩌둥을 숭배하는 분위기가 나타나게 되었다. '마오쩌둥 사상'이라는 말이 처음으로 등장한 시기도 이즈음이었다. 이것은 당의 활동을 통합하는 하나의 인격적 사상이 창조되었다는 것을 의미하며, 마오쩌둥은 중국 공산주의 운동을 대표하는 하나의 상징이 되었다. 이러한 일련의 과정을 마무리짓는 것이 바로 중국 공산당사에 대한 전면적인 검토 작업이었다. 1942년 11월부터 시작된 당사에 대한 검토는 1945년까지 진행되어 그 결과가 1945년 4월에 개최된 제6기 7중전회에서 나타났다. 이로써 소련 유학파의 정치노선의 오류에 대한 평가가 확정되고, '정풍 운동'에 의해 당 조직과 이데올로기에 대한 마오쩌둥의 지배를 확립하여 1943년에 이르면 카리스마적 지도자로서의 초월적인 권위를 획득한 마오쩌둥의 지도권에 무오류성의 신화가 창조되었던 것이다. 이 대회에서 결의된 새로운 당 규약에서는 "중국 공산당은 마르크스-레닌주의의 이론과 중국 혁명의 실천을 통일시킨 '마오쩌둥 사상'을 당의 모든 공작의 지침으로 삼는다"고 규정했다.

일본의 패망과 항일전쟁의 승리

1937년 10월 일본군에 의한 우한 함락 이후 대치 단계에 들어갔던 중일전쟁은 태평양전쟁의 발발로 새로운 국면에 접어들었다. 태평양전쟁 직전 최대의 병력을 중국에 파견했던 일본군은 1941년 가을 후난 성 창사 방면에서 적극적인 작전을 벌였으나 중국군의 반격으로 좌절되는 등, 전황은 점차 교착 상태에 빠져들었다. 1942년 4월 미 공군이 최초로 일본에 공습을 감행하고 저장의 공군 기지로 귀환했다. 이로 인해 일본군의 공격이 저장으로 집중되자 중국의 공군 기지는 쓰촨과 윈난의 오지에 건설되었다. 일본군 역시 이를 추격해 왔으나 결정적인 타격을 입히지는 못했다. 1943년 2월 남태평양의 과달카날에서 일본군이 패퇴했고, 스탈린그라드에서는 독일군이 항복했다. 이것을 하나의 전환점으로 제2차 세계대전은 점차 연합군의 우세로 돌아섰고, 중국 전선에서도 일본군이 수세에 몰리게 되었다. 미국은 연합국의 일익을 담당하고 있던 국민정부에 막대한 양의 무기 원조를 제공했으며, 1943년 이후에는 중국 주둔 미 공군이 점차 증강되어 그 해 11월에 쟝시 성 남서부의 오지인 쑤이촨遂川, 수천에서 날아간 미 공군기가 타이완 신주新竹, 신죽 지역에 대대적인 공습을 감행했다.

그리고 같은 달 27일 연합국 측의 루스벨트와 처칠·쟝졔스 간에 이루어진 카이로회담 결과 제2차 세계대전 이후 일본의 영토에 대한 기본 방침인 **카이로선언**이 발표되었다[12월 1일]. 그 주요 내용은 일본에 대한 장래의 군사 행동에 대한 협정과 아울러 일본의 침략을 저지·응징하되 세 나라 모두 영토 확장의 의도는 없다는 사실을 확인하고, 제1차 세계대전 이후 일본이 탈취한 태평양 제도를 박탈하고 만저우와 타이완 등을 중국에 반환한다는 것 등이었다. 특히 일본이 강점한 조선의 경우 특별 조항으로 "현재 조선 인민이 노예 상태 아래 놓여 있음에 유의하여 앞으로 조선을 자유독립국가로 할 것을 결의한다"라고 명시하여 처음으로 조선의 독립을 국제적으로 보장했다.

그러나 1944년 일본은 중국에서의 최후의 결전을 준비하고 '1호 작전'[또는 '대륙타통작전大陸打通作戰']이라는 암호명으로 불린 대대적인 작전을 전개했다. 그것은 베이징과 우한을, 그리고 우한과 광저우를 잇는 중국 대륙을 관통하는 중심 축선에 해당하는 철도를 확보하고 구이린桂林, 계림과 류저우柳州, 유주 등지의 공군 기지를 파괴하려는 목적에서 취해진 것이었다. 이 싸움에서 국민당 군은 전력을 기울여 싸우려 하지 않았기 때문에 일본군은 4월 25일에는 뤄양을, 6월 1일에는 창사를 점령했다. 여세를 몰아 일본군은 11월에 구이린과 류저우의 공군 기지를 점령한 뒤, 12월에는 구이저우 성貴州省, 귀주성 두산獨山, 독산까지 진출해 구이양貴陽, 귀양과 충칭

카이로회담에서의 장제스와 루즈벨트, 처칠

까지도 위협했다.

점차 전쟁은 막바지로 치닫고 있었다. 잠시 승전보에 도취해 있던 일본군은 버마 전선에서 일본군에게 승리를 거둔 중국의 정예 부대가 쿤밍을 방어하기 위해 돌아오고 미군이 제공권을 장악한 상태에서 해상을 통한 보급도 단절되자 1945년 봄 점령지에서 철수했다. 작전을 개시할 당시의 기세가 꺾이고 나니 그 때까지의 희생에 비해 그 성과는 오히려 볼 만한 것이 없었다. 1945년 초 일본군 병력은 백만 대군에 이르렀으나 그들이 점령한 것은 여전히 점과 선이었다. 그 와중에 일본군의 지휘 체계는 무너졌고, 일본군을 돕고 있던 친일 괴뢰군은 오합지졸이 되어 탈영병이 속출하는 지경에 이르렀다. 그 '점'의 중심지 가운데 하나인 난징을 이끌던 왕자오밍은 이미 그 전해인 1944년 11월에 나고야에서 병사했다. 왕자오밍을 대신한 천궁보陳公博, 진공박와 또 하나의 점인 상하이의 지도자 저우포하이周佛海, 주불해 등이 괴뢰 정권을 지지했으나, 일본의 패전이 임박했음을 감지한 중국 인민들에게 이들은 이미 혐오의 대상에 지나지 않았다. 이제 국민당이나 공산당의 관심사는 일본에 대한 공격이 아니었다. 그들은 곧 다가올 전후 처리 문제나 국·공 대결의 준비에 맞춰 행동하고 있었다. 하지만 그때까지 국민당 정부를 지원했던 미국은 점차 자신들의 선택에 대해 적어도 회의적인 시각을 던질 수밖에 없었다.

일본군의 최후의 작전 개시로 드러난 것은 국민당 군의 총체적인 무능과 부패였다. 전시의 충칭은 극심한 빈부격차와 재정적 투기에 가격 조작, 암거래와 밀수 등 모든 악행의 중심지였다. 강제 징집으로 소집된 국민당 군은 오합지졸에 불과했고, 장교들은 부패했다. 이에 반해 1944

년 7월 미국의 소규모 시찰단이 옌안에 들어가서 확인한 공산당 군의 전투 능력은 예상 밖으로 매우 높은 수준이었다. 미국은 이대로 국·공 내전이 일어나면 공산당이 전 중국을 장악할지도 모르고, 그렇게 되면 중국이 소련의 위성국이 될 수도 있다고 전망했다. 국민당 군의 전투 수행 능력에 대해 회의적이었던 미국 측은 '1호 작전'이 개시된 뒤 일시 전황이 악화되자 대통령인 루즈벨트가 쟝제스에게 스틸웰 장군이 중국 전군의 지휘권을 장악해 일본군과 싸울 수 있도록 요청했다. 스틸웰은 이미 1942년 3월 이래 연합군 중국전구통수부 참모장^{총사령관은 쟝제스}과 미국 군 중국·버마·인도 전역의 총사령관으로 쟝제스와 협력 관계를 맺고 있었다. 하지만 스틸웰은 쟝제스가 전력을 다해 일본과 싸우지 않는 것에 속을 태웠으며, 미국의 원조가 정부 요인이나 고급 관료의 배를 채우는 데 쓰이고 점점 그들을 타락시킨다고 생각했다. 그래서 그는 쟝제스에게 미국의 원조를 팔로군에게도 분배하도록 요구했으나, 쟝제스는 미국의 원조는 중국에 주어진 것이니 그것을 어떻게 사용하고 분배하는가 하는 것은 중국의 주권에 관한 문제라고 일축했다. 사실 쟝제스는 이를 통해 공산당이 세력을 확장하는 것을 두려워했던 것이다. 결국 두 사람 사이에는 감정 대립이 생겨났다. 9월 22일 스틸웰이 워싱턴의 육군 참모총장에게 보낸 보고에는 쟝제스에 대한 그의 불만이 그대로 드러나 있다.

> 쟝제스는 앞으로 전쟁 노력을 계속할 의사가 없다. 그의 측근자들 가운데 그 방향으로 권유를 하는 사람은 저지당하거나 제거될 것이다.……쟝제스는 그 흔한 연극 대사처럼, 자기를 따르든가 자기가 손을 떼든가 둘 중의 하나라는 으름장으로 미국에게서 돈과 무기를 긁어낼 수 있다고 믿고 있다. 그는 태평양전쟁이 거의 막바지에 이르렀다고 판단하면서 지연 작전으로 모든 전쟁 부담을 우리에게 씌우려 하고 있다. 그는 어떤 진정한 민주적 정권을 제도화하거나 공산당과의 통

일전선을 형성해 보려는 아무런 의사도 없다. 그 자신이 중국의 국민적 통합의 장애물이며 대일전쟁 노력에 대한 중국 협력을 가로막는 존재이다.●

● 미 국무성(리영희 편역), 『중국백서』, 전예원, 1984. 102쪽

당연히 쟝졔스는 루즈벨트의 요청을 이런저런 이유를 대며 질질 끌었다. 루즈벨트는 스틸웰을 지지하는 입장이었지만, 쟝졔스가 몽니를 부리며 대일 항전을 중단할 것을 우려해 1944년 10월 어쩔 수 없이 스틸웰을 미국으로 소환하고 앨버트 웨더마이어 장군으로 교체했다.

제2차 세계대전이 막바지를 향해 나아갈 즈음인 1945년 2월 우크라이나 얄타의 리바디아 궁에서 열린 이른바 **얄타회담**에 쟝졔스는 초대받지 못했다. 이미 '1호 작전'에서 보여준 국민당 군의 어리석은 패배로 인해 쟝졔스의 위신은 크게 떨어졌으며, 처칠은 중국을 '4대 강국'의 하나로 생각하는 것은 '완전히 웃기는 얘기'라고 말했다. 당시 이탈리아는 이미 항복한 상태였고 독일마저 패전의 기미가 보이고 있었다. 이 자리에 모인 루즈벨트와 처칠, 스탈린은 전후 독일의 처리 문제에 대해 합의하고 기타 국가에 대해서도 의견을 모았다. 중국을 비롯한 동아시아 문제에 대해서는 비밀의정서를 채택했는데, 그것은 소련이 독일이 항복한 뒤 2~3개월 후 대일전對日戰에 참전해야 하며, 그 대가로 연합국은 소련에게 러일전쟁에서 일본에게 잃은 영토를 반환해준다는 것이었다. 또한 외몽골의 독립을 인정하기로 합의하였다. 사실상 '얄타회담'에서 내려진 결정은 중국의 양해 없이 내려진 것이었다. 이제 중국의 운명은 아편전쟁 이후 그랬듯이 또다시 열강들의 손에 맡겨지게 되었다.

스틸웰을 대신한 웨더마이어는 쟝졔스와 그의 처남인 쑹쯔원에게 여러 차례 공산당과의 협력 작전을 제안했으나 모두 거부당했다. 1945년 1월 경 국민당이 내전을 준비한다는 소문이 확산되자 웨더마이어도 이에 동조하지 않을 수 없었다. 이제 국민당과 공산당 간의 내전은 피할 수 없

는 것이 되었다. 1945년 4월 공산당의 '7중전회' 기간과 비슷한 시기에 국민당 역시 '제6차 전국대표대회'를 열었다. 7중전회를 통해 마오쩌둥의 지위와 명성이 확고해졌던 데 반해, 쟝제스는 그러지 못했다. 오히려 국민당의 청년 당원들과 당 조직 내의 그와 경쟁 관계에 있던 그룹으로부터 쟝제스에 대한 비판이 쏟아져 나왔고, 국민당의 부패와 무능에 대한 논의가 봇물처럼 터져 나왔다. 그러는 사이 전황은 시시각각 분초를 다투어가며 일사천리로 숨가쁘게 진행되었다. 1945년 5월 베를린이 함락되었고, 1942년 중반부터 태평양 전선에서 수세에 몰린 일본은 '절대국방권'으로 설정한 마리아나 군도를 44년 6월에 미국에게 탈취 당했고, 이듬해 6월에는 오키나와가 미군의 손에 들어갔다. 하지만 웨더마이어는 다른 중국인들과 마찬가지로 이 전쟁이 끝나려면 몇 년 더 걸릴 것으로 예상하고 쟝제스의 승인 하에 중국 동부 해안을 따라 서서히 전진해 그해 말이나 이듬해인 1946년 초에 광저우를 수복한다는 장기 계획을 세웠다. 그러나 8월 6일 히로시마에 원자폭탄이 떨어졌고, 이틀 후인 8월 8일에는 '얄타회담'의 합의에 따라 소련의 대병력이 국경을 넘어 만저우국으로 진주했다. 그리고 이튿날 두 번째 원자폭탄이 나가사키에 투하되었다. 그리고 너무나도 급작스럽게 8월 15일 일본이 항복을 선언했다. 하지만 이러한 돌발적인 사태 진전을 제대로 예측하고 대비한 사람은 아무도 없었다.

5 신중국의 수립, 리얼리즘의 위대한 승리

최후의 일전, 전국으로 진격하라

그 끝이 보이지 않았던 기나긴 전쟁이 끝났다. 그러나 그것은 승리라고 부르기에는 그 피해가 너무나도 큰 상처뿐인 영광에 지나지 않았다. 무려 1,000만 명에 달하는 사망자를 포함해 총 2,100만 명의 희생자와 5,000억 달러에 이르는 경제 손실을 입히고 전쟁이 끝났지만 눈앞에는 여전히 많은 문제들이 산적해 있었다. 승전국인 미국과 소련의 흥정, 그리고 대전 말기부터 불거져 나온 미국과 중국 사이의 불협화음, 중국 내부의 국민당과 공산당 사이의 알력 등. 전쟁이 끝났지만 인민들의 일상은 이어져야 했고, 물가의 상승이나 물자 부족에 따른 서민 생활의 곤궁 등 해결해야 할 문제가 너무도 많았다.

그러나 국민당과 공산당으로서는 자신들의 세력을 확대하기 위해 일본군을 무장해제하고 그 점령 지역을 접수하는 것이 무엇보다 시급한 일이었다. 공산당은 국민당에 비해 지리적인 이점을 갖고 있었다. 국민당은 전쟁 말기 일본군의 공세를 피하기 위해 충칭을 비롯한 오지에 틀어박혀 있었지만, 공산당 군은 일본군과의 교전을 지속해왔기 때문에 훨씬 가까운 곳에 위치해 있었다. 종전 직전인 1945년 7월 26일 독일의 포츠담에서 미국의 루즈벨트와 영국의 처칠, 그리고 이번에는 쟝제스도 참여해 회담을 열었다. 스탈린은 뒤늦게 참가해 선언문에 함께 서명을 했다. 이것은 일본에 대해 항복을 권고하고 전후의 대일 처리방침을 표명한 것이었는데, 일본이 이것을 거부했기 때문에 결국 원폭 투하라는 극약 처방이 내려졌던 것이다. 결국 8월 10일 일본은 이 선언을 받아들이지 않을 수 없었다. 이것으로 일본의 패망이 분명해지자 옌안의 총사령부는 즉시 '명령 제1호'를 내려 적군의 항복을 받아들이고 무장 해제하도록 지시했다. 그리고 바로 뒤에 '명령 제2호'를 내려 소련 군대에 호응하기 위해 구 동북군을 중심으로 한 각 부대가 차하르^{察哈爾, 찰합이}와 러허^{熱河, 열하}, 랴오닝^{遼寧, 요녕}, 지린^{吉林, 길림} 등을 향해 진격할 것을 지시했다. 11일 중국 공산당 휘하의 4개 군단이 일제히 행동을 개시했다.

옌안 측이 먼저 행동을 개시하자 편제상 이들에 대한 지휘권을 갖고 있던 쟝제스가 '제18집단군', 곧 공산당 군에게 '원래 주둔지에 머물며 방어할 것^{原地駐防令}'을 명령했다. 일본군의 항복을 접수하는 문제는 중앙의 군사위원장이 결정하고 집행하겠다는 것이었다. 쟝제스는 당시 일본군 최고사령관인 오카무라 야스지^{岡村寧次} 대장에게도 일체의 군사 행동을 정지한 뒤 일본군은 한동안 그 무기와 장비를 보유하고 현재의 태세를 유지함과 동시에 주재지의 질서 및 교통을 유지하여 중국 육군 총사령관 허잉친^{何應欽, 하응흠}의 명령을 기다릴 것을 명령했다. 아울러 난징의 친일정부의 괴뢰군들에게도 똑같은 임무가 주어졌다. 이것은 명백하게 일본군으로 하여금 공산당 군의 진군을 저지하라는 지시에 다름 아니었다. 오카무라는 이 지시를 성실하게 이행했고, 자신의 부하들에게 공산당 군에 의한 무장 해제 명령에는 무력에 의한 자위권을 발동해서라도 따르지 말 것을 명령했다. 그 결과 전후 수천 명의 일본군들이 팔로군과의 불필요한 충돌로 죽어갔다. 미군 사령관인 웨더마이어는 워싱턴으로부터 내란에 개입하지 않는 범위 내에서 국민당 군을 돕되 중국의 주요 지역으로 중앙정부의 군대가 신속하게 이동하도록 도와야 한다는 지령을 받았다.

8월 8일 본격적으로 참전한 소련군은 150만 명이 넘는 대군을 동원해 파죽지세로 국경을 넘어와 만저우 지역을 유린했다. 8월 16일에는 하얼빈에 진출하고 창춘과 선양은 19일에 함락되었다. 8월 17일 관동군 사령관 야마다 오토조山田乙三 대장은 각지의 군에 군사 행동을 정지하고 무기를 포기할 것을 명령했다. 이것으로 중국 침략의 첨병으로 용맹을 떨쳤던 관동군의 역사가 종지부를 찍게 되었다. 같은 날 만저우국 황제 푸이가 퇴위하고 만저우국 역시 와해되었다. 이제는 입장이 완전히 뒤바뀌어 관동군에 속했던 군인들뿐 아니라 꿈과 희망을 품고 대륙으로 건너왔던 일본인 민간인들 역시 이전에 중국 인민들이 겪었던 것 이상으로 큰 고통을 겪게 되었다.

일본의 식민지였던 타이완 역시 국민정부의 손에 접수되어 10월 25일 중국 정부의 통치 하에 들어갔고, 초대 타이완 행정장관으로 임명된 천이陳儀, 진의가 타이완으로 건너가 국민정부의 이름으로 일본의 자산을 접수했다. 여기에는 타이완의 금융 기관과 각종 산업의 80퍼센트, 토지의 70퍼센트가 포함되었는데, 이것은 이른바 타이완의 '관료 자본주의'의 기초가 되었다. 그리고 대륙에서 건너간 중국인[이른바 '외성인外省人]들을 우대하고 오래전부터 타이완 본토에 거주해 오던 중국계 주민들[이른바 본성인本省人]과 현지의 고산족 원주민들을 구 일본 지배 이상으로 가혹하게 탄압했다. 이러한 양자의 갈등으로 1947년 **2·28사건**이 일어났던 것

● 세계적인 거장으로 인정받고 있는 타이완 출신 영화감독 허우샤오셴(侯孝賢, 후효현)의 영화 〈비정성시(悲情城市)〉는 바로 이 사건을 소재로 한 것이다.

이며, 이때 많은 본성인들과 고산족 원주민들이 국민당 군에 의해 살해되었다.●

공산당 군이 항복을 하지 않고 저항하는 일본군과 싸움을 이어가는 동안 미국은 국민당 군을 신속하게 충칭에서 중국의 북동부 지역으로 공수해 와 국민당 군이 일본군의 항복을 직접 접수하도록 했다. 중국 본토에는 아직도 125만 명 가량의 일본군이 잔류해 있었고, 만저우에도 괴뢰군을 제외하고도 90여만 명의 병력이 남아 있었다. 국민당 군대가 250만 명에 공산당 군은 팔로군과 신사군을 합해 100만에 이르렀다. 실로 엄청난 병력이 곳곳에서 충돌하는 가운데 일본군이 자국으로 돌아가는 데에만 몇 개월이 걸렸고, 중국 대륙은 엄청난 혼란에 빠졌다. 혼란의 와중에 주도권을 잡고자 하는 국민당과 공산당의 각축 또한 치열하게 벌어졌다. 그들은 겉으로는 평화 교섭을 주장했지만, 속으로는 내가 아니면 안 된다는 상호불신 속에 전국에서 국지전을 벌여나갔다. 국민당은 1945년 5월에 개최한 제6차 전국대회에서 국민당의 주도 하에 국민대회를 개최한 뒤 헌정 질서에 대한 구체적인 세목을 결정한다는 방침을 세운 바 있었다. 공산당 역시 비슷한 시기에 열린 7중전회에서 각 당과 당파가 평등하게 참여하는 연합정부 구성을 제기하여 국민당의 국민대회 소집 안에 대응했다.

그러나 오랜 전란 끝에 찾아온 평화를 희구하는 여론에 밀린 데다 미국 측이 조정에 나서 1945년 8월 28일 마오쩌둥과 저우언라이가 그들의 안전을 보장하기 위해 직접 옌안을 찾아온 주 중국 미국대사 헐리와 함께 충칭으로 날아가 쟝졔스와 담판을 벌였다. 회의는 길어져 10월 10일 '쌍십절'까지 이어졌다. 무려 43일 간의 회의 끝에 발표한 이른바 〈쌍십회담기요雙十會談紀要〉에서는 쟝졔스의 지도 하에 독립을 쟁취하고 자유롭고 부강한 신중국을 건설한다는 원칙적인 입장에는 동의했지만, 구체적으로 가장 민감한 문제였던 중국 동북부 만저우 지역의 지배권을 놓고 첨예하게 대립했다. 회담 분위기는 '우호적이고 온화했다'고는 하지만 중요한 현안은 모두 훗날로 미루어졌다. 결국 여기서 해결되지 않은 모든 문제들은 회담 후 내전 발발의 최대 원인이 되었다.

회담이 진행되는 동안에도 국민정부군은 일본군의 접수를 내세워 신속하게 북상했고, 10월 5일에는 베이징과 톈진에 이르렀다. 그리고 국·공 간의 회담 결과가 발표되었던 쌍십절을 전후로 이미 '비적토벌수첩'^{匪賊討伐手帖}이나 '초비밀령'^{剿匪密令}과 같은 국민당의 지령이 국민당 군에 하달되었다. 만저우 지역에서는 국민당과 공산당 군의 전투가 치열하게 벌어졌다. 전투가 치열해짐에 따라 중재자로서 계속 충칭에 머물러 있던 저우언라이가 옌안으로 돌아가고 11월에는 헐리 대사가 돌연 사임했다. 12월 트루먼 대통령은 전 합동참모본부 사령관 조지 마셜 장군을 중국 특사로 파견했다. 마셜은 1946년 1월 10일 양측에 대해 정전에 동의하도록 종용했고, 쟝제스에게는 국민대회를 소집할 것을 요구했다. 1월 11일 국민당 8, 공산당 7, 청년당 5, 민주동맹 2에 기타 정파 정당 대표와 무당파 지식인을 추가한 38명의 대표가 '정치협상회의'를 위해 충칭에 모였다. 열흘 동안의 논의 끝에 이들은 '화평건국강령'과 '헌법초안', '정부 조직안', '국민대회안', '군사문제안' 등 헌정과 군사 지휘권의 통합과 국민대회 개최와 관계되는 핵심 사항들에 대해 합의를 도출했다. 그러나 현실은 정반대로 흘러갔다. 공산당 군이 1월~4월에 거쳐 동북 지방의 요충을 점령한 것에 대해 국민당 군이 반격을 가했고, 민간인에 대한 테러도 자행되었다. 대표적인 인물이 1946년 7월 15일 쿤밍에서 암살된 작가이자 중국신화연구가인 원이둬^{聞一多, 문일다}였다.

원이둬

한편 중국 공산당은 1946년 5월 4일 이른바 **5·4지시**를 통해 점령 지역 내에서의 '토지 개혁'에 착수했다. 이것은 앞서 1942년에서 44년까지 시행했던 '감조감식 운동減租減息運動'에서 한 단계 더 나아간 것으로 이 참에 토지 문제에 대한 봉건적 요소를 일소하려는 농민들의 요구를 반영한 것이었다. '감조감식'은 농민들이 항일 운동에 참여하는 데 일정한 동기 부여가 되긴 했지만, 농민들은 이에 만족하지 않고 지주들의 토지를 분배받기를 원했던 것이다. '5·4지시'의 배경과 성격은 같은 해 7월 20일에 발표된 마오쩌둥의 다음과 같은 말에 명확하게 설명되어 있다.

> 장제스의 공격을 분쇄하기 위해서는 반드시 인민 군중과 긴밀하게 협력해야 하고, 끌어들일 수 있는 모든 사람들을 끌어들여야 한다. 농촌에서는 한편으로는 토지 문제를 확실하게 해결하되 고용농과 빈농에게 굳게 의존하면서 중농과 단결해야 하고, 다른 한편으로는 토지 문제를 해결할 때, 일반 부농과 중소 지주분자를 매국노와 토호, 악질분자와 구별해야 한다.●

● 마오쩌둥, 〈자위 전쟁으로 장제스의 진공을 분쇄하자〉, 『마오쩌둥 선집』 제4권, 베이징: 인민출판사, 1188쪽.

5·4지시는 당시 공산당과 국민당 간의 전면적인 내전을 목전에 둔 위기 상황에서 전국에서 들불처럼 일어난 농민들의 자발적인 개혁 요구를 토지 정책으로 수렴한 것이었다. 구체적으로는 농민 대중들 스스로 이 운동을 일으켜 세워 그들 자신의 힘으로 토지 문제를 해결하도록 지도하되, 중농을 통일전선 내로 이끌어들이고 일반 부농과 중소 지주 분자들을 구별했다. 그런 의미에서 이것은 경자유전耕者有田이라는 토지 소유에 대한 중국의 전통적인 인식을 현실 속에서 구현하려는 시도였다고 할 수 있다.

그런 와중에 조지 마샬은 국민당과 공산당의 휴전을 설득해 잠정적으로 전투가 중지된 듯 보였다. 그러나 7월이 되자 국민당 군은 두 번째 만저우 공격을 시작했다. 이제 중재자로서의 미국의 역할도 한계에 도달한 듯했다. 1947년 1월 7일 마샬은 자신의 임무가 실패했다는 사실을 인정하는 고별 연설을 행하고 그달 말 국무성은 간략한 보도자료를 통해 공산당과 국민당 사이를 중재하려던 미국의 마지막 연락 대대가 해체되었다고 선언했다. 이제 중국인들은 자신들이 마주한 현실 문제를 스스로 풀어나가야 했다. 하지만 베이핑과 충칭, 난징, 상하이 등지에 파견되어 있던 공산당 대표들 역시 옌안으로 돌아가 국민당과 공산당의 교섭의 길은 완전히 닫혀버렸다.

종전 이후 새로운 국제 질서를 만들어 나가는 데 있어 주요 강대국인 미국과 소련의 입장은 첨예하게 엇갈렸다. 중국에서의 국민당과 공산당 간의 갈등 역시 이들 강대국의 입김에서 벗어날 수 없는 것이었다. 미국은 국민당에 대해 군사·경제적 원조를 아끼지 않았다. 하지만 그것은 오히려 쟝제스로 하여금 국내의 민주화 노력을 게을리 하는 결과를 낳았고, 현장에서는 부정과 부패가 만연했다. 그럼에도 쟝제스는 군사적인 승리만을 도모했다. 그러나 정작 국민당 정부를 힘들게 한 것은 경제적인 위기에서 비롯된 최악의 인플레이션이었다. 전쟁이 끝나고 일본인과 친일 협력자들의 기업과 재산을 전 주인에게 귀속시키는 과정에서 발생한 대규모 실업과 갖가지 정부에서 발행한 통화 변제로 인한 혼란, 그리고 그러한 혼란을 틈탄 투기 세력의 발호 등으로 화폐가 부족해지자 국민 정부는 더 많은 화폐를 공급할 수밖에 없었고 이로 인해 천문학적인 규모의 인플레이션이 일어났다. 물가지수는 1937년을 100으로 할 때 1947년 말 현재 1,030만으로, 1948년 말 현재에는 2억 8,700만으로 급등했다. 공무원과 교사는 봉급을 쌀로 지급받았고, 상점 주인들과 관리 직원들은 상품 가격과 임금을 다시 계산하느라 허송세월을 보냈다. 당연히 서민들의 삶은 힘들어졌고 사람들의 마음도 돌아서기 시작했다. 특히 오랫동안 구금 상태에 놓여 있던 장쉐량이 전쟁이 끝났음에도 풀려날 기미가 보이지 않고 오히려 타이완으로 이송된다는 소문이 돌자 그의 지역 기반인 만저우 지역의 인심이 흉흉해졌다.

모든 상황은 국민당에게 불리하게만 돌아갔다. 1947년 봄이 되자 공산당은 북중국의 농촌 대부분을 장악했다. 이전의 일본군이 처했던 상황에 국민당 군이 똑같이 놓였던 것이다. 농민 게릴라들은 국민당 군의 보급선을 끊임없이 괴롭혔고, 국민당 군의 주둔지는 공산당 군에 의해 포위당했다. 1947년 7월 당내 서열 2위인 류사오치$^{劉少奇, 유소기}$의 주재로 허베이 성 핑산 현$^{平山縣, 평산현}$ 시보포$^{西伯坡, 서백파}$에서 전국토지회의가 열렸다. 여기서 확정된 〈중국 토지법 대강〉에 의해 지주의 토지 재산뿐 아니라 부농의 잉여 토지 재산도 몰수해 행정 촌을 단위로 인원수대로 균분하고 그 외의 재산은 대중 토의에 의해 나누기로 결정했다. 그러나 이렇듯 급진적인 토지 개혁은 실시 과정에서 무정부적이고 무질서한 상태를 야기하고 중농의 이익을 침범하는 등의 부작용을 낳았다.

이에 중국 공산당은 1948년 봄부터 토지 균분 정책을 포기하고 우선 감조감식 운동을 우선적으로 실시했다. 경제 회복을 위해서는 중농과 부농의 생산력을 온존시킬 필요가 있었고 농촌의 질서와 안정이 요구되었던 것이다. 이를 통해 중국 공산당은 농촌 인민의 에너지를 흡수해 당 주변에 결집시키는 데 성공했다. 아울러 새로운 해방구 내에서 공산당은 중간 계급과 자산가들을 안심시키고 그들의 정치적 지지를 얻어 공업 생산과 도시 경제의 재생을 가능케 하도록 했다. 국민당이 부정과 부패로 인심을 잃어가고 있었던 것과는 정반대의 길로 나아간 것이고, 이것이 국민당과 공산당 간의 역학 관계를 역전시키는 데 결정적인 요인이 되었다. 당시 국민당 군의 총병력은 450만에서 370만으로 감소했고, 이에 반해 공산당 군은 120만에서 약 200만으로 증강되었다. 1947년 2월 '인민해방군'으로 명칭을 바꾼 공산당 군은 1947년 12월 25일 산시 성$^{陝西省, 섬}$

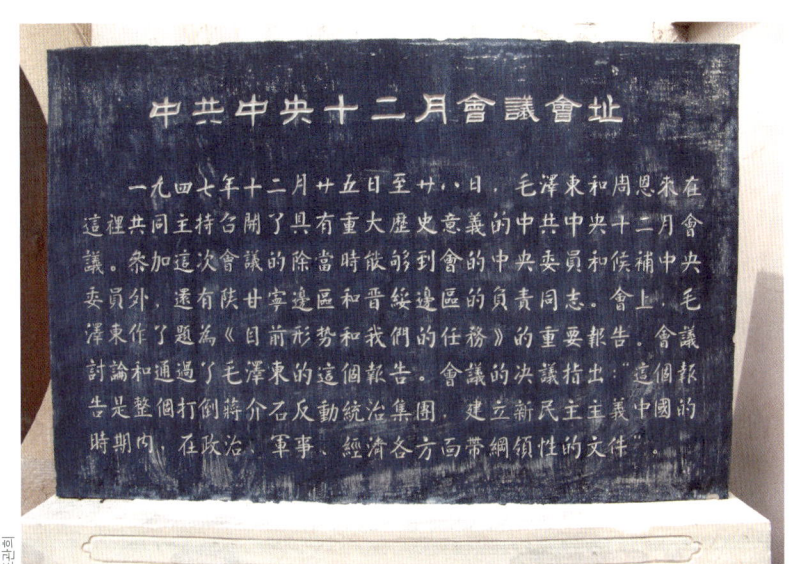

양쟈거우에 있는 회의 당시의 상황을 알리는 표지석

서성 북부 미즈 현米脂縣, 미지현의 양쟈거우楊家溝, 양가구에서 열린 중국 공산당 중앙 회의에서 마오쩌둥이 선언한 대로 전략적 반격의 태세를 갖추게 되었다.

반면에 미국의 대 중국 정책은 여전히 갈피를 못 잡고 있었다. 1945년 이래 48년까지 미국이 중국에 제공한 원조는 무려 30억 달러에 달했고, 수많은 군사 고문관과 은행가, 경제 전문가들이 주재해 있었다. 그럼에도 조지 마샬이 국무장관에 취임하기 위해 중국을 떠난 뒤 주중 미 대사 직을 맡은 옌징대학● 총장 존 레이튼 스튜어트는 국민당과 공산당의 중재에 대한 희망을 완전히 버렸다. 선교사 출신 부친의 대를 이어 중국에서 육영 사업에 힘써 1919년 옌징대학을 세운 뒤 대사가 되기 직전까지 27년 동안 옌징대학의 총장을 지냈던 스튜어트의 중국에 대한 사랑은 진심 어린 것이었고 그만큼 극진했다.●● 그러나 그의 선의는 개인적인 차원의 것이었고, 그것을 받아들이기에는 냉엄한 현실의 벽이 너무도 높고 두터

● 지금의 베이징대학은 1949년 신중국 수립 후 대학간의 합병의 결과로 생긴 것으로, '징스다쉐탕(京師大學堂)'을 기반으로 한 기존의 '베이징대학'과 존 스튜어트 등 미국 선교사들이 세운 '옌징대학'이 합쳐진 것이다.

5. 신중국의 수립, 리얼리즘의 위대한 승리   267

양쟈거우에 남아 있는 "일본을 타도하고 중국을 구하자"는 구호

왔다. 국민당 정부에 대한 학생들의 반대 시위가 반미 시위로 이어지자 교수 출신의 스튜어트가 미국에 대한 배은망덕한 행위라고 꾸짖었지만 이것은 오히려 학생들을 더 격앙시키는 역효과를 낳았다.

여전히 쟝졔스를 지원하기 위해 중국에 머물고 있던 미국 군사자문위원은 북 중국에서의 방어력을 회복하기 위해 쟝졔스에게 군대를 만리장성 이남으로 후퇴시킬 것을 제안했으나 거부당했다. 결국 미국이 선택한 길은 중국 문제의 해결은 중국인 자신에게 부여된 문제로, 중국의 전쟁 국면과 경제 정세에 직접적 책임을 짊어지게 될 상황에 미국이 말려들 수 없다는 것이었다. 당시 미국은 전후 처리 문제로 서부 유럽 지역에 대한 전면적 원조 제공에 힘을 기울이고 있었고, 쟝졔스의 지배 지역에서의 내정과 경제 상황의 악화 등으로 미루어볼 때 자신들의 원조가 이들

●● 후일담이지만 스튜어트는 신중국 수립 후 미국으로 돌아갔다. 말년에는 병마와 싸우며 힘들게 살았는데, 죽기 전에 자신의 유해를 베이징대학 웨이밍후(未名湖, 미명호) 옆에 묻혀 있는 아내의 무덤 옆에 묻어달라는 유언을 남겼다. 하지만 그의 소망은 46년이 지난 뒤인 2008년 11월 17일에 그가 원했던 베이징대학이 아닌 고향 항저우에 유골이 이장됨으로써 이루어질 수 있었다.

에게 투자한 만큼의 효과를 낼 수 있을 것이라는 확신을 가질 수 없었다.

전황은 결정적으로 국민당 군에게 불리하게 돌아가고 있었다. 잇따른 승리에 자신감을 얻은 마오쩌둥은 1948년 초 이제까지 유격전 위주의 전략에서 대규모 군사 작전을 통해 넓은 공간에서 대회전을 벌이는 재래식 전투 방식으로의 전환을 선언했다. 1948년에 접어들면서 인민해방군의 우세는 한층 분명해졌다. 9월 하순부터 진저우$^{錦州, 금주}$와 창춘, 선양이 잇달아 함락되고 11월에는 동북 지역 전체가 인민해방군의 손아귀에 들어왔다[‘랴오닝·선양 전투’]. 비슷한 시기인 1948년 11월에서 49년 1월에 걸쳐 양쯔 강 유역의 화이허$^{淮河, 회하}$와 룽하이$^{隴海, 용해}$ 철도 지역에서 벌어진 국민당 군 최후의 군사적 몸부림이라 할 ‘화이하이$^{淮海, 회해}$ 전투’가 벌어졌다. 이 싸움에서 국민당 군은 류보청$^{劉伯承, 유백승}$과 천이$^{陳毅, 진의}$ 군에 의해 완전 포위되어 궤멸적 타격을 입었다. 마지막으로 1948년 12월에 개시된 화북 지역에서의 전투 결과 49년 1월 15일 톈진이 함락되었고, 1월 31일에는 베이핑을 지키던 국민당 군 사령관 푸쭤이$^{傅作義, 부작의}$가 투항 조건을 협상한 뒤 항복했다[‘핑진$^{平津, 평진}$ 전투’]. 이 ‘삼대회전^{三大會戰}’의 승리로 국민당과 공산당의 전투를 하나의 분수령을 넘어섰다.

1949년 1월 장제스는 신년사에서 난징정부의 권력을 그대로 두는 것을 전제로 공산당 측에 화평을 제의했다. 그러나 마오쩌둥은 ‘전범’인 장제스와는 대화하지 않겠다며 오히려 1월 14일 국민당 측에 다음과 같은 8개 항의 역 제안을 했다.

1. 장제스를 포함한 모든 전쟁범죄자를 처벌할 것.
2. 1947년 헌법은 무효이므로 폐지할 것.
3. 국민당의 법제를 폐지할 것.
4. 민주주의 원칙에 입각해 모든 반동 군대를 재편성할 것.

5. 모든 관료 자본을 몰수할 것.
6. 토지 소유제도를 개혁할 것.
7. 모든 매국적 조약을 폐기할 것.
8. 민주적 연합정부를 구성하기 위해 완전한 정치협상회의를 소집할 것.

국민정부는 미국을 비롯해 영국과 프랑스, 소련 등 각국 정부 앞으로 화평 교섭의 중개 역할을 부탁하는 각서를 보냈으나 결과는 참담했다. 가장 믿었던 미국조차 현 정세 속에서는 조정자의 역할을 다하려고 시도해 봤자 어떤 유효한 결과도 얻을 수 있다는 확신을 갖기 어렵다는 답변을 보냈다. 궁지에 몰린 쟝제스는 1월 21일 하야 성명을 발표하고, 광시 군벌 리쭝런李宗仁, 이종인이 그의 뒤를 이어 총통의 자리에 올랐다. 리쭝런은 마오쩌둥이 제시한 8가지 기본 원칙에 대해 타협하려 했지만 마오쩌둥은 단호하게 대처했다. 마오쩌둥은 일본인 전범을 비롯해 쟝제스를 포함한 중요 전범들을 인도할 것을 계속 요구했고, 국민당 내의 강경파들은 공산당과의 결사 항전을 주장해 리쭝런이 이러지도 저러지도 못하는 사이 시간만 흘러갔다. 2월부터 3월에 걸친 절충을 한 뒤, 4월 1일부터 15일 사이에는 장즈중張治中, 장치중이 국민당 대표로 베이핑에 들어가 공산당 대표 저우언라이와 직접 협상을 벌인 끝에 공산당 측의 최종 수정안이 제시되었다. 그러나 그 내용은 앞서의 8개 조항에서 한 걸음도 물러나지 않은 것으로 리쭝런이 도저히 받아들일 수 없는 최후통첩에 지나지 않았다. 어차피 국민당과 공산당 모두 이미 평화 교섭에 대한 미련은 진즉이 버린 상태였다. 국민당은 양쯔 강을 방어할 시간을 벌고자 했을 따름이고, 공산당은 이미 다 이긴 싸움을 국민당이 요구하는 대로 들어줄 필요가 없었던 것이다. 회담이 결렬되자 장즈중은 그대로 공산당 측에 귀순해버렸다.

그 해 봄부터 인민해방군은 양쯔 강 북안에 집결해 휴식을 취하며 도하의 순간을 기다리고 있었다. 마오쩌둥은 3월 경에 허베이 성 핑산 현 시보포에 있던 당 중앙을 베이핑 서쪽의 휴양지인 샹산으로 옮기고, 자신은 샹산공원 내에 있는 쌍칭별장$^{雙淸別墅, 쌍청별서}$에서 거주하고 있었다. 4월 4일 마오쩌둥은 「난징정부는 어디로 가는가?^{南京政府向何處去}」라는 글을 발표해 장제스가 이끄는 국민당 정부의 몰락이 눈앞에 닥쳤음을 공식적으로 선포했다. 이어 4월 21일 리쭝런이 공산당의 최후통첩을 거부하자 마오쩌둥은 쌍칭 별장에서 인민해방군의 〈전국으로의 진격 명령^{向全國進軍的命令}〉에 서명했다.

> 각 야전군의 모든 지휘관과 전투원 동지들, 남방 각 유격구의 인민해방군 동지들
>
> 중국 공산당 대표단과 난징 국민당 정부 대표단이 장기간에 걸친 협상을 통해 작성한 국내 평화협정이 이미 난징의 국민당 정부에 의해 거부되었다.……
>
> 이런 상황 하에서 우리는 다음과 같이 동지들에게 명령한다.
>
> 용감하게 전진하여 중국 영토 내의, 감히 저항하는 모든 국민당 반동파를 단호하고 철저하고 깨끗이 모두 섬멸하고, 전국 인민을 해방시키고 중국 영토의 보전과 주권의 독립을 지켜라.
>
> ……
>
> 중국 인민혁명군사위원회 주석 마오쩌둥
>
> 중국 인민해방군 총사령 주더

스탈린은 마오쩌둥에게 양쯔 강 도강을 반대하고 장제스와 휴전할 것을 종용했지만, 마오쩌둥은 그의 말을 귓등으로 흘려듣고 말았다. 양쯔 강을 도하한 인민해방군은 4월 23일 전투 없이 난징을 함락하고, 곧바로

현재 솽칭별장에는 당시 마오쩌둥이 생활하며 집무하던 공간이 그대로 보존되어 있다.

항저우와 우한도 점령되었다. 이후 공산당 군은 파죽지세로 중국 전역을 석권했고, 국민당 군대는 이후 산발적인 저항을 이어나갔지만 결국 12월 7일 타이완으로 천도했다. 최후의 승리를 목전에 둔 마오쩌둥은 9월 말 베이징에서 '중국인민정치협상회의'를 소집했다. 공산당을 포함한 14개 소규모 정당의 대표자들이 모여 마오쩌둥을 주석에 추대했고, 중앙정부의 구성원들을 선출했다. 베이핑은 다시 중국의 수도로 복귀해 베이징이라는 본래의 명칭을 되찾았다. 빨간 바탕에 금색의 작은 별 4개와 하나의 큰 별이 그려진 오성홍기^{伍星紅旗}가 국기로 정해진 것도 이때였다. 모든 준비를 마치고 난 뒤 1949년 10월 1일 베이징의 중심부 톈안먼광장에서 거행된 기념식에서 마오쩌둥은 '중화인민공화국'의 수립을 공식적으로 선포했다.

중국의 정부 조직

중국의 권력 구조는 당과 국가, 군이라는 3개의 위계 조직을 기본 골격으로 하고 있는데, 정치와 군사, 감찰이라는 측면에서 국가 관료제는 정부를 운영하고 공산당은 정치 전반을 감찰하고 통제하며, 집권화된 군사 조직이 정권을 유지하는 삼중의 조직을 유지하고 있다.

중국 공산당은 1921년 상하이에서 창당되었으며, 그 성격은 노동자 계급의 전위대이자, 노동자 계급의 계급적 통치의 최고 형태를 지향한다. 조직은 중앙과 지방, 기층 조직으로 계열화되어 있다. 가장 중요한 중앙 조직은 정책추진기구인 '전국인민대표회의'(전인대'로 약칭)와 '중앙위원회', 그리고 실무기구인 '중앙정치국'과 '중앙정치국 상무위원회'로 구성되어 있다. 명목상 최고 의결기관인 '전인대'는 5년에 한 번 열리며 중앙위원회의 결정을 추인한다. '중앙위원회'는 최소한 매년 한 차례 개최되고, 300명 내외로 구성되며 당의 최고 정책 심의기구이다. '중앙정치국 상무위원회'는 정치국에 상의 없이 독자적으로 정책을 결정하는 소수 정예 최고권력 엘리트집단으로, 중앙위원회 폐회 기간 중 중앙위원회의 권한을 행사한다. 국가와 당에 관계되는 모든 정책을 최종 결정하며 당과 정부, 군의 고위 간부 인사권을 장악하고 있다.

당의 최고 책임자는 중앙위원회 총서기인데, 역대 총서기의 명단은 다음과 같다.

천두슈(陳獨秀, 진독수, 1921~1922, 1925~1927년)
취츄바이(瞿秋白, 구추백, 1927~1928년)
샹중파(向忠發, 향충발, 1928~1931년)
리리싼(李立三, 이립삼, 1929~1930년, 대리)
천사오위(陳紹禹, 진소우, 일명 王明, 1931~1932년, 대리)
친방셴(秦邦憲, 진방헌, 일명 博古, 1932~1935년)
장원톈(張聞天, 장문천, 일명 洛甫, 1935~1943년)
마오쩌둥(毛澤東, 모택동, 1943~1956년, 중국 공산당 중앙위원회 주석)
덩샤오핑(鄧小平, 등소평, 1956~1967년)
화궈펑(華國鋒, 화국봉, 1976~1977년, 중국 공산당 중앙위원회 주석)
화궈펑(華國鋒, 화국봉, 1977~1981년, 중국 공산당 중앙위원회 주석)
후야오방(胡耀邦, 호요방, 1981~1987년)
자오쯔양(趙紫陽, 조자양, 1987~1989년)
장쩌민(江澤民, 강택민, 1989~2002년)
후진타오(胡錦濤, 호금도, 2002~2013)
시진핑(習進平, 습진평, 2013~현재)

이 가운데 1921~1935년에는 총서기만 있었고, 1935~1945년에는 총서기는 있으나 실권은 당 주석에게 있었으며, 1945~1956년에는 총서기제가 공식적으로 폐지되었고, 그 사이인 1945년~1956년에는 중국 공산당 중앙위원회 주석에게 실권이 주어졌다. 그러다가 1956년에 부활되어 문혁 때까지 유지되었는데, 이때도 당 최고 지도권은 당 주석에게 있었고, 총서기는 행정상의 업무만을 담당했는데, 1982년 이후 부활된 뒤에는 당 최고 지도자가 되었다.

총서기와 구분되는 것이 '주석'이라는 지위다. 주석은 국가 주석과 당 주석, 그리고 중앙군사위원회 주석, 이렇게 셋으로 구분

된다. 우선 국가 주석은 1949년 건국 후부터 있었는데, 1954년 헌법에서는 독립된 국가 기관으로 중화인민공화국 주석직을 설치했다가 1966년 문화대혁명 이후에는 주석 직위가 장기간 공석으로 남아 있었다. 1975년 헌법에서 소멸되었던 국가 주석 제도는 1982년 헌법에서 다시 부활되었다.

특이한 것은 중국의 정치 체제상 인민해방군의 경우 당 조직을 통해 군내의 당 활동을 관리하며, 당의 예속 기구인 인민해방군 총지휘부를 통해 군내의 정치 공작을 책임지기에 중국의 군대는 국군이라기보다는 당군(黨軍)의 성격이 강하다는 것이다. 마오쩌둥이 1935년 이래 1976년 사망할 때까지 중앙위원회의 주석과 중앙군사위원회의 주석직을 겸임하다 마오의 사후 화궈펑이 계승했다. 1981년 6월에 덩샤오핑이 중앙군사위원회 주석에 선출되어 그 이후로 장쩌민과 후진타오, 시진핑이 각각 계승하고 있다.

제1차 5개년 계획과 정풍 운동^{整風運動}

이른바 '중화인민공화국'의 성립은 여러 가지 면에서 큰 의미가 있는 사건이었다. 그것은 중국 내적으로는 1840년의 아편전쟁 이래 근 100년 간 이어져오던 제국주의 세력의 침략에 대한 승리였고, 2,000년 간의 봉건 왕조 통치의 종식을 의미하기도 했다. 이것은 그야말로 '반제·반봉건^{反帝反封建}'이라는 중국 현대사의 양대 과제를 일거에 해결한 쾌거였던 것이다. 여기서 한 걸음 더 나아가 이제까지 강대국에 의해 주권을 침탈 당하고 온갖 착취에 시달리던 약소국의 민중이 떨쳐 일어나 주체적으로 국제 정치의 한 귀퉁이에 자신의 존재를 알렸다는 사실은 세계 각 지역의 여타의 민족해방운동을 크게 고무하기에 충분했다. 이에 자극 받은 1950년대의 인도차이나 전쟁이 바로 그 한 예라 할 수 있다. 또 미국의 아시아 정책 역시 크게 동요했다. 미국은 애당초 국민당 정부를 지원해 중국 대륙을 소련에 맞서는 자신들의 군사 기지로 삼고자 했으나 중국의 공산화는 그러한 대 중국 정책을 뿌리부터 흔들어놓았던 것이다. 이제 미국은 대 아시아 정책을 처음부터 다시 수립하지 않으면 안 되었다. 다른 한편으로 소련 역시 사회주의 중국의 출현으로 새로운 과제를 떠 안게 되었다. 스탈린은 처음부터 중국 공산당의 역량을 그리 크게 보지 않고, 장제스의 국민당 정부와 협력해 일본 제국주의에 맞서는 정책을 선호했었다. 그러나 뜻밖에도 중국 공산당이 최후의 승리를 거두고, 전 세계 사회주의 진영 내부에 소련에 맞서는 또 하나의 경쟁 세력이 등장하자 양자 간의 모순과 대립을 조정하고 해결해야 할 과제가 새롭게 떠오르게 된 것이다.

그러나 신중국의 새로운 주인인 중국 공산당이 우선적으로 해결해야 할 문제 역시 산적해 있었다. 여기서 중국 역사에서 공통적으로 적용되는 '창업과 수성'의 문제가 부각된다. 낡은 체제를 무너뜨리는 것 못지 않게 새로운 사회를 건설하는 것 역시 그만큼 더 오랜 시간과 노력을 요하는 것이다. 계속된 전란으로 국토는 황폐해질 대로 황폐해져 있었고, 산업 시설 또한 파괴되었다. 국민당 정권이 타이완으로 퇴각했다지만, 아직도 전국 각지에는 반란분자들이 비밀리에 활동을 지속하고 있었다. 결국 공산당 정권이 시급하게 시행할 것은 국민 경제를 부흥하고 아직도 몽매한 상태에 놓여 있는 인민들을 깨우치고 교육하는 일이었다.

중화인민공화국이 수립된 초기 몇 달 동안은 이런 문제들을 임시 미봉책으로 수습하는 데 바쳐졌다. 인플레이션의 억제와 농업 생산의 증대, 그리고 와해된 중공업 분야의 복구 및 법과 사회 질서의 회복 등이 바로 그것이었다. 그렇기 때문에 개인적인 정치적 신념 등에 관계없이 교육받은 기술자나 경영 분야의 숙련된 일꾼들을 국가를 위해 일하도록 설득할 필요가 있었다. 제국주의 타파를 부르짖었지만 이미 중국에 와서 일하고 있던 외국인 기술 인력과 외국 기업들이 새로운 환경에도 중국에 상주하며 계속 일을 하도록 장려했다. 이것은 '공적인 부문과 사적인 부문을 모두 고려하고, 노동자와 자본가 양측이 모두 이롭다公私兼顧, 勞資兩利'는 표어로 확인되었다. 우선 사회주의 경제와 국가자본주의 경제를 조정하면서 국가 재건을 꾀하자는 것이었다. 아직 미성숙한 단계에 놓여 있는 인민 대중의 교육을 위해 공산당의 간부들을 육성하는 것도 큰 일이었다. 토지 개혁 또한 초기에는 제한적으로 시행되었다. 지주들의 개인 재산은 몰수되어 재분배되었지만 그들이 소유하고 있는 토지는 아직 건드리지 않았다. 그들이 생산해내는 식량은 나라 전체의 생존에 필요한 것이었기 때문이었다.

대외적으로는 그동안 중국 인민의 고혈을 빨아먹었던 제국주의의 특권과 권익을 폐지함으로써 무역과 관세 자주권을 회복하였다. 그러는 사이 타이완의 국민당 정부는 미국의 경제 원조를 얻어 급속하게 재기를 위한 노력을 기울였다. 이제 세계 정세는 미국과 소련이라는 양대국을 축으로 한 '냉전 체제'로 접어들고 있었다. 중국 또한 전통적인 우호 관계를 맺고 있던 소련 쪽으로 경도됨으로써 그들의 원조와 경험을 받아들이려 했다. 1949년 12월 마오쩌둥이 대표단을 이끌고 모스크바를 방문했는데, 이것은 마오쩌둥이 생애 최초로 국경을 넘어선 여행이었다. 소련은 아시아에서의 혁명 방식으로 사회주의 정권을 수립한 중국 혁명의 경험을 높이 평가한 바 있었지만, 양측 간의 교섭은 그리 순탄치 못했다.

애당초 마오쩌둥에게 그리 호의적이지 않았던 스탈린은 중·소 교섭에도 냉담했다. 마오쩌둥이 모스크바에 있는 동안 스탈린은 그의 존재에 대해 아는 체하지 않았다. 그는 생애 내내 마오쩌둥에 대한 혐오감을 여과 없이 드러낸 바 있었고, 오히려 쟝제스를 두둔해왔다. 결국 8주 간의 협상 끝에 마오쩌둥이 얻은 것이라고는 일본이 공격할 경우 중국을 보호하겠다는 안보조약과 1950년부터 54년까지 모두 3억 달러의 차관을 들여오는 것뿐이었다. 그 대가로 많은 것을 소련에 양보할 수밖에 없었다. 동북 지방의 창춘 철도와 뤼순 항 해군기지를 소련이 계속 사용할 수 있게 되었고, 외몽골의 독립이 확인되었으며, 위구르 지역에서의 중·소 합작회사의 설립이 승인되었다. 어찌되었든 국제적 환경을 안정시킨 마오쩌둥은 1950년 2월 귀국하여 국내 문제에 전념할 수 있었다.

국내 문제 가운데 최대 현안은 역시 토지 개혁이었다. 이것은 유사 이래 중국 역사에 명멸했던 모든 왕조가 직면했던 것이었으며, 그럼에도 한 번도 성공하지 못했던 난제였다. 소련에서 돌아온 마오쩌둥은 같은 해 6월 6일에서 9일 사이에 중국 공산당 제7기 3중전회를 개최했다. 여기서 마오쩌둥이 최대 역점 사업으로 제시한 것은 재정 경제성의 호전이었으며, 이를 위해 토지 개혁의 완성과 상공업의 합리적인 조정, 정부 기관 지출의 대폭 삭감 등이 제시되었다. 뒤이어 열린 인민정치협상회의 전국위원회 제2회 회의에서 마오쩌둥은 다른 무엇보다 토지 개혁 문제를 집중적으로 강조했다. 이 회의의 폐회사에서 마오쩌둥은 전쟁을 제1의 관문이라 한다면, 토지 개혁은 제2의 관문이라고까지 말했다. 구체적인 실행 방안을 놓고 마오와 류사오치 사이에 의견 차이가 있긴 했지만, 결국 6월에 '토지개혁법'이 공표되었고, 그 후로 약 2년이 지난 1952년 말경에는 토지 개혁이 완료되었다. 토지 개혁은 신해혁명 이후 중국 사회가 떠안았던 최대 과제였을 뿐 아니라, 약 2,000년 간 한 번도 제대로 실현된 적이 없어 그저 이상에 지나지 않았던 '경자유전耕者有田'의 원칙 하에 토지를 균등 배분해 달라는 중국 농민들의 요구이기도 했다.

그런데 같은 해 6월 25일 '한국전쟁'이 일어났다. 이것은 잘 알려진 대로 제2차 세계대전 이후 세계 정세가 미국과 소련이라는 두 강대국 아래 재편된 '냉전체제'의 첨예한 대립이 빚어낸 일종의 대리전이었다. 초기에 우세를 보였던 북한군이 미국의 즉각적인 개입으로 수세에 몰려 압록강까지 밀리게 되자 10월 19일 중국은 '항미원조抗美援朝'라는 명목으로 참전했다. 국민당 군과의 치열한 싸움 끝에 찾아온 평온을 미처 누리기도 전에 다시 온 나라가 전쟁에 휘말리게 된 것이다. 한국전쟁으로 중국은 막대한 희생을 치러야 했다. 연 100만 명에 가까운 인민해방군이 투입되었고 전쟁으로 인한 비용은 국가 재정 지출의 약 50퍼센트에 달해 그렇지 않아도 취약한 국민 경제에 큰 부담이 되었다. 대외적으로도 같은 해 12월 군사적 수단으로는 분쟁 해결을 도모하기 어렵다고 판단한 미국이 대중국 경제 봉쇄를 실시하고, 다음해인 51년 5월에는 유엔이 중국을 침략자로 규정하고 대 중국 금수 조치를 취함으로써 중국은 국내 공업 생산에 없어서는 안 될 전략 물자와 그 밖의 생산 유지에 필요한 물자 확보에 큰 곤란을 겪었다.

하지만 이러한 상황은 역으로 위기를 타개하기 위한 하나의 방편으로도 활용되었으니, 1951년 10월부터는 증산 절약 운동이 시작되었고, 12월에는 '삼반 운동'^{독직과 낭비, 관료주의의 반대}이 일어났으며, 다음 해인 52년 1월부터는 이를 확대한 '오반 운동'^{관리의 뇌물수수, 탈세, 국유 자산의 절취·사취, 부실 공사, 국가 경제정보 유출에 대한 반대}과 같은 사회 운동이 일어났다. '삼반 운동'은 당원과 국가 간부를 대상으로 한 정당整黨 운동으로 당 지도 체제의 강화를 노린 것이었다. 이 운동을 통해 약 33만 명의 당원이 배제되고 새롭게 170만 명의 새로운 당원이 유입되었다. 오반 운동의 대상은 민간 자본가들로 이를 통해 자본가의 영향력이 쇠퇴하고 상공업에 대한 당의 장악력이 더욱 커졌다.

토지 개혁 역시 본격적인 궤도에 진입했는데, 그 대강은 항일전쟁 시기의 방식이 답습되었다. 곧 농민 계급을 빈농과 소작농, 중농, 부농으로 구분하고 이에 의거해서 빈농과 소작농을 조직해 그들로 하여금 계급 투쟁을 하도록 한 것이다. 이때 가장 문제가 된 것이 '부농'에 대한 처분이었다. '토지개혁법'에서는 이들의 존재를 인정하고 그들의 재산권 침해를 금지했는데, 이것은 토지 개혁을 일거에 실시하지 않고 단계적으로 시행함으로써 가능한 한 농업 생산에서의 타격을 줄이자는 의도에서 그리한 것이었다. 그리하여 토지 개혁이 완료된 1952년 말에는 전국 농업 인구의 60~70퍼센트에 해당하는 약 3억의 농민이 토지 재분배의 수혜자가 되어, 전체적으로 중농화가 진전되었다.

한국전쟁이 교착 상태에 빠져 일진일퇴의 공방이 이어지는 지리한 소모전 양상으로 전환되자, 1950년 12월 인민해방군은 티베트를 침공해 중국 영토에 귀속시켰다. "누구로부터의, 무엇으로부터의 해방인가"라는 티베트인들의 절규는 철저히 무시되었고, 티베트의 독립 문제는 지금껏 분쟁의 소지를 남기고 있다. 이제 남은 것은 타이완뿐이었으나, 타이완에 대한 공략은 티베트와는 달리 쉬운 문제가 아니었다. 결국 모든 준비를 마치고서도 한국전쟁의 발발 등 주변 정세가 여의치 못해 타이완 공략은 시도되지 못한 채 포기하고 말았다. 그러는 사이 한국전쟁이 끝났다. 전쟁은 전쟁 당사자인 남한과 북한뿐 아니라 참전국인 미군과 인민해방군에도 엄청난 피해를 입혔다. 모두 자원병으로 이루어졌다는 중국 측의 주장 때문에 정확한 숫자는 알 수 없었지만, 인민해방군은 휴전을 앞

티베트 수도 라싸의 포탈라궁 앞에 있는 티베트평화해방기념비

두고 정전 협상에서 유리한 고지를 차지하기 위해 한 치의 땅을 놓고 소모전을 벌였던 전쟁 마지막 해에 집중적인 인명 손실을 입었다. 이 전쟁으로 마오쩌둥의 장남인 마오안잉毛岸英, 모안영 역시 전사했다. 한국전쟁으로 잠시 잊혀졌던 서구 제국주의 국가들에 대한 중국인들의 증오가 되살아나 그때까지 사업이나 종교적 목적으로 중국에 머무르고 있던 서구인들이 중국을 떠날 것을 강요받았다. 한 걸음 더 나아가 이를 기화로 대중 운동을 조직해 오랫동안 국민당과 관계를 맺었거나 외국 기업이나 대학, 교회 조직에서 일했던 모든 사람들을 반혁명 세력으로 규정하고 이들을 적발해 탄압했다.

이러한 움직임은 지식인들에 대한 정풍 운동으로도 나타났다. 본래 지식인이 되기 위해서는 장기간에 걸친 교육을 받아야 했기에 그들은 대부분 토지를 소유하거나 상속받은 재산이 있거나 사업으로 돈을 벌었던 사람들이었다. 나아가 정부 부처나 교육계·법조계 같은 전문직에 종사했던 이들은 불가피하게 국민당과 폭넓은 접촉을 갖거나 국민당에 고용된 적이 있었다. 무엇보다 제국주의 국가인 미국을 비롯한 서구 여러 나라에서 공부하고 학위를 받은 사람들이 많았다. 그렇기에 이들은 봉건적·반동적·매판적·자본주의적이라는 명목으로 매도될 수 있는 소지가 다분히 있었다. 하지만 동시에 이들은 국민당의 부패와 무력함에 실망했던 데다 정권 수립 초기 새로운 사회 건설에 이들 교육받은 테크노크라트가 필요했던 공산당이 그들에게 계속 일을 할 수 있게 해주겠다는 약속을 했기 때문에 본토를 떠나지 않고 그대로 남아 있었다. 여기에 그치지 않고 새로운 희망을 안고 외국에서 돌아온 지식인들도 많았다. 결국 양자의 필요에 의해 기묘한 동거가 가능하긴 했지만, 공산당 정권에서 볼 때 이들은 양날의 칼과 같은 존재들이었다. 공산당으로서는 이들의 사회주의 건설에 대한 열의와 당에 대한 충성심, 그리고 국가에 대한 애국심을 확인할 필요가 있었던 것이다.

그러는 사이 파탄 상태에 빠졌던 국민 경제는 비교적 성공적으로 회복기에 접어들었다. 생산 면에서나 산업구조 면에서나 지표가 가파르게 상승했고, 중공업 분야의 성장 역시 눈에 띄게 증가했다. 한국전쟁 발발과 동시에 시행되었던 토지 개혁 역시 1952년 말에는 모두 완료되었다. 이듬해인 1953년 한국전쟁이 휴전 협정을 통해 마무리되자 중국 공산당은 비로소 국가 발전을 위한 종합적인 계획을 수립할 여유를 되찾았다. 전쟁을 통해 중국은 소련과 밀접한 관계를 맺게 되었는데, 이 때문에라도 국가와 경제 건설은 기본적으로 소련을 모델로 할 수밖에 없었다. 마침 생전에 마오쩌둥에게 내내 시큰둥했던 스탈린마저 1953년 3월 1일 수면 중에 뇌졸중을 일으켜 나흘 만에 죽었다. 같은 해 6월 마오쩌둥은 다음과 같이 〈과도기의 총노선〉을 제기했다.

> 중화인민공화국의 성립부터 사회주의적 개조가 기본적으로 달성될 때까지가 하나의 과도기이다. 이 과도기의 총노선과 기본 임무는 상당히 장기간에 걸쳐 국가에 사회주의적 공업화를 차례차례 실현함과 동시에 농업, 수공업, 사영 상업에 대한 국가의 사회주의적 개조를 차례로 실현하는 일이어야 한다.

1954년 9월에 열린 제1기 제1회 전국인민대표회의에서는 중화인민공화국의 헌법을 제정하고 잠정적인 행정기구였던 정무원을 국무원으로 전환했다. 국가 주석은 마오쩌둥, 부주석은 주더, 전국인민대표대회 상무위원장은 류사오치였으며, 국무원 총리에는 저우언라이가 임명되었다. 국방부장에는 펑더화이, 국가계획위원장에는 리푸춘李富春, 이부춘, 재정부장에는 리셴녠李先念, 이선념이 각각 임명되었다. 아울러 회의에서는 장기간에 걸친 점진적인 사회주의 건설의 기본 방침으로 마오의 〈과도기의 총노선〉이 정식으로 채택되었다. 대외적으로도 평화 외교를 표방해 1954년에는 중국과 인도의 공동 성명으로 '영토와 주권의 상호 존중', '상호 불가침', '상호 내정 불간섭', '호혜 평등', '평화 공존'이라는 '평화 5원칙'을 확인했고, 총리인 저우언라이는 네루 인도 총리와 함께 아시아·아프리카 신흥 독립국들의 리더로 활약하였다. 그 다음해인 1955년 4월에는 인도네시아 반둥에서 열린 아시아·아프리카회의^{'반둥회의'라 약칭}에 저우언라이가 참석해 '평화 5원칙'을 재확인하고 아시아·아프리카 여러 나라들의 주권 평등과 협력 촉진을 주장했다. 1955년부터는 영원한 적대국으로 남을 것 같았던 미국과도 대사급 회담이 재개되어 향후 새롭게 열릴 양국 간의 교섭을 예비했다. 타이완에 대해서도 종전의 무력 침공을 포기하고 평화 해방을 주장하는 등 좀더 유연한 자세를 취하였다.

 이렇듯 대내외적으로 안정기에 접어들자 공산당은 본격적으로 경제 부흥을 위한 장기간의 계획 수립에 착수했다. 공식적으로는 1955년에 공표되었지만 실제로는 53년부터 시작된 제1차 5개년 계획의 목표는 '생산 수단의 사회주의적 개조'였다. 이를 통해 자립적인 민족 경제를 건설하고, 국가의 안전 보장의 기초로서 중공업 기반을 확립하는 동시에 서구의 공업국을 시급히 따라잡고, 최종적으로는 이런 생산력 발전을 물질적 기초로 삼아 국민 경제의 사회주의적 개조를 완성하고자 했던 것이다. 애당초 이 계획은 총 15년 간 세 차례에 걸쳐 5개년 계획을 실행한다는 장기적이고 점진적인 사회주의 건설로 기획되었다. 가장 핵심 사업이라 할 공업 부문의 투자는 중공업 분야에 집중되었고, 지역적으로도 기존의 동북과 동남부 연해 지방에서 우한과 내몽골 바오터우^{包頭, 포두}, 란저우^{蘭州, 난주}, 시안^{西安, 서안} 등 내륙의 신공업 도시로 옮겨갔다. 아울러 성장 목표 역시 매우 높은 수준으로 설정해 공업 부문에서는 연 평균 14.7퍼센트, 농업에서는 4.3퍼센트의 성장이 계획되었다. 이를 위해 생산 단위를 개조해 농업 분야에서는 집단화가 진행되었고, 자본주의적 상공업에 대해서는 공사 합영 기업으로의 개편이라는 집단화·국영화가 이루어졌다. 농업 집단화의 일환으로 몇몇 농가가 필요에 따라 상호 부조하는 호조조^{互助組}를 만들고, 이를 확대해 20~30호 정도의 '초급합작사'를 조직하는 '호조합작' 운동이 진행되었다. 여기서는 출자한 토지의 양과 노동량 등에 따라 수확을 분배했고, 이들을 병합한 200호 정도 규모의 '고급합작사'에서는 단지 노동량에 의한 분배만 이루어졌을 뿐이다.

그런데 단계적으로 실시하려던 고급합작사로의 합병은 막상 토지를 분배받은 농민들의 반발로 지체되었다. 토지를 소유하게 된 농민들은 더 이상 혁명을 할 필요성을 느끼지 못했던 것이다. 공업 분야는 주로 소련의 원조에 의지했는데, 실제로는 그 양이 5개년 계획 기간 중 중국 재정 총 수입의 2.7퍼센트에 불과할 것이었기에 공업화를 위한 '사회주의적 원시 축적'의 수단은 별도로 강구되어야 했다. 이를 위해 국민당이나 제국주의 열강의 기업과 권익을 몰수하고 사영 상공업을 정리 통합해 국영화했는데, 가장 중요한 것은 예의 개발도상국가들이 항용 써먹었던 수법인 협상가격차●를 이용한 농민들로부터의 수탈이라 할 수 있다. 곧 국가가 농민에게 제공하는 공업 제품 가격에 비해 상대적으로 낮은 가격으로 그 농산물을 매수해 그런 부등가 교환을 통해 공업화의 자금 원천을 마련했던 것이다.●●

그러나 이듬해인 1955년 7월에 열린 전국인민대표대회 제1기 제2회

● 공업과 농업 생산물 간의 가격 격차가 가위가 벌어진 모양으로 확대되어 간다는 데서 붙여진 말. 자본주의 경제에서는 이 격차가 날로 확대되는 경향이 있다. 산업의 특징상 농업의 발전이 대체로 공업보다 느리기 때문에 공업자본가는 경제·정치적으로 우세한 그들의 지위를 이용하여 공산물의 가격을 인상하고 농산물의 가격을 낮은 수준에 묶어둠으로써 고립 분산된 영세소농을 수탈한다. 자본이 독점 단계로 이행함과 더불어 등장하는 독점 자본은 상품 생산과 판매의 대부분을 지배하여 자신의 공산품을 독점 이윤을 얹은 높은 가격으로 판매하는 한편, 농업생산자들의 고립분산성을 이용하여 생산 가격 이하로 농산물을 구매함으로써 농·공업간의 격차를 확대시킨다.(네이버 지식사전 참조)
●● 히메다 미츠요시, 『20세기 중국사』, 189쪽.

에서 제1차 5개년 계획이 정식으로 채택된 다음날인 7월 31일 마오쩌둥은 돌연 전국 각 성과 시·구 당 위원회의 서기들을 총 소집해 「농업협동화의 문제에 대하여」라는 제목의 보고를 행하여 〈과도기의 총노선〉에서 제시한 호조조에서 초급합작사로의 전환이라는 점진적인 농업 집단화를 격렬하게 비판했다. 그리하여 1955년 후반부터는 중국 사회주의 건설의 기본 방향에 관한 집단적·국가적 합의를 무시한 마오쩌둥의 호소 하에 중국 농촌의 집단화가 급격하게 진행되었다. 모든 농가는 토지와 가축 등 생산 수단을 포기하고 200~300호에 이르는 대규모의 고급합작사에 가입할 것을 강요당했다. 1956년 말까지 전 농가 호수의 88퍼센트가 어쩔 수 없이 이에 따랐으나, 집단화되기 전날 기르던 가축을 잡아 먹어 버리는 등의 저항이 뒤따랐다. 농업집단화가 진행되는 것과 동시에 사영 상공업의 공사합영화 역시 강행되어 1956년 말까지 사영 상공업의 종업원과 자본액의 95퍼센트 이상이 공사합영화되었다. 이 같은 결과에 고무되어 '마오쩌둥 사상'의 승리가 예찬되고 류사오치가 "중국은 이미 프롤레타리아 독재국가가 되었다"고 선언하는 등 '사회주의 고조高潮'라는 인식이 나타나게 되었다.

    하지만 실제로는 이렇듯 조급한 실행으로 많은 부작용이 나타났다. 중공업으로 편중이 되어 식량과 소비재가 부족했고, 자재 공급의 정체로 재정 적자와 물가 앙등이라는 사회 문제가 대두되었던 것이다. 1956년 무렵이 되면 농민이 합작사를 탈퇴하고 도시에서는 노동자의 파업과 식량 시위가 이어지는 등 급격한 공업화로 인한 사회 혼란이 일어나 이에 대한 재검토가 필요하게 되었다. 마오쩌둥이 이렇듯 개혁을 조급하게 밀어붙였던 데에는 몇 가지 요인이 있었다. 그것은 1954년부터 55년에 걸쳐 중국 공산당을 뒤흔들었던 **가오강**高崗, 고강**과 라오수스**饒漱石, 요수석의 숙청으로 상징되는 정치적 긴장과 같은 시기 '홍루몽 논쟁'에서 '후펑'胡風, 호풍

비판'에 이르기까지의 과정에서 드러난 중국 사회 내 상부 구조의 내부적 갈등과 지식인의 배반과 침묵 등의 문제였다.

가오강은 '대장정' 이전부터 산시 성 북부 지역陝北에서 소비에트를 건설하고 있던 고참 당원으로 1946년 이후에는 린뱌오林彪, 임표 밑에서 부사령관으로 있다가 1949년에는 동북인민정부의 주석이 되었다. 그 뒤로 가오강은 예전의 장쭤린이나 그의 아들 장쉐량과 마찬가지로 동북 지역의 패자로 일종의 '군벌'과 같은 위세를 떨치고 있었다. 53년 이후에는 중앙으로 진출했으나 당시 중앙당 조직부장이던 상하이 정치위원 라오수스와 반 중앙적 분파를 형성하고 저우언라이와 류사오치를 비판하면서 경제전략에 대해 논쟁을 벌이는가 하면 혁명에 기여한 자신들의 공로에 대한 적절한 보상이 없다고 생각하는 당 원로들의 불만을 부추겼다. 이제 막 중앙정부를 수립한 신생국 중화인민공화국의 입장에서는 이와 같은 유력 지역의 권력자들이 이전의 군벌과 같이 행동하는 것은 묵과할 수 없었다. 결국 두 사람은 '독립적 왕국'을 건설하려 했다거나 '실패한' 경제정책을 추구했다는 등의 이유로 제거되었다.

이것은 인민공화국 수립 이후 최초로 행해진 당내 숙청 작업이었다. 가오강은 자살했고, 라오수스의 행방에 대해서는 더 이상 알려진 게 없다. 아울러 이 사건에 대해서는 자세한 기록이 남아 있지 않아 그 진실이 무엇인지조차 알 길이 없다. 다만 이것으로 안정기에 들어선 공산당 내부에 의견 대립을 통한 모순과 갈등이 생겨나기 시작했고, 중앙 정책에 대해 지방의 독자적 기능과 정책 등을 주장하는 자들을 제국주의자나 반혁명분자의 대리인, 당의 단결을 파괴하는 자로 몰아붙여 제거하는 하나의 패턴이 만들어졌다는 것을 알 수 있다. 이러한 패턴은 이후에도 반복적으로 나타난다는 의미에서 가오강과 라오수스의 숙청은 단지 고급간부 몇 명이 제거되었다는 사실 이상의 의미를 갖게 된다.

영화 〈우쉰 전〉의 한 장면

'홍루몽 논쟁'과 '후평 비판'은 1942년의 옌안 시절에 행해졌던 학술·문예계의 정풍 운동과 그 맥을 같이 한다.

이후 정풍 운동은 급박하게 돌아가는 국내 정세로 인해 한동안 소강 상태에 놓였지만, 신중국 수립 이후 사회가 안정되자 다시 고개를 쳐들게 되었다. 해방 이후 정풍 운동의 단초는 영화 〈우쉰 전武訓傳〉에 대한 비판에서 시작되었다. 빈농의 아들로 태어난 우쉰은 머슴 생활을 하다가 주인이 그가 글을 모르는 것을 이용해 그를 속이고 굴욕을 주자 글을 배워야겠다는 깨달음을 얻고 평생 구걸과 폐품 수집 등으로 돈을 모으기 시작해 자수성가한다. 그 뒤 30여 년 간 그렇게 모은 돈으로 학교를 열자 그 뜻에 감복한 이들이 많은 기부금을 내자 우쉰은 그 돈으로 다시 제2, 제3의 학교를 열었다. 이 이야기는 공산당 정권 수립 초기에는 중국 교육의 모범 사례로 추앙 받아 그를 기리는 시와 산문, 전기 등이 잇달아 발표되었을 정도였다. 1951년 초에는 당대의 명감독이었던 쑨위孫瑜, 손유가 극본과 감독을 맡고, 유명 배우 자오단趙丹, 조단이 주연을 맡아 이 이야기를 영화로 만들어 높은 평가를 받았다. 저우언라이와 주더, 궈모뤄 같은 공산당 고위 간부들마저 이 영화에 대해 찬사를 아끼지 않았던 것이다.

그러나 돌연 공산당 중앙선전부 부부장 저우양周揚, 주양이《인민일보》에 이 영화에 대한 비판적인 기사를 싣고 난 뒤 분위기가 일변했다. 예상대로 이것은 마오쩌둥이 배후에서 지시한 것이었는데,《인민일보》의 비판을 시작으로 중앙에서 전국 각급 기관에 이르기까지 〈우쉰 전〉에 대한 비판의 행렬이 이어지고 급기야 앞서 이 영화를 극찬했던 궈모뤄나 톈한田漢, 전한과 같은 유명한 지식인들마저 《인민일보》에 자아비판을 게재해야 했다. 이것은 단지 한 편의 영화에 대한 비판에 그치지 않고 향후 계속 이어질 사회주의 문화 운동의 하나의 틀을 제시한 사건이라 할 수 있다. 곧 기왕에 사람들 뇌리에 각인되어 있던 관념을 일소하되, 그 방식은 대대적인 캠페인을 일으켜 당이 제시하는 방향으로 지식인과 인민 대중들이 따라오게 강제하는 것이었다. 이러한 패턴은 곧이어 진행된 저명한 『홍루몽』 연구가 위핑보^{兪平伯, 유평백}와 문예비평가 후펑에 대한 비판에서도 반복적으로 나타났다.

1920년대에 『홍루몽』에 대한 연구를 시작한 위핑보는 1952년 그간의 연구 성과를 종합한 『홍루몽 연구』라는 저서를 내놓는다. 이것 역시 초기에는 문예계로부터 호의적인 평가를 받았다. 이에 고무된 위핑보는 1954년 잡지 《신건설》에 「홍루몽 간론^{紅樓夢簡論}」을 발표할 때까지 3년 사이에 다수의 홍루몽 관련 논문을 내놓으며 활발한 활동을 펼쳤다. 이때 대학을 갓 졸업한 리시판^{李希凡, 이희범}과 란링^{藍翎, 남령}이라는 두 젊은이가 「홍루몽 간론」을 비판하는 글을 발표했는데, 처음에는 주목하는 이가 없어 발표 지면을 찾지 못해 모교인 산둥대학 학술지 《문사철^{文史哲}》에 논문을 실었다. 그러다 우연히 마오쩌둥의 부인인 장칭^{江靑, 강청}의 주목을 받게 되어 장칭의 추천으로 마오쩌둥이 이 글을 《인민일보》에 전재하라고 지시했다. 그러나 당시 신문출판총서 책임자였던 후챠오무^{胡喬木, 호교목}와 인민일보 편집장 딩퉈^{鄧拓, 등탁} 등은 협의 끝에 인민일보 대신 《문예보》에 게재했다. 《문예보》의 편집장인 펑쉬에펑^{馮雪峰, 풍설봉}은 이 글이 기본적으로는 과학적인 관점에서 정확한 비판을 하고 있지만 전체적으로는 면밀하지 못하고 전면적이지 못한 측면이 있으며 앞으로 좀더 심도 있는 연구가 기대된다는 식의 약간은 모호한 해설을 붙였는데, 이것은 혈기 왕성한 젊은 연구자들의 돌발적인 글을 완곡하게 비판하면서 상부의 지시를 절충하기 위한 것이었다. 그러나 이번에는 마오쩌둥이 직접 나서 1954년 10월 16일

〈『홍루몽 연구』 문제에 관한 서신〉이란 문건을 당 중앙정치국과 기타 관련자들 앞으로 보내 비판 운동을 독려한다. 이로부터 사태는 일변해 《인민일보》에 이 사건에 대한 논평이 실린 것을 출발점으로 삼아 중국작가협회에서 『홍루몽 연구』에 대한 좌담회가 열리는 등 갑작스런 『홍루몽』 비판 운동이 전개되었다. 이렇게 되자 『홍루몽』에 대한 비판은 위핑보 개인에게서 벗어나 그와 함께 『홍루몽』 연구의 쌍벽을 이루는 후스胡適, 호적을 대표로 한 자본가 계급 사상 비판으로 확대되었다. 곧 『홍루몽』이라는 소설 작품은 뒷전으로 밀려나고 논점이 반동 부르주아 문예사상가인 후스의 철학사상과 정치 사상, 역사 관점 등으로 확대되었던 것이다. 결국 1955년 2월 위핑보가 《문예보》에 「반동적인 후스 사상과는 깨끗이 결별하겠다는 것을 굳게 다짐한다」는 자아비판을 발표하면서 이 사건은 일단락 되었다.『홍루몽』 비판.

그러나 곧이어 저명한 마르크스주의 문예비평가인 후펑胡風, 호풍에 대한 비판이 일어났다. 후펑은 일찍이 1930년대에 '국방문학' 논쟁● 당시 루쉰의 입장에 서서 공산당의 입장을 대변한 저우양周揚, 주양과 대립한 바 있다. 그 뒤 저우양은 국민당 통치구에 남아 활동했던 후펑과 달리 일찌감치 옌안으로 들어가 당 중앙과 마오쩌둥에게 신임을 얻고 공산당의 문예 관료로서 마오쩌둥의 문예사상을 대변하는 역할을 수행하게 된다. 그런 저간의 사정을 모르고 있던 후펑은 1949년 공산당에 의해 초빙되어 베이

● 1930년 결성된 '좌익작가연맹'의 기본 노선은 프롤레타리아 혁명의 '대중문예화'였다. 그러나 공산당 군이 장정을 마친 뒤 중일전쟁이 벌어지자 코민테른과 중국 공산당은 새로운 국공합작의 필요성을 공감하게 되었다. 1935년 7월 모스크바에서 열린 제7차 코민테른 총회에 참석한 중국 공산당 대표 천사오위(陳紹禹, 진소우)가 '8·1선언'(정식 명칭은 〈항일구국을 위해 중국 공산당이 전체 동포에게 알리는 글〉)을 발표한다. 이 소식이 상하이의 공산당 지하조직에 전해지자, 좌련 담당 공산당(黨團) 서기이던 저우양과 그 일파는 새로운 공산당 노선에 맞춰 '국방문학론'을 강하게 밀어붙인다. 이에 맞서 루쉰과 후펑을 중심으로 한 다른 일파는 '민족혁명전쟁의 대중문학' 노선으로 맞서 싸우니, 이로부터 '국방문학' 논쟁이 본격적으로 벌어지게 된다. 이것은 같은 프로문학의 일원이라 하더라도 독자적인 문학관을 고수한 루쉰파와 공산당 노선을 그대로 추종하는 당권파 사이에 깊은 골이 있었음을 극명하게 보여준 사건이었다.

징에서 인민문학운동에 참여했지만, 결국 그는 공산당에 의해 청산되어야 할 대상으로 찍혀 계속적인 비판을 받았다. 급기야 그의 수제자 격이었던 수우^{舒蕪, 서무}마저 변절해 1952년 5월 우한의《장강일보^{長江日報}》에 「연안문예강화에서부터 다시 공부를 시작함」이라는 글을 실어 후펑을 따랐던 자신의 과오를 자아비판하고 후펑과 막역한 사이였던
작가 루링^{路伶, 노령}을 향해 "군중의 뜨거운 투쟁 속에서 고난의 사상개조를 후펑
거쳐 진정하게 노동자 계급의 입장에 굳건히 서"라고 경고했다. 이어《문예보》에〈루링에게 보내는 공개서한〉을 띄우고 공산당 중앙선전부가 이곳저곳에서 주최한 후펑 사상 비판토론회를 따라다니며 후펑 사상의 이적성을 증언하는 역할을 맡았다. 같은 해 7월에는 중앙선전부 부부장 겸 중국 문학예술계연합회 부주석이던 후펑의 숙적 저우양이 후펑 비판의 필요성을 정식으로 제기해 저우언라이 총리의 승인을 받았다. 이에 따라 중앙선전부는 4차례의 '후펑 문예사상 검토회'를 열어 후펑을 비판하기 시작했다. 여기서 후펑은 개별 문제에 대해서는 자아비판을 하고 자신의 이론이 '소자산계급'적인 면이 있다고 인정했지만, 그래도 자신의 이론은 "마르크스주의 문예이론을 기본으로 한 무산계급 문예사상"이며 근본적인 착오는 없다고 버텼다.

궁지에 몰린 후펑은 1954년 봄 자신의 입장을 정리해 이른바 「30만 자서한^{三十萬言書}」을 작성했는데, 여기서 그는 공산당의 문예방침이 작가나 독자들에게 참된 문학을 저해하는 '공산주의 세계관'과 '공농병생활', '사상개조', '민족형식', '제재'라고 하는 다섯 가지 이론적 독소가 되었다고 하는 '다섯 자루 이론의 칼'이라는 주장을 제기하여 중국 공산당의 문예방침에 대해 정면으로 도전했다. 후펑은 자신이 맞서 싸우는 것이 마오쩌

둥과 당 중앙이 아니라 당시 문예 관료 기구를 지배하고 있던 저우양 일파라고 생각해 이 글을 썼던 것이고 궁극적으로 이 글이 마오에게 전달되기를 내심 기대했다. 그러나 이것은 후펑의 오판이었다. 마오쩌둥은 같은 해 10월 직접 '『홍루몽』 연구'와 '《문예보》에 대한 비판'을 독려했고, 이에 따라 10월 말에서 12월 초에 걸쳐 중국 문학예술계연합회^{문련}와 중국작가협회^{작협} 주석단의 연석회의가 여덟 차례나 개최되었다. 참석자들은 모두 『홍루몽 연구』와 《문예보》에 대한 비판을 쏟아내며 후펑에게 발언을 권유하자 후펑은 이것을 반격의 기회로 여겨 그동안 쌓였던 울분과 불만을 격정적으로 토로했다. 이것으로 후펑의 운명은 결정된 것이나 마찬가지였다.

이듬해인 1955년 1월 12일 중국작가협회는 당 중앙의 동의를 얻어 그의 「30만 자 서한」을 공개하기로 결정하고, 20일 중앙선전부가 당 중앙에 후펑 사상 비판을 위한 계획을 보고했다. 3월부터는 후펑이 자아비판을 행했으나 이미 때는 늦었다. 전국적으로 대대적인 후펑 비판이 전개되었던 것이다. 그리고 5월 13일 애당초 후펑이 「30만 자 서한」의 공개 때 같이 게재해달라고 부탁했으나 마오쩌둥의 지시로 게재가 거부되었던 「나의 자아비판」이 《인민일보》에 게재되었는데, 그 내용은 후펑 자신이 「30만 자 서한」에서 밝힌 자신의 입장을 송두리째 부정한 것이었다. 그리고 얄궂게도 그의 「나의 자아비판」 옆에는 후펑의 측근이었다가 그를 배반한 수우가 1940년대 후반에 충칭에 거주할 무렵부터의 후펑의 언행과 그와 주고받았던 편지 등을 폭로하면서 후펑의 자아비판에 속아서는 안 된다고 고발하는 글이 동시에 실렸다. 후펑은 그들에게 철저하게 농락당했던 것이다.^{후펑 비판}

같은 해 5월 16일, 전국인민대표대회 상임위원회는 그의 인민대표 자격을 박탈하고 '후펑 반당 집단' 체포를 비준하였다. 후펑 등은 그날로 체포되었고, 작가협회 이사,《인민문학》편집위원, 문련 전국위원회위원 등 일체의 공직이 박탈되었다. 그리고 마오쩌둥의 특별지시에 따라 '후펑사건 전담조'가 편성되어, '후펑 집단'에 대한 대대적인 탄압이 시작되었다. 후펑의 죄상을 까발기는 자료가 속속 발간되었고, 6월 15일《인민일보》편집부는 그런 자료들을 묶어 무려 700만 부가 넘는 숫자의『후펑 반혁명집단 자료집』을 발간했다. 당시 지식인의 수는 기껏해야 200만 정도로 추산되었다는 것을 감안한다면, 그 의도가 지식인에게 경고를 주는 정도의 목적이 아니라 '숨은 반혁명분자'를 거론하면서 전 국민을 닦아세우기 위한 데 있었음을 충분히 짐작할 수 있다. 결국 이름 있는 지식인들이 원하든 원하지 않든 후펑을 비판하는 글을 쓰지 않을 수 없는 분위기가 퍼져나갔으니, 혹자는 이를 두고 그 진정한 목적이 어느 한 사람에 대한 비판이 아니라 지식인 전반에 대한 당의 철저한 사상적 통제를 실시하는 데 있었다고 말하기도 했다.

과연 이러한 패턴은 이후 마오쩌둥에 의해 펼쳐지는 여타의 캠페인들, 이를테면 '비린비쿵批林批孔, 비림비공' 등과 같은 운동에서도 발견되는데, 이 운동 역시 단순히 당시 이미 사망한 '린뱌오'와 수천 년 전의 인물인 '쿵쯔'를 겨냥한 것이 아니었다. 이것은 표면적인 이유였을 뿐, 사실은 이를 빌미 삼아 사회 전반에 대한 당의 절대적인 지배권을 장악하려 했던 것이다. 가오강과 라오수스의 숙청, 그리고 〈우쉰 전〉에서 위펑보의『홍루몽 연구』비판, 후펑 비판으로 이어지는 일련의 사태가 모두 1955년과 1956년 사이에 초급합작사에서 고급합작사로 병합되는 과정과 거의 일치하는 시기에 벌어졌다는 사실이 이를 증명한다. 이 모든 것은 '토지 개혁'을 가속화하려는 당의 입장, 또는 마오쩌둥의 생각에 대해 반기를 드는 사람을 색출하는 수단이 되었던 것이다. 지식인이란 이러한 숨은 뜻을 간파하지 못할 정도로 아둔한 부류의 인간들이 아니었다. 이런 일련의 사건을 통해 중국 문화예술계는 물론이고 지식인 전체가 입을 다물고 깊은 침묵에 빠져 들어갔다.

'쌍백 운동'과 반우파 투쟁, 그리고 '대약진 운동'의 실패

그러던 중 1956년 2월 소련 공산당 제20차대회에서 '스탈린 비판'이 진행되어 영원할 것 같았던 스탈린에 대한 신격화가 한순간에 붕괴했다. 이를 계기로 사회주의 체제 내에 일종의 '해빙기'가 찾아왔고, 중공업 우선과 고도의 중앙집권 관리체제에 대한 비판이 제기되었다. 같은 해 4월 마오쩌둥은 이런 분위기에 편승해 중국 공산당원들이 외부인이 표명한 합리적인 견해를 재고하고 서구 사회에 대해 더 연구하며 외국어를 배울 것 등을 주장했다. 또 5월 2일에는 당 지도자들만 모인 회의에서 "백 가지 꽃을 일제히 피우고^{百花齊放}", "백 가지 학파의 의견이 일제히 분출되어 서로 다투도록 하자^{百家爭鳴}"는 의견을 제시했고, 5월 26일 선전부장 루딩이^{陸定一, 육정일}가 이를 공식적으로 공표하였다. 같은 해 여름 제1차 5개년 계획의 성공에 고무된 마오쩌둥은 62세의 몸으로 자신의 건강을 과시하기 위해 양쯔 강을 헤엄쳐 건넜다.

그러나 거기까지였다. 중국 공산당 지도자들은 6월에 폴란드에서 발생한 정치 폭동을 우려 섞인 눈길로 바라보았고, 가을로 접어들자 제1차 5개년 계획이 안고 있는 여러 문제들이 하나씩 불거지면서 이들은 곤경에 빠지게 되었다. 이런 분위기 속에서 1956년 9월 15일부터 27일에 걸쳐 중국 공산당 제8차 전국대회가 베이징에서 열렸다. 이것은 신중국 수립 후 최초이자 1945년에 제7차 대회가 열린 지 11년 만에 열린 것으로 그동안 중국 공산당이 이룬 위대한 승리와 그 성과를 내외에 크게 과시하는 대회였다. 이 대회에서는 류사오치가 정치 보고를 하고 덩샤오핑이 당 규약 개정 보고를 하는 등 류사오치와 덩샤오핑의 역할이 부각되었고, 마오쩌둥은 겨우 개회사를 하는 데 그쳤다. 특히 새로운 당헌의 초안에서는 마오쩌둥 사상의 중요성에 대한 모든 언급이 사라졌고, 마오쩌둥에 대한 개인 숭배적 색채가 사라졌다.

    1956년 10월 소련군이 헝가리를 침공했고, 비슷한 시기에 티베트에서도 중국군의 주둔에 반발하는 대규모 시위가 발생했다. 나라 안팎에서 벌어지는 여러 불리한 상황에서 베이징에서의 마오쩌둥의 입지는 좁아졌고, 그만큼 마오의 조급증 역시 더해갔다. 마오쩌둥은 이제 본격적으로 추진될 경제 개발 계획을 성공적으로 수행하고 사회주의 발전을 이루기 위해서는 사회 각계각층의 자발적인 참여와 지식의 이용이 필요하다고 보았다. 이른바 **백화제방, 백가쟁명**의 **쌍백 운동**은 이러한 현실적 필요에 의해 제기되었던 것이다. 이듬해인 1957년 2월 마오쩌둥은 최고 국무회의 제11차 확대회의 석상에서 〈인민의 모순을 올바르게 처리하는 문제에 대하여〉라는 제목의 연설을 했는데, 여기에서 그는 '쌍백 운동'의 필요성을 직설적으로 토로했다.

> '백화제방 · 백가쟁명 · 장기공존 · 상호감독'이라는 구호는 어떻게 제기된 것일까. 이것은 중국의 구체적 상황에 입각하여 제기된 것이고, 사회주의 사회에는 여전히 각종 모순이 존재한다는 것을 인정하는 기초 위에서 제기된 것이며, 경제와 문화를 급속히 발전시켜야 한다는 국가의 절실한 요구에서 제기된 것이다. 백화제방 · 백가쟁명의 방침은 예술의 발전과 과학의 진보를 촉진하는 방침이며, 중국의 사회주의 문화의 번영을 촉진하는 방침이다. 예술에서도 다른 형식과 풍격은 자유롭게 발전될 수 있으며, 과학에서도 서로 다른 학파는 자유롭게 논쟁하게 할 수 있다. 우리는 행정적인 힘에 의해서 강제적으로 하나의 풍격이나 학파를 밀

고 나가고, 다른 풍격이나 다른 학파를 금지하는 것은 예술과 과학의 발전에 해롭다는 것을 인정하고 있다. 예술과 과학에서의 시비 문제는 마땅히 예술계와 과학계의 자유로운 토론을 통해서 해결해야 하고, 예술과 과학의 실천을 통해서 해결해야지 단순한 방법으로 해결해서는 안 된다.

그러나 이 자리에 류사오치는 참석하지 않았으며 연설이 금방 출판되지도 않았다.● 하지만 '쌍백 운동'을 제기하는 동시에 마오쩌둥은 하나의 단서를 달았다. 1957년 3월 12일에 열린 중국 공산당 전국선전공작회의에서 마오는 다음과 같이 말했다.

● 이것은 약간의 수정 보완을 거쳐 1957년 6월 19일 《인민일보》에 실렸다.

> '방放'이냐 '수收'이냐? 이것은 방침 문제이다. '백화제방', '백가쟁명'은 기본적인 동시에 장기적인 성질의 문제이지, 잠정적인 성질의 방침은 아니다. 동지들은 토론 중에 '수'를 찬성하지 않았는데, 나는 이러한 견해가 매우 옳다고 본다. 당 중앙의 의견은 '수'일 수는 없고, '방'이어야 한다.
> 우리의 국가를 영도할 때는 두 가지 상이한 방법, 혹은 두 가지 상이한 방침을 취할 수 있다. 이것이 바로 '방放'과 '수收'이다. '방'이란 여러분들로 하여금 의견을 말하게 하고, 사람들로 하여금 감히 말하고, 감히 비평하고, 감히 쟁론하도록 내버려두되, 잘못된 의론을 두려워하지 않고, 유해한 요소가 있는 것을 두려워하지 않으며, 각종 의견 사이의 상호 논쟁과 상호 비평을 발전시키고, 기왕 비판의 자유를 허용한 바에야 비판자를 비판하는 자유를 허용하고, 그릇된 의견에 대해서는 위압적으로 복종케 하는 게 아니라 이치로 사람을 복종케 해 설복시키는 것이다. '수'라는 것은 사람들이 상이한 의견을 말하는 것을 허용하지 않고, 또 그릇된 의견을 발표하는 것을 허용하지 않으며, 그것을 발표하는 경우 '일격에 때려눕히는 것'이다. 이것은 모순을 해결하는 방법이 아니라 모순을 확대하는 방법이다. 두 가지 방침 즉 '방'인가, 아니면 '수'인가, 어찌 되었든 그 중에서 하나를 택해야

한다. 우리가 방의 방침을 채택한 것은 이것이 우리 국가를 공고하게 하고 문화를 발전시킬 방침이기 때문이다.

이러한 마오쩌둥의 일련의 발언에 고무되어 4월부터 공산당원의 관료주의와 분파주의, 주관주의를 극복하는 **제2차 정풍 운동**이 전개되었다. 5월 1일부터 6월 7일까지 약 5주간에 걸쳐 지식인들이 당 내의 오류에 대해 자유롭게 비판하는 것이 가능해졌고, 이른바 쌍백 운동은 절정에 이르렀다. 당 중앙은 '말하는 데 죄를 묻지 않는다言者無罪'는 구호 아래 중국 공산당에 대한 비판을 적극적으로 호소했다. 그러나 시간이 흐를수록 비판의 범위가 확대되어 마오쩌둥의 권력에 대한 비판으로 이어졌고, 급기야 베이징 대학의 중심부에 '민주의 벽'이 설치되어 중국 공산당을 비판하는 대자보가 가득 채워지는 등 사태는 걷잡을 수 없이 흘러갔다.

'쌍백 운동'이 자신의 의도와 다르게 진행되고 있다고 판단한 마오쩌둥은 돌연 태도를 바꾸어 강경한 입장으로 돌아섰다. 6월 8일《인민일보》에는 "공산당의 정풍을 돕는다는 구실 하에 소수의 우파분자가 공산당과 노동자 계급의 지도권에 대해 도전하고 있으며, 공공연히 공산당에 대해 '물러가라'고까지 떠들어대고 있다"는 글이 실렸다. 그 다음날도《인민일보》의 사설에서는 "적극적인 비판도 필요하지만 올바른 비판도 필요하다"고 하여 공산당을 부당하게 비판한 자들에 대한 재비판이 필요하다고 주장했다. 6월 19일에는 마오쩌둥 자신이 문제의 시발점이 되었던 자신의 글「인민 내부의 모순을 올바르게 처리하는 문제에 대하여」를 수정 보완하여 다시 발표했다. 7월이 되자 중국 공산당은 이 운동을 '반사회주의적 독초'를 일소하기 위한 **반우파 투쟁**으로 전환할 것을 선언하고 당 비판자에 대한 공격을 시작했다. 30만여 명이 넘는 지식인들이 우파로 찍혀 노동수용소나 감옥에 들어갔고 농촌으로 쫓겨났다. 천체물리학자 팡리즈$^{方勵之, 방려지}$와 작가 딩링$^{丁玲, 정령}$을 비롯한 문인, 사회과학자, 자연과학자 등이 여기에 포함되었다. 이것은 신중국 수립 이후 중국 혁명의 전 과정에서 그 어느 것보다 결정적인 의미를 갖는 전환점이 되는 사건이었다. 중국 공산당은 이를 계기로 이제까지 중국 혁명에 함께 동참했던 민주적인 당파를 포함한 공산당 이외의 당파에 속한 지식인들을 배제했으니, 이것은 신중국 수립 이후에도 견지되었던 '민족통일전선'의 논리가 완전히 소멸되었다는 것을 의미한다. 이후 중국 공산당의 일당독재체제가 강화되고 사회주의 사회에서의 복수 정당의 존재라는 건국 초기의 원칙은 완전히 포기되었다.

1957년 11월 마오쩌둥은 두 번째로 소련을 방문했다. 그에 앞서 7월에 소련은 대륙간탄도탄^{ICBM}의 실험에 성공했고, 6주 후에는 인공위성 스푸트니크 1호의 발사에 성공했다. 마오가 소련을 방문하기 직전인 10월 15일에는 '중·소 신군사 협정'이 체결되었다. 이에 의하면 소련 정부는 원자탄의 견본과 그 제작에 관한 기술적 자료를 중국에 제공하도록 되어 있었다. 마오쩌둥은 소련의 잇따른 과학적 성취에 고무되어 이것이야말로 사회주의의 승리라고 평가하고, 소련의 도움으로 머지 않아 중국도 핵무장을 할 수 있을 것으로 기대하면서 '동풍이 서풍을 압도한다'고 주장했다. 마오쩌둥은 궁극적으로 핵전쟁이 일어나면 중국이 최후의 승리를 거둘 것으로 생각했던 것이다.

● S. 슈람, 『마오쩌둥(毛澤東, 모택동)』, 277쪽.

> 이 문제에 관하여 나는 한 외국 정치가$^{인도의 총리 자와할랄 네루}$와 논쟁을 하였다. 그는 만약 핵전쟁이 발발한다면 전 인류는 멸망할 것으로 믿고 있었다. 나는 극단적인 경우 최악의 사태에 이르게 되면 인류의 반이 죽고 나머지 반만이 남게 될 것이며, 제국주의는 소멸하고 전 세계는 사회주의화할 것이라고 말했다.●

그러나 이러한 발언은 한 국가의 지도자로서 신중하지 못한 것이었고, 원자탄의 위험성을 직시하고 이것의 사용에 신중을 기했던 소련의 지도자 흐루시초프의 우려를 낳기에 충분한 것이었다. 과연 마오쩌둥의 일련의 제안들은 대미 평화 공존을 지향하는 흐루시초프에 의해 냉대를 받았다. 마오쩌둥 역시 소련 측의 태도에 적잖이 실망한 채 귀국했다. 이때의 일은 이후 전개될 중·소 분쟁의 빌미가 되었다고 볼 수 있다. 이후에도 마오쩌둥의 대외 노선은 1958년 여름의 중동 위기나 타이완 해협 위기 등의 긴장 국면과 1959년 가을의 중국과 인도의 국경 분쟁에서 잘 나타나듯이 제국주의 세력과 정면으로 대결한다는 강경 외교로 치닫고 있었다.

마오쩌둥의 고민은 이러한 대외적인 문제에만 머물러 있지 않았다. 국내의 상황 역시 비슷하게 흘러가고 있었던 것이다. 애당초 점진적으로 진행하고자 했던 경제 발전 계획은 장기적인 국면에 접어들면서 활기를 잃어가고 있었을 뿐 아니라 그 폐해가 나타나기까지 하였다. 마오쩌둥은 혁명에 참가한 이래 인간의 의지와 대중의 자발적인 참여에 대한 뿌리 깊은 신념을 갖고 있었다. 소련에서 돌아온 뒤 마오는 그 해 12월에서 다음해인 1958년 4월까지 중국 각지를 여행하며 직접 민중과 접촉해 민중의 적극성과 창조성을 재확인하고자 했다. 그 결과 마오는 **대약진 운동**과 **영구혁명**이라는 두 가지 슬로건으로 정리되는 새로운 급진 정책을 제기하기에 이르렀다. 대약진 운동이 공표된 것은 1958년 5월에 열린 중국공산당 8전대회 제2차 회의에서였지만 실제로는 그 전해인 1957년 가을에 시작된 '수리水利 건설 운동'에서 시작되었다. 이것은 노동력의 대량 투입에 의한 인해전술식 사회주의 건설 방식으로 생산력을 비약적으로 발전시키겠다는 의도에서 추진된 사업으로 연 인원 1억여 명이 참여해 780만 헥타아르의 토지가 개간되었다.

국내 여행에서 돌아온 마오쩌둥은 같은 해 5월 5일부터 23일까지 앞서 말한 8전 대회 제2차 회의를 개최하였다. 류사오치는 '활동 보고'를 통해 마오쩌둥의 말을 직접 인용해가며 대약진 운동의 취지를 자세하게 설명했다. 사실상 마오쩌둥과 다른 생각을 갖고 있던 류사오치가 이렇게 한 것은 '반 우파 투쟁'에서 나타난 민중들의 호응이 마오쩌둥에게로 향한 것을 확인했고 동시에 마오의 후계자로서 자신의 위상이 확고해져가고 있는 와중에 그에게 반대하는 입장을 취할 필요가 없었기 때문이었다. 여기서 한 걸음 더 나아가 류사오치는 마오쩌둥의 이름으로 '대약진 운동'과 '영구혁명'●의 필요성을 천명했다. 우선 영구혁명에 대해 마오쩌둥은 1958년 1월에 초안된 「공작 방법 60조 工作方法六十條」라는 고참 공산주의자들을 위한 내부 문건의 제21조에서 다음과 같이 발언한 바 있다.

● 원래 명칭은 '부단혁명(不斷革命)'으로 끊임없이 혁명을 해야 한다는 의미이다.

●● '반우파 투쟁'을 가리킴.

> 영구혁명, 우리의 혁명은 계속 이어져야 한다. 1949년 전국적인 범위에서 정권 탈취를 개시한 이래 반봉건적인 토지 개혁이 이어졌고, 토지 개혁이 완성되자 농업합작사가 시작되었고, 뒤이어 사영 공상업과 수공업의 사회주의로의 개조가 이어졌다. 사회주의의 삼대 개조, 곧 생산수단의 소유제 방면의 사회주의 혁명은 1956년에 기본적으로 완성되었고, 작년에 진행된 정치 전선과 사상 전선상의 사회주의 혁명●●이 그 뒤를 이었다. 이 혁명은 금년 7월 1일 이전에 기본적으로 일단락되었다고 볼 수 있다. 그러나 문제는 완결되지 않았다.……우리의 혁명은 싸움과 마찬가지로 한 차례의 승리를 얻어낸 뒤에는 곧바로 새로운 임무가 제출되어야 한다.……금년부터 정치 전선과 사상 전선상의 사회주의 혁명을 계속 완수함과 동시에 당 사업의 중점을 기술 혁명에 놓아야 한다.

이러한 영구혁명에 대한 자신감은 마오가 갖고 있는 중국 인민의 개조에 대한 확고부동한 신념과 그것이 가능하다는 믿음에 있었다. 그런 믿음 때문에 마오는 중국이 공업과 농업 분야에서 자본주의 대국들을 따라

잡는 데 그리 많은 시간이 필요치 않을 것이라 생각했다. 그런 생각은 마오가 같은 해에 발표했던 「전국 농업발전 요강」이라는 문건에 집약되어 있었으며, 이것은 제2차 대회에서 채택되었다. 여기에서 '사회주의 건설의 총노선'과 '대약진'이 결합되고 뒤에 '인민공사'와 결합된 **삼면홍기**三面紅旗라는 슬로건이 나오게 되었다. 바로 이 '삼면홍기'가 흔히 대약진 운동이라 불리는 것의 실체인 셈이다. "대담하게 마음먹고, 항상 높은 목표를 지향하며, 좀더 많이, 좀더 빨리, 좀더 좋게, 좀더 절약하여 사회주의를 건설"하는 것이 대약진 운동의 목표로 내세워졌고, '중공업을 우선적으로 발전시키는 것을 전제로 하되 공업과 농업을 동시에 발전시키고, 중앙공업과 지방공업, 근대공업과 전통공업 등을 동시에 발전시키는' **두 발로 걷는다**讓兩條腿走路는 방침이 채택되었다.

 1958년 여름 인민공사가 실험적으로 결성되기 시작했을 때 마오는 직접 농촌을 방문하고 돌아와 농업집단화를 통한 생산력 증강이 사회주의화를 가속시킨다고 주장했다. 1958년 8월 베이다이허北戴河, 북대하의 휴양지에서 열린 공산당 중앙위원회에서는 인민공사의 경영 하에 농업 생산이 많게는 수십 배에 이르렀다는 주장이 나와 참석자들을 깜짝 놀라게 했다. 결국 그때까지 이 정책을 공식적으로 승인하지 않았던 중앙위원회는 이러한 일련의 성과들을 추인하면서 8월 29일에 〈농촌에 인민공사를 설립하는 것에 관한 결의〉를 채택했다. 이후 전국적으로 인민공사가 '대약진' 정책의 실행 단위로 조직되기 시작해 그 해 말에는 중국 전역에 740만 개의 합작사가 2만 6,000개의 공사로 통합되어 전체 농민 인구의 99퍼센트가 이에 속했다. 이와 동시에 "두 발로 걷는다"는 방침에 따라 대도시 중심의 대형 근대공업에 비해 비교적 규모가 작고 재래의 기술을 이용한 지방 공업화가 추진되었다. 이것은 또 대중 운동으로도 전개되었으니, 용적이 불과 30~50입방미터에 불과한 소형 용광로인 이른바 **토법**

● 재래의 기술로 만든 용광로라는 뜻이다.

고로土法高爐가 전국의 농촌 지역에 200만 기나 건설되었다. 성공에 대한 확신에 발맞추어 식량 생산과 선철 등의 생산 계획 또한 배증되거나 조기 달성 등의 압력이 각 부분과 각 지역 정부에 가해졌다.

그러나 결과적으로 대약진 운동은 처참하게 실패했다. 중국 공산당은 운이 없었던 것일까? 대약진 운동의 과도한 목표 설정으로 인해 공업 제품과 식량에 이르는 기본 건설 투자가 적정선을 넘어 경제가 과열 상태에 이르렀다. 특히 철강 생산에 지나치게 매달리다 보니 대형 제철소는 물론이고 '토법고로'에도 전국적으로 5,000만 명이 넘는 인원이 동원되어 밤낮으로 제철과 제강에 종사하게 되었다. 이에 따라 노동력뿐 아니라 석탄 생산과 그 수송, 전력의 공급이 한쪽으로만 편중되는 등 국민 경제의 각 방면에서 일종의 병목 현상이 나타났다. 하지만 기대했던 철강 생산은 정반대의 결과를 낳았다. 수많은 농민들이 단지 철강 증산을 위해 자신들의 농기구를 손으로 만든 허접한 용광로에 던져넣어 증산에는 성공했으나, 그렇게 생산된 선철 가운데 30퍼센트 가량은 아무짝에도 쓸모 없는 것으로 판명되었다. 그럼에도 중요한 것은 수치상의 목표 달성이었기에 상부에서 내려온 목표를 초과 달성했다는 거짓 보고들이 계속 올라갔고, 이에 고무되어 중앙에서는 당초의 계획을 상향 조정해 내려보내는 악순환이 계속되었다. 겉으로는 '대약진 운동'으로 국민 경제가 크게 '약진'한 듯 보였지만, 실상은 그렇지 않았던 것이다.

농업 분야에서의 파탄은 더욱 심하게 나타났다. 중국의 전통적인 공동체 사회의 특성을 무시한 공동 식당과 공동 보육, 절대 평등주의를 통한 대규모 집단화는 농민들의 생산 의욕을 감소시켰다. 여기에 더해 농민들은 자신의 본업인 농업 이외에도 '토법고로' 등에 동원되어 노동력을 혹사당했다. 결정적으로 1959년부터 3년 간 이어진 심각한 자연재해로 전국의 농촌은 궤멸적인 타격을 입었다. 각지에서 식량 부족 현상이 일어나 동북의 공업도시에서는 옥수수나 수수의 배급조차 감소해 사람들은 휴일에는 들에 나가 수확 후의 낱알들을 줍지 않으면 안 될 지경이었다. 그나마도 없어 사람들이 굶어죽는 일까지 벌어졌다.

대외적으로도 1958년 여름의 타이완해협 위기 당시 소련은 중국의 모험주의적인 단기 결전 정책에 의문을 표명했으며, 중국이 진먼다오金門島, 금문도를 포격했을 때도 지원을 거부했다. 급기야 1959년 6월에는 57년에 맺은 '중·소 신군사 협정'을 일방적으로 파기하고 중국에 대한 원폭 미사일의 견본과 기술 자료의 제공을 거부하였다. 중국의 입장에서는 핵무기를 포함한 소련의 원조가 절실했지만, 흐루시초프의 생각은 달랐다. 자신들의 발등에 붙은 불이 더 급했던 것이다. 같은 해 세계 각국에서는 많은 사건들이 이어졌지만, 중국은 어느 것 하나도 영향력을 발휘하지 못했다. 오히려 3월에 티베트에서 무장 반란이 일어나자 '인민해방군'의 무자비한 진압으로 많은 티베트인들이 살상되었고 수많은 사원들이 파괴되었다. 이때 달라이 라마가 인도로 망명했으며, 인도는 중국의 항의

티베트의 간덴사원 전경. 당시 입은 피해가 복구되지 않은 채로 남아 있다.

에도 불구하고 그에게 피난처를 제공했다. 중국은 점차 고립무원의 상태에 빠져 이른바 **죽의 장막**에 갇히게 되었다. 이렇듯 대약진 정책의 좌절, 이후 3년 간 이어지는 자연재해, 중소 대립으로 인한 경제적 곤란이라는 삼중고에 직면한 중국 공산당은 어쩔 수 없이 대약진 운동을 재고해야만 했다.

주자파의 등장, 검은 고양이든 흰 고양이든

그런 움직임은 이미 1958년부터 시작되었다. 그러나 대약진 운동의 수정은 쉬운 일이 아니었다. 이를 위해 같은 해 여름부터 12월에 이르기까지 수많은 회의가 열렸고 많은 문제점들이 지적되었다. 그럼에도 대약진 운동의 기본 방침은 견지되었으며, 일부 문제가 드러난 부분에 대한 '정돈' 공작을 시행하는 것으로 논의가 중등무이되었다. 그리고 그 다음해인 1959년 4월 전국인민대표회의 제2기 제1회 대회에서 마오쩌둥은 국가 주석직에서 물러나고 당 주석직만 유지했다. 마오를 대신해 류사오치가 새롭게 주석의 자리에 올랐다. 1959년 7월 심각한 경제 위기에 직면한 중국 공산당은 쟝시 성 루산庐山, 여산에서 정치국 확대회의를 열었다. 여기에서 국방부장 펑더화이彭德懷, 팽덕회는 '대약진'과 '인민공사'에서의 '프티 부르주아적 열광주의'의 오류들을 비판했다. 비공식석상에서 펑더화이는 대약진 운동의 문제점 몇 가지를 열거하고 마오쩌둥의 고향인 후난 성이 다른 지역에 비해 더 많은 국가 지원을 받았다는 점을 지적했다. 아울러 1958년에 보고된 수확량의 수치에 대해서도 의문을 제기했다.

프티부르주아의 광기는 우리에게 쉽사리 좌경적인 과오를 범하게 했다. 원래 몇 년 또는 수십 년이 걸려야 달성될 수 있는 요구를 1년이나 수개월에 해낼 수 있도록 목표를 변경하였다. 이 때문에 현실과 동떨어지고 대중의 지지를 받을 수 없게 되었다. …… 그들은 정치를 으뜸으로 삼기만 하면 모든 것을 바꿀 수 있고 노동 자각을 높이고 생산품의 양과 질을 보증하여 대중의 적극성과 창의성을 발휘하게 하며, 이로써 우리의 경제건설을 진보시킬 수 있다고 믿고 있다. 그러나 정치를 으뜸으로 삼는다 해도 경제법칙을 대표할 수는 없을 것이며, 더욱이 경제 공작의 구체적 조치로 변할 수는 없다.

이 자리에서 펑더화이는 대약진 운동의 세 가지 모순점을 열거했다. 첫째, 대약진 운동은 중국의 장기 경제 발전에 큰 타격을 주었다. 그것은 장기 경제 발전이라는 것이 단순한 군중 동원에 의해 이루어지는 게 아니라 기술 발전에 기반을 두고 있어야 하는 것이기 때문이었다. 둘째, 대약진 운동은 소련의 발전 모델을 배격함으로써 중·소 관계를 악화시켰다. 셋째, 군인들이 대약진 운동에 동원됨으로써 사기가 저하되고 군의 전투력이 크게 감소되었다.

그러나 마오쩌둥은 이 오랜 혁명 동지의 충언을 자신의 노선에 대한 도전일 뿐 아니라 대약진 운동에 대한 부르주아 계급의 동요를 반영한 것으로 받아들여 그가 우파 기회주의자들의 모임을 결성하고 원칙 없는 분파주의적 행동을 하고 있다고 비난했다. 마침 펑더화이는 회의 직전에 소련을 방문한 적이 있었는데, 마오는 그때 펑더화이가 흐루시초프로부터 인민공사에 대한 부정적인 정보를 받은 게 분명하다고 믿었던 듯하다. 결국 인민공사의 무리한 추진 등 당대의 좌편향적인 오류를 시정했어야 할 회의가 오히려 우익 기회주의자들과의 투쟁의 장으로 변해버려 펑더화이와 그를 지

펑더화이

지하는 자들은 반당 집단으로 몰려 실각했다. 그렇지 않아도 '반 우파 투쟁'으로 비판적인 지식인들이 입을 다물고 있던 상황인지라, 이제는 그 누구도 마오쩌둥에게 반기를 들고 비판적인 견해를 내놓으려 하지 않았다. 후임 국방부장으로 임명된 린뱌오는 재빨리 '마오쩌둥 사상'에 입각한 군의 사상 공작, 정치 공작을 강화하고 군을 장악했다. 그리고 대약진 운동은 계속 추진되었다. 마오쩌둥은 회의에서 자신의 동료들에게 자신의 심경을 여과 없이 감정을 실어 토로했다.

● 당시 펑더화이는 마오쩌둥에게 자신이 추방당한다면 인민해방군 내에서 반란이 일어날지도 모른다고 말했다.

●● 조너선 D. 스펜스, 『현대중국을 찾아서 2』, 168쪽.

쿵쯔나 레닌, 마르크스도 모두 실수를 저질렀는데 자신이 그랬다고 해서 놀랄 이유가 무엇이냐고 그는 말했다. 만일 모두가 부정적인 면만 강조하겠다고 고집을 부린다면, 그때는 자신이 "농촌으로 가서 정부를 전복시키기 위해 농민을 이끌 것이다. 만일 인민해방군에 있는 너희들이 나를 따르지 않는다면,● 나는 나가서 홍군을 찾고 또 다른 해방군을 조직할 것이다." 인민공사에 대해서 마오쩌둥은 "이제까지 하나도 붕괴하지 않았다. 우리는 그 가운데 절반이 붕괴한다 해도 대비책이 있고, 만일 70퍼센트가 무너진다고해도 30퍼센트는 남는다. 무너질 수밖에 없다면 무너지게 내버려 두라"고 말했다.●●

그러나 이러한 몸부림으로도 현실을 호도하고 넘어갈 수는 없었다. 대약진 운동의 무리한 추구로 국민 경제는 파탄에 이르렀으며, 식량 부족으로 전국에서 2,000만 명이 넘는 아사자가 나왔다. 이러한 인적 피해뿐 아니라 자원을 무차별하게 파헤치고 용광로를 돌리게 위해 삼림을 남벌하는 바람에 자연 환경 역시 크게 파괴되었다. 이제 상황은 천하의 마오쩌둥도 어찌 해볼 도리 없는 파국으로 치닫고 있었다.

그 사이 중국과 소련의 관계는 악화 일로를 걷고 있었다. 일찍이 1959년 8월 중국과 인도 사이에 국경 분쟁이 일어났을 때 9월에 발표된 소련의 타스 통신 보도는 양국 간의 국경 분쟁에 대해 유감을 표시하고 양국 모두에게 이러한 '오류'를 시정하는 노력을 기울일 것을 촉구하였다. 중국은 소련이 자신들을 부르주아 국가와 동등하게 취급하고 있는 데 대해 분노했다. 여기에 더해 중국은 소련이 이 성명을 발표 당일 아침이 되어서야 자신들에게 통보했고, 이에 잠시 발표를 유보해달라고 부탁했음에도 불구하고 소련이 성명 발표를 강행한 데 대해 할 말을 잃고 말았다. 이 성명 발표로 중국과 소련이 다시는 돌이킬 수 없는 길로 들어섰다는 것은 양국 모두 인정하는 사실이다. 같은 해 9월 30일 흐루시초프가 미국을 방문해 아이젠하워 대통령과 회담을 갖고 귀국하는 길에 베이징에 들렀다. 그러나 흐루시초프는 마오쩌둥의 심기를 다시 한번 뒤흔들었다. 도착 당일 환영 만찬에서 흐루시초프는 중국과 인도의 국경 분쟁을 암시하는 듯한 태도로 "자본주의 체제의 안정성을 무력으로 시험해보려는" 자들의 호전성을 격하게 비난했다. 마오쩌둥과의 회담에서는 타이완의 독립을 인정하라는 투의 제안을 하기도 했다. 결국 10월 3일 흐루시초프가 중국을 떠날 때에는 관례라고 할 '공동 성명'조차 발표되지 않았다. 1960년 여름 양국 간의 갈등을 현실화하기 위한 수순을 밟아나가듯 소련은 중국 내에서 일하고 있던 1,390명의 전문가와 고문들 전원을 철수시키겠다는 뜻을 밝혔고, 실제로 9월에 이것을 실행에 옮겼다. 343개에 이르는 전문가 파견 계약과 계약 보증서 등이 일방적으로 파기되었고, 합계 277개 항목에 이르는 과학기술 협력 계획이 취소되었다. 그 뒤로도 플랜트와 각종 설비의 핵심적인 부분에 대한 제공을 대폭 삭감해 중국 측에 막대한 손해를 입혔다.

대약진 운동의 실패에 더해 중·소 간의 대립으로 중국 경제는 막다른 골목에 내몰렸다. 마오쩌둥이 2선으로 물러난 뒤 사태 수습을 책임진 것은 국가 주석인 류사오치와 당 총서기인 덩샤오핑鄧小平, 등소평, 그리고 베이징 시장인 펑전彭眞, 펑진 등 공산당 내 실권파 세력이었다. 류사오치는 표면적으로는 마오쩌둥에 협력하면서 실제로는 대약진 운동을 재조직하는 조정 정책에 착수했다. 당면 과제는 식량 위기였으므로 도시 인구의 강제 소개疏開라는 과감한 정책이 단행되어 1961에서 63년 동안 2,000만 명 정도의 도시 인구가 줄어들었다. 농업 투자가 대폭 증가되었으며, 화학 비료나 농약, 화학 섬유의 공급을 위해 서구 여러 나라들로부터 대형 화학 플랜트를 구입했다. 소비 물자의 확보를 위해 농업 생산재를 제외한 공업 분야의 기본 건설 투자는 대폭 삭감되었다. 그러나 소련과의 갈등으로 미국을 포함한 세계 양대국과의 대립이라는 엄중한 현실에 맞서기 위해 원자폭탄과 대륙간 탄도탄의 개발에 막대한 자금이 투입되었다. 인민공사는 대규모 생산대대에서 초급합작사의 자연 촌락 규모인 생산대로 축소되었다'3급 소유제'. 농민 개인의 자유 의사가 존중되었고, 공동 식당은 폐쇄되었으며, 농민들의 생산 의욕을 고취하기 위해 **3자1포**三自一包 정책이 장려되었다. 여기서 '3자1포'는 세 가지 '자自', 곧 농민에게 경지의 5퍼센트 한도 내에서 자유롭게 경영할 수 있는 땅인 '자류지自留地'를 인정하고, 농촌에 '자유시장自由市場'을 허용하며, 일종의 독립 채산제라 할 '남고 모자라는 것을 스스로 책임진다'는 것을 의미하는 '자부영휴自負盈虧'를 시행하는 것과 한 가지 '포包', 곧 생산의 호당 책임제 정책인 '포산도호包産到戶'를 가리킨다.

1961년 1월에 열린 중국 공산당 제8기 9중전회에서는 '삼면홍기'의 정당성을 재확인하고 이것이 중국의 실제 정황에 적응하고 있다는 점이 강조되었다. 아울러 국민 경제 발전의 총 방침으로 '농업을 기초로 하고 공업을 길잡이로 삼는다'는 슬로건이 채택되었는데, 이것은 대약진 운동이 내걸었던 기치 가운데 하나인 두 발로 걷는다讓兩條腿走路는 정책과 일맥상통하는 것이다. 류사오치와 덩샤오핑 등 실권파가 대약진 운동의 과도함과 급진성에 대해 불만을 품었던 것은 사실이었지만, 그들은 앞서의 펑더화이와 같이 마오쩌둥의 권위에 드러내놓고 도전하고 대결하는 자세를 취하지 않았다. 그러나 류사오치 등이 아무리 신중하게 언어를 구사했더라도 이들이 마오쩌둥이 지향하는 사회주의 혁명에서 벗어나는 것을 피할 길이 없었다.

이 회의에서 그 전해인 1960년 9월 저우언라이가 국가경제위원회의 보고에서 발표했던 '조정, 공고, 충실, 제고調整, 鞏固, 充實, 提高'라는 '8자 방침'이 정식으로 통과되었다. 이것은 사실상 대약진 운동의 종결을 의미하는 것이었다. 덩샤오핑이 유명한 "생산만 증대된다면 우리는 개인 기업으로 환원할 수도 있다. 흰 고양이든 검은 고양이든 쥐만 잘 잡으면 좋은 고양이다"라는 발언을 한 것 역시 이즈음이었다. 이렇듯 실용적인 정책을 채용했다는 사실 자체가 펑더화이가 옳고 마오쩌둥의 노선이 잘못되었다는 것을 부각시키는 결과를 낳았다.

바로 같은 기간인 1961년 1월 베이징에서 〈하이루이의 파면海瑞罷官〉이라는 제목의 연극이 공연되었고, 그 해 여름 책으로 출판되었다. 이 연극은 본래 명대사明代史 연구가로 당시 베이징 시 부시장이었던 우한吳晗, 오함이 그 전해에 쓴 극본을 무대에 올린 것으로, 당시는 별 문제 없이 넘어갔지만 불과 5년 뒤인 1966년 중국 전역에 몰아닥친 '문화대혁명'의 광풍의 서막을 알린 결정적인 빌미가 되었다. 앞서 언급한 바 있는 전국인민대표회의 제2기 제1회 대회가 열렸던 1959년 4월 마오쩌둥은 당 중앙회의를 소집하고 당 간부들이 대약진 운동의 성과를 허위로 과장 보고하는 것을 비판했다. 그 자리에서 마오는 명대의 청백리인 하이루이가 죽음을 무릅쓰고 황제에게 간언한 것은 황제를 비난하기 위해서가 아니라 황제에 대한 충성심의 발로였다●고 주장하면서 지금은 그와 같이 죽음을 무릅쓰고 간언하는 충직한 관리가 없다고 한탄했다. 마오쩌둥은 해방

● 자세한 내영은 『조관희 교수의 중국사 강의』, 290쪽을 참고할 것.

경극 〈하이루이의 파면〉

전에 명 왕조의 일화를 원용해 쟝졔스와 국민당 정부를 비판한 적이 있던 우한을 기억해냈다. 마오의 부탁을 받고 우한은 같은 해 6월 16일 《인민일보》에 「하이루이가 황제를 욕하다 海瑞罵皇帝」라는 글을 실어 마오 주석과 당을 위해 충언하자고 제안했다. 그 해 8월에 열린 '루산 회의'에서 펑더화이가 작심하고 대약진 운동을 비판했을 때 마오쩌둥은 "우파 하이루이와 좌파 하이루이를 구별하지 않으면 안 된다"고 하여 펑더화이의 의견서가 옳지 않았다는 사실을 지적했다. 이에 우한은 9월에 「하이루이를 논함 論海瑞」이라는 글을 《인민일보》에 발표했는데, 여기서는 '루산 회의'에서 실각한 펑더화이를 은연중에 "무모하게 불사에 집착하고" "편견이 많고 비판을 수용할 줄 모르는" 황제에 맞서 "처벌의 위험에도 겁먹지 않고" 용기 있게 행동한 하이루이에 빗대었다. 바로 그 연장선상에서 우한이 「하이루이의 파면」이라는 극본을 쓰게 된 것이었다.

그러나 당시는 그런 사실은 묻히고 단순히 '하이루이를 배우자'는 마오쩌둥의 말 한 마디에 하이루이에 대한 열풍이 불었고, 하이루이에 대한 연극 또한 크게 유행했다. 〈하이루이의 파면〉 역시 그 와중에 우한이 유명한 경극 배우 마롄량馬連良, 마련량으로부터 하이루이의 정신을 현대 경극으로 개편해달라는 요청을 받고 만든 것이었다. 연극은 크게 성공했다. 공연이 끝나자 마오쩌둥은 마롄량을 직접 불러 연기가 훌륭했다고 칭찬하고 하이루이는 훌륭한 충신이라고 말했다. 이렇듯 〈하이루이의 파면〉은 공연 당시에는 별다른 문제가 제기되지 않았다. 하지만 사실상 이것은 당시 마오쩌둥의 급진성에 염증을 낸 일부 지식인들이 표출했던 불만의 일단을 보여주는 한 예라 할 수 있다.

〈하이루이의 파면〉이 공연된 직후인 1961년 3월에는 일찍이 항일전쟁 중 충칭에서 발행되었던 중국 공산당 기관지인 《신화일보新華日報》의 주필을 지냈고 1953~59년까지는 《인민일보》의 편집장을 맡았던 언론인 출신으로 당시 공산당 베이징시위원회 서기였던 덩퉈鄧拓, 등탁가 마난춘馬南邨, 마남촌이라는 필명으로 석간인 《베이징만보北京晚報》에 1961년 8월부터 다음해 12월까지 「연산야화燕山夜話」라는 제목의 칼럼을 150회나 연재했다. ● 이솝 우화와 같은 필법으로 당시 '대약진' 정책의 실패로 농민들이 겪고 있던 고통과 경직된 정치 이념으로 인민들이 당하고 있는 고통 등을 풍자한 것이었다. 그리고 1961년부터는 베이징시 당 위원회의 기관지인 《전선前線》에 우난싱鳴南星, 오남성이라는 필명으로 「삼가촌찰기三家村札記」라는 칼럼이 연재되었다. 우난싱이라는 이름은 베이징시 부시장 우한의 성과 베이징시 당 선전부장 덩퉈필명은 마난춘, 그리고 베이징시 당위 통일선전부장 랴오모사廖沫沙, 요말사: 필명은 판싱繁星, 번성의 필명에서 한 글자씩 취한 것으로, 그들은 정치, 문화, 과학, 교육 등 사회의 여러 상황을 비판하고 풍자했다.

● 이것은 『천안문 강좌』(박재연 옮김, 이땅출판사, 1988)라는 제목으로 그 일부가 우리말로 번역된 적이 있다.

같은 해 11월에는 베이징시당 제1서기였던 펑전이 베이징 시내에 있는 창관러우^{暢觀樓, 창관루}에 58년 이후 중앙당이 현급 이상의 기관에 발송한 문헌들을 모아놓고 심사를 진행했는데, 이것은 명백하게도 '대약진'과 '삼면홍기'를 비판함으로써 당 중앙의 정책상의 오류를 청산하고자 하는 의도에서 벌인 일이었다^{창관러우 사건}.

1962년 1월 마오쩌둥은 당의 고급간부 7,000명을 소집해 확대 중앙공작회의^{일명 '7천인 대회'}를 소집하고 이 자리에서 대약진 운동의 실패를 공식적으로 발표했다. 회의석상에서 마오는 "중앙이 범한 잘못은 직접적으로 나의 책임이고 간접적으로도 나에게 얼마간의 책임이 있다. 그것은 내가 중앙의 주석이기 때문이다"라는 자아비판을 했지만, 다른 사람들의 당권에 대한 도전은 거부했다. 저우언라이와 덩샤오핑도 자아비판을 했지만, 국방부장 겸 인민해방군 총사령관인 린뱌오는 "마오 주석의 사상은 정확했다"고 선언하며, 이런 문제가 생긴 것은 마오 주석의 지시대로 일을 운용하지 않고, 그의 의견을 존중하지 않거나 오히려 방해했기 때문이라고 반박했다. 그러나 마오쩌둥의 당내 위상이 하락되는 것은 피할 수 없는 현실이 되었다. 같은 해 8월 베이다이허에서 열린 중앙공작회의에서 덩쯔후이^{鄧子恢, 등자회} 등은 사회주의 정치 체제라는 당의 근본 문제에 대해 논의를 제기했다. 그들이 제기한 안건은 '대약진 정책'의 실패가 사회주의라는 정치 체제로 말미암은 것인지, 사회주의 체제를 계속 견지할 것인지 등등, 과거 같으면 상상할 수도 없는 것으로 당 원로들부터 마르크스주의를 근본적으로 부정하는 행위라는 질책을 받았다.

당시 중국을 둘러싼 국내외의 상황은 심각했다. 식량 위기로 인해 각지에서 치안의 문란과 말단 행정의 혼란이 일어났고, 농촌에서는 마오쩌둥이 사회주의의 타락으로 보고 있는 각 호별 단독 경영이 확산되기 시작했다. 4월에는 소련과의 접경지인 위구르 자치구의 소수 민족 6만 명이 소련의 카자흐 지방으로 도망치고, 5월에는 이리 지역의 위구르 족들이 반란을 일으켰다. 마오쩌둥은 이들의 배후에 소련이 있다고 의심하였다. 내몽골 자치구에서도 반란이 일어났으며, 10월에는 인도와의 국경 분쟁으로 군사 충돌이 일어났다. 나중에 오보로 밝혀지긴 했지만 어수선한 정국을 틈타 타이완의 국민당 정부가 타이완해협을 건너 중국을 침공할 계획을 세웠다는 첩보도 입수되었다.

이런 상황 속에서 1962년 9월 중국 공산당 제8기 10중전회가 개최되었다. 경제 정책 면에서는 9중전회에서 채택되었던 '농업을 기초로 하고 공업을 길잡이로 삼는다'는 슬로건을 공식적으로 승인함으로써 경제 조정기의 정치·경제의 기본 노선을 확립하고, 인민공사의 정돈과 온건 노선을 용인하는 등 회의의 기본 기조는 바로 전해에 열렸던 9중전회에서 확인했던 사항들을 재확인하는 데 지나지 않았다. 하지만 마오쩌둥은 정치면에서는 단호한 입장을 취했는데, 이 회의에서 발표된 「공보」는 이후 펼쳐질 문화대혁명의 일종의 복선이라 할 만큼 중요한 의미를 지니고 있다. 여기에서는 '프롤레타리아 혁명과 프롤레타리아 독재'의 시기 전체를 통해 '복잡다단하고 곡절과 기복이 그치지 않는' 계급 투쟁이 존속하고 있다는 사실을 지적했다. 마오는 "계급 투쟁을 잊지 말라"고 호소하면서, 이 역사적 기간을 수십 년 혹은 더 장기간으로 예상하여 이 기간의 계급 투쟁이 '국외의 제국주의의 압력과 국내의 부르주아의 영향'을 받아 '어김없이 당내에 반영되어왔다'는 사실을 지적했다.

이것은 앞으로 다가올 좀더 가열찬 노선 투쟁을 예상케 하는 것이었다. 그 한 예로 본 회의에서 공안부장인 캉성康生, 강생이 제기한 리젠퉁李建彤, 리건동의 소설 『류즈단劉志丹, 유지단』에 대한 비판을 들 수 있다. 류즈단은 장정 중에 가오강高崗, 고강과 함께 산·간·닝 변구陝甘寧邊區, 섬감닝변구에서 혁명 기지를 구축하다 전사한 인물로, 당시 그의 영웅적 일대기가 소설화되어 일부가 《공인일보工人日報》에 연재되고 있었다. 캉성은 이 소설이 1954년 반당분자로 숙청된 가오강의 판결을 번복하고 그의 명예를 회복시키기 위해 쓰어진 것이라 비판했다. 캉성의 비판을 접한 마오쩌둥은 이에 동조해 소설 『류즈단』 비판을 부추겼고, 이로 인해 소설이 연재되었던 《공인일보》의 관계자들을 비롯한 수많은 사람들이 연루되어 잔혹한 처벌을 받았다.

10중전회가 끝나고 당권파인 마오쩌둥과 린뱌오, 캉성 등이 실권파인 류사오치, 덩샤오핑, 천원 등과 갈등을 빚어 정국이 긴장 상황에 놓이자, 마오쩌둥의 부인인 쟝칭江靑, 강청이 앞서 말한 연극 〈하이루이의 파면〉을 정치 문제화하여 상대를 제압하자고 건의했다. 하지만 마오쩌둥은 연극을 직접 보고 '하이루이를 배우자'는 구호까지 제기했던 장본인이었던지라 불과 1년 남짓 시간이 흐른 시점에 자신의 견해를 180도 뒤집는다는 것은 실제로 난감한 일이었다.

해가 바뀌어 1963년 5월이 되자 마오쩌둥은 좀더 적극적으로 자신의 주장을 펼쳐나갔다. 5월 9일 마오는 실천의 중요성을 강조하면서 '세 가지 위대한 혁명 투쟁'으로서 '계급 투쟁, 생산 투쟁, 과학 실험'의 3대 혁명운동의 중요성을 제기하였다. 5월 20일에는 이른바 전前10조라 불리는 「당면한 농촌 공작에 있어 약간의 문제에 관한 중공 중앙의 결정 초안」을 지도하여 사회주의 교육 운동에 있어서의 당의 정책 방침을 지시하였다. 여기서 마오는 "선진적 계급을 대표하는 올바른 사상은 일단 대중에게 파악되면 사회를 개조하고 세계를 개조하는 물질적 역량으로 전변한다"고 발언했다. 이것은 1962에서 63년에 걸쳐 공산당이 경제 축소 정책을 채택함으로써 농촌의 사기가 땅에 떨어지고 간부들이 지위를 남용하는 등의 폐단이 나타나자 중국 사회에 사회주의의 기본적 가치들 재도입하기 위해 새롭게 종합적인 사업을 시작하자는 것을 지적한 것이다.

구체적으로 **4청 운동**^{四淸運動}●이 시행되었는데, 이것은 '회계 절차'와 '곡물 창고의 재고', '재산 축적', 그리고 '공사에서 수행한 노동 시간과 종류에 따른 작업 보상 점수의 할당'을 점검하는 운동을 말한다.

10중전회의 노선에 따라 마오쩌둥 사상을 학습하고 적용하는 '사회주의 교육 운동'이 시작되었다. 이때 가장 큰 역할을 했던 것이 린뱌오가 이끄는 인민해방군이었다. 린뱌오는 군을 장악한 뒤 철저한 사상 개조 운동을 벌여나갔다. 이를 위해 그는 마오쩌둥이 지난 30여 년 동안 발표한 수많은 논문과 글들 가운데서 경구가 될 만한 것들을 모아 『마오 주석 어록』을 만들어 인민해방군이 학습하고 토론하도록 했다. 1963년 2월 2일부터 27일에는 전군 정치공작회의가 열렸는데, 여기서는 2년 전인 61년부터 시행되어 온 '정치 사상이 좋고^好', '3·8작풍●●이 좋고', '군사 훈련이 좋고', '생활 관리가 좋다'는 이른바 '4호 중대 운동'^{四好中隊運動}이 높이 평가되었다.

비슷한 시기인 2월 5일 《인민일보》에는 **레이펑**^{雷鋒}, **너봉에게 배우라**^{向雷鋒學習}는 마오쩌둥의 훈시가 실렸다. 빈농 출신인 레이펑은 1960년에 인민해방군에 입대했다가 62년 8월 교통사고로 사망했는데, 그가 죽은 뒤 한 권의 일기장이 발견되었다. 그 내용은 어릴 때 일본군에 의해 부모를 잃고 유리걸식하던 레이펑에게 당과 마오 주석이 먹을 것과 입을 것을 주어 오늘날 행복하게 살고 있으며, 이 모든 게 마오 주석의 덕분으로 이 은혜를 갚기 위해 당과 마오 주석과 인민에게 온 몸을 바쳐 봉사할 것을 맹세한다는 것이었다. 이것은 사실 인민해방군 선전 작가들이 공동으로 지어낸 허구였으나, 《인민일보》에 소개된 레이펑의 이야기를 본 마오쩌둥이 「레이펑을 학습하자」는 글을 발표하자 전국적으로 레이펑 열기가 타올랐다. 1964년 2월 1일의 《인민일보》에는 "전국은 해방군을 배워야 한다"는 호소를 담은 사설이 실렸다. 5월에는 린뱌오의 지시에 의해

● '문화대혁명' 이후에는 정치, 경제, 조직, 사상의 네 가지 영역을 깨끗하게 정화하는 운동으로 확대되었다.

●● '3·8 작풍'이란 '확고하고 올바른 정치 방향', '뼈와 살을 아끼지 않는 수수한 활동 작풍', '기동성과 단력성 있는 전략 전술'이라는 세 구절과 '단결, 긴장, 엄숙, 활발'의 여덟 글자를 합친 것이다.

레이펑에게 배우라

작성된 『마오 주석 어록』이 해방군뿐 아니라 널리 온 나라에 퍼져나갔다. 1962년 초 린뱌오에 의해 제기되었던 마오에 대한 개인 숭배의 속편은 이렇게 시작되었던 것이다.

류사오치와 그의 측근 인사들은 이러한 상황을 교묘하게 대처해 나갔다. 그들은 겉으로는 마오의 지시에 적극적으로 따르는 체하면서 실제로는 마오의 지시를 왜곡했다. 우선 마오의 '전10조'의 자구를 바꾸어 '후10조'〔원래 명칭은 〈농촌의 사회주의 교육 운동에 있어 약간의 구체적인 정책에 대한 당 중앙의 결정〉〕를 발표했는데, 그 첫머리에서 전10조의 결정을 지지한다고 선언하고 후10조는 어디까지나 전10조를 보충하기 위한 것에 지나지 않는다는 사실을 분명히 밝히고 있다. 그러나 그 구체적인 내용에서는 전10조의 결정을 시행에 옮기는 데 있어 많은 단서를 달고 있었는데, 그 주요한 흐름은 '사회주의 교육 운동'의 전개 속도를 완만하게 유지하자는 데 있었다. 이를테면, 후10조 가운데 제3조의 내용은 다음과 같다.

> 대중들 사이에서 사회주의 교육을 시행할 때 결점이나 과오가 있는 자에 대해서는 단결-비판-단결의 방법만을 취해야 하며, 대회를 열어서 투쟁하는 것은 허용되지 않고, 멋대로 딱지를 붙이는 행동은 금한다. 폭력을 휘두르는 것은 더욱 안 된다. 몇몇 지방에서는 한때 되는 대로 사람을 체포해서 대중 앞에서 마구 모욕을 주고 형벌을 가하고, 법률을 위반하여 규율을 문란하게 하는 사건이 발생했었다. 이러한 사건은 개별적인 현상이지만 충분히 유의해야 한다.

이것은 '사회주의 교육 운동'을 법의 테두리 안에서 온건하게 진행시키자는 것으로, 전10조를 혁명적 계급 투쟁을 전제로 하는 초사법적인 대중 운동으로 확대해 나가려 했던 마오쩌둥의 의도에 찬물을 끼얹는 것이나 다름없었다. 류사오치 등이 대안으로 제시한 것은 대중 발동을 기본으로 하는 사회주의 교육 운동을 상부로부터 파견된 공작조에 의한 감찰 강화로 바꾸는 것이었다. 이를 직접 실행에 옮긴 것이 류사오치의 부인인 왕광메이王光美, 왕광미의 사례이다.

왕광메이는 1963년 11월부터 다음해 4월까지 허베이 성의 타오위안桃園, 도원에 가서 자신의 신분을 숨기고 지역 당 간부들의 부정과 농민들 사이에 퍼져 있는 자본주의의 싹들을 발견해 류사오치에게 보고했다. 류사오치는 죄인들에 대한 대중적 투쟁을 지시하여 타오위안의 간부들 47명 가운데 40명이 공식적으로 비판당하거나 면직 당했다. 그러나 이런 일련의 행위들에 대한 마오쩌둥의 태도는 단호했다.

> 류사오치는 중국 공산당의 비리의 시정은 당 내부의 문제이며, 대중의 눈으로부터 위신을 지키기 위해서 당원 자신이 처리해야 한다고 생각했다.……마오쩌둥은 만약 당이 심각하게 취약해진 모습을 보인다면 공개적인 토론과 비판을 통해 교화되어야 한다고 믿었고, 그 과정에는 '대중'도 참여해야 한다고 생각했다.

그러므로 마오쩌둥은 류사오치와 그의 친구들이 '사청'이나 비교적 작은 경제적 과오에 집중함으로써 문제의 핵심에서 빗나가고 있는 반면, 자신은 진정한 프롤레타리아트가 부르주아지에 대항하기에 알맞은 사회주의 운동을 요구하고 있다고 믿었다.●

● 조너선 D. 스펜스, 『현대중국을 찾아서 2』, 182쪽.

마오가 제시했던 모범적인 사례는 공업 면에서는 헤이룽장 성에 위치한 **다칭**大慶, 대경 **유전의 개발**이고, 농업 면에서는 산시 성山西省, 산서성 소재의 **다자이**大寨, 대채 **생산대대의 모범적인 운영**이었다. 마오는 이 두 곳의 사례를 1964년에 이르면 중단 상태에 놓였던 관료주의와 수정주의를 벗어나려는 운동의 '선진적인 모델'로 제시했다. 1964년 말 마오쩌둥은 실권파들에 대해 비판을 좀더 확실하게 하기 위해 중국 공산당 중앙정치국 전국공작회의를 소집했다. 이 회의는 이듬해까지 이어져 65년 1월 14일 마오쩌둥이 초안한 「농촌의 사회주의 교육에서 제기된 약간의 당면 문제」 이른바 '23개 조'라는 짤막한 문서를 채택했다. 이것은 앞서 제기한 '사회주의 교육 운동'의 연장선상에 있는 것으로, 실제로는 미구에 밀어닥칠 '문화대혁명'의 신호탄과 같은 성격을 가진 일종의 선언문이었다. 특히 주목할 만한 것은 '23개 조'의 제2조에서 처음으로 '사회주의 교육 운동'의 중점이 당내에서 자본주의의 길을 걷고 있는 실권파를 공격하는 것에 있다고 선언하고, 지방 간부는 더 이상 운동의 대상이 아니고, 이제는 아래로부터의 통제가 상부에 의한 통제보다 중요하다고 지적한 것이다.

군부 내에서도 이와 같은 갈등 양상이 나타났다. 1964년 8월 2일 미국은 북 베트남의 통킹만에서 군사 도발을 감행했다. 8월 6일 중국은 미국의 북 베트남 침략이 중국에 대한 침략을 의미한다는 성명을 발표했다. 10월 16일 중국은 첫 번째 핵실험에 성공했다. 소련에서 흐루시초프가 실각한 지 이틀 후의 일이었다. 그러나 핵실험이 핵무기의 실전 배치로 이어지는 데에는 몇 년이 더 필요했고, 그 사이 핵무기의 확산을 우려한 미국의 선제 공격이 제기될 위험이 있어 오히려 중국은 핵실험 성공 후 이에 대비해야 하는 딜레마에 빠졌다. 그들 앞에 놓인 것은 두 가지 길이었다. 하나는 아시아·아프리카 지역의 무장 투쟁을 고무하는 동시에 자력 갱생에 의한 중국 국방력의 증강을 도모하는 것이었고, 다른 하나는 소련과의 연대를 강화해 군의 근대화를 도모하는 것이었다. 마오쩌둥과 린뱌오의 생각은 전자에 기울었다. 1964년 12월 21일부터 다음해인 65년 1월 4일에 걸쳐 열린 제3기 전국인민대표대회 제1회 회의에서는 자력 갱생의 기본 방침 하에 중국을 현대 농업, 현대 공업, 현대 국방, 현대 과학기술을 구비한 사회주의 강국으로 건설한다는 목표가 제시되었다.

  1965년 2월 7일 미국은 북 베트남에 대해 북폭을 개시함으로써 베트남에서의 전쟁이 확대되었다. 중국 내의 위기감이 고조됨에 따라 이에 대한 대응 방안을 놓고 국방부장 린뱌오와 인민해방군 총참모장 뤄루이칭羅瑞慶, 나서경 사이에 날카로운 신경전이 벌어졌다. 먼저 입장을 밝힌 것은 뤄루이칭이었다. 뤄는 그 해 5월에 발표한 「반파시스트 전쟁의 역사적 경험」이라는 글에서 기본적으로는 마오쩌둥과 린뱌오를 옹호하는 입장을 앞에 내세우되, 미국의 군사적 우위를 현실적으로 인정하면서 중국 정규군의 장비와 기술, 훈련의 향상을 우선적으로 고려해 소련과의 관계 개선에 중점을 두었다. 그러나 린뱌오는 9월 3일 발표한 「인민전쟁의 승리 만세」라는 글에서 미국의 활동 영역이 전 세계에 걸쳐 너무 넓게 뻗어 있어 보급선이 길어져 있기 때문에 오히려 어떤 선진국보다 약체라고 분석하고, 이에 아시아·아프리카·중남미 민중의 반미 투쟁에 기대를 걸고, 민병을 주력으로 한 자력 갱생의 국방을 강조해 미국을 제압하자고 주장했다. 린뱌오의 주장은 "일견 적극적으로 보이나 결과적으로는 중국을 가능한 한 베트남전쟁에 휘말려들지 않게 하려는" 것이었으며, 뤄루이칭

● 우노 시게아끼(宇野重昭, 김정화 옮김), 『중국 공산당사』, 일월서각, 1984. 268쪽.

의 생각은 "일견 방위적으로 보이나 현실적으로는 소련과의 연대 하에 베트남전쟁에 깊숙이 개입하게 될 위험성을 내포하고" 있었다.● 결국 베트남전쟁은 린뱌오가 예상한 대로 흘러갔다. 미국은 대량의 지상군을 베트남전선에 투입했고, 그렇게 함으로써 중국에 대한 직접적인 침략의 가능성은 희박해졌다. 1965년 5월 인민해방군은 10여 년 동안 시행해온 소련식 계급 제도를 폐지하고 모든 계급장과 훈장을 없애는 극단적인 평등주의 방안을 도입해 모든 군이 붉은 5각성의 모표와 붉은 금장을 붙이게 했다. 더 이상 제복으로는 장교와 사병의 구분이 없어졌고, 군대 내의 일상적인 업무도 공동으로 분담하게 되었다.

쟝칭을 위시한 일파의 우한에 대한 공격은 집요했다. 이미 1962년 9월 중국 공산당 제8기 10중전회가 끝난 뒤 쟝칭이 이 연극을 마오쩌둥의 반대파를 제거하는 빌미로 삼자고 제안한 이래 그들은 끊임없이 마오쩌둥에게 이 연극을 정치 문제화할 것을 요구했다. 마오쩌둥의 마음이 결정적으로 돌아선 것은 정치국원인 캉성康生, 강생마저 이 극을 '루산회의'와 결부시켜 설명했기 때문이었다. 1965년 1월 쟝칭은 상하이 시 당 위원회 서기인 장춘챠오張春橋, 장춘교를 불러 마오의 실권을 만회하기 위해 반대파를 제거할 것을 극비리에 모의했다. 쟝칭과 창춘챠오는 당시로서는 무명인사에 불과했던 야오원위안姚文元, 요문원을 불러 연극 〈하이루이의 파면〉을 '루산회의'와 결부시켜 비판의 근거로 삼아 베이징 시 당 위원회를 공격하라고 지시했다. 같은 해 6월부터 7월에 걸쳐 베이징에서는 현대 경극 대회가 열려 '경극 현대화 운동'이 제기되었다. 여기서 쟝칭은 〈경극 혁명에 대하여〉라는 제목의 강연을 통해 종래의 경극 주인공들은 모두 왕후장상이나 재자가인이 아니면 요괴들이라고 공격했다. 그러나 정작 회의를 주도한 것은 실권파들로 이들은 쟝칭의 급진적인 개혁 노선을 봉쇄하기 위해 거꾸로 회의를 주도적으로 이끌어나갔다. 9월에서 10월 사이에는 당 중앙 공작회의가 열렸는데, 이 회의에서 60년대 전반을 통해 잠재되었던 당내의 대립과 갈등이 최고조에 이르렀다. 그러나 이때 마오쩌둥은 소수파였다. 마오는 이 회의에서 우한의 이름을 직접 거명하며 그를 비판할 것을 지시했다. 하지만 펑전 등은 겉으로는 마오의 의견에 따르는 듯했으나 결국 그의 지시를 묵살했고, 마오의 발언은 신문 지상에도 보도되지 않았다. 마오는 회의석상에서 "베이징에서는 나의 의견이 실현될 수 없다고 느껴진다"로 발언했다. 마오쩌둥은 심각한 위기 의식에 사로잡혔던 것이다. 그 해 11월 마오쩌둥은 돌연 베이징을 떠나 공식 석상에서 사라졌다.

6

광기와 파괴의 역사, 문화대혁명의 어두운 그림자

‘프롤레타리아 문화대혁명’의 서막과 ‘홍위병’의 등장

1965년 11월 10일 야오원위안$^{姚文元, 요문원}$이 우한$^{吳晗, 오함}$의 〈하이루이의 파면〉을 비판하는 글을 《문회보^{文匯報}》에 실었다. 물론 야오원위안이 비판한 1차 대상은 우한 개인이 아니었다. 우한은 베이징 시 부시장이자, 베이징 시 당 위원회와 중국 중앙당 선전부 내에서 큰 영향력을 가진 지식인이었고, 덩튀, 랴오모사$^{廖沫沙, 요말사}$와 더불어 '삼가촌^{三家村}' 그룹을 이끌 만큼 베이징 언론계에서 확고한 기반을 갖고 있었다. 그의 배후에는 베이징 시장이자 베이징 시 당위원장인 펑전과 당 선전부장인 루딩이, 그리고 국가 주석 류사오치가 있었다. 야오원위안의 비판의 예봉이 향한 것은 바로 이들 베이징을 중심으로 한 반 마오쩌둥 집단이었다. 베이징을 떠나기 전 마오쩌둥은 바로 이들이 자신의 정책 실패를 비판하는 데 중심적인 역할을 하고 있다는 비밀 보고를 받고 분노했던 것이다. 마오는 이들에 대항할 수 있는 세력으로 당시 군부를 장악하고 있던 린뱌오와 상하이 시 당 위원회밖에 없다고 판단해 상하이로 향했던 것이다. 마오의 충복인 국방부장 린뱌오는 야오원위안의 글을 《해방군보解放軍報》에 전재했다. 이제 마오쩌둥을 지지하는 일파와 반대파 간의 일전은 더 이상 피할 수 없는 엄연한 사실이 되어가고 있었다.

팽팽한 긴장감 속에 해가 바뀌어 1966년 2월 양측은 거의 동시에 회합을 가졌다. 당 원로이자 베이징 시장이며 정치국 상무위원인 펑전은 '문화혁명 5인 소조'라는 모임을 구성해 「현재 학술적 문제에 관한 대강」, 또는 흔히 '2월 대강'이라 부르는 글을 발표해 〈하이루이의 파면〉에 대한 논란이 정치 문제가 아니라 순수한 학술 문제라는 점을 부각시키며, 이에 대한 비판은 지나친 것이라 주장했다. 쟝칭과 인민해방군 소속 문화 일꾼들은 상하이에서 회합을 갖고 마오쩌둥의 업적에도 불구하고 마오의 사상에 반대하는 반당파와 반사회주의자의 책동으로 중국 문화의 정원이 '반사회주의라는 독초'로 뒤덮였다고 경고했다. 이때 무엇보다 마오쩌둥 지지 세력의 큰 힘이 되었던 것은 린뱌오가 장악하고 있던 인민해방군이었다. 같은 해 2월 2일부터 20일까지 쟝칭은 린뱌오의 후원 하에 각 군 부대의 문예공작자들을 비밀리에 소집해 좌담회를 열어 인민해방군이 '문화혁명 투쟁 과정에서 훌륭하게 지도적 역할을 수행'할 것을 지시하는 한편, 온갖 회유와 협박을 통해 마오쩌둥에 대한 충성 서약을 받아냈다.

1966년 3월 류사오치 부부는 서남아시아 3개국 방문을 위해 중국을 일시 떠났다. 그 사이 정세는 일변해 군내 실권파 리더였던 뤄루이칭이 해임되었고 베이징은 린뱌오가 지휘하는 군의 통제 하에 놓였다. 3월 22일 린뱌오는 중앙군사위 상임위에 「린뱌오 동지가 중앙군사위 상임위에 보내는 편지」를 보냈는데, 그 주요 내용은 다음과 같다.

> 16년 동안 문예 전선에는 첨예한 계급 투쟁이 존재하여 누가 누구를 이기는가의 문제가 아직도 해결되지 않고 있다. 문예라는 이 진지는 무산계급이 아직 점령하지 못하고 자산계급이 확실히 점령하고 있어 투쟁이 불가피하다.

이것은 신중국 수립 이후 반당·반혁명분자들에 의해 점령당한 문예계에 대한 투쟁을 시작하는 선언문이었다. 또 마오쩌둥은 "작은 악귀들을 해방하기 위해 염라대왕을 타도하자"는 말로 각 급 단위에서 간부들이 자신의 상급자를 비판할 것을 호소했다. 4월 16일에는 2월에 열렸던 '좌담회'의 내용이 〈린뱌오 동지가 쟝칭 동지에게 위탁해 소집한 부대의 문학·예술 활동에 관한 좌담회 기요〉라는 제목으로 당내에 보고되었고, 뒤이어 18일에는 《해방군보》에 「마오쩌둥 사상의 위대한 붉은 깃발을 높이 들고 사회주의 문화대혁명에 적극 참가하자」라는 제목의 사설이 실리면서 처음으로 그때까지의 일련의 과정을 **프롤레타리아 문화대혁명**으로 공식 규정했다.

1966년 5월 4일부터 26일까지 베이징에서는 중앙정치국 확대회의가 소집되었다. 회의는 류사오치가 주재했으며, 쟝칭과 장춘챠오 등 76명이 참석했다. 마오쩌둥은 고의로 이 회의에 불참했는데, 회의 기간 중 캉성을 통해 자신의 명령을 내려보냈다. 5월 7일 마오쩌둥은 「린뱌오 동시에게 보내는 서한」에서 뒤에 문화대혁명의 기본 방침이 되었던 이른바 **5·7지시**를 내렸는데, 여기서 마오는 인민해방군이 거대한 학교가 되어 군사뿐 아니라 정치를 배우고 생산에 종사하며 '사회주의 교육 운동'에 참여해야 한다는 사실을 강조했다. 뒤이어 5월 8일 자 《해방군보》에는 가오쥐高炬, 고거●의 「반당·반사회주의 반동 노선을 향해 발포하자」는 글이 실렸고, 5월 10일 자 상하이의 《해방일보》와 《문회보》에 야오원위안의 「'삼가촌찰기'를 평함—「연산야화」와 '삼가촌찰기'의 반동 본질」이라는 글

● "횃불을 높이 든다"는 뜻으로 장칭의 별칭.

이 발표되는 동시에, 다음 날인 11일자 《인민일보》에도 전재되었다. 쟝칭과 캉성, 장춘챠오는 '5인 문화혁명소조를 해산하라', '중앙선전부와 베이징 시 당 위원회를 해산하라'는 구호를 제창했고, 국방부장인 린뱌오는 이미 해임된 전 인민해방군 총참모장 뤄루이칭을 '군권을 장악해 반당 행위를 했다'는 죄목으로 체포했다.

1966년 5월 16일 본 회의에서 〈중국 공산당 중앙위원회 통지〉, 곧 이른바 **5·16통지**가 채택되어 공포되었다. 사실상 이 통지의 초안은 이미 4월 중순에 천보다陳伯達, 진백달와 캉성이 기초해 마오쩌둥에게 올려 몇 차례 수정을 거친 뒤 4월 24일의 정치국 상무위원회 확대회의에서 승인을 받은 것이었다. '5·16통지'의 주요 내용은 다음과 같다.

> 첫째, 펑전을 위시한 '문화대혁명 5인 소조'를 해체하고 '2월 요강'을 폐지하며, 새롭게 '중앙 문화혁명 소조'를 수립해 중앙정치국 당무위원회 아래에 두어 훨씬 더 큰 권력을 부여한다. 그들은 자산계급의 입장에 서서 적과 아군의 관계를 근본적으로 전도시키고 사회주의 혁명의 철저한 진행을 반대했으며, 마오쩌둥을 비롯한 당 중앙의 문화혁명 노선을 반대하는 자본주의 복귀에 대한 여론을 준비했다. '2월 요강'이야말로 자산계급 사상의 당내에서의 반영이고 철저한 수정주의이다.
>
> 둘째, 이미 당과 정부·군대 및 사회 각 계에 들어와 있는 반당·반사회주의의 자산계급 대리인들은 '반혁명 수정주의 분자'들로 일단 시기가 무르익으면 정권을 탈취할 것이다. 당은 현재 매우 위험한 상태에 직면해 있으며 흐루시초프와 같은 수정주의자가 우리 곁에 있고, 또 그런 자들이 우리의 계승자로 배양되고 있다.
>
> 셋째, 모든 학술 권위자들의 자산계급적 반동적 입장을 철저히 폭로하고 학술계와 교육계, 언론계, 문학예술계, 출판계의 자산계급 반동 사상을 철저히 비판해 문화 영역에서의 무산계급의 영도권을 탈취해야 한다.

여기서 '흐루시초프와 같은 수정주의자'는 명백하게 류사오치를 가리키는 것이었다. 새롭게 구성된 '문화대혁명 소조'의 조장으로는 천보다가, 부조장은 쟝칭이 임명되었다. 5·16통지로 운동의 대상이 문화적 측면에서 정치권력적 측면으로, 베이징이라는 한 지역의 일에서 전 국가적인 사안으로 전환되었다.

5월 18일 중앙정치국 확대회의에서 린뱌오는 "마오 주석은 천재이고, 마오 주석이 말하는 것은 무엇이든 옳다. 마오 주석의 한마디는 다른 사람의 만 마디 말의 의미를 담고 있다"고 말했다. 또 베이징 시장 펑전은 권력을, 전 인민해방군 총참모장 뤄루이칭은 군권을, 중앙선전부장 루딩이는 문화전선·사상전선을, 중앙판공청 주임 양상쿤楊尙昆, 양상곤은 기밀과 정보 연락 등을 담당하여, 펑전을 수괴로 한 반당 집단을 형성하고 반혁명을 획책하였다고 공격했다. 바로 그날 베이징 시 당위 서기이며 「연산야화」의 필자이고, 「삼가촌찰기」의 공동 집필자인 덩퉈鄧拓, 등탁가 체포되어 살해됐다.

그러나 마오쩌둥은 당 중앙의 실권파를 제거하는 데 린뱌오가 지휘하는 인민해방군을 동원하는 것만큼은 피하려 했다. 마오쩌둥이 보기에 이 운동은 정부와 당 조직을 넘어서 기층 인민으로부터 출발해야 했다. 가장 먼저 마오의 뜻에 호응한 것은 젊은 학생들이었다. 5월 25일 캉성의 사주를 받은 베이징대학의 철학과 조교이자 학과 당서기인 녜위안쯔聶元梓, 섭원재 등 7인의 명의로 베이징대학 총장 루핑陸平, 육평과 베이징대학 당 위원회와 베이징 시 당위를 반당·반사회주의 반동파라고 비판하는 대자보가 학내에 나붙었다. 곧이어 캉성은 칭화대학 화학과 학생인 콰이다푸蒯大富, 괴대부를 사주해 교수들을 비판하는

마오쩌둥과 린뱌오

대자보를 붙이고 학생들을 선동해 교수와 지식분자들을 공격하게 했다. 5월 29일에는 칭화대학 부속중학교에서 최초의 홍위병 조직이 탄생했다. 당시 항저우에 있던 마오쩌둥은 이 대자보를 가리켜 "20세기 60년대 중국에서의 '파리 코뮌 선언서'라고 칭송하고 즉시 전국에 알릴 것을 지시했다.

류사오치 등 실권파는 일련의 사태에 대한 대책 마련에 나섰다. 6월 3일 당 중앙은 베이징 시 당위원회를 개편할 것을 결정하고 제1서기 펑전과 제2서기 류런柳仁, 유인을 해임했다. 후임에는 리쉐펑李雪峰, 이설봉 화북구 제1서기와 우더嗚德, 오덕 지린성 제1서기를 각각 임명했다. 개편된 시 당위원회는 곧바로 베이징대학 당 위원회 서기 루핑 등을 해임하고, 당위 개편 기간 중 그 직권을 대행하기 위해 장청셴張承先, 장승선 등의 공작반을 베이징대학에 파견할 것을 결의했다. 이 결정에 새롭게 구성된 문화혁명 소조 조장 천보다와 마오쩌둥은 반대했다. 그러나 당시 마오는 여전히 베이징을 벗어나 있었고, 류사오치의 영향력도 아직은 남아 있었기에 6월 14일 500명 이상의 공작반이 베이징대학으로 향했다. 각 대학과 중학 등의 단위 위원회가 개편 작업에 들어가 기관장들이 모두 면직되는 일대 파란이 일어 모든 업무가 마비되어 각급 학교의 입학시험도 연기되었다.

류사오치

마오쩌둥 역시 외부에서 사태의 진행을 관망할 수만은 없었다. 마오는 5월 이후 당 중앙과 각급 당 조직 지도 간부들이 자신의 과격한 움직임을 저지하려 하는 것을 알고 그들을 제거시키기 위해 당 중앙위원회의 개최를 서둘렀다. 오랜 지방 여행을 끝내고 베이징으로 돌아갈 결심을 한 마오는 류사오치에게 회의 개최를 통지한 뒤 7월 16일 신해혁명의 단초가 되었던 '우창 봉기'가 일어났던 우한 부근의 양쯔 강에서 1시간 남짓 수영을 했다. 이것은 마오 자신의 건강을 과시함과 동시에 류사오치 일파의 반격으로 일시 곤경에 빠진 조반파를 격려하는 뜻이 담긴 일종의 퍼포먼스였다. 7월 18일 베이징에 돌아온 마오는 각급 학교에 파견되어 있는 공작반의 철수를 지시했다. 7월 27일 홍위병 대표단이 마오에게 공식적인 서한을 보내 자신들의 '반란이 그럴 만한 이유가 있다造反有理'는 것을 주장했고, 8월 1일 마오는 이들의 선언에 대해 "베이징뿐만 아니라 전국에서 문화대혁명 운동 중에 너희들과 같이 혁명의 태도를 취하는 사람들에게 우리들은 일률적으로 열렬한 지지를 보낸다"고 말했다. 같은 날 제8기 11중전회가 베이징에서 개최되었는데, 이 회의는 참석자가 구체적으로 밝혀지지는 않았고, 나아가 대학과 고등학교의 교원과 학생 대표들도 참석한 매우 이례적인 성격의 대회였다. 회의 기간 중인 8월 5일 마오는 갑자기 〈사령부를 포격하라—나의 대자보〉라는 성명을 발표했다. 8월 7일 회의에서 쟝칭은 마오가 말한 '사령부'에 대해 설명하면서, 베이징에는 두 개의 사령부가 있으니, 하나는 자산계급을 대표하는 사령부이고 다른 하나는 무산계급을 대표하는 사령부로 마오가 포격하고자 한 것은 바로 전자라고 말했다.

　11중전회가 끝나기도 전인 8월 8일에는 당 중앙의 〈프롤레타리아 문화대혁명에 관한 결정〉'16개 조'이 발표되었다. 중요 회의가 끝나기도 전에 이 '16개 조'가 발표되었다는 사실로 이들 조반파의 조급증이 얼마나 심했는가를 엿볼 수 있다. '16개 조'에서는 문화대혁명을 '사회주의 혁명의 신단계'라 규정하고, 자본주의의 길을 걷는 실권파의 타도가 당면 목표라는 점을 강조하면서, '투쟁과 비판, 개혁'을 호소했다.

　　　당면한 우리들의 목적은 자본주의의 길을 가고 있는 당권파●와 투쟁하고, 자산계급의 반동학술 '권위'를 비판하며, 자산계급과 모든 착취계급의 이데올로기를

● 여기서 말하는 '당권파'는 마오쩌둥 일파의 용어로 이 책에서는 '실권파'로 부른다.

비판하는 것이다.……이번 운동의 중점은 당내의 자본주의의 길을 가고 있는 당권파를 정리하는 것이다.……한 큰 무리의 이름 없는 혁명 청소년들이 용감한 선봉장이 되었다. 그들의 혁명의 큰 방향은 시종 정확한 것이다.

주목할 것은 언론과 표현, 결사의 자유를 보장한 15조와 16조로, 특히 16조에서 규정한 자유는 뒤에 중화인민공화국 헌법의 '대민주^{大民主}'의 '4대 자유', 곧 '자유롭게 말할 권리^{大鳴}'와 '자신의 견해를 발표할 수 있는 권리 또는 다른 사람과 단결할 수 있는 권리$^{大放, 大串聯}$', '대자보를 쓸 수 있는 권리^{大字報}', 그리고 '논쟁을 할 수 있는 권리^{大辯論}'였다. 이때만 해도 아직까지 냉정을 잃지 않았던 지도자들이 있어 토론이 강요나 힘에 의해서가 아니라 논리에 의해 진행되어야 한다든지, 과학자나 기술자에 대해서는 특별한 주의가 필요하다는 등의 항목이 첨가되었다. 이렇게 규정된 자유들에 의거해 홍위병들은 '자유롭게' 활동하면서 마오쩌둥주의자가 아닌 모든 사람을 비판했고, 때로는 부패 혐의로 고발하여 감옥에 보내거나 실각시켰다. 나아가 이 결정으로 이미 존재하고 있던 학생 운동이 노동자나 농민, 그리고 병사들의 집단이 참여하는 전국 규모의 대중 운동으로 확대되었다. 이를 위해 '대자보'와 '논쟁'이 활용되었으며, 여기서 '낡은 사상^{舊思想}', 낡은 문화^{舊文化}', '낡은 풍속^{舊風俗}', '낡은 관습^{舊習慣}'의 '네 가지 낡은 것^{四舊}'의 척결이라는 목표가 제시되었다. 회의 마지막 날인 12일에는 중앙 영도 기구의 개편이 이루어졌는데, 펑전과 뤄루이칭, 루딩이, 양상쿤이 중앙서기처 서기와 후보서기의 직무에서 해직되었다. 그 대신 린뱌오의 공적이 크게 강조되어 중앙정치국 당무위원회 선거에서 린뱌오가 2인자로 부상하고 류사오치는 여덟 번째로 떨어졌으며, 주석과 부주석의 임명이 없어졌다.

8월 18일 베이징 중심부 톈안먼광장에서는 전국 각지에서 모인 100만

마오쩌둥 어록을 손에 들고 있는 린뱌오

인의 '혁명적 대중'에 의한 프롤레타리아 문화대혁명 축하대회가 열렸다. 『마오 주석 어록』을 손에 들고 붉은 완장을 찬 홍위병들이 전국에서 몰려들어 "무산계급 문화대혁명 만세", "마오 주석 만세"를 외쳤다. 마오쩌둥과 린뱌오, 저우언라이 등의 지도자가 모두 나와 홍위병을 맞이했고, 마오는 홍위병 대표에게 홍위병 휘장을 수여했다. 8월 20일 밤 홍위병 시위대는 톈안먼광장에서 베이징의 번화가인 왕푸징王府井, 왕부정으로 이동해 '광란의 파괴'를 시작했다. 중국의 유서 깊은 전통적인 사적지나 골동품점, 음식점, 고서점 등이 그 대상이었으며, 그들은 거리의 표지와 상점 간판을 멋대로 뜯어내고 거리 이름을 바꾸었다. '왕푸징'은 '거밍다루革命大路, 혁명대로'로, 외국 대사관들이 밀집해 있던 '둥쟈오민샹東交民巷, 동교민항'은 '판디루反帝路, 반제로'로 바꾸었다. 이어 대학교수나 작가, 예술가, 과학자, 종교인, 민주당파의 인사 등 지식인들을 잡아내 '우귀사신牛鬼蛇神'이라는 팻말

6. 광기와 파괴의 역사, 문화대혁명의 어두운 그림자

홍위병을 접견하고 있는 마오쩌둥

을 목에 걸게 하고 거리와 골목에서 조리돌림을 해 모욕을 주는 한편, 그들이 소장하고 있던 책과 자료들도 몰수하여 불살라버리거나 파괴했다. 8월 24일 저명한 소설가이자 희곡 작가인 라오서^{老舍, 노사}가 홍위병의 핍박을 받고 의문의 죽음을 당했다. 8월과 9월에만 베이징에서 1,772명이 살해되었고, 상하이에서는 704명이 자살하고 534명이 살해되었다고 한다. 당 중앙은 일견 그러한 과격성을 억제하기 위해 노력하는 듯한 태도를 취하기도 했으나, 기본적으로는 방관했다. 9월 5일에는 마오가 모든 홍위병이 베이징을 순례하도록 권장하는 통지문을 발표했다. 이들의 숙박비와 교통비는 모두 정부가 부담한다는 것이었다. 10월에 접어들어서는 밀려드는 홍위병들을 수송할 교통 수단이 부족해 도보로 베이징을 향하는 홍위병들이 나타났고, 이들이 묵을 숙소도 태부족일 지경이었다.

10월 1일 건국 17주년 국경절 축하대회 때 《신화사 통신》은 톈안먼 성루에 오른 사람들의 명단을 열거하며, "마오 주석과 그의 친밀한 전우인 린뱌오 동지, 그리고 당과 국가의 주요 책임자 류사오치, 쑹칭링, 둥비우_{董必武, 동필무}, 저우언라이, 타오주^{陶鑄, 도주}, 천보다, 덩샤오핑……" 등을 언급했다. 이때까지 류사오치 등은 아직 형식상 그 지위가 인정되고 있었던 것이다. 그러나 10월 8일부터 25일에 걸쳐 열린 중국 공산당 중앙공작회의에서 류사오치 등은 결정적인 타격을 입었다. 린뱌오는 보고에서 류사오치와 덩샤오핑을 노골적으로 지칭하며 대약진 운동 이후 마오 주석의 정책을 반대해온 자산계급 반동노선의 대표라고 공격했다. 사세불급의 처지에 놓인 류사오치와 덩샤오핑은 자아비판을 했고, 마오는 이들의 자아비판을 받아들이는 듯한 결론을 내렸으며, 11월 25일에는 홍위병 집회에 이들을 대동하고 나타났다. 그러나 12월이 되자 사태는 급변해 중앙정부의 류사오치와 덩샤오핑, 베이징 시 당위의 펑전, 완리^{萬里, 만리}, 중앙선전부와 군·당의 루딩이^{陸定一, 육정일}, 뤄루이칭^{羅瑞慶, 나서경}, 양상쿤^{楊尚昆, 양상곤} 등이 홍위병의 대중집회에 끌려나가 이른바 '투쟁'을 당했다.

● S. 슈람, 『마오쩌둥(毛澤東, 모택동)』, 318~319쪽.

홍위병들의 대중집회에 대한 소묘

아침 해가 도시 위로 어렴풋한 빛 줄기를 비출 때, 수십 리 뻗친 사람의 무리는 벌써 톈안먼광장과 그 동쪽 큰길에 나타나고 있었다. 이른 햇살을 받으며 군중들은 마오쩌둥의 어록을 암송하며 그에게 바쳐진 찬시를 읽었다. "붉은 해는 우리 앞에 솟는다. 이의 광휘는 대지를 붉게 물들인다. 우리의 위대한 영도자 자애로운 마오 주석이시여, 영원히 우리와 함께 하소서.……"

슬로건을 쓴 커다란 펼침막을 매단 붉은 풍선이 붉은 햇살 속을 홍위병과 어린 개척자들 위로 떠다니고 있었다. "마오 주석 만세!"라는 큰 글자가 10만 명 이상의 사람들의 손에 들린 꽃다발로 쓰여져 광장의 남쪽에 나타났다. 광장은 마오의 어록을 흔드는 수천의 손에 의해 찬란하게 빛났다. 사람들은 40만 평방미터 넓이의 톈안먼광장과 그 동쪽의 넓은 길을 메웠으며, 이 광장은 붉은 색의 격랑하는 바다가 되었다. 환호가 섞인 슬로건을 외치는 소리는 마치 봄날의 천둥처럼 끊임없이 울리고 귀청이 터질 듯했다.

이 순간 많은 사람들이 이 엄청난 환희의 순간을 기억하기 위해 마오의 어록의 여백에 메모했다. "1966년 10월 1일 정각 오전 10시."(10월 1일 국경절 톈안먼광장 대중집회)

마오쩌둥 어록을 일제히 쳐들고 있는 홍위병들

하늘은 맑았고 베이징은 황금빛 햇살을 받고 있었다. 태양의 그 찬연한 햇살이 지평선에 나타나자, 호전적이며 날쌘 홍위병과 혁명적 교사와 학생들이 붉은 깃발과 마오 주석의 초상화를 높이 들고 톈안먼광장의 모든 방향과 이곳에 이르는 넓은 길을 통해 나타나고 있었다. 그들은 젊은 전사들이었다. 모두가 선홍색 표지의 마오 어록을 들고 있었으며 50리 이상 뻗친 대표단을 이루고 있었다. 그들은 특히 붉은 물결을 이루었다. 그들은 마오의 작품에서 발췌한 문구를 계속해서 암송했다.

1시 10분에 '붉은 동녘(東方紅)'의 장엄한 선율이 울리고 모든 사람들이 밤낮으로 고대하던 최고의 행복한 순간이 도래했다. 우리의 가장 큰 존경과 사랑의 대상인 지도자 마오 주석과 그의 친밀한 전우 린뱌오 동지는 다른 모든 중앙당 지도급 동지들과 함께 9대의 오픈카에 승차했다. 그들이 홍위대와 혁명적인 교사와 학생들의 거대한 무리 앞을 지날 때는 광장과 대로로부터 환희의 함성이 터져나왔다. 셀 수 없을 만큼 많은 손들이 마오 어록을 눈부시게 흔들었고, 무수한 눈들이 가장 붉은 해를 향해 움직이고 있었다. '마오 주석 만세! 마오 주석 만세!' 함성과 환호가 앞으로 울려 퍼졌다.

마오 주석이 혁명적인 교사와 학생들의 열 앞을 지나갈 때, 많은 학생들은 재빨리 마오 어록을 펼치고 여백에 똑같은 말들을 기록했다. "10월 18일 오후 1시 10분은 내 생애에 있어 가장 행복하고 잊을 수 없는 순간으로서, 나는 불멸의 붉은 해, 마오 주석을 보았다."(10월 18일 홍위병 집회) ●

홍위병들의 환호에 손을 흔들어 답례하는 마오쩌둥

조반파와 실권파의 투쟁, 그리고 류사오치의 몰락

베이징에서 실권파가 타도되자 이제 당 중앙은 그 여세를 몰아 각 지역에서 투쟁을 벌여나갔다. 그러나 베이징 이외의 지역에 온존한 실권파들의 저항도 만만치 않았다. 본래 홍위병은 이른바 '홍5류'●라 하여 성분이 좋은 혁명 간부의 자녀들이 주류를 이루었는데, 지역에서는 그런 혁명 간부의 자녀가 많지 않았고, 베이징에서 파견된 홍위병들에 대해 감정이 좋지 않았다. 이들은 별도의 '적위대^{赤衛隊}'를 조직해 베이징의 홍위병과 대치하는가 하면 무력 충돌을 일으켜 유혈 사태가 일어나기도 했다. 특히 상하이의 '적위대'가 위세를 떨쳤는데, 이들은 외견상 '조반^{造反}'을 하는 듯 보였으나, 실제로는 임시직 노동자의 영구적인 일자리나 체불된 임금에 대한 보상 등 경제적인 문제에 집착했기에, 당 중앙에서는 이들의 행위를 '경제주의'로 규정했다. 사태가 진전될수록 누가 적이고 누가 타도의 대상인지 모를 혼란상이 연출되었다. 11월 9일 상하이 노동조합 출신의 왕훙원^{王洪文, 왕홍문}이 노동자들을 규합해 '상하이 노동자 혁명 조반 총 사령부'^{'공총사'로 약칭}를 조직하고 상하이 시 당위에 승인을 요청했다. 하지만 시 당위가 이것을 거부하자, 왕훙원은 10일 새벽에 노동자 2,000명을 이끌고 베이징 당 중앙에 가서 상하이 시 당위를 자산계급 반동노선으로 고소하겠다며 출발했다. 시 당위가 기차를 세우고 해산을 종용하자, 이번에는 노동자들이 모두 나와 철로에 드러누워 철도 교통을 마비시켰다. 이 소식을 접한 장칭이 장춘챠오를 파견해 이들을 혁명 조직으로 승인하고, 왕훙원이 이끄는 '공총사'는 상하이 시 정부와 적위대를 공격해 이들을 압도했다.

이제 문화대혁명은 홍위병 운동을 중심으로 한 가두투쟁의 단계에서 마침내 실권파로부터 권력을 빼앗는 '탈권 투쟁'으로 옮겨가게 되었다.

● 노동자, 빈농, 하층 중농, 혁명 군인과 혁명 중에 희생된 자, 혁명 간부 등의 자녀들을 가리킨다. 이에 반해 구 지주, 구 부농, 자산계급 반동분자, 악질분자, 우파 지식분자 등은 '흑5류'라 하여 이들 자녀들은 진학이나 취업, 결혼, 군입대, 각종 정치 활동 등에 엄격한 제한을 두었다.

해가 바뀌어 1967년 1월이 되자 상하이는 시정^{市政}이 마비될 지경에 이르렀다. 급히 상하이를 방문한 장춘챠오는 상하이의 주요 매체를 장악한 뒤 노동자들을 작업장으로 복귀하도록 명령했다$^{'1월 혁명'}$. 곧이어 야오원위안이 그와 합세했는데, 이들은 '탈권 투쟁'이라는 것이 단순히 관청의 사무실을 점거하거나 관인^{官印}을 확보하는 정도로는 아무것도 할 수 없다고 생각했다. 이에 도시의 질서를 회복하기 위해 인민해방군을 이용했고, 이들의 지원 하에 현장 복귀를 거부하는 노동자들을 대신해 홍위병들이 작업장에 배치되었다. 그러나 사태는 그리 단순한 것이 아니었다. 학생 군사조직 가운데에도 노동자와의 연대를 희망하는 이들이 있어 장춘챠오와 야오원위안에 대항했다. 상하이는 2월 초가 되어서야 인민해방군의 대규모 군사 지원에 힘입어 질서를 회복할 수 있었다. 2월 5일 상하이 인민공사 임시위원회가 수립되었다. 이것은 중국 내에 공산당과 정부 이외에 또 하나의 새로운 국가 운영 주체가 탄생했다는 것을 의미한다. 상하이의 행정 간부들을 배제하고 인민들이 직접 시정^{市政}을 관리했다. 쟝칭은 "장^{長}이라는 직책은 산산조각이 나야 한다"고까지 선언했다. 그리고 군대마저도 이념적으로 거부했기 때문에 현실적으로는 행정과 치안의 공백이 생겨 혼란이 확대되었다.

　2월 14일부터 16일까지는 저우언라이의 주재 하에 베이징의 중난하이$^{中南海, 중남해}$에서 탄전린$^{譚震林, 담진림}$, 천이$^{陳毅, 진의}$, 예졘잉$^{葉劍英, 엽검영}$, 리푸춘$^{李富春, 이부춘}$ 등, 당 원로들이 모여 '문혁 소조'의 '탈권' 행위가 지나쳐 당 원로와 당 간부들을 박해하는 행위를 서슴지 않고 있다고 비판하고, 상하이 인민공사의 설립으로 전국이 무정부 상태에 빠져들게 될 것을 우려했다. 아울러 마오에게 '문혁 소조'의 행위를 중지시킬 것을 요구했으나 마오는 그들의 요구를 일축했고, 린뱌오와 쟝칭, 장춘챠오 등은 이들 노 간부들의 행위를 **2월 역류**로 매도했다. 그러나 사실상 이때 마오쩌둥은 상하이에서 벌어지는 일련의 사태를 지지하던 입장을 바꾸었다. 상하이 식의 코뮌형 권력 기구가 전국으로 파급되면 중화인민공화국의 정치 체제가 크게 흔들리게 될 것이었다. 마오쩌둥은 쟝칭의 말을 되받아 '장'들은 계속 필요하며, 문제는 그 내용에 달려 있다고 선언하고, 심지어 간부들에게도 지도부가 필요하다는 사실을 재확인시켰다.

2월 말이 되자 마오쩌둥은 창춘챠오에게 상하이 인민공사를 '혁명위원회'로 개조할 것을 지시했다. 이 위원회는 대도시에 있건 농촌에 있건, 또는 대학이나 각급 학교, 신문사 등의 기관에 있건, '대중'과 '인민해방군', 그리고 태도와 행동이 올바른 간부들의 대표로 구성된 '삼결합三結合'의 방식을 추구했다. 이것이 코뮌형 권력 기구를 대신해 제시된 새로운 권력 구상으로 실제로는 지역 지도부에서 노동자 대표를 상당수 배제하는 효과를 발휘했다. 아울러 더 이상 '권력 장악'이 실행된 뒤 이것을 합법화하는 일은 없을 것이며, 먼저 당의 승인을 받아야 한다는 사실을 공표했다. 이것은 문화대혁명의 하나의 전환점이었다. 이때가 하나의 전기가 되어 '질서화'의 흐름이 나타났던 것이다.

3월 7일 《인민일보》 사설은 "중·소학교는 수업을 재개하여 혁명을 실행하자"고 호소했고, 학교로 돌아온 학생들을 훈련하는 임무는 인민해방군에게 맡겨졌다. 이제 인민해방군은 이른바 '삼결합'에서도 우위에 놓여 새로운 혁명위원회의 절대 다수를 차지했고, 호전적인 홍위병의 급진적이고 과격한 행동을 지지하는 한편 인민해방군에 맞서는 투쟁적인 조반파를 무력으로 진압하기도 했다. 혼란은 계속되었고, 무력 투쟁 또한 격렬하게 일어났다. 가장 대표적인 것이 1967년 7월에 일어난 '우한 사건'이다. 우한은 그 해 1월에 이 지역을 대표하는 타오주陶鑄, 도주와 왕런중王任重, 왕임중이 실각하자 시 당위가 완전히 와해되어 우한 군구武漢軍區가 권력의 중심이 되어 베이징에서 파견된 홍위병과 지역 조반파의 연합 세력과 대치하는 국면이 되었다. 당시 군구의 사령관인 천짜이다오陳再道, 진재도는 반린뱌오 파의 인물이었고, 당시 우한에 거주하던 공산당원들은 '백만웅사百萬雄師'라는 대중 조직을 만들어 군구와 함께 홍위병·조반파에 대항했다. 7월 19일 양측간에 대규모 무력 충돌이 일어나 조반파의 지도자가 체포되고 많은 사상자가 발생하는 사건이 일어났다. 보고를 받은 당 중앙이 즉각 무장 투쟁을 중지할 것을 명령했지만, 별다른 효과가 없었다. 이에 크게 당황한 당 중앙은 급히 저우언라이와 공안부장 셰푸즈謝富治, 사부치와 중앙문혁소조의 왕리王力, 왕력 등을 우한으로 보내 중재하도록 했으나 이들은 홍위병과 조반파를 편들며 우한 군구를 반동으로 몰았다. 이에 분노한 천짜이다오는 7월 20일 새벽에 셰푸즈와 왕리가 머물고 있는 숙소를 급습해 셰푸즈를 연금하고 왕리는 대중 앞에 끌고 나와 비판했다. 보고를 받은 저우언라이가 천짜이다오를 만나 조반파는 반동 조직이 아니라고 설득해 사태가 겨우 진정되었다.

'우한 사건'이 일어난 직후인 8월 22일 일단의 홍위병들이 베이징의 영국 대리대사 공관에 난입해 그 일부를 불지르는 사건이 일어났다. 비록 중국이 아시아와 아프리카·라틴 아메리카에서의 제국주의 세력에 대항하는 무장 투쟁을 지원하고 전 세계 제국주의 세력에 대한 반대 투쟁을 강화해 나갔다고는 해도, 이것은 하나의 이론적 원칙이었을 뿐 제국주의 세력에 대해 직접적인 행동을 취하는 것을 의미하지는 않았다. 그런 측면에서 볼 때 외국 공관에 방화하는 등의 행동은 국가적 이익에 아무런 이득이 되지 못했다. 실제로 중국 정부는 국제적인 비난에 직면했고 인도네시아 등과는 단교하기도 했다. 1967년 7월에서 9월에 이르는 3개월 남짓한 기간이 문화대혁명 시기 가운데 가장 혼란스러웠다. 급기야 마오쩌둥과 저우언라이를 비롯해 쟝칭과 린뱌오마저도 이제는 더 이상 사태를 방관할 수 없다는 데 의견을 같이했다.

이러한 경향은 이미 7월에 나타난 '5·16병단^{兵團}'에 대한 비판에서 엿보이는데, 1966년 말 베이징의 대학과 전문학교 학생들이 조직한 5·16병단은 점차 비판의 대상을 넓혀 저우언라이 등에까지 이르렀다. 이들에 대한 비판을 시작으로 이른바 '사심과 투쟁하고 수정주의를 비판하라^{鬪私批修}'는 슬로건이 나오게 되었고, 1968년 1월에는 마오쩌둥이 인민해방군을 파견하여 '삼지양군^{三支兩軍}'의 조치를 취하여 전국의 혼란을 어느 정도 안정시켰다. 이제 당내의 주자파가 대부분 일소되었기에 더 이상 홍위병과 조반파의 극좌적 행위가 중국의 앞날에 도움이 되지 않는다고 판단한 마오는 혁명소조의 부조장인 왕리 등의 극좌파를 해임하고 당 중앙에 조반파의 해산을 종용했다. 이러한 흐름을 제대로 읽어내지 못했던 '혁명적 좌파'는 더 이상 효용 가치를 잃게 되었고, 1967년 말부터 이듬해 2월 사이에 광란의 대열에 앞장섰던 왕리와 관펑$^{關峰, 관봉}$, 그리고 67년 4월 1일 「애국주의냐, 매국주의냐」라는 논문으로 류사오치 비판에 앞장섰던 치번위$^{戚本禹, 척본우}$ 등의 이름이 사람들 기억 속에서 사라져갔다. 이제 '프롤레타리아 문화대혁명'은 새로운 단계로 접어들게 된 것이다.

> ● 좌파와 공업, 농업의 지원(支左·支工·支農), 군사 관제와 군사 훈련(軍官·軍訓)을 의미한다.

이른바 주자파를 일소한 뒤 새롭게 대두한 과제는 새로운 당과 국가 기구의 재건이었다. 이를 위해서는 극좌분자들을 제거하고 조직을 재정비해 전국적인 규모의 당을 건설할 필요가 있었다. 1968년 3월에는 공안부장 셰푸즈$^{謝富治, 사부치}$와 베이징 극좌파의 마지막 대표자인 녜위안쯔$^{聶元梓, 섭원재}$, 그리고 총참모장 대리인 양청우$^{楊成武, 양성무}$ 등이 직위를 박탈당하고 체포되는 사건이 있었다. 이것으로 인해 꼭 1년 전에 일어났던 '우파역류'가 다시 한번 모습을 드러냈으나, 3월에는 애초에 임시 기구로 출발했던 '혁명위원회'가 1년여의 경험 위에 당과 국가를 일원적으로 통괄하는 과정에서 필연적으로 [이미 1940년대에 시행된 바 있었던] '군을 정예화하고 행정을 간소화하는^{精兵簡政}' 운동이 전개되었다. 그리하여 68년 9월 5

일 티베트와 위구르 지역을 마지막으로 전국 29개 일급 행정구에 혁명위원회의 조직이 완료되었다. 그 사이에도 각 부문에서의 복잡한 투쟁은 이어졌고 홍위병의 '무장 투쟁武鬪' 역시 지속되었으나, 혁명위원회의 성립과 류사오치 일파의 제거로 마오쩌둥이 애당초 의도했던 '탈권' 투쟁의 목적이 어느 정도 달성되자 이제 홍위병의 격렬한 무장 투쟁은 오히려 걸림돌로 여겨졌다. 각지에서 '혁명위원회'가 수립되는 것과 거의 동시에 학교나 직장에는 '마오쩌둥 사상 노동자 선전대'가 파견되어 홍위병들을 해산하려 했다. 급기야 7월 28일 베이징 홍위병의 근거지라 할 칭화대학에서 양측 간에 충돌이 일어나 많은 사상자가 발생했고 결국 조반파가 항복했다. 이튿날 마오쩌둥 등 당 고위간부들이 베이징의 각 대학의 홍위병 지도자 5명을 불러 "이제 홍위병의 임무는 끝났다. 이후에는 노동자 계급이 모든 것을 지도하게 된다"고 선언했다. 이후 각급 대학과 중학교에는 '마오쩌둥 사상 노동자 선전대'가 진주해 관리와 지도를 담당했고, 10월에는 문화대혁명 초기인 1966년 5월 7일 마오쩌둥이 문화대혁명의 기본 방침이 되었던 이른바 '5·7지시'를 내렸던 것에서 이름을 딴 '5·7 간부학교'가 개설되어 수많은 간부들이 육체 노동을 통해 재교육을 받았다. 12월에는 마오쩌둥이 직접 나서 "지식청년들이 농촌으로 가서 다시 배우자"고 주장하면서 '상산하향上山下鄕' 운동을 벌였으니, 홍위병들은 하릴없이 하방해 생산대에 투입되었다. 그리하여 홍위병 운동은 1968년 말로 막을 내렸다.

이제 남은 것은 류사오치에 대한 마지막 처리 문제였다. 이를 위해 당 조직의 재건이 아직 진행 중인데도 불구하고 1968년 10월 13일에서 31

현재 류사오치는 복권되어 그의 고향에는 그의 동상이 세워져 있다.

● 앞서 서술한 대로 '5·7지시'의 내용 자체가 인민해방군이 거대한 학교가 되어 군사뿐 아니라 정치를 배우고 생산에 종사하며 '사회주의 교육 운동'에 참여해야 한다는 사실을 강조한 것이었음을 상기할 것.

일까지 제8기 중앙위원회 제12기 확대총회$^{'12중전회'}$가 열렸다. 이것은 철저하게 류사오치에 대한 심판 결과를 보고하기 위한 모임이었다. 회의에는 중앙위원의 경우 본래 96명이었지만 겨우 40명만이, 그리고 후보위원은 73명 가운데 19명만이 참석했다. 다시 말해 총 180명 가운데 111명이 주자파로 몰려 숙청되었던 것이다. 이 대회에서 류사오치를 당에서 영원히 제명하고 당 내외의 모든 직무를 해제할 것을 결의했다. 흥미로운 것은 이때 덩샤오핑은 자아비판이 인정되어 공식적인 비난을 받지 않았다는 사실이다. 마오쩌둥은 회의 마지막날 연설에서 "문화대혁명은 무산계급 독재를 위해 자산계급의 부활을 방지하고 사회주의를 건설하기 위해 반드시 필요한 조치였다"고 역설하면서, 린뱌오와 쟝칭의 공적을 칭송했다. 아울러 당을 새롭게 일떠세우기 위해 공산당 제9기 전국대표대회를 이듬해 4월 1일에 소집하기로 결정했다. 마오쩌둥 등이 당의 재건 방침을 세운 것은 임시방편으로 수립한 '혁명위원회'의 한계를 인식하고 '문혁'의 급진적인 성격을 포기하겠다는 것을 의미한다. 이것으로 폭풍노동과 같이 대륙을 휩쓸었던 문화대혁명은 사실상 끝이 났다.

● 류사오치는 끝없는 신문과 육체적 학대, 투옥 등으로 병을 얻었으나 제대로 치료도 받지 못하다가 이듬해인 1969년 10월 카이펑(開封, 개봉)의 감옥에서 71세를 일기로 옥사했다.

문혁을 '탈권투쟁'이라 규정하고 이를 실행한 마오쩌둥과 쟝칭 일파는 '헬리콥터' 식으로 최고권력의 위치에 부상하기는 했으나, 최후에는 어쩔 수 없이 의기양양한 린뱌오 일파의 대두를 용납하지 않을 수 없었다. 또한 무수한 동료를 잃은 '실권파'=관·엘리트 층 및 지식인·문화인들의 공포와 비분은 말할 것도 없다. 후에 정확히 밝혀진 공식 통계에서는 70여만 명이 박해를 받았다고 하는데$^{'린뱌오·4인방' 재판 기소장}$ 그 대개가 이 부분에 해당한다고 볼 수 있다. 대중 특히 청소년의 경우 열광적으로 마오쩌둥을 찬미하고 그에게 이용당했으나 남은 결과는 정치에 대한 불신과 상호 불신·증오·공포·부모나 친구의 죽음에 의한 비탄뿐이었다. 이러한 모든 사람들의 불만과 불신, 그리고 불안이 문혁을 종결시키지 못하고, '동란을 5년이 아니라 10년으로까지 끌고 간 정치·사회·경제적 요인이었다고 말할 수 있다.

● 히메다 미츠요시(姬田光義) 외, 『중국근현대사』, 498쪽.

●● 소련 측 명칭은 다만스키 섬.

린뱌오의 부상과 몰락, '죽의 장막'을 걷어내다

해가 바뀌어 1969년 3월 2일 중국과 소련의 국경 지역인 헤이룽쟝 성黑龍江省, 흑룡강성의 전바오다오珍寶島, 진보도●●에서 양국 간에 무력 충돌이 일어났다. 이틀 간에 걸친 전투로 쌍방이 모두 큰 인명 피해를 입었다. 6월에는 신쟝 성新疆省, 신강성 바르크 산 서부 지역에서, 7월에는 다시 헤이룽쟝 성 아무르 강의 바차다오八岔島, 팔차도 등지에서 무력 충돌이 잇달아 중국 측은 긴장의 끈을 늦추지 않고 경계를 강화해야 했다. 비록 양국 간의 충돌은 9월 11일 월맹의 지도자인 호치민胡志明, 호지명의 사망으로 하노이를 방문하

위대한 탐색자, 탁월한 지도자 류사오치

고 귀국하던 소련 총리 코시긴이 베이징에 들러 저우언라이와 회담을 가짐으로써 일단락되었으나, 이제 중국과 소련의 대립은 이념적 차원에서 벗어나 무력을 동원한 '중·소 냉전'으로 발전했다. 이를 계기로 중국의 대외 노선은 소련을 추종하고 미국과 대립하는 것에서 벗어나 미국과 새로운 관계를 수립하는 것으로 나아갔다.

1969년 4월 1일부터 4월 25일까지 베이징에서 중국 공산당 제9차 전국대표대회^{'9전대회'}가 열렸다. 이것은 1956년의 제8차 대회^{'8전대회'}로부터 13년 만에, 그리고 58년의 '8전대회' 제2차 회의 이래 11년 만에 열리는 회의였다. 전국에서 1,512명의 대표가 참가했지만, 각 지역의 당 조직이 붕괴된 상태여서 중앙에서 일방적으로 지명한 인물들이 대다수를 차지했다. 대회 첫날 마오쩌둥의 의례적인 치사에 이어 린뱌오의 정치보고가 있었다. 린뱌오는 문화대혁명의 준비 과정과 경과, 그리고 투쟁과 비판·개혁의 추진 과정 등을 장황하게 늘어놓은 뒤 "전국 인민은 단결과 승리를 위해 마오쩌둥 사상과 마오쩌둥의 계속 혁명론을 기본으로 최후의 승리를 쟁취하자"고 호소했다. 하지만 뒤에 밝혀진 사실에 의하면 이때 이미 정치 보고의 내용을 둘러싸고 린뱌오, 천보다와 마오쩌둥, 저우언라이 등 간에 대립이 있었다고 한다. 린뱌오 사후에 치러진 1973년의 '10전대회'에서 저우언라이는 "마오 주석의 주재 하에 기초된 정치 보고에 대해 린뱌오는 은근히 천보다를 지지해 공공연히 반대하고 나섰는데, 그것이 파탄되자 할 수 없이 중앙의 정치 노선을 마지못해 받아들여 대회에서 중앙의 정치 보고를 낭독하였다"는 것이다.● 그러나 이 정치 보고와 함께 4월 14일에 채택된 〈중국 공산당 규약〉에는 "린뱌오 동지는 마오쩌둥 동지의 친밀한 전우이며, 후계자이다"라는 구절이 삽입되는 그야말로 이례적인 사건이 벌어졌다. 정치 현실을 돌이켜볼 때, 권력을 가진 자가 아직 권좌에서 막강한 힘을 휘두르고 있을 때 후계자로 지명되는 것은 오

● 우노 시게아끼, 『중국공산당사』, 291쪽.

히려 위험할 수가 있다. 그런 의미에서 린뱌오의 2인자 등극은 조금 이른 감이 있을 뿐 아니라 미구에 닥칠 그의 몰락을 예시하는 하나의 불길한 징조일 수도 있었다.

아울러 회의 기간 중 중앙위원 170명과 후보중앙위원 109명 등 모두 279명이 선출되었는데, 이들은 문화대혁명의 성공에 대한 논공행상의 결과물이라 할 수 있다. 이 가운데 기왕의 인물들은 겨우 53명에 불과했고, 나머지 77퍼센트에 달하는 신인들이 새롭게 중앙무대에 진출했다. 또 전체 지도부 가운데 군 출신이 차지하는 비율이 57퍼센트에 이르렀고, 린뱌오 계열로 지목되는 자들이 전체의 21퍼센트를 차지했다. 그밖에도 쟝칭 등이 이끄는 문혁파가 전체의 약 29퍼센트 정도를 점했다. 아울러 이 대회에서는 소련과의 갈등을 반영해 소련을 미국과 똑같은 적으로 간주하는 '사회제국주의'론이 정착되었다.

> 1964년 흐루시초프가 실각하고 브레즈네프가 등장했지만 중·소 간의 긴장관계는 해소되지 않았다. 오히려 브레즈네프 체제의 소련이 마오쩌둥의 하야를 요구하면서 중국의 반발이 커졌다. 게다가 1968년 8월 소련이 바르샤바조약기구 군대를 동원해 (체코의 수도) 프라하에 진입한 뒤이른바 '프라하의 봄' 사회주의 공동체를 지키기 위해 일국의 주권이 제한될 수 있다는 브레즈네프 독트린을 선언하자 중국은 강한 위기감을 느꼈다. 이제 중국은 소련을 사회주의 제국주의라고 비난했고 이러한 분위기에서 1969년 3월에서 8월 사이에 양국 국경에서 몇 차례 무력충돌이 발생했다. 대도시 시민들이 참호를 파고 핵 방공호를 만들 정도로 중국에서는 핵전쟁의 위기감에 시달렸다.●

그리하여 소련 사회제국주의의 침략 전쟁에 대비하기 위한 임전 체제의 강화를 호소하며, '전쟁에 대비하고, 재해에 대비하며, 인민을 위해서'

● 신성곤, 윤혜영, 『한국인을 위한 중국사』, 서해문집, 2004. 426쪽.

라는 슬로건과 함께 '혁명에 힘을 가해 생산을 촉진한다'는 슬로건이 제기되기도 했다.

대회가 끝난 뒤 4월 28일에 곧바로 열린 제9기 1중총회에서는 당 중앙에 대한 개편이 이루어졌다. 당 주석에는 마오쩌둥, 부주석에는 린뱌오가 선출되고, 중앙정치국 상무위원에는 마오와 린뱌오, 그리고 천보다, 저우언라이, 캉성 등 5명이 선출되었으며, 중앙정치국원에는 상무위원 5명을 포함한 21명이 선출되었다. 반면에 류사오치와 덩샤오핑, 펑전, 펑더화이 등의 이름은 당 중앙에서 정식으로 사라졌다. '9전대회'는 '프롤레타리아 문화대혁명'의 한 고비를 넘어서는 과도기적 성격이 강한 대회였다. 여기서는 경제와 사회 문제 등은 거의 다루어지지 않았고, 권력의 재편 등 주로 정치적인 문제에 집중했다. 그리고 회의의 노선 역시 임시 권력 기구인 '혁명위원회'에 근거해 이른바 '삼결합'을 넘어서지 않았다. 그런 의미에서 보자면 '9전대회'는 '당 대회'와 '전국인인대표대회'가 미분화한 시기에 열린 초보적인 당 대회였다고 할 수 있다.

문화대혁명이 수습 국면에 접어들고 경제 건설을 촉진하기 위한 정책들이 수립되면서, 미국과 중국 간에도 미묘한 변화의 조짐이 나타나기 시작했다. 양군 간의 대사급 회담의 재개가 모색되고 미국의 중국에 대한 경계 태세가 완화되었으며, 미국 기업체의 해외 방계 회사에 대한 대중국 무역 제한이 철폐되었다. 급기야 1970년 2월의 외교 교서에서 닉슨 대통령은 "이데올로기나 이해의 격차는 과소평가할 수 없으나 베이징과의 실제적인 관계 개선책을 취하는 것이 미국과 세계의 이익"이라고 진술했다. 이제 역사의 흐름은 또 다른 물길을 향해 나아가고 있었다. 그러나 그러한 흐름에 역류하고 여전히 현실에 안주하고자 하는 생각을 가진 이들이 있었다. 실권파를 제거하기 위해 마오쩌둥이 이용했던 것은 '홍위병' 세력과 또 하나 '인민해방군'이었다. 이제 '홍위병' 세력은 그 역사

적 소임을 다한 뒤 제거되었고, 남은 것은 린뱌오가 지배하는 인민해방
군이었다. 린뱌오의 위세는 9전대회에서 최고점에 달했다. 이 대회에서
린뱌오가 두각을 나타낸 것은 두 가지 맥락에서 가능한 것이었다. 그것
은 첫째, 체코의 프라하와 베트남전쟁, 그리고 우수리 강의 여러 섬을 둘
러싼 소련과의 국경 분쟁과 같은 '국제적 긴장', 그리고 둘째 군의 정치에
대한 계속적인 영향력의 행사이다.● 그러한 역학 관계 속에서 얻어낸 자

● 장세노 외(공기두 옮김), 『중공 1949-1976』, 까치, 1984. 195쪽.

신의 지위를 발판으로 린뱌오는 조금 더 큰 야심을 품기 시작했던 듯하
다. 9전대회와 같은 기간인 1969년 10월 린뱌오는 당시 군 부참모장 겸
중앙정치국 위원인 우파셴^{吳法憲, 오법헌}을 시켜 자신의 아들 린리궈^{林立果, 임립과}를 공군사령부 판공실 부주임 겸 작전부 부부장이라는 요직에 앉혀 공
군을 지휘할 수 있는 권력을 장악하도록 했다. 그러나 이미 마오쩌둥과
저우언라이 등의 생각은 전혀 다른 쪽을 향해 가고 있었다.

　마오쩌둥은 문화대혁명을 통해 류사오치 일파를 제거하는 데 인민해
방군의 힘을 빌렸으나, 그로 인해 비대해진 군의 존재가 국가 재정을 포
함한 사회주의 건설에 있어 결코 도움이 되지 않는다는 인식에 도달했
다. 그리고 비록 외견상 미국이나 소련과의 관계가 우호적이지 않으나,
저우언라이 등은 장기적인 관점에서 볼 때 이러한 대립 구도는 국가 발
전에 도움이 되지 않는다고 보았다. 아울러 당과 국가의 재건에는 문혁
기간 비판의 대상이 되었던 인사들의 참여가 절실히 요구되었다. 이 모
든 현실 인식이 이것과 정반대의 입장에 서 있던 린뱌오와 그 일파에게
는 중대한 위협이 되었다. 게다가 문혁의 추진 과정에서 나타난 바 있듯
이 린뱌오에게는 일을 극단적으로 밀고 나가는 성벽과 함께 권위주의적
인 면모가 동시에 체현되어 있었다. 이제 마오쩌둥과 린뱌오 일파의 갈
등과 대립은 피할 수 없는 현실이 되었다.

　1970년 3월 당 중앙공작회의에서 헌법 개정 문제가 제기되자 린뱌오

는 마오쩌둥에게 류사오치의 체포 이후 공석으로 남아 있던 국가 주석직의 부활을 건의했다. 그러나 마오는 일언지하에 거절했다. 이로 인해 내심 국가 주석에 오르려는 야심을 갖고 있던 린뱌오의 기대가 어그러졌고, 주석의 공백 하에 총리가 정부의 수반이 됨으로써 저우언라이가 린뱌오보다 우위에 설 수 있었다. 이것은 린뱌오를 견제하려는 마오의 전략이었다. 이제 린뱌오는 자신의 욕심을 채우기 위해 자가발전할 수밖에 없었다.

같은 해 8월 23일 중국 공산당 제9기 2중전회가 1959년에 이어 루산廬山, 여산에서 열렸다. 대회 첫날 린뱌오는 뜬금없이 '천재론'을 들고 나왔고, 천보다는 다시 한번 국가 주석제의 부활을 제안했다. 회의의 주요 안건은 국가 경제 계획과 전쟁 준비 체제 등이었으나, 린뱌오 일파의 주요 목표는 국가 주석제의 부활이었던 것이다. 이들은 마오의 천재성을 강조하면서 마오가 국가 주석의 자리에 오르기를 주장했는데, 마오가 이를 사양하거나 거부하면 린뱌오가 대신 그 자리에 오르려는 계획을 갖고 있었다. 그러나 이들의 의도를 간파한 마오쩌둥은 25일 정치국 상무위 확대회의를 소집해 린뱌오 일파의 보고서를 반송하고 천보다의 월권 행위를 비판하면서 그에게 자아비판을 명한 뒤 상무위원에서 해임했다. 그럼에도 마오쩌둥은 여전히 린뱌오에게는 아무런 말이 없었고, 평상적인 업무를 맡겼으나, 오히려 그런 마오의 태도가 린뱌오의 마음을 불안하게 했다. 린뱌오는 공군의 요직에 앉아 공군을 장악하고 있는 아들 린리궈에게 동지들을 규합하도록 해 그해 가을 '연합함대'라는 비밀 조직이 공군 내에 만들어졌다.

1970년 10월 1일 마오쩌둥의 오랜 친구인 에드거 스노가 중국을 방문해 톈안먼 위에서 마오쩌둥과 함께 모습을 나타냈다. 12월에 다시 방문한 스노에게 마오는 미국과의 화해를 위해 미국 대통령 닉슨의 초청을 중재해달라고 부탁했다. 미국 역시 베트남전으로 곤경에 빠져 돌파구를 찾으려 애쓰던 중이었으므로 이러한 제안에 흥미를 가졌다. 같은 시기에 중국은 10월에는 캐나다와 11월에는 이탈리아와 국교를 수립하는 등 서방 국가와의 적극적인 국가 외교를 개시했다. 그러나 린뱌오는 여전히 서구와의 관계 개선보다는 소련과의 우호 관계 회복이 더 앞선다고 생각했다. 그런데 마오가 자신과 아무런 상의도 없이 미국과의 접촉을 추진하고 있다는 사실에 불만을 품은 동시에 자신이 의사결정 과정에서 배제되었다는 생각에 그가 갖고 있던 불안감은 더욱 증폭되었다. 이제 린뱌오로서도 사태를 수수방관만 할 수 없는 지경에 이르렀다.

1970년 10월 1일 톈안먼에서의 스노와 마오쩌둥

해가 바뀌어 1971년이 되자 그의 아들 린리궈는 아버지를 대신해 쿠데타 계획을 세웠는데, 중국어로 '무장 봉기'를 의미하는 '우치이武起義'와 발음이 같은 '우치이 프로젝트伍七一工程'라는 암호명으로 행동에 들어가 동조자들을 규합했다. 그러는 사이 4월에는 일본의 나고야에서 개최된 세계탁구선수권대회에 참가했던 미국 대표팀이 베이징에 초청되어 중국 선수들과 친선경기를 가져 이른바 **핑퐁외교**를 성사시켰다. 7월에는 미 국무장관 키신저가 대통령 특사 자격으로 중국을 방문해 저우언라이와 비밀회담을 진행했다. 뒤에 밝혀진 사실이지만, 당시 린뱌오의 세력을 무화시키려는 마오쩌둥의 책략은 '돌을 던지고, 진흙에 모래를 뿌리고, 주춧돌의 밑단을 판다'는 말로 요약된다. '돌을 던진다'는 것은 당 고위 간부를 대상으로 한 이념 운동을 말하고, '모래를 뿌린다'는 것은 린뱌오의 지지자들을 제거하기 위해 공산당 중앙상무위원회 산하 중앙군사위원회의 인사 이동을 의미한다. 곧 마오는 이를 상징적으로 표현해 "너무 단단한 진흙은 공기와 차단되지만, 모래가 섞이면 공기가 들어갈 수 있다. 군사위원회는 몇 가지 새로운 성분을 가미할 필요가 있다"고 말한 것이다. '주춧돌의 밑단을 판다'는 것에서 주춧돌은 베이징 군구의 무장군대를 의미하는데, 마오는 이 가운데 주요 인사들을 교체했다. 이런 식으로 자신의 입지를 조여오자 결국 린뱌오는 마오쩌둥을 암살하고 쿠데타를 일으키는 계획을 실행에 옮기게 된다. 그 해 1971년 6월부터 린뱌오는 병을 핑계로 공식석상에 모습을 드러내지 않았다.

1971년 8월 중순부터 9월 12일에 걸쳐 마오쩌둥은 남쪽 지역을 여행하면서 현지 책임자들과 의견을 교환했는데, 이 자리에서 그릇된 노선의 예를 들며 은연중에 린뱌오를 비판하기도 했다. 이 사실이 린뱌오에게 보고되자 린뱌오는 마오쩌둥이 귀경길에 타고 올 비행기를 습격하기로 작전을 세우고 자신은 허베이 성의 베이다이허에서 기다리고 있었다. 그러나 마오쩌둥은 돌연 예정을 바꾸어 기차로 상경해 쿠데타 계획은 실패로 돌아갔다. 동시에 저우언라이는 이상 동향의 징후가 있다는 첩보를 입수하고 린뱌오를 추적한 결과 그가 가족과 함께 베이다이허에서 비행기를 대기시켜놓고 있으며 전 공군에 비상 출동 태세를 취하게 했다는 사실을 알게 되었다. 저우언라이는 중앙정부의 지시 없이는 절대 출동하지 말라는 엄명을 내렸다.

결국 9월 13일 린뱌오는 자신의 가족을 데리고 소련으로 탈출하는 길에 몽골에서 비행기 추락사고로 사망했다. 하지만 린뱌오의 사망 소식은 곧바로 알려지지 않았다. 이 사건과 관련된 최초의 공식 뉴스 보도는 몽골인민공화국 국영통신에서 보낸 다음과 같은 짤막한 내용의 단신이었다. "중국의 제트기 한 대가 몽골 영공을 침입해 추락하였다. 추락 현장에는 거의 식별할 수 없을 정도로 불에 탄 시체 9구와 무기 · 문건 · 물자 등이 발견되었다." 9월 30일에는 소련의 《타스통신》이 "9월 13일 새벽에 몽골 영토 내에서 중국의 제트기 한 대가 추락하여 탑승객 전원이 사망했다"고 보도했다. 이것이 전부였고 정작 중국에서는 아무런 발표도 없었다. 다만 그 이후 린뱌오 그룹에 속한 인물들이 사람들의 이목에서 사라지고 관공서 등에 걸려 있던 린뱌오의 사진이 제거되고 그의 저작물들이 회수 폐기되는 등의 이상 징후를 감지한 미국의 《뉴욕타임스》가 10월 7일 린뱌오 사망설을 제기했다.

결국 중국 정부로서도 더 이상 이 사건을 덮어둘 수는 없었다. 그러나 공표는 신중하게 이루어졌다. 그런 와중에도 사태는 급박하게 돌아갔다. 1971년 10월 25일 유엔 제26차 회의에서 중국의 유엔 가입이 허용되었고, 타이완은 축출되었다. 11월에는 마오쩌둥이 '2월 역류'에 대한 명예회복을 선언했고, 1972년 1월 10일에는 문화대혁명 때 숙청되었던 전 외교부장 천이陳毅, 진의의 추도식에 마오쩌둥이 참석했다. 그리고 2월 닉슨이 중국을 공식 방문해 마오쩌둥과 회담을 가졌고, 2월 28일에는 상하이에서 〈중·미 공동성명〉을 발표했다. 이로써 중국은 소련과 미국 가운데 어느 한쪽으로도 치우치지 않고 독자적인 노선을 걸을 수 있게 되었으니, 이것은 결국 린뱌오의 이념 정책이 몰락하고 저우언라이의 실리 외교가 최종적으로 승리한 것을 의미한다. 9월에는 일본과도 수교를 맺고 〈중·일 공동성명〉을 발표했다. 이후로 세계 각국이 연이어 중국과 수교를 맺는 한편 타이완과는 단교를 함으로써 공산당과 국민당으로 대표되는 두 개의 중국의 운명이 극적으로 엇갈리게 된다.

이런 흐름 속에서 린뱌오의 사망 소식은 사건 발생 후 10개월이 지난 1972년 7월 28일 외무차관보 왕하이룽王海容, 왕해용에 의해 외신 기자들에게 알려졌고, 이후로 파리나 알제리 등의 중국 대사관에서도 그 보도를 공식적으로 인정했다. 이것은 중국 내에서 린뱌오 비판에 대한 입장이 정리되었다는 것을 의미하는데, 과연 그해 말부터 린뱌오에 대한 비판이 시작되었다. 초기에는 린뱌오의 여러 정책들이 '좌익 분파주의적 경향'과

'무정부주의적 경향'을 띤다고 비판되었으나, 1973년부터는 돌연 방향을 바꾸어 이제는 린뱌오가 우익으로 '쿵쯔'의 제자라는 비판을 받았다. 결국 "중국 혁명 건설에 있어 무정부주의, 좌익 분파주의의 극복이 과제였던 시기에는 린뱌오의 '좌'익주의가 비판되고, 당과 국가의 조직이 정비되고 그보다 관료주의, 권력주의의 억제가 과제가 된 시기에는 린뱌오의 우익적 경향, 권위주의의 측면이 문제가 되"었던 것일까?●

● 우노 시게아끼, 『중국공산당사』, 305쪽.

1971년 이래 문혁의 조정 국면에서 한때 비판의 대상으로 핍박받았던 당의 노간부들에 대한 사면이 이루어졌다. 1972년 4월 24일 저우언라이의 의견이 반영된 《인민일보》 사설에서는 성질이 다른 모순을 엄격하게 구분해야 하며 착오를 범한 동지에 대해서는 '단결-비평-단결'의 방침을 세워야 한다고 주장했다. 동시에 간부들 대부분이 장기간의 혁명 과정을 통해 단련된 노간부이고 당의 귀한 존재라는 사실이 강조되었다.

8월 1일의 건군 45주년 기념대회에는 그동안 비판을 받고 실각했던 천윈陳雲, 진운과 왕전王震, 왕진 등 고참 간부들이 초청되어 모습을 드러냈고, 이듬해인 1973년 3월 10일에는 덩샤오핑이 당권을 회복하고 국무원 부총리에 임명되었다. 1966년 10월 류사오치와 함께 홍위병들의 비판대회에 끌려다니다 67년 이후 모습을 볼 수 없었던 덩샤오핑이 불사조처럼 부활한 것이었다. 이것은 덩샤오핑 일개인의 부활에 그치지 않고, 일종의 탈'문혁'의 조류가 거스를 수 없다는 것을 상징적으로 보여준 것이라 할 수 있다. 그럼에도 당내에 온존해 있는 문혁파의 '반조류' 또한 무시할 수 없는 것이었다. 마오쩌둥 역시 아직은 시기상조라는 생각에 4인방으로 대표되는 문혁 세력들의 입장을 지지했다.

'4인방'의 몰락과 거인들의 퇴장

1973년 8월 24일부터 28일까지 중국 공산당 10전대회가 개최되어, 전국에서 2,800만 당원을 대표한 1,249명의 대표가 출석했다. 이 대회에서 한 인물이 몰락하고 한 인물이 부상했다. 대회에 앞서 8월 20일 당 중앙이 이미 비준한 〈린뱌오 반당 집단의 죄행에 대한 심사 보고〉가 정식으로 통과되어 린뱌오와 그의 부인 예췬(葉群, 엽군), 그리고 천보다를 비롯한 그의 추종세력들에 대한 당적이 영구 박탈되고 린뱌오를 마오쩌둥의 후계자로 명기했던 당 규약이 삭제되었다. 이어 조직 개편이 이루어져 195명의 중앙위원과 124명의 후보위원이 선출되었다. 이때 9전대회에서 대거 기용되었던 군 간부들이 물러나고 그 자리를 문혁파가 차지했다. 동시에 부활한 덩샤오핑과 왕쟈샹(王稼祥, 왕가상) 등도 약진했다. 그리하여 195명의 중앙위원 가운데 51명의 신인과 17명의 승격자가 포함되었고, 후보위원 역시 신인이 과반수를 차지했다. 그러나 무엇보다 눈에 띄는 것은 왕훙원(王洪文, 왕홍문)이 공산당 중앙위원회 부주석의 자리에 올랐다는 것이다. 주석인 마오쩌둥 아래 5명의 부주석이 임명되었는데, 이 가운데 저우언라이와 예젠잉(葉劍英, 엽검영), 캉성은 70대이고, 리더성(李德生, 이덕생)이 50대였다. 이 사이에 30대의 왕훙원이 끼어들어 쟁쟁한 노 간부들과 같은 위치에 오른 것이다. 1967년 1월 상하이에서 장춘챠오의 지도 하에 조반파를 이끌고 '공총사(工總司)'를 조직한 뒤 상하이 인민정부를 세운 지 6년 만에 그야말로 초고속 승진을 한 것이었다. 문혁파의 대거 진출로 확고한 세를 구축한 장칭과 장춘챠오, 야오원위안, 왕훙원은 본격적으로 당권 장악에 착수했다. 이것이 이른바 **4인방(四人帮)의 등장**이다. 이들의 반대편에는 덩샤오핑을 필두로 다시 당으로 복귀한 노 간부들이 있었는데, 여기에는 새롭게 중앙정치국원으로 선출된 화궈펑(華國鋒, 화국봉)도 있었다.

'10전대회' 이후 당권을 장악한 '4인방' 세력은 1974년 초부터 본격적으로 비린비쿵批林批孔, 비림비공 운동을 전개하면서 그 비판의 화살을 저우언라이에게 향했다. 원래 '비린비쿵' 운동은 전통적인 유교 보수주의와 최근에 새롭게 대두한 보수주의를 연관시킨 것이었다. 그러나 실상은 문혁기에 비판받았던 간부들이 복귀해 문혁 이전으로 돌아가는 현상에 대한 현실에 대한 우려에서 나온 것이었다고 보는 것이 타당할 것이다. 1974년 1월 1일 《인민일보》와 《홍기》·《해방군보》에 공동의 「원단헌사元旦獻詞」가 실렸는데, "쿵쯔를 비판하는 것은 린뱌오를 비판하는 것의 일부다"라는 내용이 있어 각 보도기관에서 비린비쿵 운동을 부추기는 여론을 조성했다. 이후로 4인방을 중심으로 비린비쿵 운동이 활발하게 전개되었는데, 얼마 못 가 이 운동의 진의가 서서히 드러났다. 6월이 되자 쟝칭은 여러 곳으로 강연을 다니면서 과거 중국의 역사가 유가와 법가의 투쟁사였다면 지금은 유가의 정치논리보다는 법가의 정치논리로 사회를 개혁하는 시대인데 지금 당내에는 현대판 대유大儒가 개혁을 가로막고 있다고 비판했다. 쟝칭은 여기서 한 걸음 더 나아가 외신에서는 자신을 과격파인 법가로 비유하고 저우언라이를 온건파인 유가로 비유한다는 말을 흘려 이 운동의 공격 목표가 저우언라이와 다시 복귀한 당 원로들임을 명확히 했다.●

● 이후에도 1974년부터 75년에 걸쳐 전개되었던 『수호전』 비판'이나 '경험주의 비판', '우익으로부터의 반격'에 반대하는 운동 등은 모두 이와 같은 맥락에서 이해될 수 있다.

그러나 이때 저우언라이는 이미 1972년에 진단 받은 암으로 병석에 누워 있었기 때문에 그가 정권에 도전한다는 것은 불가능한 일이었다. 마오쩌둥은 7월 17일 당 중앙 정치국 회의에서 쟝칭을 질책하며 이들을 처음으로 4인방이라 지칭하고 함부로 패거리를 지어 행동하지 말 것을 경고했다. 10월 4일 마오쩌둥은 저우언라이가 와병 중이라 실제로 집무할 수 없게 되자 덩샤오핑을 제1부총리로 승진시켜 경제 건설과 사회 안정에 주력하게 했다. 이에 불안감을 느낀 쟝칭이 마오쩌둥에게 집요하게 왕훙

원을 차기 '전인대^{全人大}' 부위원장으로, 문혁파인 츠췬^{遲群},
지쥔^{遲君}을 교육부장으로 또 누구누구를 정치국원으로 임명해
달라는 등 다양한 청탁을 해댔지만, 마오쩌둥은 단호하게
거절하고 쟝칭과 거리를 두었다. 이에 따라 비린비쿵 운동
역시 점차 활력을 잃고 사회주의의 경제적 기초 중시와
기술 혁신의 강조 등 현실적인 문제들에 자리를 양보하기
시작했다. 이러한 상황에서 제4차 전국인민대표대회가 계
속 연기되었고, 그러는 사이 해가 바뀌어 1975년 1월 대회
직전에 열린 공산당 제10기 '2중전회'에서 덩샤오핑은 당
부주석과 중앙정치국 상임위원에 선임되었다.

영원한 총리, 저우언라이

　1975년 1월 13일부터 17일까지 제4차 전국인민대표대회가 열렸다. 이
대회는 병고를 무릅쓰고 참석한 저우언라이와 당·정의 원로 간부들에
의해 주재되었다. 저우언라이는 '공작보고'에서 20세기 내에 '농업', '공
업', '국방', '과학기술'의 **4개 현대화**를 실현해 국민 경제를 향상시키고
중국을 사회주의 강국으로 건설해야 한다고 주장했다. 또 현대화를 가속
화하기 위해서는 생산력 증대를 위한 임금 차등제를 시행하고, 공장에
서의 결정권을 공장관리자와 전문가에게 주어야 한다는 것과 대학 교육
의 질적 향상을 통한 과학 연구의 강화 등을 포함한 일대 변혁이 필요하
다고 강조했다. 아울러 저우언라이의 건의로 여러 차례에 걸친 정치 비
판 운동으로 위축된 지식 계층을 4개 현대화에 참여시키기 위해서 당 중
앙의 명의로 **4대 자유**가 공표되었다. 이것은 첫째 자신의 견해를 크게 펼
수 있는 자유^{大鳴} 둘째, 자신의 의견을 대담하게 발표할 수 있는 자유^{大放}
셋째, 남들과 마음대로 변론할 수 있는 자유^{大辯論} 넷째, 자기의 의견을 기
록한 대자보를 붙일 수 있는 자유^{大字報}를 말한다. 덩샤오핑은 이 회의에서
정식으로 제1부총리에 임명되었다. 아울러 이 대회에서는 쟝춘챠오가 당

을 대표해 〈헌법 개정에 관한 보고〉를 해 신헌법이 제정되었다.

2월이 되자 4인방 세력은 저우언라이와 덩샤오핑의 실용주의 정책을 '경험주의'라 비판했으나, 오히려 마오쩌둥이 이들을 비판하자 사태는 잠시 소강 상태에 놓였다. 그러나 8월에 마오쩌둥이 한 모임에서 『수호전』을 하나의 반면 교재로 삼아 인민들에게 투항파라는 것이 무엇인지 알게 하라고 지시하자, 야오원위안이 마오에게 『수호전』 비평이야말로 또 하나의 중대한 투쟁이라는 내용의 편지를 보냈다. 그리고 야오원위안은 즉시 이 편지를 《인민일보》에 실었는데, 사실상 이 편지에는 덩샤오핑을 중상모략하려는 내용이 밑바닥에 깔려 있었다.

9월에 산시 성^{山西省, 산서성}에서 소집된 〈다자이^{大寨, 대채}에서 농업을 배우는 제1차 전국대회〉에는 쟝칭과 덩샤오핑을 비롯해 7,000여 명이 참석했다. 대회의 기조 연설을 맡은 이는 최근 국무원 부총리에 지명된 화궈펑이었다. 그는 경제 성장을 위한 현실적인 정책을 지지하는 한편, 인민공사에 대한 마오쩌둥의 입장도 옹호하는 등 타협적인 태도를 취했다. 한편 덩샤오핑은 군대와 지방, 공업, 농업 등 모든 분야에서 정돈이 필요하다는 마오쩌둥의 말을 인용하면서 혁명 투쟁을 앞세우는 문혁파에 대해 이제는 실제적인 문제에 노력을 기울여야 할 때라고 주장했다. 덩샤오핑은 복귀한 뒤 공업, 농업, 수송, 과학, 기술 문제를 해결하기 위해 중앙군사위원회 확대회의를 비롯하여 다수의 중요한 회의를 개최하며 각 분야의 업무를 정비해 나갔으며, 이에 따라 중국의 경제 상황은 확연하게 호전되기 시작했다.

그러나 도저하게 흐르는 역사의 흐름 앞에 일개인의 삶이란 부질없는 것인지도 모른다. 서슬퍼런 시절에 마오쩌둥을 대놓고 비판했던 펑더화이가 1974년 11월 66세의 나이로 죽었고, 이듬 해 4월 5일에는 마오쩌둥의 숙명적인 라이벌 쟝졔스가 88세를 일기로 세상을 뜨고 그의 아들 쟝징궈가 그 뒤를 이었다. 이제 마오쩌둥도 82세, 혁명 원로인 주더는 89세가 되었고, 저우언라이는 와병중이라 거의 활동을 할 수 없는 지경이 되었다. 4인방은 저우언라이가 사망할 경우 장춘차오나 쟝칭이 총리직을 계승하도록 하기 위해 여러 번 마오쩌둥을 찾아갔다. 동시에 덩샤오핑이 추진하는 4개 현대화를 '자본주의화'라고 비판하며, 그에 대해서는 회개할 줄 모르는 주자파라 비난했다. 그리하여 그 해 가을부터 '당의 정책에 반대해 뒤집고 우경화로 나아가는 풍조에 반격을 가하는反擊右傾飜案風' 운동이 벌어졌다. 1975년 말에는 마오쩌둥의 건강이 매우 좋지 않아 외부인들과의 접촉을 통제하고 있었는데, 마오와 중앙정치국과의 연락은 마오쩌둥의 조카인 마오위안신毛遠新, 모원신이 맡고 있었다. 4인방은 마오위안신을 부추겨 마오에게 덩샤오핑을 공격하게 했다. 덩샤오핑이 문화대혁명의 성과는 거의 언급하지 않고 류사오치의 수정주의 노선도 비판하지 않는다는 보고를 들은 마오는 덩샤오핑의 모든 직무를 정지시키고, 이듬해인 1976년 1월에는 덩샤오핑에 의해 계획된 업무들을 모두 중단시켰다. 이때 돌연 저우언라이가 사망했다1월 8일.

중국인들로부터 '영원한 총리'라는 이름으로 사랑을 받았던 저우언라이는 실무 관료와 온건파를 대표하는 인물로 문혁의 급진화를 저지하는 데 큰 역할을 담당했고 실제로 문혁파에 의한 무자비한 숙청도 많이 막아냈지만, 동시에 마오쩌둥의 개인 숭배를 조장하는 데에도 일정 부분 책임이 있고 마오에 의한 문혁파의 보호와 육성에도 어느 정도 역할을 했던 것 역시 사실이었다. 저우언라이는 그런 인물이었다. 항상 유연한 사고로 문제가 있을 때마다 사태의 원만한 수습을 위해 제일 먼저 달려갔던 그는 그런 모나지 않은 처신으로 많은 사람들에게 호감을 주었다. 그러나 막상 그의 빈소는 너무나 초라했다. '저우언라이 전우戰友'와 '샤오차오● 애도小超哀悼'라는 두 개의 만장만이 그의 마지막 떠나는 길을 지키

● '샤오차오(小超)'는 저우언라이의 부인이자 평생의 동지였던 '덩잉차오(鄧穎超)'가 스스로를 지칭하는 애칭이다.

고 있을 뿐이었다. 유해는 그의 유언에 따라 바바오산^{八寶山, 팔보산}에서 화장되었다. 영구차가 지나는 길에는 1월의 추운 날씨였음에도 100만 인파가 몰려 그의 마지막을 지켜보았다. 그러나 그의 오랜 혁명 동지였던 마오쩌둥은 그의 죽음에 냉담했다. 그가 와병 중이던 최후의 몇 개월 동안에도 문병을 가지 않았을 뿐 아니라 조문도 하지 않고 그의 업적에 대해 아무런 언급도 하지 않았다. 심지어 장례식에도 모습을 드러내지 않았다. 이것은 두 사람 사이의 오랜 관계를 미루어볼 때 매우 이례적이라 할 만큼 납득이 가지 않는 태도였다.

1월 15일 베이징의 인민대회당에서는 저우언라이에 대한 추도식이 있었다. 이 자리에서 덩샤오핑은 저우언라이에 대한 자신의 흠모의 마음을 담아 추도사를 읽어나갔다. 그 뒤로 덩샤오핑은 다시 공식석상에서 사라졌다. 그러나 4인방의 의도와 달리 2월 첫째 주에 열린 중앙위원회에서 마오쩌둥은 저우언라이의 후임으로 화귀펑을 총리에 임명했다. 화귀펑

인민영웅기념비. 앞면에는 마오쩌둥의 글이 있고, 뒷면에는 저우언라이가 쓴 비문이 있다.

은 2월 25일 당 중앙 각 성, 시, 구 책임자 회의를 소집해 "당면한 덩샤오핑 비판을 확고히 하자"는 말로 덩샤오핑에 대한 비판 운동을 강력히 선언했다. 이후로 덩샤오핑에 대한 공격은 더욱 격렬하게 진행되었다. 덩샤오핑이 이런 식으로 비판을 받게 된 것은 그의 성격 탓도 있었다. 그는 자신의 생각을 솔직하게 드러내놓고 표현하는 편이었기 때문에 이런 그의 언행이 반대자들에게 그를 공격할 빌미가 되기도 했던 것이다. 그러나 사태는 돌변했다. 3월 말부터 톈안먼광장 중앙에 있는 인민영웅기념비에 저우언라이를 추모하는 이들이 모여들기 시작했다. 시간이 갈수록 그 숫자는 점점 늘어 어린 소학생들로부터 일반 시민, 농민, 노동자 등 각계 각층의 사람들이 추모 행렬에 합류했다. 4월 3일이 되자 조문 행렬은 수천 명에 이르렀고, 개중에는 사람들을 모아놓고 연설하는 이도 있고, 혈서를 쓰는 청년들마저 나타났다.

　전통적으로 조상을 기리는 명절인 청명절 바로 전날인 4월 4일에는 수천 개의 화환과 추도의 글, 4인방을 비난하는 글에 마오쩌둥을 비난하는 글까지 나붙었다. 그날 밤 중앙정치국 회의가 긴급히 소집되었고, 사태 수습을 위해 화환과 추도사를 모두 수거하기로 결정했다. 그 다음날인 4월 5일 새벽 경찰 병력의 엄중한 감시 하에 수백 대의 트럭이 동원되어 화환과 플래카드 등이 모두 수거되었다. 소문은 삽시간에 퍼졌고, 많은 이들이 몰려들어 항의하는 과정에서 경찰차가 불에 타는 등 광장은 아수라장이 되었다. 사람들은 속속 광장에 모여들어 10만 명에 이르는 인파가 광장을 뒤덮었다. 전국으로 파급된 시위는 무력 진압을 통해 겨우 진정이 되었다. 4월 7일 마오쩌둥과 중앙위원회의 명의로 발표된 간단한 성명에서 덩샤오핑은 당원 자격을 유지하는 것말고는 당 내외의 모든 직위에서 해임된다는 사실이 공표되었다. 동시에 화궈펑이 중국 공산당 중앙위원회의 제1부주석 겸 국무원 총리에 임명되었다. 이것이 이른바 **제**

1차 톈안먼 사건으로, 이 사건은 덩샤오핑 등 실용주의자들이 주동한 반혁명적 정치 사건으로 규정되었다. 이로 인해 덩샤오핑은 가택연금되었지만, 그렇다고 '4인방' 세력이 그에 대한 반대급부를 얻어낸 것도 아니었다. 사건 직후인 4월 30일 마오쩌둥은 화궈펑에게 "네가 하면 나는 안심한다"는 자필 메모를 전달했다고 한다. 5월 27일 마오쩌둥은 파키스탄의 줄피카 알리 부토 총리를 접견하는 것으로 그의 생애 마지막 공식적인 행사를 마감했다. 6월이 되자 중앙위원회는 마오가 더 이상 외국인 방문객들을 접견하지 않을 것이라 발표했다.

7월 6일 인민해방군 총사령관이었던 주더가 90세를 일기로 사망했다. 화궈펑은 신임 총리로서 그의 혁혁한 공훈을 나열한 조문을 낭독했다. 7월 28일 허베이 성 탕산^{唐山, 당산}에서 중국 역사상 가장 강력한 지진이 발생했다^{탕산 지진}. 사망자만 20여만 명이 넘는 이 엄청난 재난 앞에 중국은 외국의 지원을 거부하고 오로지 자력갱생의 정신으로 사태 수습에 나섰다. 온 나라가 재난 극복에 나섰다. 9월 1일에 소집된 재난구호대회에서 화궈펑은 마오쩌둥을 대신해 지진을 하나의 정치적 쟁점으로 만들어, '대약진 운동' 이래 중국에 찾아든 자연재해를 류사오치와 덩샤오핑이 자본주의화의 길로 나아가는 하나의 빌미로 삼아 이용했다고 비판했다. 중국 역사에서는 전통적으로 큰 자연재해를 왕조의 몰락이나 심각한 정치 격변으로 연결해 해석하는 경향이 있었다. 탕산 대지진 역시 많은 사람들로 하여금 미구에 무언가 큰 일이 일어날 것 같은 예감을 갖게 하기에 충분했다. 과연 같은 해 9월 9일 **마오쩌둥이 사망**했다. 온 나라가 큰 충격에 빠졌고 일주일 동안의 애도 기간이 선포되었다. 그의 시신은 보존 처리를 거쳐 인민대회당에 안치되었고, 장례는 얼마 전에 사망한 저우언라이와 주더와 비교될 수 없을 정도로 성대하게 치러졌다. 그러나 막후에서는 마오 사후의 정국의 주도권을 놓고 치열한 암투가 벌어지고 있었다.

9월 말에서 10월 초에 걸쳐 4인방은 당 정치국 회의를 열고 쟝칭을 당 주석으로 임명하고 쟝춘챠오를 총리로 임명할 것을 제안했다. 나아가 4인방은 자신들의 의도에 장애가 되는 화궈펑을 제거하기 위해 상하이에서 쿠데타를 일으킬 계획까지 세워놓고 있었다. 그러나 사태는 이들의 의도대로 돌아가지 않았다. 10월 5일 4인방에 의해 농단되고 있는 정국을 타개하기 위해 군부에 영향력을 갖고 있던 군 원로인 예젠잉葉劍英, 엽검영, 리셴녠李先念, 이선념, 왕둥싱汪東興, 왕동흥, 천시롄陳錫聯, 진석련 등이 당 중앙군사위원회 작전실에 모였다. 이들은 예젠잉의 주장에 따라 화궈펑을 이용해 4인방을 체포하자는 데 의견을 모으고 화궈펑을 불러 그를 당 주석으로 옹위한다는 조건으로 4인방의 제거에 합의했다. 이때 화궈펑은 4인방이 자신을 제거하려 한다는 첩보를 입수하고 있었다. 10월 6일 왕둥싱이 지휘하는 8341부대에 의해 4인방에 대한 체포가 전격적으로 이루어졌다. 동시에 공산당 중앙위원회에서 당 원로들에 의해 화궈펑은 당 주석과 중앙군사위원회 주석으로 추대되어 마오 이후 당과 군부를 장악하는 1인자의 자리에 올랐다. 10월 24일 톈안먼광장에 100만 명의 군중이 운집해

방부 처리된 마오쩌둥의 사체가 안치되어 있는 마오주석기념당

'4인방 분쇄 경축대회'가 열렸다. 그리고 11월 화궈펑은 톈안먼광장에 방부 처리된 마오쩌둥의 시신과 그의 유물들을 보관할 새로운 영묘의 건축물의 축조를 시작하는 초석을 놓았다.

시대의 거대한 벽화, 영화 〈인생〉에 반영된 역사와 개인의 문제

사람이 살아간다는 것은 무엇을 의미할까? 사회 제도가 발전하고 물질적으로 풍요로워졌다고 해도 일개인이 이 풍진 세상을 살아가는 것은 예나 지금이나 그리 녹록지만은 않은 일인 듯싶다. 일상적 삶의 곤고함이 어찌 육체적인 차원에만 그치랴. 그렇듯 신산스런 일상의 기억들은 우리의 뇌리에 치유될 수 없는 상처로 남아 우리의 삶은 더 이상 말로 형언할 수 없는 그 무엇이 되어버린다. 뉘라서 인생을 무엇이라 딱부러지게 규정할 수 있겠는가?

인간의 삶이란 게 규정될 수 없는 거라면, 우리는 그저 하루하루의 시간을 보내고 살아가는 것일 터이다. 존경하는 칸트 선생도 인생은 맹목이라고 하지 않았던가? 인간의 역사를 은유하는 말 가운데 가장 흔한 것이 '소용돌이'가 아닌가 한다. 언필칭 '역사의 소용돌이' 속에 얼마나 많은 개인들의 삶이 휘말려 들어갔는가? 그에 대한 논의를 하기에 앞서 드는 의문은 왜 역사는 항상 '소용돌이'이어야 하는가 하는 것이다. 왜 역사는 고요한 호수여서는 안 되고, 왜 역사는 망망한 바다여서도 안 되는가? 왜 역사 앞에서 개인은 작아져만 하는가?

〈인생〉은 혁명이라는 역사의 소용돌이 속에 처한 한 가족의 운명이 어떤 방향으로 진행되는지를 보여주는 영화다. 이 영화의 줄거리를 단순히 따라가다 보면 앞서 우리가 역사는 왜 항상 '소용돌이'이어야만 하는가 하는 의문을 품었던 것이 우문에 불과하다는 것을 확인하게 된다. 도대체 그토록 어마무지한 역사적 사건들 속에서 순박하기만 한 일개 소시민이 무슨 일을 할 수 있었겠는가? 이 작품에 등장하는 주인공 푸구이(福貴, 복귀)와 그 아내 자전(家珍, 가진)에게 중요한 것은 무슨 이데올로기도, 또는 거창한 혁명도 아닌 그저 하루 하루를 '살아가는 것(活着)'이다. 그들이 병적으로 두려워하는 것은 '반혁명'으로 낙인찍히는 것으로, 이것이 그들이 뚜렷한 혁명의식 같은 것을 갖고 있다기보다는 혁명이 무엇인지도 잘 모르는 채 '반혁명'이라는 단어가

영화 〈인생〉의 포스터

그들에게 가져다 줄 결과에 대해서만 뼈저리게 느끼고 있기 때문이다. 그러한 우려는 도박으로 자신의 집을 빼앗아간 '룽얼(龍二, 용이)'의 죽음으로 확인된다.

오랫동안 눈독을 들이고 있다가 어렵사리 손에 넣은 것을 빼앗기지 않으려다 오히려 가장 소중한 자신의 목숨을 빼앗기고 만 '룽얼'의 행동은 많은 것을 시사해준다. 아이러니라고나 할까? 집과 '그림자극(皮影戱)'의 도구를 맞바꾼 그들은 오히려 운명을 맞바꾼 격이 되었으니 말이다. 그러고 보니 주인공의 이름인 푸구이도 심상치 않다. 그의 일생은 전혀 '복(福)'되고 '귀(貴)'한 것과는 거리가 멀기 때문이다. 복되고 귀하기는커녕 그는 자신이 소중하게 여기는 것들을 하나씩 잃어간다. 결국 이 영화를 이끌어 가는 핵심어는 '상실'인 셈이다.

그리고 공교롭게도 그러한 상실은 역사의 '소용돌이'와 맞물려 돌아간다. 제철운동으로 상징되는 '대약진'의 도도한 흐름 속에서 자신의 아들을 잃고, 인류 역사 이래 가장 순수한 열정으로 진행되었다는 '문화대혁명' 기간 중 딸마저 잃고 마는 것이다. 어떻든지 간에 '공산주의가 배를 곯게 하겠느냐'는 식의 무대뽀 정신으로 밀어붙였던 '대약진 운동'이 결과적으로 넌센스였다는 것은 쓸 만한 쇠붙이를 모아 고철 덩어리로 만들었다는 것으로 표출되거니와, '문화대혁명'의 급진성과 무리함은 반동학

술권위로 낙인찍힌 의사가 며칠 굶은 나머지 일곱 개의 찐빵을 급히 먹고 체한 것으로 은유된다.

하지만 '상실'은 이들에게만 찾아온 비극이 아니다. 주인공 부부와 가장 가까운 관계였던 춘성(春生, 춘생)과 마을의 진장(鎭長) 역시 그들이 평생 추구했던 것을 잃는 것이다. '문혁'의 소용돌이 속에서 춘성은 주자파(走資派)로 낙인찍혀 자신의 지위를 빼앗기는 것은 물론이고 부인마저 자살해버린다. 진장 역시 주자파로 내몰려 진장의 자리를 내놓고 비판을 받게 된다. 그를 위로하는 주인공 부부에게 진장은 자신은 괜찮다고 그들을 안심시키나, 왠지 석연치 않은 자신의 감정을 다음의 한 마디에 실어 보낸다. "어쨌든 나는 마오 주석의 혁명노선을 따라왔는데……"

결국 이런저런 사건들은 등장인물들의 생각에 변화를 가져오게 되는데, 이에 대해서 감독은 이러한 인식의 전변을 하나의 에피소드로 은유적으로 표현하고 있다. '대약진 운동' 기간 중 자신의 아들인 유칭(有慶, 유경)이 죽게 되는 계기가 되는 사건이 일어나기 바로 직전에 푸구이는 유칭을 업고 학교에 데려다 주면서 다음과 같은 대화를 나눈다.

푸구이 | "그러면 좋다. 유칭이 아빠의 말을 듣는다면 우리의 생활은 갈수록 좋아진단다. 보렴. 지금은 우리 집에 병아리가 한 마리 있지만 닭이 크면 거위가 되고, 거위가 크면 양이 되고, 양이 다시 크면 소가 되지."

유칭 | "소 다음에는요?"

푸구이 | "소 다음에는 공산주의란다. 그러면 매일 만두를 먹을 수 있고, 고기를 먹을 수 있게 되지."

일반 백성들에게 공산주의는 무슨 거창한 이데올로기도 아니고 가열찬 혁명 투쟁이 아닌 매일 만두를 먹을 수 있고 고기를 먹을 수 있게 해주는 그 무엇에 지나지 않았던 것이다. 감독은 영화의 말미에 이상의 대화를 다시 반복한다. 이번에는 아들이 아니라 딸인 펑샤(鳳霞, 봉하)가 남긴 유복자 손자인 '찐빵(饅頭) ●과의 대화이다.

푸구이 | "병아리를 어디에 놓을까? 할애비가 생각 좀 해보자꾸나. 이게 좋겠지? 보렴, 이 상자가 작은 상자보다 크지 않니? 병아리가 안에서 뛰쳐나올 수 있겠구나. 일단 뛰쳐나오게 되면 먹는 것도 많이 먹고, 많이 먹게 되면 병아리가 빨리 큰단다."

찐빵 | "할아버지, 병아리가 언제나 커?"

쟈전 | "병아리는 아주 빨리 큰단다."

찐빵 | "큰 다음에는?"

푸구이 | "닭이 크면 거위가 되고, 거위가 크면 양이 되고, 양이 크면 소가 되고."

찐빵 | "소 다음에는요?"

푸구이 | "소 다음이라……"

쟈전 | "소 다음에는, 찐빵 네가 큰단다."

찐빵 | "그럼 내가 소 등에 타야지."

쟈전 | "맞다. 찐빵이 소 등에 타렴."

푸구이 | "찐빵이 크면 소를 타지 않겠지. 기차를 타고 비행기를 타고 그 때가 되면 살기가 더 좋아지겠지."

이 두 개의 대화는 변한 것과 변하지 않은 것 두 가지를 암시적으로 드러내 보여주고 있다. 우선 변한 것은 푸구이의 생각이다. 그는 아들 유칭과의 첫 번째 대화에서는 별 생각 없이 '공산주의'를 운위하나, 나중에 손자와의 대화에서는 대답을 주저한다. "소 다음에는?" 이에 대한 대답을 마무리하는 것은 오히려 옆에서 그들의 대화를 지켜보던 쟈전이다. "소 다음에는, 찐빵 네가 큰단다." 이제 공산주의는 그들에게 더 이상 희망이 아니었던 것이다. 그렇다면 변하지 않는 것은? "매일 만두를 먹을 수 있고, 고기를 먹을 수 있게" 되는 것이든, "기차를 타고 비행기를 타는" 것이든, 지금보다 더 살기 좋아지기를 희망하는 것이다.

그러나 과연 푸구이는 그에 대한 확신을 하고 있을까? 영화는 그에 대한 직접적인 결론을 회피하고 있다. 그 대신 영화 전편에 걸쳐 중요한 모티프로 작용하는 하나의 상자로 암시하고 있다. 그것은 푸구이가 몰락한 이후로 악착같이 끼고 다녔다는 그림자극 도구를 담은 상자이다. 영화에서 그림자극은 악착같이 살아가야 하는 삶이 결국은 그림자와 같이 허망한 것이라는 사실을 의미하기도 하고, 그럼에도 생떼 같은 일상적 삶을 영위하기 위해 그 허망함에 의지해야 하는 아이러니를 보여주고 있기도 하다.

무엇보다 중요한 것은 상자 안의 내용물의 변화이다. 본래 상자 안에 들어 있던 그림자극 도구들은 "낡은 것일수록 반동적인 것"이라는 이유로 불태워지고 상자는 한동안 잊혀져 있다가 다시 꺼내어져 병아리가 그 자리를 대신한다. 결국 상자가 은유하는 것이 중국이라면 전통적인 것을 대표하는 그림자극 도구 대신에 새로운 시대를 열어줄 희망이라 할 수 있는 병아리로 바뀌는 것이 무엇을 의미하는가 하는 것은 자명해진다.

그렇다면 이제 우리는 앞서 전제했던 의문에 답을 내려야 할 것이다. 역사의 '소용돌이'에 휘말린 한 개인의 삶의 족적들은

● 펑샤가 '찐빵'을 낳을 때 하혈이 그치지 않았는데, 그를 치료해줄 의사가 급하게 '찐빵'을 먹고 체하는 바람에 치료 시기를 놓쳐 펑샤가 죽은 일 때문에 아들 이름을 '찐빵'으로 지었다.

우연적인 것일 수 있다. 푸구이의 아들 유칭이 하필이면 가까운 친구인 춘성에 의해 우연한 사고로 죽은 것이 그러하고, 펑샤가 아들을 낳다가 출혈이 심한 상태에서 하필이면 찐빵 때문에 의사의 도움을 받지 못하고 죽은 것이 그러하다. 이 일련의 사건들은 모두가 우연히 일어난 일일 수가 있다. 하지만 일견 우연적인 것처럼 보이는 이들 사건의 이면에는 필연이 내재되어 있다. 유칭이 학교 담장 밑에서 잠을 잘 수밖에 없었던 것은 '대약진 운동' 시기의 밤낮 없는 노동으로 잠이 부족했기 때문이고, 펑샤가 의사의 치료를 제대로 받을 수 없었던 것 역시 '문화대혁명'이라는 대 동란 때문이었던 것이다. 결국 이 영화가 말하고자 하는 것은 역사의 필연이라는 소용돌이 속으로 휘말려들 수밖에 없었던 개인의 삶에 대한 담담한 보고라 할 수 있다.

7 상흔을 딛고 개혁개방으로

'4개 현대화'의 제기에서 '베이징의 봄'까지

화귀평은 기본적으로 마오쩌둥의 숭배자로 그의 정치 노선은 마오를 충실히 계승하는 것이었다. 비록 4인방과의 불화로 그들을 체포해 문혁을 종결짓기는 했지만, 이후에도 그는 공공연하게 '문화대혁명'의 성과를 추어올리고 마오쩌둥을 찬양했다. 1977년 2월 7일자 《인민일보》와 《홍기》의 공동사설에서 화귀평은 "무릇 마오 주석이 내린 결정은 모두 단호히 지킬 것이며, 무릇 마오 주석이 내린 지시는 시종 변함 없이 따른다"라고 말했다. 이것이 이른바 **양개범시**^{兩個凡是} 론이다. 3월에 열린 당 중앙공작회의에서 천윈^{陳雲, 진운}, 왕전^{王震, 왕진} 등이 국가 경제의 재건을 위해 덩샤오핑의 복위를 요구했으나, 화귀평은 이를 반대했다. 덩샤오핑의 실용주의 노선이 마오쩌둥의 노선과 상충된다는 우려도 있었을 테지만, 무엇보다 그의 복귀로 자신의 위상이 떨어질까 두려웠던 것이다. 그러나 당 원로들과 중앙위원들마저 난국의 타개를 위해 덩샤오핑이 필요하다고 주장

● 문자 그대로 "마오쩌둥이 '결정한 것'과 '지시한 것' 두 가지는 모두 옳다(凡是)"는 것을 의미한다.

마오쩌둥과 화궈펑

하자 5월에 그의 복위를 결의하고, 7월의 제10기 중앙위원회 제3차 총회에서 〈덩샤오핑 동지의 직무 복귀에 대한 결의〉를 채택했다. 덩샤오핑은 당 중앙군사위원회 부주석, 국무원 부총리의 자리에 올라 화궈펑에 이은 제2인자가 되었다.

그러나 마오쩌둥의 정신을 계승하자는 화궈펑과 실용주의 노선을 주창하는 덩샤오핑 간의 정치철학적 차이로 말미암아 1977년과 1978년에는 여러 부문에서 모순된 정책들이 혼재되어 나타났다. '인민공사'는 여전히 농촌사회의 기본 조직으로 남아 있었고, 농민들은 여전히 과도한 과외 생산 활동에 참여하는 것을 금지당했지만, 공업 분야에서는 제한된 범위에서나마 눈부신 성과를 내고 있었다. 1977년 8월 중국 공산당 제11차 전당대회[11전대회]가 소집되었다. 당 주석인 화궈펑은 "11년에 걸친 우리나라의 제1차 무산계급 문화대혁명은 4인방의 분쇄를 표지로 승리한 가운데 폐막되었다"는 말로 '문화대혁명'의 종결을 공식적으로 선언했다. 그는 4인방을 극우파[뒤에는 극좌로 수정]로 단죄하고 마오쩌둥의 유지를 받들어 계속혁명론을 주장했다. 그러나 덩샤오핑은 앞으로 중국이 살아나갈 수 있는 방법은 현대화밖에 없다는 사실을 강조했다. 그는 화궈펑의 '양개범시론'을 마오쩌둥 사상을 완벽하고 정확하게 이해하고 운용하지 못한 데서 발생한 착오라 규정하고, 유심주의와 형이상학적 착오라 비판했다. 해가 바뀌어 1978년 3월에 열린 제5기 전인대회에서 화궈펑은 당 중앙위원의 강력한 요구로 '4개 현대화'와 '10개년 경제계획'을 발표했다.

1978년 8월 상하이에서 발행되는 《문회보》에 루신화[盧新華, 노신화]라는 젊은 대학생이 쓴 소설 「상흔[傷痕]」이 발표되었다. 이것은 문혁 기간에 일어났던 가정 비극을 다룬 소설로 제목에서 알 수 있듯 사람들이 문혁으로 인해 입었던 상처를 최초로 언급했다. 문혁은 끝났지만 사람들에게는 그 상처가 오랫동안 지워지지 않을 하나의 흔적(傷痕)으로 남았던 것이다. 이 소설은 발표되자마자 큰 반향을 일으켰고, 찬반양론이 팽팽하게 맞섰다. 논쟁의 배후에는 마오쩌둥의 사상을 맹종하는 '범시파'와 실천이야말로 마르크스주의의 기본 원칙이라 주장하는 '실천파' 사이의 논쟁이 깔려 있었다. 실천파를 이끌었던 후야오방胡耀邦, 호요방의 논지는 다음과 같은 것이었다.

> …… 후야오방은 "실천만이 진리를 검증할 수 있는 유일한 기준이다"라고 하며 '실사구시론'을 발표했다. '실사구시'라는 용어는 과거 마오쩌둥이 자주 사용하던 것이었다. 후야오방은 "아무리 마오쩌둥이 수립한 정책이나 지시라 하더라도 실천한 결과 그것이 잘못되었다는 결론이 나오면 비판하고 수정해야 한다"고 하면서 화궈펑의 '양개범시론'을 공격하였다.●

1978년 12월 18일 중국 공산당 제11기 중앙위원회 제3차 전체회의3중전회가 열렸다. 이것은 중국 공산당 역사상 '위대한 대전환'으로 평가받고 있는데, "이 결정적인 회의는 네 가지 의미심장한 외교 정책상의 변화와 세 가지 국내 정책상의 변화가 있은 직후에 열렸다. 외교 정책상의 사건은 중·일 평화우호조약 조인10월 23일, 새로운 소련·베트남 우호협력조약이 태평양의 평화와 안전에 대한 위협이라는 덩샤오핑의 비난11월 8일, 미국과 중국이 1979년 1월에 국교를 수립하고 그 해 3월 1일에 대사를 교환할 것이라는 선언12월 15일과 16일, 그리고 베트남이 폴 포트 정권을 전복시키기 위해 '캄푸치아 민족연합전선'을 지원하고 있다는 비난역시 12월 16일이었다. 국내적으로 중요한 사건들은 베이징시 당 위원회가 1976년 4월에 저우언라이를 추모하기 위한 톈안먼 시위가 '전적으로 혁명적인 행위'로

● 김시준, 『중국당대문학사조사연구, 1949-1993』, 서울대학교출판부, 2001. 219쪽.

서 호의적으로 조명되어야 한다고 발표한 일^{11월 15일}, 과거 1957년의 반우파운동 때 부당하게 처벌당한 사람들에 대한 복권^{마찬가지로 11월 15일}, 그리고 마오쩌둥이 4인방의 지지자였으므로 그가 톈안먼 사건 이후 덩샤오핑의 축출에 책임이 있다고 선언하는 긴 대자보가 베이징 시내에 공공연히 나붙은 사건^{11월 19일} 등이었다."

● 조너선 D. 스펜스, 『현대중국을 찾아서 2』, 248~249쪽.

'3중전회'를 한 마디로 요약하면 문혁을 사실상 부정하면서 '4개 현대화'를 정면으로 제기한 것이다. 구체적으로는 문화대혁명 기간 중 숙청되었던 펑더화이와 타오주^{陶鑄, 도주}, 보이보^{博一波, 박일파}, 양상쿤 등과 같은 당 원로와 문화계·학술계의 인사들이 명예를 회복했고, 1975년 말 '당의 정책에 반대해 뒤집고 우경화로 나아가는 풍조에 반격을 가하는^{反擊右傾飜案風}' 운동과 1976년의 '제1차 톈안먼 사건'이 혁명적인 사건으로 인정되었다. 회의에서 덩샤오핑은 당과 국가가 '실사구시'적으로 운영되어야 한다고 말했고, 화궈펑은 자아비판을 통해 자신의 '양개범시론'이 잘못된 것이라는 사실을 인정했다. 마오쩌둥의 추종자로 4인방 체포에 공을 세운 바 있던 왕둥싱^{汪東興, 왕동흥} 등도 비판을 받았다. 3중전회를 즈음해서 베이징 시내에는 다양한 의견을 담은 대자보가 곳곳에 나붙었다. 대자보의 내용은 초기에는 '범시파'에 속하는 인사들에 대한 비판이 주를 이루었지만, 점차 문혁 자체나 마오쩌둥에 대한 비판으로 확대되더니 현 정권에 대한 정책 비판으로까지 나아갔다.

어수선한 가운데 해가 바뀌어 1979년 1월 1일 중국과 미국이 정식 외교 관계를 수립하고 미국은 타이완과 공식적으로 절연했다. 곧바로 1월 28일 덩샤오핑이 미국을 방문했고 돌아오는 길에 도쿄에 들러 일본 총리와 회담을 가졌다. 그러나 이런 화해 무드와 정반대로 2월 17일에는 인민해방군이 국경을 넘어 베트남을 침공했다. 이제 베이징에는 중국의 베트남 침공의 이유가 되었던 중·소 분쟁이 애당초 이론적 근거가 없다는 등 전쟁의 정당성을 따져 묻는 대자보가 등장하게 되었다. 대자보뿐 아니라 다양한 의견을 담은 지하 출판물들도 쏟아져 나왔다. 실로 '백가쟁명, 백화제방'의 '쌍백 운동' 이래 또 한 차례의 자유로운 의견 개진이 가능해진 **베이징의 봄**이 찾아온 것이다. 여기에는 새로운 지도자 덩샤오핑을 노골적으로 찬양하는 것부터 공산당에 대한 비판까지 다양한 스펙트럼의 의견들이 봇물처럼 터져나왔다.

 1979년 3월 29일 웨이징성^{魏京生, 위경생}이 군사 기밀 누설과 반혁명 혐의로 체포되었다. 그는 퇴역 군인의 아들로 태어나 문혁 때는 홍위병에도 가담한 적이 있는 평범한 인사로 군 제대 후 베이징동물원에서 전기 기술자로 일하고 있었다. 1976년 제1차 톈안먼 사건 때 깊은 감명을 받은 바 있던 그는 예리한 통찰력으로 당시 현실을 분석한 글을 잇달아 발표했는데, 그를 유명하게 만든 것은 1978년 12월 5일 베이징의 시단^{西單, 서단}에 있는 민주벽^{民主墻}● 대자보에 쓴 **5개 현대화**이다. 여기서 '5개 현대화'는 기왕의 '4개 현대화'에 '민주주의'라는 다섯 번째 현대화를 추가한 것으로, 중국이 '제5현대화'를 수용하기 전에는 다른 네 가지는 그저 별개의 약속일 따름이라는 것이다. 그는 같은 해 12월에서 이듬해인 79년 1월 사이에 발행된 《탐색》이라는 잡지의 권두언에서 이러한 주장을 더욱 확장했다. 그는 전 세계 사회주의 국가들이 가장 가난한 나라로 남은 것은 개인주의의 독립성을 위한 공간을 전혀 허용하지 않은 데 있다고 보아 중국인들은 의미 있는 삶을 살 권리를 위해 싸워야 하며 그런 자유를 통해 국가의 현대화를 이룩할 수 있다고 주장했다.

 웨이징성이 체포된 다음날●●인 3월 30일 당의 이론공작학습회의에 참석한 덩샤오핑은 당 중앙을 대표해 작금의 사태에 대한 우려를 표명했다. 여기서 그는 "1) 사회주의의 길을 견지하고, 2) 프롤레타리아 독재를 견지하며, 3) 공산당의 지도를 견지하고, 4) 마르크스·레닌주의와 마오

● '장(墻)'은 '벽'이라는 의미다.

●● 웨이징성은 15년형을 언도 받고 복역하다가 1993년 9월 14일 가석방되었다. 그러나 곧바로 1994년 4월 1일 반혁명 혐의로 다시 체포되었으며 1995년 11월 21일에 열린 재판에서 징역 14년형을 선고받았다. 이후 그는 1997년 11월 16일 병 보석으로 석방되어 미국으로 망명했다.

쩌둥 사상을 견지한다"는 이른바 **4개 기본**을 강조했다. 이로써 엄동설한을 뚫고 가냘픈 싹을 내밀었던 '베이징의 봄'은 허망하게 끝나고 '5개 현대화'의 요구는 철퇴를 맞았다. 일반 민중들에게 허용된 것은 아래로부터의 민주화 요구가 아닌 상부로부터 허용된 제한된 민주화였다. '베이징의 봄'은 초기에 화궈펑과 같은 마오쩌둥 추종 세력을 비판하기 위해 덩샤오핑 등에 의해 일부 조장되었던 측면이 있다. 그러나 점차 그 비판의 칼날이 그들의 의도에서 벗어나 중국 공산당 자체에 대한 비판으로까지 지나치게 앞서가자 돌연 덩샤오핑이 이들에 대한 탄압으로 돌아섰다. 이것은 마치 1957년의 짧은 '쌍백 운동' 이후에 불어닥친 '반우파 투쟁'의 복사판이라 할 만하다. 덩샤오핑은 그때도 중국 공산당 총서기로서 지식인들에 대한 대규모 숙청에 앞장선 바 있었다. 아울러 이러한 강경 국면에는 그에 앞서 3월 16일 완료된 베트남 침공의 처절한 실패에 대한 비판의 목소리를 사전에 차단하기 위한 의도도 깔려 있었다. 결국 그 해 청명절에는 제1차 톈안먼 사건 이후 대규모 시위가 벌어질 것으로 예상되었지만, 정작 그날이 되자 베이징에서는 아무런 일도 일어나지 않았다.

● 이 용어는 명백하게 그보다 앞서 있었던 '프라하의 봄'을 연상케 하고, 실제로 그 연장선상에서 붙여진 명칭이다.

'개혁'과 '개방'의 기로에서

1980년 2월 23일 중국 공산당 제11기 5중전회는 새로운 도약을 위한 바탕을 마련하는 대회였다. 1974년 당에서 영구 제명되었던 류사오치의 명예가 회복되었고, 문혁 기간 중 숙청당했던 지식인 300만 명에 대한 복권이 이루어졌다. 덩샤오핑의 계승자인 후야오방이 당 총서기에 선출되었고, 화궈펑과 마찬가지로 마오쩌둥 찬양자였던 왕둥싱汪東興, 왕동흥 등 '범시파' 세력이 정치국에서 해임되었다. 3월에는 덩샤오핑이 당 중앙에 〈**건국 이래 당의 약간의 역사 문제에 관한 결의**〉의 기초를 작성하도록 명하면서, 초안 작성자들에게 다음과 같은 세 가지 기본적인 입장을 제시했다.

1) 마르크스주의 변증법적 유물론과 사적 유물론을 응용하여 건국 이후 32년 동안 당에서 일어났던 역사적 사실들 가운데 특히 문화대혁명을 실사구시적으로 분석하고 결산한다. 아울러 일부 책임 있는 동지들의 공과에 대한 시비를 포괄해 공정한 평가를 해야 한다.

2) 마오쩌둥 동지의 역사 지위를 확립하여 마오쩌둥 사상을 견지하고 발전시킨다. '문화대혁명' 10년은 마오쩌둥 동지가 범한 착오다. 마오쩌둥 동지와 마오쩌둥 사상을 말할 때, 이 시기의 착오에 대해서는 '실사구시'적으로 분석해야 한다. 그러나 그가 비록 문화대혁명으로 심각한 잘못을 저질렀다 해도 그의 생애를 전체적으로 보면 중국혁명에 대한 그의 공적이 그의 과오보다 훨씬 커서 그의 공적이 우선이고, 오류는 그 다음이다.

3) 이번 〈결의〉를 통해 과거의 역사에 대한 기본적인 총결산을 한다. 과거를 총결산하는 것은 모두가 일치 단결해 '4개 현대화'를 향해 전진하기 위해서다.

이후 〈역사 문제 결의〉에 대해서는 수많은 토론과 검토가 진행되었다. 이것은 마오쩌둥을 정점으로 한 한 시대의 의미를 종결짓는 방대한 사업으로 심중한 의의가 있기 때문이다.

1980년 3월 광둥 성의 선전深圳, 심천과 주하이珠海, 주해, 산터우汕頭, 산두와 푸젠 성의 샤먼廈門, 하문에 설치된 수출 특구에 대한 특별 조례가 제정되어 국내법과는 다른 외환취급법 등을 심의하고, 8월에는 〈광둥경제

넘어지지 않는 '오뚝이(不倒翁)' 덩샤오핑

자오쯔양

특구조례〉가 공포되었다. 이들 경제특구의 설치로 중국은 대외 무역 개방의 문을 열고 세계 시장으로 진출하는 첫 땅띔을 내디뎠다. 이것을 하나의 기폭제로 삼아 연해 지역의 개방 도시와 경제 개발 지구 등이 속속 설치되어 '개혁과 개방'에 가속도를 붙였다. 그리고 같은 해 8월에는 제5기 전국인민대표회의 3차 회의에서 화궈펑이 총리직에서 물러나고 덩샤오핑 노선의 추종자인 자오쯔양趙紫陽, 조자양이 새로운 총리에 선임되었다. 이로써 덩샤오핑은 명백하게 화궈펑에 대한 권력 투쟁에서 우위에 설 수 있었다.

이렇듯 문화대혁명의 혼란이 수습되고 새로운 도약을 위한 발판이 마련되자 기다렸다는 듯이 1980년 11월부터 린뱌오와 4인방에 대한 재판이 시작되었다. 재판을 통해 문혁 기간 동안 박해를 받은 사람이 72만 명에 달했고, 이 가운데 사망한 자가 3만 2,000명으로 추정된다는 사실이 밝혀졌다.● 그러나 이것은 사실보다 과소평가된 것이었고, 실제로는 그 이상이었을 것이다. 기소장에 명시된 린뱌오와 4인방의 죄상은 "1) 당과 국가의 지도자를 모함하고 프롤레타리아 독재정권의 전복을 획책하였고, 2) 수많은 간부와 대중을 박해 탄압하였으며, 3) 마오쩌둥의 살해를 기도하여 반혁명 쿠데타를 획책하였을 뿐만 아니라 4) 상하이에서 무장 반란을 획책했다"는 '4대 죄상'을 기본으로 모두 48개 조항에 달한다. 1980년 11월 20일부터 81년 1월 25일까지 모두 12차례의 공판을 진행하

● 의미 있는 몇몇 대표적인 인물의 최후는 다음과 같다. 철학자이자 베이징대학 교수인 슝스리(熊十力, 웅십력)는 핍박을 받고 절식하여 자살했다. 1920년대 중국 공산당의 지도자였던 리리싼은 비판의 대상이 되자 음독 자살했다. 중화인민공화국 국가인 의용군 행진곡의 작사자이자 유명한 극작가인 톈한(田漢, 전한)은 핍박을 받고 병사했다. 유명한 작가인 라오서 역시 핍박을 받고 자살로 추정되는 죽음을 맞이했다. 장정에 참여했던 인민해방군 원로인 허룽(賀龍, 하룡)은 홍위병에 의한 구타 및 폭행 중 병사했다. 조선족으로 옌볜 조선족 자치주 초대 주장(州長)이었던 주더하이(朱德海, 주덕해) 역시 문혁 기간 중 박해당해 병사했다.

면서 49명의 증인과 873건의 증거물 등이 제시되었다.

4인방은 자신들의 무죄를 강변하면서 문화대혁명은 어디까지나 마오쩌둥의 지시에 따른 것이라는 변명을 늘어놓았다. 최후진술에서 쟝칭은 법정에서 끌려나가면서 "혁명무죄革命無罪, 조반유리造反有理! 덩샤오핑 일파의 수정주의자 타도"라고 소리쳤다. 최종적으로 쟝칭과 창춘챠오는 사형을 언도받았으나 그 집행은 2년 후로 유예되었고, 왕훙원은 무기징역, 야오원위안은 20년형을 선고받았다. 그리고 이미 사망한 반혁명 집단의 주범 린뱌오와 캉성, 셰푸즈, 예췬, 리리궈, 저우위츠周宇馳, 주우치 등은 불기소 처분되었고, 나머지 사람들의 경우 모두 16년에서 18년형을 선고받았다.

4인방에 대한 재판은 문혁에 대한 책임을 추궁한 것이라 할 수 있으며, 그렇게 보자면 다른 누구보다 문혁을 일으키도록 부추겨 그 빌미를 제공했던 마오쩌둥이 가장 먼저 비판의 대상이 되어야 했다. 그러나 그 어디에서도 마오에 대한 비판은 찾아볼 수 없었고, 제1차 톈안먼 사건 역시 비판의 대상에 포함되지 않았기에 화궈펑을 정점으로 하는 '범시파'도 일단은 처벌받지 않았다. 그것은 전국적으로 문혁에 연루된 사람들이 여전히 사회 각 계층에 남아 있어 이들을 모두 색출해 제거한다는 것이 현실적으로 불가능했기 때문이었다. 이들을 숙청하기 위해서는 많은 저항과 심지어 유혈 사태까지도 염두에 두지 않을 수 없었다. 그렇기에 이들을 처리하는 문제는 당의 재건을 위해 언젠가는 해소해야 할 하나의 과제로 남았으며, 그 결과 화궈펑의 권력을 약화시킬 수는 있었지만 그를 일시에 권좌에서 끌어내릴 수는 없었던 것이다. 결국 4인방에 대한 재판은 애당초 그 한계가 분명했던 하나의 정치적인 쇼에 불과했는지도 모른다. 이른바 몸통은 그대로 놔둔 채 그 하수인들이라 할 수 있는 '4인방'과 그 주변 인물들만 단죄했던 것이다.

1981년 6월 27일 제11차 '6중전회'가 열렸다. 이 회의에서는 1년여에 걸친 기간 동안 검토와 수정을 거친 〈건국 이래 당의 약간의 역사 문제에 관한 결의〉가 공식적으로 발표되어 건국 이후 발생한 여러 사건에 대한 당의 공식 입장을 종결했다. 여기서 마오쩌둥은 문화대혁명의 책임자로 린뱌오와 쟝칭 등 반동 세력에게 포섭되어 당과 인민에 수많은 재난과 혼란을 야기했다고 비판받았다. 동시에 이 문건에서는 체제의 정당성을 위해 '문혁의 지도자'인 마오와 '혁명의 영웅' 마오를 분리했는데, 이것은 문혁 기간 중 그가 보여준 좌 편향의 과오 등에도 불구하고 신중국 수립에 절대적으로 기여한 점 등을 고려했기 때문이었다. 결국 마오쩌둥을 부인하는 것은 공산당 자체와 나아가 중화인민공화국의 존재 근거를 부정하는 것이었기에, 중국에서는 소련에서 스탈린 사후 그에 대한 격하 운동이 벌어졌던 것과 달리 마오쩌둥과 그의 사상을 부정하는 일은 일어나지 않았다.

> 최종 결론은 마오쩌둥은 전 기간 중 70퍼센트는 옳았고, 30퍼센트는 옳지 않았으며, 그 과오 가운데 대부분은 그의 말년에 집중되어 있다는 것이었다. 그러나 이러한 과오를 악용하여 "마오쩌둥 사상의 과학적 가치를 부정하고 우리의 혁명과 건설에서 그의 사상의 지도적 역할을 무시하려는 것"은 '완전히 잘못된' 일이라고 중앙위원회는 결론지었다. "오직 사회주의만이 중국을 구원할 수 있다."●

● 조너선 D. 스펜스, 『현대중국을 찾아서 2』, 274쪽.

이 문건은 마오쩌둥 사상에 근거한 공산당의 일당 독재와 사회주의 건설에 정당성을 부여했으며, 여기서 한 걸음 더 나아가 덩샤오핑의 개방 정책과도 결합해 현재 중국 공산당의 이념이라 할 수 있는 **중국 특색의 사회주의**를 정당화하는 근거가 되었다. 그리고 이때 화궈펑은 당 주석과 군사위원회 주석직을 사임하고 권좌에서 물러났다. 당 주석직은 잠정적으로 총서기인 후야오방이 겸임하고, 군사위원회 주석으로는 덩샤오핑이 선출되었다.

  1981년 11월 30일에 열린 제5기 전인대회 4차 회의에서는 총리인 자오쯔양이 사회주의 정치 체제에 시장 경제 원리를 접목한 새로운 경제 정책 방향을 제시하고 경제 건설 10개조를 발표했다. 아울러 이듬해인 1982년 2월 22일에 소집된 제5차 전인대 상무위원회 22차 회의에서는 마오쩌둥 시절 방만하게 운영되어왔던 당 기구 역시 축소했다. 곧이어 3월 8일에는 〈국무원 기구 개혁 문제에 관한 결의〉를 통해 13명에 이르던 부총리가 2명으로 줄었고, 당 주석제가 공식적으로 폐지되어 화궈펑의 사임 이후 잠정적으로 당 주석직을 수행하던 후야오방은 총서기직만 유지하였다. 이로써 자오쯔양 총리와 후야오방 총서기를 앞에 내세우고 덩샤오핑은 군사위원회 주석직을 맡아보며 국무를 조율하는 트로이카 체제가 완성되었다. 1983년 1월 1일 《인민일보》에 실린 「신년사」에서는 이 해가 중국 현대화 계획에서 중요한 한 해가 될 것이라는 사실을 천명했다. 과연 덩샤오핑이 주도한 경제 발전 계획의 결과 시장 경제가 활성화되고 국민 경제가 호전되어 소득이 증가하는 등의 효과가 나타나기 시작했다. 동시에 그에 따른 모순과 문제점도 없지 않았으니, 같은 해 10월 11일에 소집된 공산당 제11기 2중전회에서는 당내에서 발생하고 있는 당 간부의 부정부패 일소를 위한 '정당整黨' 작업에 착수했다.

  1984년 9월 26일 베이징에서는 중국과 영국 사이에 홍콩 반환에 대한 협정이 조인되었다. 이에 따라 홍콩의 주권은 1997년 7월 1일 공식적으로 중국 측에 반환되는 것이 확정되었으나, 향후 50년 간은 '1국 2체제'의 원칙 아래 자본주의 경제를 유지하는 '특별행정구'가 될 것임이 명시되었다. 같은 해 12월에 소집된 전국농촌공작회의에서는 '대약진 운동' 시기에 만들어진 '인민공사'가 공식적으로 소멸되었다. 1985년 고르바초프가 소련의 지도자가 되자 양국 간의 해빙 무드가 진전되어 공식적인 외무장관 회담이 열리고 상하이와 레닌그라드에 양국의 영사관이 다시 개설되었다. 당과 군대 내에서는 혁명 1세대가 고령을 이유로 물러나고 새롭게 기술 훈련을 받은 젊은 세대가 간부 집단에 유입되었다. 특히 문혁 이후 진출한 세대는 혁명성은 뛰어났으나 상대적으로 기술 수준은 그리 높지 못했는데, 이들은 권력 구조에 제대로 편입되기도 전에 밀려나 사회의 불만 세력이 되었다. 덩샤오핑과 자오쯔양 등은 '개혁'과 '개방'을 통해 일정한 성과를 올리고 있었지만, 그에 못지 않게 사회 문제가 곳곳에서 돌출하고 있었다. 혁명 세대들은 사회적 변화 앞에 뭔가 알 수 없는 불안감을 느꼈고, 젊은 세대들은 분출하는 욕구를 해소할 비상구를 찾고 있었다.

1986년에 접어들자 1957년 '반우파 투쟁' 때 당에서 제명당했다가 1970년대 말에 복권되어 중국에서 가장 유명한 천체물리학자가 된 팡리즈^{方勵之, 방려지}와 언론인 출신의 작가 류빈옌^{劉賓雁, 유빈안}, 문학평론가 왕뤄왕^{王若望, 왕약망} 등이 **사상 해방 운동**을 활발하게 펼쳐나갔다. 팡리즈는 권력 남용을 막기 위해 권력은 근본적으로 분산되어야 하며 언론의 자유 역시 보장되어야 한다고 주장했다. 1986년 말 안후이 성^{安徽省, 안휘성}의 성도^{省都}인 허페이^{合肥, 합비}에서는 인민대표를 선출하는 데 성 당 위원회가 개입해 선거가 비민주적으로 치러졌다고 항의하는 대학생들의 시위가 연이어 일어났다. 이 소식은 즉시 전국에 알려져 베이징과 상하이, 광저우, 쿤밍 등 대도시에서 민주화를 촉구하는 시위가 일어났다. 당 원로들은 이와 같은 일련의 사태에 깊은 우려를 표명하고 덩샤오핑에게 적극적인 대처를 요구했다. 덩샤오핑은 당 총서기 후야오방과 총리 자오쯔양, 부총리 리펑^{李鵬, 이붕} 등을 불러 책임을 추궁하고, 학생들의 시위를 주동했다는 명목으로 팡리즈와 류빈옌, 왕뤄왕 등을 체포하고 그들의 당적을 박탈하도록 했다.

1987년 1월 16일 중앙정치국 확대회의가 열려 학생 시위 사건의 책임을 지고 당 총서기 후야오방이 사퇴하고 총리인 자오쯔양이 그의 후임으로 자리를 옮기고 부총리인 리펑이 자오쯔양을 대신해 총리가 되었다. 후야오방은 평소에 급진적인 마오쩌둥 신봉자들에 대한 경멸감을 감추지 않았고 급속한 개혁의 필요성을 대담하게 주장하고 다녔기에 그의 주장에 대한 호불호를 떠나 어느 한쪽으로 치우치지 않는 균형 감각을 가져야 하는 당 지도자로서 적절치 못하다는 평을 듣고 있었다. 결국 그런 불안감이 그를 낙마하게 만들기도 했지만, 사실상 그의 희생은 아직까지 당내에 남아 있는 보수적인 성향의 원로들과 열정적인 개혁주의자들 사이에서 적절한 균형을 유지하기 위한 덩샤오핑의 고육책이었을 수도 있다. 실제로 덩샤오핑은 너무 앞서나간다고 생각한 개혁주의자들을 견제하는 동시에 개혁과 개방을 반대하는 강경파에 대해서도 똑같은 조치를 취했다.

1987년 10월 25일 중국 공산당 제13차 전국대표대회가 소집되었다. 당 총서기인 자오쯔양은 〈중국 특색의 사회주의 길을 따라 전진하자〉라는 정치 보고에서 다음과 같이 선언했다.

> 우리나라의 사회주의는 아직 초보적인 단계에 처해 있다. 우리들은 반드시 실제에서 출발해야 하나 이 단계를 초월하지 못하고 있다.……나는 생산력의 거대한 발전만이 바로 사회주의의 초급 단계를 초월할 수 있다고 여긴다.…… 전면적인 정치 개혁은 반드시 견지되어야 하고, 대외 개방도 반드시 견지되어야 한다.

회의 기간 중 덩샤오핑이 사임할 것이라는 소문이 돌았다. 그러나 11월 1일 발표된 것은 평소 개혁의 속도에 대해 우려를 갖고 있던 강경파인 평전과 천윈의 사임 소식이었다. 83세의 덩샤오핑은 여전히 군사위원회 주석직을 유지하면서 인민해방군에 대한 절대적인 통제권을 갖고 있었고, 84세의 양상쿤이 국가 주석에 임명되는 데 힘을 썼다. 당 총서기 자오쯔양과 리펑 총리는 이들을 후견 세력으로 삼고 중국의 경제 개혁을 가일층 추진해 나갔다.

　1988년 쟝졔스의 아들로 타이완을 통치하고 있던 쟝징궈 총통이 사망하고 타이완 출신의 리덩후이$^{李登輝, 이등휘}$가 그의 자리를 대신했다. 리덩후이는 취임한 지 몇 개월 만에 오랜 숙적인 중화인민공화국의 친척을 방문하고자 하는 모든 타이완 인들에게 대륙 방문을 전면 허용하는 조치를 단행했다. 동시에 타이완 기업의 대륙 진출 역시 봇물처럼 이어졌다. '4대 현대화'와 경제 자유화로 인해 상황이 나아진 중국인들은 그에 걸맞은 소비재와 새로운 주거지 등에 대한 욕구를 새롭게 가지게 되었다. 이에 따라 물가 상승이 이어져 오히려 수많은 도시인들의 생활 수준이 하락되고 정부 주도 사업의 축소로 인해 수많은 실직자가 발생하는 등 사회 문제가 빈발했다. 지역의 기업 관리자와 연계되어 있는 공산당원들의 수뢰와 부패 역시 계속 늘어났다. 중국의 개혁과 개방을 상징적으로 보여주는 경제 특구의 상황 역시 초기의 활력을 잃고 부패에 찌들거나 운영의 난맥상을 드러내고 있었다. 같은 해 6월 14일 〈황하의 죽음^{河殤}〉이라는 6부작 다큐멘터리 프로그램이 CCTV에서 방영되어 전국의 지식인들을 충격에 빠지게 했다. 이 프로그램의 요지는 황허 문명의 신화에서 벗어나 세계 문명의 대열에 뛰어들어야 한다는 것으로, 이를 계기로 중국 내에는 '사상 해방'과 '민주화', '대외 개방'을 요구하는 목소리가 봇물처럼 터져나왔다. 이제는 중국 민주화를 상징하는 하나의 아이콘이 되어버린 팡리즈가 정부에 대해 1979년에 체포된 이래 근 10년 간 투옥되어 있던 웨이징성$^{魏京生, 위경생}$을 석방하라는 공개 서한을 발표했다.

'제2차 톈안먼 사건'과 중한 국교 수립

1989년 4월 15일 개혁·개방 정책의 선봉장 역할을 하다 보수파에 의해 실각했던 후야오방이 갑자기 사망했다. 사실상 1989년은 중국에게 여러 가지로 의미 있는 해였다. 중화인민공화국이 수립된 지 40주년이 되는 해인 동시에 미국과 공식 외교 관계가 재개된 지 10년이 되는 해였던 것이다. 그러나 개혁과 개방의 강도는 중국의 인민들이 기대하는 수준에 미치지 못하는 것이었고, 이에 대한 불만이 사회 내적으로 쌓여 있는 상태에서 개혁·개방을 대표하는 인물인 후야오방의 죽음이 알려졌다. 그의 사망 소식이 알려진 직후 베이징대학 구내에는 「죽어야 할 자는 안 죽고, 죽지 말아야 할 사람이 죽었다」는 제목의 대자보가 붙었다. 4월 18일이 되자 톈안먼광장에 베이징 시내 각급 학교의 학생들이 모여들기 시작했고, 시단西單, 서단의 '민주벽'에 다시 대자보가 등장했다. 그 가운데 「아더우阿斗, 아두가 나라를 그르친다」는 것은 명백하게 총리인 리펑을 지칭하는 것이었다. 아더우는 삼국시대 류베이劉備, 유비 아들인 류찬劉禪, 유선의 아명으로 어린 시절 국민당 정부에 의해 아버지를 잃은 리펑을 저우언라이가 양자 삼아 키워주고 이후에도 공산당 원로들이 그를 후원한 것을 빗댄 것이다. 사람들은 보수파가 리펑을 내세워 후야오방을 퇴진시켰다고 여겨 리펑을 탐탁하게 여기지 않았다. 4월 22일에는 톈안먼광장에서 후야오방의 추도식이 거행되었는데, 식장에 들어가려는 학생들과 이를 막으려는 경찰들 사이에 충돌이 일어났다. 학생 대표인 왕단王丹, 왕단과 차이링柴玲, 시령, 우얼카이시吳爾開希, 오이개희 등은 경찰에게 식장 진입을 차단한 이유가 무엇인지 해명하라고 요구하면서 리펑과의 면담도 요청했다.

4월 26일 자 《인민일보》에는 "학생 시위는 반당·반정부 행위"라고 비판하는 사설이 실렸는데, 이를 기화로 시위는 오히려 더욱 커졌다. 보수파들은 학생 시위의 조기 진압을 요구했으나 덩샤오핑은 학생들이 자진 해산하기를 기다렸다. 5월 15일에는 러시아의 고르바초프가 중국과 러시아의 관계 정상화를 위해 베이징을 방문했다. 시위 학생들은 페레스트로이카●의 전도사 고르바초프에 대한 환영의 뜻을 표하고 그의 방문이 국면 전환의 한 계기가 되기를 바랐다. 5월 19일에는 당 총서기 자오쯔양이 학생들과 직접 면담하고 단식 농성을 중단할 것을 호소했으나 별다른 성과가 없었다. 그 다음날 당정회의에서는 강경파들의 주장으로 자오쯔양의 공식 논평 없이 총리인 리펑과 국가 주석 양상쿤의 명의 하에 계엄령을 선포했다. 5월 29일 학생들이 자유의 여신상을 앞세우고 톈안먼광장에 나타나 격렬한 시위를 벌였으나 계엄군은 광장에 진입하지 않았다. 5월 30일 당 중앙정치국 회의가 소집되어 시위를 진압하지 못한 책임을 물어 당 총서기 자오쯔양이 해임되었다.

> 【베이징=AP UPI 로이터 연합】
> 학생들의 톈안먼 점거 농성 사태가 4주째로 접어든 가운데 2일 베이징 교외 지역에서는 정부의 계엄령 선포를 지지케 하기 위해 조직된 농민들 주축의 관제시위가 격렬한 반미 시위로 돌변했으며 학생들은 사흘째 계속된 관제시위에 항의, 거리 행진을 벌였다. 1989년 6월 3일 《한겨레신문》

6월 3일 새벽에 계엄군이 탱크를 앞세우고 톈안먼광장에 진입했다. 계엄군이 쏘아댄 최루탄에 맞서 군중들의 시위는 더욱 격렬해졌다. 6월 4

● "재건', '재편'의 뜻을 가진 러시아어로, 미하일 고르바초프가 1985년 3월 소련 공산당 서기장에 취임한 후 실시한 개혁정책을 가리킨다. 이것은 소련의 정치뿐 아니라 세계 정치의 흐름을 크게 바꾸어놓았다. 페레스트로이카 노선의 기본 특징은 글라스노스트('개방', '공개'라는 뜻)와 문화 면에서의 자유화, 복수정당제, 공산당과 소비에트의 기능 분리 및 복수 입후보제 선거 등 정치체제의 민주화, 공산당으로부터 소비에트로의 권력 이양과 대통령 권력의 강화, 시장화에 의한 경제 재건, 군축 및 동서의 긴장 완화와 상호의존체제 확립 등이다. (네이버 지식사전 참조.)

일 드디어 계엄군이 발포를 시작했다^{제2차 톈안먼 사건}.

아수라장이 되어버린 창안대로를 탱크가 지나가고 있다.

【베이징=외신 종합】

지난 3일 밤부터 톈안먼광장에 진입한 중국인민해방군의 무력 진압작전으로 1천여 명의 사망자가 발생한 것으로 추측되는 가운데 계엄군은 5일에도 유혈진압에 항의하는 시위대들에게도 총격을 가하는 등 무력시위를 벌였다. 베이징 시민들과 학생들은 이에 맞서 화염병을 던지며 계엄군에 저항하는가 하면 인민해방군 안에서 서로 '교전'하는 사태가 발생하고 있는 것으로 알려져 중국사태는 극도의 혼란상태에 빠져 있는 것으로 보인다. 약 20만 명에 이르는 계엄군은 3일 밤 10시쯤 시위진압작전을 개시, 중무장한 탱크와 장갑차를 앞세우고 톈안먼광장을 장악하는 과정에서 이를 저지하는 시위군중과 학생들에게 무차별 총격을 가하고 탱크를 전속력으로 돌진시키는 바람에 수많은 사상자를 낳았다. 이번 진압작전으로 발생한 사상자 수의 공식적인 집계는 아직 발표되지 않고 있다. 목격자들의 보고에 따르면 지금까지 최소한 3백 21명이 사망한 것으로 확인되고 있으나, 비공식 집계로는 사망자수가 1천 5백 명에서 2천 명 선에 이르는 것으로 알려졌다. 정부당국은 1천 명 이상의 병사들이 살상당한 것으로 주장하고 있으나 구체적인 숫자는 발표하지 않았다. 중국 적십자사의 한 관리는 사망자 수가 수천 명에 이를 것이라고 말했으나 "정확한 수치는 영원히 밝혀지지 않을 것"이라고 덧붙였다.^{1989년 6월 3일 《한겨레신문》}

톈안먼광장 앞의 드넓은 창안대로^{長安大路} 좌우를 따라 광장에 진입한 군인들은 거리에 있는 군중과 그들에게 접근하는 사람들에게 무차별적으로 발포했다. 하루 사이에 광장은 아수라장이 되어버렸고, 계엄군은 짧은 시간에 광장을 봉쇄했다. 군인들의 봉쇄 속에 남아 있던 학생과 시위

톈안먼광장을 진압하고 텐트 등을 철거하는 군인들

자들이 해산을 결의하고 광장을 빠져나가자 군인들과 탱크는 텐트를 부수고 자유의 여신상을 박살냈다. 수백 명이 죽고 수천 명이 부상당했으나 정확한 숫자는 파악되지 않았다. 시위를 주동했던 학생들은 체포되거나 해외로 도피했다. 베이징 이외의 지역에서도 비슷한 소요 사태가 있었지만 정부가 철저하게 보도를 막아 자세한 실상은 외부에 알려지지 않았다. 외국 기자들은 사진을 찍거나 인터뷰하는 것도 금지되었다.

사태 수습을 위해 해임된 당 총서기 자오쯔양의 후임에 상하이 당 서기 쟝쩌민江澤民, 강택민이 선임되었다. 팡리즈는 미 대사관으로 피신해 망명을 요청했고, 미국 측은 이를 받아들였다. 6월 8일 중국 정부는 "미국이 팡리즈 부부를 베이징 주재 미 대사관에 피신시켜 줌으로써 중국법을 위반하고 있을 뿐만 아니라 내정에 간섭하고 있다고 강력히 비난했다."[1989년 6월 10일 《한겨레신문》] 6월 9일에는 덩샤오핑이 시위자들을 혹독하게 비난하는 연설을 발표했다. 그러나 이러한 일련의 사태에도 불구하고 덩샤오핑의 이렇듯 단호한 조처가 "다시금 '쇄국'을 하고 정부가 '경제를 죽음으로 몰고 간 옛 시절로 되돌아' 가야 한다는 것을 의미하지는 않았다."● 어떻든지 간에 톈안먼에서 일어났던 비극적인 사건은 문화대혁명 때와 마찬가지로 많은 사람들의 가슴속에 지워지지 않을 상처를 남겼지만 시간이 가면서 수면 아래로 잠복했다.

● 조너선 D. 스펜스, 『현대중국을 찾아서 2』, 346쪽.

같은 해인 1989년 헝가리에서는 10월에 신헌법이 제정되고 동구권 국가들 가운데 최초로 다당제와 시장경제가 도입되었다. 이것을 필두로 1990년에는 체코에서 비 공산주의자 대통령이 선출되고 폴란드에서는 자유노조 연대를 이끌던 바웬사가 대통령에 선출되는 등 동구의 사회주의 정권이 속속 붕괴되었다. 급기야 이들 동구의 사회주의 정권의 지주 노릇을 하던 소련마저 1991년 공산주의 포기와 공산당 해체가 단행되고 소비에트 연방에 속해 있던 각각의 공화국들이 독립함으로써 붕괴되었다. 한때 미국이 주도하는 자본주의 진영과 소련을 맹주로 하는 사회주의 진영간에 유지되었던 '냉전' 체제는 현실적으로 붕괴하고 중국과 쿠바, 북한만이 사회주의를 고수하는 국가로 남았다. 이로 인해 중국 내부에는 개혁 개방 정책을 둘러싼 논란이 심화되었고, 몇몇 보수주의적인 그룹들은 "자본주의냐 사회주의냐姓資姓社"의 논쟁을 일으키기도 했다. 다른 한편으로 제2차 톈안먼 사건 이후 실추되었던 국가의 위신을 만회하기 위해 중국은 여러 가지 외교적인 노력을 기울였는데, 1990년 베이징에서 열린 아시안게임도 그 가운데 하나였다.

1992년 1월 18일부터 2월 22일까지 덩샤오핑은 경제 개발의 첨병 노릇을 하던 선전과 주하이 등의 남방 경제 특구를 순시하면서 개혁과 개방을 가일층 확대해 나갈 것을 선언했다[남순강화南巡講話]. 이것은 명백하게 제2차 톈안먼 사건 이후 정부가 실시한 긴축 정책으로 경제가 일시 경색 국면에 빠지자 다시 한번 경제 개혁과 개방으로 경제 활성화를 이루고자 한 의도에서 나온 것으로, 주요 내용은 과거의 계획 경제 체제에서 벗어나 시장 경제 체제로 전환하자는 것이었다이른바 '사회주의 시장경제'의 표방. 비록 일부 보수주의자들의 반대가 있기는 했지만, 덩샤오핑의 '남순강화'는 같은 해 10월에 열린 중국 공산당 제14차 전인대회의 보고서에 거의 전문이 수록됨으로써 추인되었다.

그에 앞서 8월 25일에는 한국과 중국의 공식 수교가 이루어졌다. 1983년 5월 선양沈陽, 심양에서 출발해 상하이로 향하던 중국 민항기가 납치되어 한국의 춘천에 불시착한 이른바 '민항기 사건' 이후 양국 간에는 비공식적이긴 하지만 민간 차원에서의 교류가 꾸준히 이어져 오고 있었다. '한·중 수교'는 그 결과물이라고도 할 수 있는데, 무엇보다 한국의 눈부신

경제 발전에 주목한 중국 측의 현실적 요구가 좀더 주요한 요인으로 작용했다고 볼 수 있다. 1997년 7월에는 홍콩이 정식으로 중국에 반환되었다. 역사적인 **홍콩 반환**은 1840년 '아편전쟁' 이후 끝없는 외세의 침탈에 시달리던 중국의 근현대사가 새로운 단계에 들어섰다는 것을 상징적으로 보여주는 사건이라 할 수 있다. '반제·반봉건'의 기치 아래 숨가쁘게 달려온 중국의 아픈 과거를 딛고 이제 새로운 세기로 나아가는 중국의 앞날에는 여전히 해결해야 할 많은 문제들이 남아 있다. 과연 21세기의 중국은 어디로 나아갈 것인가?

홍콩 반환, 발 없는 새의 귀환

홍콩 반환은 어찌 보면 자연스러운 일이지만, 반환될 때까지 보낸 한 세기 남짓한 시간의 길이가 그리 심상할 수는 없는 법. 그 결과 타협적으로 제시된 것이 '일국 양제(一國兩制)'라고 하는 '한 나라이지만 각자의 체제를 인정하는' 일종의 절충안이었다. 홍콩은 반환되었으되, 반환되지 않은 것이다. 홍콩의 영화 감독 왕쟈웨이(王家衛, 왕가위)는 이러한 홍콩 반환의 역사적 의미를 홍콩 사람의 시각으로 바라보는 일련의 영화를 제작한 바 있다. 그 가운데 대표작이라 할 만한 작품이 《아페이정전(阿飛正傳, 아비정전)》이다.

영화는 '주인공 아페이[장궈룽(張國榮, 장국영 분)]가 생모를 찾아가는 과정'과 '아페이 주변 인물과 맺고 있는 관계'라는 두 개의 축으로 구성되어 있다. 아페이는 생모가 아닌 양모에 의해 양육되는데, 생모는 양육비를 보내주는 대신 지금의 양모에게 아페이를 맡겼던 것이다. 그러나 양모 역시 다른 남자를 만나 미국으로 떠나버리려 하자 아페이는 양모를 붙잡으며 여지껏 자신을 잡아둔 책임을 지라고 말한다. 그러나 양모는 아페이에게 다음과 같이 말한다.

"언젠가는 너를 보내야 한다는 생각에서 너에게 말했던 것이다. 그런데 막상 말을 하고 나니 널 보낼 수가 없었다. 생모는 너를 버렸다. 너를 원했다면 벌써 나타났을 것이다. 그동안 넌 자포자기에 빠졌다. 너는 모든 책임을 나한테 돌렸지. 너는 언제나 구실을 만들었지. 이젠 네 스스로 책임을 져 봐. 이제 날고 싶니? 그럼 날아봐."

이것으로 아페이는 홍콩이고, 생모는 중국이며, 양모는 영국이라는 사실을 짐작할 수 있다. 결국 아페이는 생모를 찾아 필리핀으로 가지만 다시 만난 생모는 그를 부인한다. 영화에서 아페이가 생모에게 버림받고 거부당하는 것은 홍콩이라는 자기 존재의 부정과 다르지 않다. 영화에서는 이러한 아페이의 운명이 '발 없는 새'의 우화로 변용되어 나타나는데, 이 새는 태어나자마자 날아다니다 지치면 바람 속에서 쉬고 땅에 내려앉으면 죽을 수밖에 없는 운명을 타고났다. 그러므로 '발 없는 새'는 뿌리 없는

영화 《아페이정전》 포스터

존재인 '홍콩'의 운명을 암시한다고 할 수 있다. 그렇기 때문에 아페이는 아무 일도 할 수 없고 그저 여기저기 떠돌 뿐이다.

아페이와 같은 인물이 어떤 관계를 통해 행복을 느낄 수 있다면, 첫째 자신과 같은 종류의 인간을 만나거나 둘째, 기억을 공유하는 방법을 통해서일 텐데, 첫 번째 방법은 애당초 불가능한 것일 터이고 결국 아페이는 장만위(張曼玉, 장만옥)와 1960년 4월 16분 새벽의 1분이라는 시간을 함께 하고 그 뒤 서로를 잊지 못한다. 또 아페이에게는 귀걸이 때문에 아페이와 함께 있게 된 류쟈링(劉嘉玲, 유가령)이라는 또 다른 여인이 있다. 장만위는 아페이에게 결혼해달라고 요구하고, 류쟈링은 아페이에게 기둥서방 노릇을 해달라고 부탁하지만, 아페이는 그 두 여인이 원하는 바를 충족시킬 수 없다. 어느 쪽이 되었든, '발 없는 새'에게는 지상으로 내려앉을 것을 요구하는 게 되는데, 아페이에게 그것은 존재의 상실이자 죽음을 의미하기 때문이다. 왕쟈웨이는 홍콩의 운명에 대해 비관적이었던 것일까?●

홍콩의 반환 문제를 좀더 감성적으로 풀어간 것은 천커신(陳可辛, 진가신) 감독의 〈첨밀밀(甛蜜蜜)〉이다. 이 영화의 공간적 배경 역시 홍콩이지만, 중국과 타이완 역시 중요한 배경으로 등장한다. 영화 내내 흐르고 있는 덩리쥔(鄧麗君, 등려군)의 노래는 타이완을 암시하고 있고, 주인공인 리밍(黎明, 여명)과 장만위(張曼玉, 장만옥)의 출신이 중국이기 때문이다. 영화는 주인공인 리밍의 홍콩 도착으로 시작하는데, 영화의 말미에서 같은 장면이 반복된다. 그제야 리밍이 기차 안에서 등을 맞대고 있던 여인이 다름 아닌 장만위였다는 사실이 밝혀진다. 서로 등돌린 '한 몸'이 몇 차례의 이별과 재회를 거쳐 다시 만난다는 설정은 하나의 원환적 구조를 이루면서 중국과 홍콩의 운명을 상징적으로 보여주고 있다. 리밍과 장만위는 서로 좋아하지만, 굳이 그런 감정을 드러내지 않고 애써 외면한다. 장만위는 리밍에게 다음과 같이 말한다. "내가 홍콩에 온 목적은 네가 아니야. 네가 홍콩에 온 목적도 나 때문이 아니야." 또 리밍이 뒷주머니에 넣어두었다가 한참 뒤에 꺼내든 쵸컬릿이 녹아버리는 에피소드가 나오는데, 이 초콜릿이야말로 중국인들이 오랫동안 자기 일에 바빠 잊고 있다 다시 꺼내든 홍콩이라는 존재에 대한 은유라 할 수 있다. 결국 오랫동안 서로를 갈망하다 각자의 길을 걸어가던 두 사람을 다시 만나게 해준 것은 덩리쥔의 죽음을 알리는 뉴스였다. 머나먼 이역 땅에서 그야말로 기적 같은 재회의 순간 두 사람은 환한 웃음으로 서로를 바라본다. 서로 추구하는 바가 달랐음에도 다시 만날 수밖에 없었던 두 사람의 운명처럼 중국과 홍콩 역시 일시적인 이별이 있긴 했지만 결국 한 몸이었던 것이다.

● 이상의 내용은 류준필, 「왕가위와 홍콩의 운명—차압당한 내일 앞에서」,《상상》1995년 겨울호(통권 10호))의 내용을 참고했다.

중국 현대사 연표

1911년	10월	신해혁명
1912년	1월 1일	쑨원 임시총통 취임
1913년		반 위안스카이 제2혁명 실패
	3월	위안스카이 대총통 취임
	3월	쑹쟈오런 암살
	11월	국민당 불법 정당이 되고 국회는 무기한 휴회에 들어감
1914년		쑨원, 도쿄에서 중국혁명당 결성하고 쑹칭링과 결혼
		제1차 세계대전 발발
1915년	5월	일본 '21개조 요구', 위안스카이 제정 선언
	9월	《신청년》창간
1916년	6월	위안스카이 사망
1917년	1월	니시하라 차관 제공
	7월	장쉰의 복벽(復辟) 시도
	8월	중국, 독일과 오스트리아에 선전포고
	8월	쑨원의 '제1차 광동정부' 성립
	10월	러시아 혁명
1918년	10월	'안푸(安福)국회' 소집, 쉬스창(徐世昌) 총통 취임
	11월 11일	제1차 세계대전 종식
	겨울	리다자오 베이징대학에서 '마르크스주의연구회' 결성
1919년	1월	베르사유강화조약
	5월 4일	5·4운동
	7월 25일	카라한선언
1920년		코민테른대표단 방문
	여름	상하이에서 중국 공산당 창당대회 열림
1921년	4월	쑨원의 '제2차 광동정부' 성립
	7월	중국 공산당 제1차 전국대표회의
	11월~1922년 2월	워싱턴회의(워싱턴체제 성립)
1922년	1월 26일	쑨원·요페 공동선언
	4월	제1차 펑즈(奉直)전쟁
1923년	1월	쑨원의 '제3차 광동정부' 성립
	2월	2·7 참안 발생
1924년	1월	'제1차 국공합작' 성립, 레닌 사망
	5월	황푸군관학교 설립
	9월	제2차 펑즈전쟁
	10월	광저우에서 '상단군' 반란
	11월 10일	쑨원의 '북상 선언'
1925년	2월	장제스의 '제1차 동정(東征)'

1925년	3월 12일	쑨원 사망(59세)
	3월 18일	'중산함 사건'으로 쟝졔스 국민당의 권력 장악
	5월 쟝졔스	〈당무정리안〉 제출
	5월 30일	중국에서의 반 제국주의 운동의 시발점이라 일컫는 5·30운동 발발
	7월 1일	'국민정부' 수립
	8월 20일	랴오중카이 암살
	10월	쟝졔스의 '제2차 동정'
1926년	5월	마오쩌둥의 「후난 농민운동 보고서」
	7월	제1차 북벌, 난징 점령,
1927년	1월	왕쟈오밍 등 국민당 좌파의 우한정부 수립
	4월 12일	4·12쿠데타
	4월 18일	쟝졔스의 '난징정부' 수립
	7월 15일	'제1차 국공합작' 와해
	8월 1일	공산당의 '난창(南昌)봉기'
	9월 9일	마오쩌둥의 후난 성 '추수폭동'
	9월 17일	우한정부, 난징정부와 합병 선언
	10월	마오쩌둥, 징강산(井岡山)으로 들어감
	11월 9일	공산당의 '제1차 좌경노선' 성립
	11월 18일	중국 최초의 소비에트 정권인 하이루펑(海陸豊) 소비에트 정권 성립
	12월 11일	'광둥 코뮌' 성립
	12월 1일	쟝졔스와 쑹메이링 결혼
1928년	4월	주더(朱德), 징강산 합류
	4월	제2차 북벌 개시
	4월 30일	지난사건(濟南事件)
	6월 4일	쟝쭤린(張作霖) 폭사
	7월 6일	쟝졔스 북벌 완수 선언
	10월 10일	'난징정부' 성립 선포
1929년	1월 제1차	편견회의 소집
1930년	3월	'좌익작가연맹' 성립
	5월	'중원대전' 또는 '남북대전' 발발
	6월	리리싼의 '제2차 좌경노선'
	겨울	국민당군의 '제1차 포위 공격'
1931년	1월	'28인의 볼셰비키'의 '제3차 좌경노선' 성립
	2월	국민당군의 '제2차 포위 공격'

1931년	6월	국민당군의 '제3차 포위 공격'
	9월	18일 '9·18사변' 또는 류탸오거우 사건(만저우 사변) 발발
	11월 27일	중국 공산당 루이진정부(중화소비에트공화국 임시정부) 수립
1932년	1월 28일	'1·28사건' 또는 '상하이 사변' 발발
	5월	국민당군의 '제4차 포위 공격'
	5월 15일	일본에서 '5·15사건' 또는 '혈맹단사건' 발발, 군국주의시대의 개막
1933년	1월	리튼보고서
	5월	국민당군의 '제5차 포위 공격'
	11월	'푸젠 사변' 발발
1934년	3월 1일	만저우국 성립, 푸이 만저우국 황제 즉위
	4월	루이진(瑞金) 함락
	10월	'대장정' 개시
1935년	1월	쭌이회의
	6월	우메츠·허잉친(梅津·何應欽) 협정
	8월 1일	8·1선언
	12월 9일	베이징에서 '12·9사건' 일어남
1936년	2월 26일	일본 내에서 '2·26사건' 발생
	10월	주더 홍군에 합류, '대장정' 완료
	10월	국민당군의 '제6차 포위 공격'
	12월 12일	시안 사변
1937년	1월	마오쩌둥 '모순론'과 '실천론' 강의
	7월 7일	'루거우챠오 사건' 발발
	8월	제2차 국공합작 성립
	9월	중일전쟁 개시
	11월	충칭정부 수립
1938년	5월	쉬저우(徐州) 대회전
	5월	마오쩌둥의 〈지구전론〉
	12월 13일	난징 함락, 난징대학살
1939년	6월	핑장(平江) 참안
	9월 1일	독일의 폴란드 침공으로 '제2차 세계대전' 발발
1940년	1월	마오쩌둥의 〈신민주주의론〉
	3월	왕자오밍의 난징괴뢰정부 성립
	8월	백단대전
1941년	1월	'신사군 사건', 또는 '완난사변(皖南事變)'

1941년	12월	진주만 기습으로 태평양전쟁 발발
1942년	2월	정풍운동 시작
	5월	마오쩌둥 '옌안문예강화' 발표
1943년	11월	카이로회담
1945년	2월	얄타회담
	7월	포츠담회담
	8월 15일	일본 무조건 항복 선언
1946년	5월 4일	마오쩌둥의 '5·4지시'
1947년	2월 28일	타이완에서 '2·28사건' 발생
	7월	전국토지회의
	12월 25일	양쯔거우에서 중국 공산당 중앙회의
1949년	1월	홍군, 베이징 점령
	4월 21일	마오쩌둥의 〈전국으로의 진격명령〉 선포
	10월 1일	신중국 수립
	12월	7일 장제스의 국민당 정부 타이완 천도
	12월	마오쩌둥, 모스크바 방문
1950년	6월	'토지개혁법' 공표
	6월 25일	'한국전쟁' 발발
	12월	티베트 침공
1951년	11월	삼반 운동
1952년	1월	오반 운동
1953년	3월 1일	스탈린 사망
	6월	마오쩌둥, 〈과도기의 총노선〉
	8월	'한국전쟁' 정전
1954년	9월	중화인민공화국 헌법 제정
		『홍루몽』 비판
1955년	4월	인도네시아 반둥회의에서 저우언라이 '평화5원칙' 발표
		후펑(胡風) 비판
1956년	2월	소련에서 '스탈린비판'
1957년	5월	쌍백 운동
	7월	반우파 투쟁
	10월 15일	'중·소 신군사협정' 체결
	11월	마오쩌둥 두 번째 소련 방문
1958년	5월	'대약진 운동' 공표

중국 현대사 연표

1958년	7월	마오쩌둥, 흐루시초프와 회담
	여름	타이완해협 위기
	12월	마오쩌둥 국가주석직에서 물러남
1959년	3월	티벳에서 무장 폭동 발발. 달라이라마 인도로 망명
	6월	소련 '중·소 신군사협정' 일방 폐기
1961년	1월	베이징에서 〈하이루이의 파면(海瑞罷官)〉이라는 연극 공연
	11월	창관러우(暢觀樓)사건
1962년	1월	마오쩌둥, '대약진 운동'의 실패 공식 인정
	1월	마오쩌둥, 〈레이펑(雷鋒)에게 배우라〉고 훈시
1963년	5월	마오쩌둥, '전10조' 발표. '사청운동(四淸運動)' 시작
1964년	5월	린뱌오(林彪)에 의해 『마오쩌둥 어록』 발간
	8월	미군, 베트남 통킹만 폭격
1965년	1월	마오쩌둥의 '23개조' 발표
	2월 7일	미국의 북베트남 폭격 개시 베트남전 확대
	11월 10일	야오원위안(姚文元)의 우한(嗚晗) 비판 논문 발표
1966년	2월	펑전 '2월 요강' 반격
	5월	마오쩌둥의 '5·7지시' 발표
		'문화대혁명' 시작
	12월	류사오치, 덩샤오핑, 펑전, 완리 등 홍위병 대중집회에서 투쟁을 당함
1967년	1월	상하이에서 '1월 혁명'
	2월	베이징에서 '2월 역류'
	7월	우한 사건
1968년	5월	홍위병 운동 소멸
	10월	류사오치 실각. '문화대혁명' 실질적으로 끝이 남
1969년	3월	중·소 국경분쟁
1971년	4월	핑퐁외교
	7월	키신저 방중
	9월	린뱌오 사망
	10월	중국 유엔 복귀
1972년	2월	미국 대통령 닉슨 방중
	9월	일본 총리 다나카 방중
1973년	8월	중국 공산당 10전대회. '4인방'의 본격 등장
1974년	연초	'4인방'에 의한 '비린비쿵(批林批孔)' 운동 개시
	9월	『수호전』 비판 운동

1974년	11월	펑더화이 사망(66세)
1975년	1월	덩샤오핑, '4개 현대화' 추진 발표. '4대 자유' 공표
	4월	장제스 사망(88세)
1976년	1월	저우언라이 사망(78세)
	4월	'제1차 톈안먼사태' 발발
	7월	홍군 총사령관 주더 사망(90세)
	7월 28일	탕산(唐山) 대지진
	9월	마오쩌둥 사망(83세)
	10월 6일	'4인방' 체포
1977년	7월	제10차 3중전회에서 덩샤오핑 복권
	8월	11전대회 '문화대혁명'의 종결 공식적으로 선언
1978년	8월	소설 『상흔』 발표
	12월	중국 공산당 3중전회. '4대 현대화' 정면으로 제기
1979년	1월	중국과 미국 국교 정상화 동시에 타이완과는 단교
	2월	중국의 베트남 침공
	3월	웨이징성(魏京生) 체포와 함께 '베이징의 봄' 끝남
1980년	11월	'4인방' 재판 시작
1986년	6월	〈건국 이래 당의 약간의 역사문제에 관한 결의〉 공표
		인민공사 해체
		팡리즈(方勵之) 등의 '사상 해방 운동' 전개
1988년		쟝징궈 사망(78세)
1989년	4월	후야오방(胡耀邦) 사망(74세)
	6월 4일	'제2차 톈안먼사태' 발발
		동구권 공산국가 몰락
1992년	1월	덩샤오핑의 '남순강화'
	8월	25일 중국과 한국 국교 수립
1997년	7월	영국 홍콩 반환

찾아보기

인명

ㄱ
가오강(高崗, 고강) 284~285, 291, 311~312
가오쥐(高炬, 고거) 325
가와카미 하지메(河上肇) 83
갈렌(Galen, 본명은 Vasilii K. Blücher) 105, 120
고르바초프, 미하일 377, 382
관펑(關峰, 관봉) 338
궈모뤄(郭沫若, 곽말약) 223, 286
김옥균 45

ㄴ
녜룽전(聶榮臻, 섭영진) 158
녜위안쯔(聶元梓, 섭원재) 327, 338
닉슨, 리처드 344, 346, 349

ㄷ
다윈, 찰스 21
다이지타오(戴季陶, 대계도) 118, 147
달라이 라마 301
당사오이(唐紹儀, 당소의) 61
덩리쥔(鄧麗君, 등려군) 387
덩샤오핑(鄧小平, 등소평) 165, 273~274, 293, 305~307, 310, 312, 332~333, 340, 344, 350~358, 367~379, 382, 384~385
덩언밍(鄧恩銘, 등은명) 86
덩옌다(鄧演達, 등연달) 134
덩중샤(鄧中夏, 등중하) 157
덩쯔후이(鄧子恢, 등자회) 310
덩퉈(鄧拓, 등탁) 287, 309, 323, 327
데라우치 마사타케(寺內正毅) 51
도널드, W. H. 205
돤치루이(段祺瑞, 단기서) 48~54, 56~57, 59, 61, 64, 94, 95, 107~108, 128
두웨성(杜月笙, 두월생) 125~126, 149

둥비우(董必武, 동필무) 86, 88, 332
듀이, 존(John Dewey) 67~73
딩링(丁玲, 정령) 248~249, 296

ㄹ
라오서(老舍, 노사) 49, 332, 374
라오수스(饒漱石, 요수석) 284~285, 291
란링(藍翎, 남령) 287
랴오모사[廖沫沙, 요말사; 필명은 판싱(繁星, 번성)] 309, 323
랴오중카이(廖仲愷, 요중개) 91, 100, 104~105, 114~117, 120
량스이(梁士詒, 양사이) 96
량치차오(梁啓超, 양계초) 48, 50~51, 69, 110
러셀, 버트런트 73
런비스(任弼時, 임필시) 184
로이, M. N. 132~134, 157
루딩이(陸定一, 육정일) 292, 323, 327, 330, 333
루룽팅(陸榮廷, 육영정) 56, 61, 91, 94
루링(路翎, 노령) 289
루쉰(魯迅, 노신) 17~20, 24, 41~42, 198, 288
루신화(盧新華, 노신화) 368
루쭝위(陸宗輿, 육종여) 46, 54, 64
루핑(陸平, 육평) 327~328
룽윈(龍雲, 용운) 189
뤄루이칭(羅瑞慶, 나서경) 317, 324, 326~327, 330, 333
류런(柳仁, 유인) 328
류런징(劉仁靜, 유인정) 86~88
류보청(劉伯承, 유백승) 157, 190, 197, 269
류빈옌(劉賓雁, 유빈안) 378
류사오치(劉少奇, 유소기) 239, 266, 277, 281, 284~285, 293~294, 298, 302, 305~307, 312, 314~316, 323~325, 327~330, 332~334, 338~341, 344~

346, 350, 355, 358, 372
류전환(劉震寰, 유진환) 112
리다(李達, 이달) 86~88
리다자오(李大釗, 이대교) 24~25, 71, 81~83, 85, 87, 90, 102, 104, 128
리더성(李德生, 이덕생) 351
리덩후이(李登輝, 이등휘) 380
리셴녠(李先念, 이선념) 281, 359
리쉐펑(李雪峰, 이설봉) 328
리시판(李希凡, 이희범) 287
리위안훙(黎元洪, 여원홍) 50~51, 53, 96, 100
리즈룽(李之龍, 이지룡) 118
리지선(李濟深, 이제심) 122, 128, 182
리쭝런 91, 122, 138, 145, 150~151, 209, 225, 270~271
리펑(李鵬, 이붕) 378~382
리푸린(李福林, 이복림) 122
리푸춘(李富春, 이부춘) 281, 335
리핑(黎平, 여평) 186
리한쥔(李漢俊, 이한준) 86~88
리훙장(李鴻章, 리홍장) 45
린리궈(林立果, 임립과) 345~347, 375
린바오이(林保懌, 임보역) 61
린뱌오(林彪, 임표) 164, 184, 190, 285, 291, 304, 310, 312~314, 317~318, 323~327, 330~333, 335, 337, 340~ 352, 374~376
린쭈한(林祖涵, 임조함) 104, 119

ㅁ

마난춘(馬南邨, 마남촌) 309
마롄량(馬連良, 마련량) 309
마링, 헨드릭 86~89, 92, 98, 102
마샬, 조지 263~265, 267
마오안잉(毛岸英, 모안영) 280
마오위안신(毛遠新, 모원신) 355
마오쩌둥(毛澤東, 모택동) 21~28, 31~32, 37, 47~48, 80, 82~83, 85~86, 88~89, 104, 119, 132, 134~135, 155, 157~158, 161~169, 171, 177, 179~189, 192~199, 212~215, 218, 221, 224~231, 233, 235~237, 240~241, 246~250, 255, 262, 264, 267, 269~274, 276~277, 280~281, 284, 286~298, 302~313, 315~319, 323~333, 335~340, 342~ 360, 367~377, 379
마오쩌탄(毛澤覃, 모택담) 185

ㅂ

바오후이썽(包惠僧, 포혜승) 87
바이충시(白崇禧, 백숭희) 91, 127, 209
베쑨, 노먼 198~199
보이보(博一波, 박일파) 370
보이틴스키, 그리고리 85
브라운, 오토 181~183, 186~187

ㅅ

샤더우인(夏斗寅, 하두인) 128, 161
샤오쥔(蕭軍, 소군) 248
샤오커(蕭克, 소극) 184~185
샹잉(項英, 항영) 171, 222, 238
샹중파(向忠發, 향충발) 164~165, 170, 273
선딩이(沈定一, 심정일) 101, 118
쉬샹첸(徐向前, 서향전) 164, 191
쉬수정(徐樹錚, 서수쟁) 95
쉬스창(徐世昌, 서세창) 59, 95~96
쉬충즈(許崇智, 허숭지) 116~117
쉬커샹(許克祥, 허극상) 128, 130
쉬하이둥(徐海東, 서해동) 184, 196
스노, 에드거 22, 132, 134~135, 157, 162, 167, 183, 193, 196~198, 346~ 347
스다카이(石達開, 석달개) 190~191
스메들리, 아그네스 169, 198
스탈린 100, 119, 129~130, 133~135, 157, 159~160, 164, 204, 230, 250, 254, 260, 271, 274, 276, 281, 292, 376

스튜어트, 존 레이튼 267~268
스펜서, 허버트 21
시진핑(習近平, 습근평) 273~274
쑨원(孫文, 손문) 22, 27, 37~41, 47~48, 50~52, 55~57, 61, 67, 69, 87~88, 90~92, 94, 96~104, 106~112, 115~116, 118, 120~121, 133~134, 137, 140~141, 146~148, 152, 154, 158, 198, 208, 234
쑨위(孫瑜, 손유) 286
쑨취안팡(孫傳芳, 손전방) 109, 122~124, 138
쑨커(孫科, 손과) 92, 145, 149, 175
쑹메이링(宋美齡, 송미령) 136~137, 205
쑹저위안(宋哲元, 송철원) 208
쑹쯔량(宋子良, 송자량) 137
쑹쯔안(宋子安, 송자안) 137
쑹쯔원(宋子文, 송자문) 121, 137, 205, 254
쑹, 찰리(Charles Jones Soong) 137
쑹칭링(宋慶齡, 송경령) 134~136, 145, 208, 332

ㅇ

아이칭(艾靑, 애청) 248
야마다 오토조(山田乙三) 261
야오원위안(姚文元, 요문원) 318, 323~325, 335, 351, 354, 375
양밍자이(楊明齋, 양명재) 85
양상쿤(楊尙昆, 양상곤) 327, 330, 333, 370, 380, 382
양시민(楊希閔, 양희민) 112
양썬(楊森, 양삼) 128
양창지(楊昌濟, 양창제) 80, 83, 85
양청우(楊成武, 양성무) 338
양카이후이(楊開慧, 양개혜) 85, 169
양후청(楊虎城, 양호성) 203, 205~206
예젠잉(葉劍英, 엽검영) 160, 205, 335, 351, 359
예췬(葉群, 엽군) 351, 375

예팅(葉挺, 엽정) 156~158, 160, 162, 222, 238~239
옌시산(閻錫山, 염석산) 110~111, 123, 128, 138, 145, 150~151
옌푸(嚴復, 엄복) 20~21
오카무라 야스지(岡村寧次) 239, 260
완리(萬里, 만리) 333
왕광메이(王光美, 왕광미) 315
왕단(王丹, 왕단) 381
왕둥싱(汪東興, 왕동흥) 359, 370, 372
왕뤄왕(王若望, 왕약망) 378
왕자오밍(汪兆明, 왕조명) 88, 115~118, 120, 126, 133~135, 141, 145, 148, 151, 157, 159, 168, 175~176, 178, 227, 232, 234~235, 237, 245, 252
왕자샹(王稼祥, 왕가상) 180, 351
왕전(王震, 왕진) 184, 350, 367
왕진메이(王盡美, 왕진미) 86
왕하이룽(王海容, 왕해용) 349
왕훙원(王洪文, 왕홍문) 334, 351~352, 375
요페(A. A. Yoffe) 98~100
우난싱(鳴南星, 오남성) 309
우더(鳴德, 오덕) 328
우얼카이시(吳爾開希, 오이개희) 381
우창칭(鳴長慶, 오장경) 45
우톄청(鳴鐵成, 오철성) 107
우팅팡(伍廷芳, 오정방) 61, 91
우파셴(鳴法憲, 오법헌) 345
우한(鳴晗, 오함) 307~309, 318~319, 323, 336
우환셴(鳴煥先, 오환선) 184
웨더마이어, 앨버트 254~255, 261
웨이징성(魏京生, 위경생) 371, 380
위르장(余日章, 여일장) 137
위수더(于樹德, 우수덕) 104
위쉐중(于學忠, 우학충) 210
위안스카이(袁世凱, 원세개) 22, 37~40, 42~50, 57, 59, 64, 69~70, 94~95, 103,

152
위펑보(兪平伯, 유평백) 287~288, 291
윌슨, 우드로 59, 62, 64, 89
인루겅(殷汝耕, 은여경) 207

ㅈ

자오단(趙丹, 조단) 286
자오수리(趙樹理, 조수리) 249
자오쯔양(趙紫陽, 조자양) 273, 374, 377~380, 382, 384
자오헝티(趙恒惕, 조항척) 111
장궈타오(張國燾, 장국도) 86, 88, 93, 104, 157, 171, 179, 188, 191~195, 197~198, 213, 222, 226
장쉐량(張學良, 장학량) 140, 151, 154, 174, 203~210, 265, 285
장쉰(張勳, 장훈) 38, 53~56
장원톈(張聞天, 장문천) 169, 187, 224, 273
장이머우(張藝謀, 장예모) 28
장즈중(張治中, 장치중) 270
장쭝샹(張宗祥, 장종상) 64~65
장쭤린(張作霖, 장작림) 95~96, 106~108, 123, 128, 138~140, 172, 285
장쯔중(張自忠, 장자충) 219
장청셴(張承先, 장승선) 328
장춘차오(張春橋, 장춘교) 318, 325~326, 334~335, 351, 353, 355, 359
장타이레이(張太雷, 장태뢰) 101, 159
장파쿠이(張發奎, 장발규) 150, 156
장제스(蔣介石, 장개석) 23, 26~28, 48, 100, 104~107, 112, 115, 117~130, 132~138, 140~141, 145~152, 154, 156~157, 166, 168~170, 173~177, 179~183, 185~186, 188~189, 203~211, 220~222, 225~227, 230, 233~234, 237~239, 245, 251~255, 260, 262~ 265, 268~271, 274, 276, 308, 354, 380
장징궈(蔣經國, 장경국) 206, 354, 380

장쩌민(江澤民, 강택민) 273~274, 384
장칭(江靑, 강청) 287, 312, 318, 324~327, 329, 334~337, 340, 343, 351~355, 359, 375~376
저우양(周揚, 주양) 286, 288~290
저우언라이(周恩來, 주은래) 82, 105, 118, 124, 127, 156~158, 165, 168~170, 179~180, 184, 187, 198, 205, 209, 212, 220, 226, 262~263, 270, 281~282, 285~286, 289, 307, 310, 331~332, 335, 337~338, 342, 344~358, 369, 381
저우위츠(周宇馳, 주우치) 375
저우포하이(周佛海, 주불해) 86, 252
젝트, 한스 폰 181
주더(朱德, 주덕) 156~158, 164~165, 167, 169~170, 177, 180, 186, 193~194, 197, 271, 281, 286, 355, 358, 374
주페이더(朱培德, 주배덕) 122, 128

ㅊ

차오루린(曹汝霖, 조여림) 46, 64~66
차오쿤(曹錕, 조곤) 57, 95, 100, 105, 107
차이링(柴玲, 시령) 381
차이위안페이(蔡元培, 채원배) 70~71, 126, 137, 147
차이팅제(蔡廷鍇, 채정개) 176, 179, 182~183
천궁보(陳公博, 진공박) 86~88, 145, 148, 252
천두슈(陳獨秀, 진독수) 22~24, 69, 71~72, 82, 85, 87, 88~90, 92, 94, 102, 121, 126, 130~132, 134~135, 157, 273
천롄보(陳廉伯, 진렴백) 106
천보다(陳伯達, 진백달) 326~328, 332, 342, 344, 346, 351
천사오위(陳紹禹, 진소우) 169~171, 193, 224~226, 230~231, 273, 288
천시롄(陳錫聯, 진석련) 359

천윈(陳雲, 진운) 312, 350, 367, 379
천이(陳毅, 진의) 164, 239, 261, 269, 335, 349
천즁밍(陳炯明, 진형명) 91, 97~98, 100, 110, 112, 117, 118, 158
천짜이다오(陳再道, 진재도) 337
천춘쉬안(岑春煊, 잠춘헌) 61
천커신(陳可辛, 진가신) 387
천탄츄(陳潭秋, 진담추) 86, 88
청쳰(程潛, 정잠) 122
취츄바이(瞿秋白, 구추백) 104, 132, 157~160, 165~166, 168~170, 185, 273
츠췬(遲群, 지군) 353
치번위(戚本禹, 척본우) 338
치체린, 게오르기 100
친방셴(秦邦憲, 진방헌) 169~171, 180~182, 186~187, 205, 224, 226, 273

ㅋ

캉성(康生, 강생) 311~312, 318, 325~327, 344, 351, 375
코시긴, 알렉세이 342
콰이다푸(蒯大富, 괴대부) 327
쿵샹시(孔祥熙, 공상희) 137

ㅌ

타오주(陶鑄, 도주) 332, 336, 370
탄옌카이(譚延闓, 담연개) 56, 122, 147
탄전린(譚震林, 담진림) 335
탄핑산(譚平山, 담평산) 104, 119, 157
탕성즈(唐生智, 당생지) 122, 128, 134, 150, 222
탕지야오(唐繼堯, 당계요) 56, 61, 110
트루먼, 해리 263

ㅍ

팔켄하우젠 181
팡리즈(方勵之, 방려지) 295, 378, 380, 384

팡즈민(方志敏, 방지민) 165, 184
펑궈장(馮國璋, 풍국장) 48~51, 53~54, 57, 59, 95
펑더화이(彭德懷, 팽덕회) 167~169, 184, 237, 281, 302~304, 307~308, 344, 354, 370
펑쉬에펑(馮雪峰, 풍설봉) 287
펑위샹(馮玉祥, 풍옥상) 96, 100, 107~109, 111, 123, 128, 134, 138, 145, 150~151
펑전(彭眞, 팽진) 306, 310, 319, 323~324, 326~328, 330, 333, 344, 379
펑쥐포(馮菊坡, 풍국파) 104
펑파이(彭湃, 팽배) 104, 158, 165

ㅎ

허룽(賀龍, 허룽) 156~158, 162, 165, 180, 184~186, 188, 197, 374
허수헝(何叔衡, 하숙형) 86, 88
허잉친(何應欽, 하응흠) 122, 170, 207, 260
허젠(何健, 하건) 167
허주궈(何柱國, 하주국) 210
헉슬리, 올더스 21
호치민(胡志明, 호지명) 341
화궈펑(華國鋒, 화국봉) 273~274, 351, 354, 356~360, 367~370, 372, 374~377
후스(胡適, 호적) 24, 71~72, 81~82, 288
후야오방(胡耀邦, 호요방) 273, 369, 372, 376~379, 381
후진타오(胡錦濤, 호금도) 273~274
후쭝난(胡宗南, 호종남) 210
후챠오무(胡喬木, 호교목) 287
후펑(胡風, 호풍) 284~291
후한민(胡漢民, 호한민) 91, 115~117, 145, 147, 149
흐루시초프 297, 301, 303, 305, 316, 326~327, 343

지명

간덴사원 301
구이양(貴陽, 귀양) 189, 251
다두허(大渡河) 190~191, 195
다쉐산(大雪山, 대설산) 191~192
라쯔커우(臘子口, 납자구) 195
량허커우(兩河口, 양하구) 192
루거우차오(蘆溝橋, 노구교) 139, 215, 218~219, 222
루이진(瑞金, 서금) 169, 171, 183~184, 213, 230
룽졔(龍街, 용가) 189
류탸오거우(柳條溝, 또는 류탸오후[柳條湖]) 174
류판산(六盤山, 육반산) 196
마오궁(懋功, 무공) 191
마오얼가이(毛兒蓋, 모아개) 193
바바오산(八寶山, 팔보산) 356
베이다이허(北戴河, 북대하) 299, 310, 348
샹비쯔완(象鼻子灣, 상비자만) 196
시보포(西伯坡, 서백파) 266, 271
양쟈거우(楊家溝, 양가구) 267~268
옌안(延安, 연안) 196, 199, 210, 212~213, 224, 226~227, 230, 233, 239~241, 247~248, 253, 260, 262~263, 265, 286, 288
완핑 현(宛平縣) 218~219
왕푸징(王府井, 왕부정) 331
쟈오핑두(皎平渡, 교평도) 189
전바오다오(珍寶島, 진보도) 341
중난하이(中南海, 중남해) 335
진먼다오(金門島, 금문도) 301
진사 강(金沙江, 금사강) 190, 195
징강산(井岡山, 정강산) 162~164, 166~ 167, 171, 184, 212
쭌이(遵義, 준의) 186~189

창관러우(暢觀樓, 창관루) 310
화칭츠(華淸池, 화청지) 203~204

서명 및 매체명

「30만 자 서한(三十萬言書)」 289~290
《갑인(甲寅)》 69
〈건국 이래 당의 약간의 역사 문제에 관한 결의〉 373
『광인일기(狂人日記)』 19~20
『국민정부 건국 대강(國民政府建國大綱)』 41
「나의 마르크스주의관」 82
「나의 자아비판」 290
《뉴욕타임스》 99, 101, 349
『뤄튀샹쯔』 49
『리씨 집안 장원의 변천(李家莊的變遷)』 249
「리유차이 판화(李有才板話)」 249
『마오 주석 어록』 313~314, 331
《매주평론(每週評論)》 81
《문사철(文史哲)》 287
《문예보》 287~290
「문학혁명론」 72
《문회보(文匯報)》 323, 325, 368
《베이징만보(北京晚報)》 309
「삼가촌찰기(三家村札記)」 309
『삼민주의』 103
《상강평론(湘江評論)》 80, 85
「상흔(傷痕)」 368
『새벽이 오는 깊은 밤(子夜)』 154~155
「샤오얼헤이의 결혼(小二黑結婚)」 249
《신청년(新青年)》 21~23, 70~73, 82, 83, 85
《신화일보(新華日報)》 249, 309
「연산야화(燕山夜話)」 309
『외침(吶喊)』 17~19
《인민일보》 286~288, 290~291, 294~295, 308~309, 313, 326, 336, 350, 352, 354, 367~377, 381
《전선(前線)》 309
『중국백서』 27, 254
『천연론(天演論)』 21
《청년잡지(青年雜誌)》 22, 69~70
《타스통신》 348
《해방군보(解放軍報)》 324~325, 352

일반용어

ㄱ

감조감식(減租減息) 운동 246, 264, 266
객군(客軍) 105
경제특구 374, 385
계몽(啓蒙) 69
고급합작사 283~284, 291
공진회(共進會) 126~127
공총사 334, 351
과도기의 총노선 281, 284
광둥 코뮌 성립 159
구계계(舊桂系) 91
구국(救國) 69, 193, 198
국민정부 27, 41, 116~117, 123~124, 127, 131, 140, 145~148, 151, 153~154, 229, 232, 234, 238, 251, 261, 263, 265, 270
국민혁명군 27, 104~105, 117, 120~122, 124~125, 128, 136, 138, 140, 157, 211, 221, 238
국민혁명의 시대 77, 103
군사정리안(軍事整理案) 145, 149, 152
군정기(軍政期, 군사 통치기) 41, 146
기본 모순 210, 214

ㄴ

난징 대학살 223
난징정부 41, 127, 129, 133, 140~141, 146, 152~154, 156, 176, 205~206, 211~212, 234, 237, 269, 271
난창봉기(南昌蜂起) 157
남북대전 151, 154~155
남순강화(南巡講話) 385
남의사(藍衣社) 28, 126, 149
니시하라 차관(西原借款) 54~55, 60, 64

ㄷ

다두허의 도강 191
다섯 자루 이론의 칼 289
다자이(大寨, 대채) 생산대의 모범적인 운영 316
다칭(大慶, 대경) 유전의 개발 316
당무정리안(黨務整理案) 119~121, 124
대동아공영권 242
대민주(大民主)의 4대 자유 330
대약진 운동 292, 297~300, 302~308, 310, 332, 358, 360~362, 377
대자보 295, 327~330, 353, 370~371, 381
대중국 21개조 요구('21개조'로 약칭) 46
대초원 194
동풍이 서풍을 압도한다 296
두 발로 걷는다(謙兩條腿走路) 299, 306

ㄹ

랴오닝 · 선양(遼寧 · 沈陽) 전투 269
러일전쟁 18, 43, 172, 175, 254
레이펑(雷鋒, 뇌봉)에게 배우라(向雷鋒學習) 313~314
로로족 190
루거우챠오 사건 139, 219, 222
루딩 교(濾定橋, 노정교) 190~191
루산담화(廬山談話, 여산담화) 220

ㅁ

마르크스주의 23~24, 79, 81~85, 87~88, 166, 168, 227, 231, 247, 288, 289, 310, 369, 373
마오주석기념당 359
마오쩌둥 사상 214, 241, 247, 249~250, 284, 293, 304, 313, 325, 339, 342, 368, 371, 373, 376
마츠오카 · 앙리 협정 243
만저우 사변 27, 139, 171~172, 175~176, 178, 215, 217, 220

메이지유신(明治維新) 43
모순론 213, 215
무술정변(戊戌政變) 71, 235
문화대혁명 274, 307, 311, 313, 316, 321,
　　　323, 325~327, 329, 331, 334, 336~340,
　　　342~345, 349, 355, 360~362, 367~368,
　　　370, 373~376, 384
민족형식 231, 248, 289
민주벽(民主墻) 371, 381

ㅂ

반란이 그럴 만한 이유가 있다(造反有理)
　　　329
반봉건(反封建) 28, 30, 122, 298
반우파 투쟁 292, 295
반제(反帝) 28, 30, 103
반제·반봉건(反帝反封建) 103, 112, 116,
　　　274, 386
백 가지 꽃을 일제히 피우고(百花齊放) 292
백 가지 학파의 의견이 일제히 분출되어 서로
　　　다투도록 하자(百家爭鳴) 292
백단전쟁(百團戰爭) 237~238
백만웅사(百萬雄師) 337
베르사유 강화회의 63
베이징의 봄 367, 371~372
베이징 정변 107
베트남전쟁 317~318, 345
부와 원의 싸움(府院之爭) 51
북벌 완료 140
북서항일홍군대학(北西抗日紅軍大學) 212
〈붉은 수수밭(紅高粱)〉 29
비린비쿵(批林批孔, 비림비공) 291, 352~
　　　353

ㅅ

사상 해방 운동 378
사회제국주의론 343
삼결합(三結合) 336, 344

삼광작전(三光作戰) 239
삼면홍기(三面紅旗) 299, 306, 310
삼반 운동 278
삼지양군(三支兩軍) 338
삼풍정돈(三風整頓) 운동 246
상단군(商團軍) 106~107, 115
선후차관(善後借款) 44~45
선후회의(善後會議) 108
셰푸즈(謝富治, 사부치) 337, 338, 375
소설『류즈단(劉志丹, 유지단)』에 대한 비판
　　　311
쌍칭별장(雙淸別墅, 쌍청별서) 271~272
쇠로 만든 방(鐵屋) 17, 19
쉬저우 대회전(徐州大會戰) 225
시산파(西山派, 서산파) 118
시안 사변 201, 203~204, 206, 210
신계계(新桂系) 91
신민주주의론(新民主主義論) 235~236, 241
신사군(新四軍) 222, 233, 237~239, 249,
　　　262
신사군 사건 또는 완난사변(皖南事變)
　　　239~240
신해혁명 35, 37~39, 41~42, 47, 50, 53, 59,
　　　66, 68~69, 74, 91~92, 103~104, 122,
　　　146, 152, 154, 198, 234~235, 277, 328
실천론 213, 215
쌍백 운동 292~295, 371~372
쑤이둥사변(綏東事變, 수동사변) 210
쑨원·요페 공동선언 99

ㅇ

〈아페이정전(阿飛正傳, 아비정전)〉 386
안순창(安順場, 안순장) 190
얄타회담 254~255
양개범시(兩個凡是) 367~370
어리석은 늙은이가 산을 옮긴다(愚公移山)
　　　31
영구혁명 297~298

〈옌안 문예좌담회에서의 강화(在延安文藝座談會上的講話)〉('문예강화'로 약칭) 247~249, 289
옌징대학 267
오반 운동 278
오성홍기(伍星紅旗) 272
오원입안(伍院立案) 145
완바오산 사건 173
완 파(晥派, 안후이 파(安徽派)) 48
왕리(王力, 왕력) 337~338
우메츠・허잉친(梅津・何應欽) 협정 207
〈우쉰 전(武訓傳)〉에 대한 비판 286
우창(武昌, 무창) 봉기 38, 50, 122, 328
우치이 프로젝트(伍七一工程) 347
우한정부와 난징정부로 양분 127
워싱턴회의 74, 89~90, 92, 96
웨슈러우(粤秀樓, 월수루) 97~98
융펑함(永豊艦, 영풍함) 98, 118
이금세(釐金稅) 94, 152
인민영웅기념비 356~357
인민해방군 156, 266, 269, 271, 274, 277, 279, 301, 304, 310, 313, 317~318, 324~327, 335~336, 338~339, 344~345, 358, 370, 374, 379, 383
일국 양제(一國兩制) 386
임시약법(일종의 잠정적인 헌법) 50, 55~57

ㅈ

자치기(憲政期) 41
장쉰의 복벽 시도 53
적위대(赤衛隊) 334
전(前)10조 312, 314~315
정풍 운동 240~241, 246~247, 249~250, 274, 280, 286, 295
제1차 고노에 성명 232
제1차 광둥정부 수립 56
제1차 국공합작 77, 99, 102, 129, 134
제1차 동정(東征) 112
제1차 반공고조 237
제1차 좌경노선 158
제1차 톈안먼 사건 357, 370~372, 375
제1차 펑즈전쟁(奉直戰爭, 봉직전쟁) 96~97, 106
제1차 포위 공격(圍剿) 170
제2차 고노에 내각 242, 244
제2차 고노에 성명 232
제2차 광둥정부 수립 91
제2차 국공합작 201, 210, 212, 221, 225
제2차 동정 117, 295
제2차 상하이 사변 221
제2차 세계대전 89, 175, 233, 235, 241~242, 250~251, 254, 277
제2차 좌경노선 168
제2차 톈안먼 사건 381, 383, 385
제2차 펑즈전쟁 106, 112
제2차 포위 공격 170
제3차 고노에 내각 244
제3차 광둥정부 수립 100
제3차 좌경노선 170
제3차 포위 공격 170
제4차 포위 공격 179~180, 182
제5차 포위 공격 181
제6차 포위 공격 209
조반(造反) 334
주・마오 군(朱毛軍) 164, 167
주요 모순 210, 214
죽의 장막 302, 341
중국 특색의 사회주의 376, 379
중・미 공동성명 349
중산함(中山艦) 사건 118~120, 124, 126, 130
중・소 신군사 협정 296, 301
중원(中原)대전 151, 168, 173
중일공동방적협정(中日共同防赤協定) 58
중・일 공동성명 349
중일전쟁 28, 88, 148, 206, 215, 220~221,

225, 228~229, 232, 237, 242~243, 250, 288
중화소비에트공화국 임시정부 156, 171
중화인민공화국 140, 148, 272~275, 281, 285, 330, 336, 374, 376, 380~381
중화혁명당(中華革命黨) 41, 47, 67
즈리 파(直隷派, 직예파) 48, 59, 93~96, 99, 109~110, 145
〈지구전을 논함(論持久戰)〉 227
지난사건(濟南事件, 제남사건) 139, 172
쭌이회의(遵義會議) 187~188

ㅊ

창관러우 사건 310
〈첨밀밀(甛蜜蜜)〉 387
청방(靑幇) 125~126, 136
청일전쟁 43
추수 폭동 157~158, 160, 162, 165

ㅋ

카라한선언 84, 91
카이로선언 251
코민테른 84~87, 89, 92, 101~102, 117, 119, 129~130, 131, 133~134, 157, 159~160, 164~166, 168~169, 187, 193, 224, 226, 230, 236, 288

ㅌ

탈권 투쟁 334~335
탕산 지진 358
태평양전쟁 51, 175, 241, 245, 250, 253
톈안먼광장 272, 330~331, 333, 357, 359~360, 381~384
토법고로(土法高爐) 299~300
토지개혁법 277~278

ㅍ

펑톈파 95~96, 106, 109~110, 125, 138

페레스트로이카 382
편견회의(編遣會議) 149
푸젠 사변(福建事變) 182
푸젠 인민정부 182
프롤레타리아 문화대혁명 323, 325, 329, 331, 338, 344
핑장 참안(平江慘案) 233
핑진(平津, 평진) 전투 269
핑퐁외교 347

ㅎ

〈하이루이의 파면(海瑞罷官)〉 307~309, 312, 318, 323~324
하이루펑(海陸豊) 소비에트 정권 158~159, 164
한국과 중국의 공식 수교 385
한·중 수교 385
항미원조(抗美援朝) 277
항일군정대학(抗日軍政大學) 213, 218
혈맹단 사건(5·15사건) 178
협상가격차 283
호법(護法) 운동 56, 94
호조합작 283
홍5류 334
홍루몽 논쟁 284, 286
『홍루몽』 비판 288
홍위병 323, 328~339, 344, 350, 371, 374
홍콩 반환 377, 386
화이하이(淮海, 회해) 전투 269
황푸군관학교 27~28, 104~107, 112, 115, 117~121, 127
〈황하의 죽음(河殤)〉 380
후10조 314
후펑(胡風, 호풍) 비판 284~286, 289~291
훈정 개시(訓政開始) 145
훈정기(訓政期, 교육 통치기) 41, 146
흑5류 334

기타

1·28 사건 또는 상하이 사변 176
2·7참안(慘案) 93, 101, 112
2·26사건 215~216, 218
2·28사건 261
2월 역류 335, 349
3단계론 41, 148
3자1포(三自一包) 306
3파투쟁(三罷鬪爭) 66
4·12쿠데타 127~130, 135, 138, 159, 164
4개 기본 372
4개 현대화 353, 355, 367~368, 370~371, 373
4대 자유 330, 353
4인방(四人帮)의 등장 351
4청 운동(四淸運動) 313
5·4운동 58, 61, 65~68, 71, 74, 79~80, 82, 84~85, 89~90, 94, 103, 111, 164, 208, 235, 248
5·4지시 263~264
5·7지시 325, 339
5·16병단(兵團) 338
5·16통지 326~327
5·30운동 113, 155
5개 현대화 371~372
6·23사건 114
8·1선언 193, 288
8·7 긴급회의 157, 160
9·18사건, 또는 류탸오거우(후) 사건 174
10월 혁명 23
12·9사건 208, 210
C·C단 149